JACQUES MAXIMIN
CUISINE
LES LÉGUMES

Du même auteur

JACQUES MAXIMIN

Couleurs, parfums et saveurs de ma cuisine, Robert Laffont (1984)
Toqués de cuisine, École des loisirs (1986)
Santé gourmande, J.-C. Lattès

MARTINE JOLLY

Chez Robert Laffont

Réussir votre cuisine (1979)
Le chocolat, une passion dévorante (1983)
Merci Monsieur Parmentier (1985)
Recevoir c'est un plaisir (1987)
Le monde des pâtes (1989)
Chérie, les Dupont viennent dîner dans une heure (1990)
Tapas, sandwiches et petites bouffes (1992)

Chez Albin Michel

Les meilleures cuisinières de France (1993)
À nous les bonnes soupes ! (1994)

Jacques Maximin
Martine Jolly

JACQUES MAXIMIN CUISINE LES LÉGUMES

Albin Michel

Ouvrage publié sous la direction de Claude Lebey

Afin d'être suffisamment précis, il était nécessaire de citer certaines marques commerciales.
Ces citations sont faites à titre gratuit et ne constituent pas une appréciation sur les marques mentionnées.

22, rue Huyghens, 75014 Paris

ISBN : 2-226-10560-3

Un grand merci à Laurent Broussier
pour sa très précieuse collaboration
à la réalisation de mes recettes.

Jacques Maximin

Sommaire

Les bases 11
Les principaux modes de cuisson 13
Les bouillons 17
Les jus de rôti 22
Les fonds 23
Les sauces 26
Les pâtes 56
Les légumes 59
L'Ail 61
L'Artichaut 71
L'Asperge 83
L'Aubergine 93
L'Avocat 111
La Blette ou Bette 117
La Betterave 127
Le Brocoli 133
Le Cardon 139
La Carotte 145
Le Céleri 155
Les Champignons 164
Le Chou 200
Le Concombre 214
La Courge, le Potiron et la Courgette 220
Le Crosne 239
L'Échalote 244
L'Endive 249
L'Épinard 257
Le Fenouil 266
La Fève 277
Le Gombo 284
Le Haricot vert, le Haricot blanc, le Haricot rouge 288
La Lentille 300
Le Maïs 308

Le Marron ou Châtaigne 312
Le Navet 319
L'Oignon 326
L'Oseille 338
La Patate douce et l'Igname 344
Le Pois 348
Le Poireau 361
Le Poivron 369
La Pomme de terre 380
Les Salades vertes 412
Les Salsifis 424
Le Soja 429
La Tomate 436
Le Topinambour 451

Préface

Jacques Maximin, on le sait, figure parmi les plus grands noms de la cuisine. Chaque jour, dans son auberge de charme à Vence, il fait le bonheur de nombreux gourmets.

Ses spécialités de légumes sont connues... et reconnues. Qu'elles accompagnent les viandes ou les poissons ou qu'elles soient servies en simples hors-d'œuvre, il sait en multiplier l'usage d'une manière inégalable.

Après de longues discussions en sa compagnie, étant moi-même passionnée par les légumes, l'idée nous est venue d'écrire ce livre à quatre mains.

Plus de soixante légumes divers et variés, communs ou rares, sont évoqués dans ce livre. Vous pourrez lire leur histoire, de leurs origines à nos jours, et découvrir de nombreuses recettes pour les accommoder, de manière classique ou insolite, du salé au sucré.

À Jacques Maximin revenait de vous livrer ses propres recettes, fruit de sa fertile imagination, dont la diversité et la simplicité vous étonneront.

Martine JOLLY

LES BASES

Les principaux modes de cuisson

Les légumes frais que l'on appelle aussi les légumes verts se cuisent selon différentes méthodes. La cuisson des légumes secs sera abordée aux chapitres concernés.

La cuisson en ébullition dite aussi « à l'anglaise »

Le légume est plongé dans une grande quantité d'eau bouillante salée, pendant un temps plus ou moins long, qui sera précisé à chaque recette, puis égoutté.
Les cuisiniers professionnels appellent cela « blanchir » et c'est souvent pour eux une opération préliminaire qui permet de cuire ou mi-cuire le légume, de le tenir en réserve et de le continuer ensuite soit d'une autre manière, soit en le plongeant à nouveau dans l'eau bouillante pour le terminer.
Personnellement je ne fais jamais subir deux ébullitions à un légume, je trouve que cela lui enlève beaucoup de saveur et je préfère terminer sa cuisson en une fois pour, après l'avoir égoutté, l'assaisonner simplement de beurre frais, de sel et de poivre ou alors, je le continue en une tout autre méthode de cuisson telle que poêlé, frit, grillé, etc.

La cuisson à la vapeur

On pose les légumes sur le compartiment perforé d'un couscoussier ou d'un cuit-vapeur et c'est la vapeur de l'eau bouillante dans le récipient fermé qui va cuire le légume, lui laissant toutes ses qualités intactes en évitant qu'il ne soit bousculé et mouillé comme dans la cuisson à l'anglaise.
C'est aussi un très bon moyen de le tenir au chaud à couvert et de le faire attendre sans qu'il ne s'abîme ni ne se défasse.
L'usage, la température, le temps seront expliqués à chaque recette nécessitant son emploi.

La cuisson à l'étuvée

C'est une excellente cuisson ultra-simple qui laisse toutes leurs qualités et toutes leurs saveurs aux légumes ainsi traités. Il suffit de mettre le légume cru lavé, préparé, détaillé comme on le souhaite dans une casserole avec un petit fond d'eau, 1 morceau de beurre, du sel, du poivre, de couvrir et à feu doux de le faire cuire et s'attendrir comme on le souhaite. Moi j'aime les légumes encore fermes…

Proche de cette cuisson à l'étuvée est l'action qui consiste à faire fondre ou « suer » un légume cru détaillé comme on le souhaite dans un peu de matière grasse, à feu doux, à couvert et sans eau pour le ramollir et le faire cuire.

On peut alors l'utiliser tel quel ou le faire dorer en relevant le feu.

L'usage, la température, le temps seront expliqués à chaque recette nécessitant son emploi.

La cuisson poêlée ou sautée

Elle s'applique soit à des légumes crus, soit à des légumes déjà cuits à l'anglaise.

Et c'est tout simplement cuire et dorer le légume détaillé comme on le souhaite dans une poêle à feu moyen où chauffe la matière grasse de son choix : beurre, huile d'olive, graisse d'oie, etc.

L'usage, la température, le temps seront expliqués à chaque recette nécessitant son emploi.

La cuisson braisée

C'est en fait une cuisson mijotée dans une cocotte. Il faut d'abord faire « suer », c'est-à-dire faire fondre et ramollir, une petite garniture aromatique coupée menu d'échalotes, de carottes, d'ail, de bouquet garni, un peu au goût de chacun, dans la matière grasse de son choix. Quand la garniture est bien ramollie, on la mouille de bouillon, on ajoute le ou les légumes mélangés et on fait cuire tout doucement à couvert. Au moment de servir, le ou les légumes seront égouttés et terminés, si on le souhaite, avec un morceau de beurre frais et quelques fines herbes.

L'usage, la température, le temps seront expliqués à chaque recette nécessitant son emploi.

La cuisson en friture

C'est tout simplement plonger le légume dans l'huile bouillante selon le principe des frites, soit cru en son état naturel et détaillé comme on le souhaite, soit cru et enrobé d'une pâte à frire, soit déjà cuit et également enrobé de pâte à frire.

La cuisson au micro-ondes

On ne peut pas ne pas la citer dans la mesure où elle nous apporte la rapidité et la simplicité.

La technique est facile : on met un peu d'eau dans un récipient adéquat, on ajoute le légume qui est mis à cuire pendant quelques minutes au micro-ondes à environ 600 watts. Il est prêt alors à être assaisonné de beurre, d'huile d'olive, de sel, de poivre, de la sauce de son choix. On se conformera au livret fourni avec le four à micro-ondes.

La cuisson au four

C'est en fait employer le four et ses températures pour des préparations extrêmement diverses telles que réchauffer, confire, saisir, griller, rôtir…

C'est pour cela que l'usage, la température, le temps seront expliqués à chaque recette nécessitant son emploi.

Équivalences des températures du four

Douce à moyenne douce :	50 à 125 °C
Moyenne-douce à chaude :	125 à 200 °C
Chaude à très chaude :	200 à 250 °C

Tableau des poids et mesures

Beurre

1 noisette :	4 g
1 noix :	15 g
1 grosse noix :	25 g
1 œuf :	40 g
1 gros œuf :	70 g

Crème fraîche

3 cuil. à soupe :	1 pot de 10 cl

Contenance

1 verre ordinaire à moutarde :	12 cl
7 cuil. à soupe :	1 verre ordinaire
1 tasse à thé :	125 g

cuillerée à café	rase	débordante	**cuillerée à soupe**	rase	débordante
Farine	3 g	6 g	Farine	10 g	20 g
Fécule	3 g	6 g	Fécule	10 g	20 g
Sucre semoule	4 g	8 g	Sucre semoule	12 g	22 g
Sel	3 g	6 g			
1 morceau de sucre n°4 :		5 g			

Les bouillons

Ce sont des liquides parfumés obtenus par ébullition prolongée, lente et régulière, de viandes, de légumes et d'ingrédients aromatiques au préalable immergés dans l'eau froide.
Le bouillon de base est tout simplement le bouillon du pot-au-feu ou celui de poule.

Pot-au-feu et son bouillon

Pour 6 personnes (et environ 3 litres de bouillon)
Préparation : 20 à 25 min
Cuisson : 3 h 30 environ, à partir de l'ébullition

800 g de macreuse ou gîte de bœuf
900 g de plat de côtes de bœuf
4 litres d'eau
4 à 5 carottes
3 à 4 navets
7 à 8 poireaux
12 petites pommes de terre BF 15
2 oignons moyens
1 branche de céleri
1 bouquet de persil frisé
1 branche de thym
2 feuilles de laurier
2 clous de girofle
2 pincées de « quatre-épices » (en flacon dans le commerce)
Gros sel, poivre du moulin

• Dans un haut faitout, placer les viandes et les recouvrir avec l'eau froide. Porter à ébullition à feu moyen.
• Pendant ce temps, éplucher les oignons. En couper un et le faire roussir à sec dans une poêle à feu moyen, le réserver. Piquer l'autre avec les 2 clous de girofle. Laver la branche de céleri et le bouquet de persil.
• Quand l'eau bout, écumer soigneusement la surface jusqu'à ce qu'aucune écume ne monte plus. Ajouter alors le céleri, les oignons, le persil, le thym et le laurier, une petite poignée de gros sel, du poivre du moulin et 2 pincées de poudre « quatre-épices ».
• Régler le feu pour assurer une petite ébullition continue en laissant le faitout couvert à demi. Le pot-au-feu cuira au total 3 h 30 environ ; la viande doit être bien tendre.
• Après 2 h 30 de cuisson, éplucher et laver les carottes, les navets, les couper en 2 à 4 morceaux. Éplucher les pommes de terre, les laisser entières. Éplucher les poireaux en ne laissant à ces derniers que le blanc et le vert tendre, les ficeler ensuite en un petit botillon.
• 15 min plus tard, mettre les carottes et les navets à cuire dans le

pot-au-feu. 10 min plus tard, mettre les pommes de terre à cuire à la vapeur (p. 387). 15 min plus tard, ajouter le bottillon de poireaux au pot-au-feu. Laisser cuire le pot-au-feu encore 20 min.
• Au terme de la cuisson, sortir les viandes à l'aide de l'écumoire, les couper en tranches épaisses et les disposer dans le plat de service. Arroser avec une petite louche de bouillon.
• Dans un autre plat, disposer toute la garniture de légumes, arroser également d'un peu de bouillon et servir le tout bien chaud. Récupérer le bouillon en le transvasant dans un récipient à travers une passoire fine.
– Laisser refroidir le bouillon, puis le mettre au réfrigérateur le temps nécessaire pour que la graisse monte en surface et se fige.
– À l'aide d'une spatule, ôter toute cette graisse : on aura alors un bouillon clair bon à être utilisé en base de potage ou en mouillement de certaines purées de légumes.

Variante : pour obtenir un bouillon bien corsé, dit *consommé*, remettre le bouillon dans une casserole et à petit feu le faire réduire de moitié en enlevant régulièrement avec une cuillère toutes les impuretés qui montent en surface.

Conservation : à ce stade-là, si on n'en a pas l'usage immédiat, on peut le laisser refroidir puis le transvaser en bocaux et le mettre au congélateur.

Emplois : peut être employé comme base de sauce ou consommé tel quel en tasses ou enrichi de petites garnitures telles que petites pâtes, vermicelles, fines herbes.

Remarque : on peut manquer de bouillon dans le congélateur et ne pas avoir envie du tout de faire un vrai pot-au-feu pour un repas. On peut alors se contenter de faire *un simple bouillon de bœuf* avec des os, un morceau de viande ordinaire, un jarret de bœuf, des débris de viande demandés au boucher, tout un assortiment de légumes – carottes, navets, poireaux –, et des garnitures aromatiques – queues de persil, tête d'ail, thym, laurier, oignon, clou de girofle. Après une ébullition de 2 h, il suffira de procéder comme pour le bouillon de pot-au-feu en le passant et en le dégraissant. On peut aussi utiliser des tablettes de bouillon de volaille instantané ou ces fonds tout prêts en poudre présentés dans des petites boîtes et que l'on trouve très facilement dans le commerce.

Poule au pot et son bouillon
(Bouillon de volaille)

Pour 4 à 5 personnes
Préparation : 30 min
Cuisson : poule et légumes, 2 h à 2 h 30

1 poule de 1,300 à 1,500 kg
Quelques abattis : cou, ailerons, pattes
3 à 4 carottes
2 à 3 navets
1 pied de céleri
4 à 5 poireaux
100 g de petits oignons ronds dits « grelots »
2 gousses d'ail
1 branche de thym
1 feuille de laurier
Sel

• Faire préparer la poule par le volailler. Acheter en supplément quelques abattis pour donner du goût au bouillon.
• Dans un grand faitout, mettre la poule et les abattis, recouvrir largement d'eau froide. Porter à ébullition à feu moyen à couvert.
À partir du moment où l'eau bout, régler le feu pour obtenir un petit « bouillottement » et écumer soigneusement tant que des impuretés montent à la surface. Saler légèrement, ajouter le thym, le laurier et les gousses d'ail épluchées. Laisser cuire à petit feu pendant 2 h environ ; la poule doit être tendre et non défaite.
• Éplucher et préparer les légumes. Selon leur taille, laisser les carottes et les navets entiers ou coupés en deux morceaux. Enlever la partie vert foncé des poireaux. Garder le vert tendre et le blanc. Les ficeler en 1 petit bottillon. Supprimer les feuilles du pied de céleri, garder les tiges blanches du cœur. À l'aide d'un couteau économe, enlever soigneusement les fibres. Trancher chaque tige en 2 à 3 morceaux. Les ficeler également en 1 ou 2 petits bottillons. Éplucher les oignons.
• Après 1 h 50 de cuisson, mettre les carottes et les navets dans le faitout. 20 min plus tard, ajouter les oignons, puis, 10 min après, les poireaux et le céleri.
• Allumer le four à température tiède. Retirer la poule du faitout, la découper sur la planche et la disposer dans le plat de service. Tenir au chaud dans le four.
• Retirer de même les légumes et les disposer harmonieusement dans un autre plat de service. Tenir également au chaud dans le four.
• Récupérer le bouillon en procédant comme il est dit pour le bouillon de bœuf (p. 17) pour le dégraisser et le corser afin d'obtenir un bon bouillon de volaille.

Emplois : les mêmes que celui du bouillon de bœuf (p. 18).

Conservation : 4 à 5 jours au réfrigérateur, beaucoup plus en bocaux au congélateur.

À ne pas oublier : que le bouillon soit de bœuf ou de poule, éviter de trop le saler car, à la réduction, il le serait du coup beaucoup trop.

Remarque : si on est à court de réserves ou en manque de temps, le bouillon de volaille instantané est tout à fait recommandé.

Bouillon de légumes

Les légumes utilisés pour la préparation de ce bouillon ne sont pas servis. Ils sont volontairement employés en assez grande quantité et trop cuits pour donner toute leur saveur à l'eau dans laquelle ils auront mijoté.

Pour 4 personnes
Préparation : 20 min
Cuisson : 1 h 30

5 à 6 carottes
4 beaux navets
4 poireaux entiers (vert et blanc)
2 belles branches de céleri
2 branches de persil
2 branches de cerfeuil
2 litres d'eau
Sel, poivre

- Éplucher, laver et couper tous les légumes en petits morceaux. Laisser les branches de persil et de cerfeuil entières après les avoir bien lavées.
- Mettre le tout dans une grande casserole. Recouvrir d'eau froide. Saler très modérément. Faire partir à ébullition. Laisser ensuite mijoter doucement à découvert de manière à faire réduire de moitié.
- Passer ensuite le bouillon au chinois.
- Avant de consommer, vérifier l'assaisonnement, resaler éventuellement, poivrer légèrement. On pourra au goût le consommer tel quel ou y ajouter, pour un bol, au dernier moment, une petite noix de beurre.

Emplois : ce bouillon peut servir à différents usages. Tel quel, il est excellent les jours de régime ou de maladie.
Il peut aussi être employé comme base de sauces ou de potages.

Conservation : il peut être fait à l'avance, il se conserve 2 à 3 jours au réfrigérateur.

Court-bouillon pour poissons, crustacés ou coquillages

Voici une formule de court-bouillon parfumé. Les légumes peuvent aussi être dégustés.

Pour 2 litres de bouillon
Préparation : 20 à 25 min
Cuisson : 1 h

2 litres d'eau
1 litre de vin blanc sec
2 poignées de gros sel
4 carottes moyennes
2 poireaux
2 branches de céleri
3 échalotes
3 oignons moyens
1 tête d'ail
1 beau bouquet de persil
2 feuilles de laurier
1 branche de thym
2 clous de girofle
1 cuil. à café de grains de poivre
Sel

• Verser l'eau et le vin blanc dans une casserole et porter à ébullition.
• Ajouter tous les aromates : sel, poivre en grains, clous de girofle, thym, laurier, persil.
• Laisser ensuite « bouillotter » à découvert pendant 40 à 50 min. Les légumes ne doivent pas être trop cuits pour être agréables à déguster.

Emplois : le bouillon peut alors être utilisé pour cuire des crustacés, du poisson ou des coquillages. Passé, il sera une base de sauce ou de potage.

Conservation : se conserve très bien plusieurs jours au réfrigérateur et longtemps au congélateur.

Remarque : si on n'a pas le temps de faire un court-bouillon, on en trouve d'excellents tout prêts dans le commerce.

Les jus de rôti

C'est tout simplement la bonne sauce de rôti que vous savez obtenir en mettant de l'eau et en « grattouillant » le fond du plat où vous venez de faire rôtir le bon poulet ou le bon rôti de bœuf. Il est très facile de préparer des jus à l'avance qui, eux aussi, iront au congélateur jusqu'à l'utilisation.

Jus de bœuf

Pour 25 cl de jus de bœuf

500 g de bœuf bourguignon coupé en morceaux pas trop gros
Quelques os où il reste encore de la chair
1 parcelle de beurre

• Allumer le four à température chaude, graisser légèrement une plaque à rôtir, disposer les os et la viande et les faire cuire comme un rôti ordinaire jusqu'à ce qu'ils soient bien dorés, en arrosant un peu de temps en temps.
• Au terme de la cuisson, sortir la plaque du four, verser 1/4 de litre d'eau sur la viande et le fond du plat et faire aller et venir l'eau.
• Retirer la viande, mettre la plaque sur un feu et, en l'inclinant en tous sens, gratter toute la surface de la plaque pour qu'elle devienne quasiment propre et nette.
• Verser ce jus dans un récipient et mettre au réfrigérateur le temps nécessaire pour que la graisse se fige. La retirer avec une spatule. Verser ce jus dans 2 ou 3 pots de yaourt. Couvrir avec du papier alu et mettre au congélateur jusqu'à l'emploi.

Jus de poulet

Pour 25 cl de jus de poulet

7 ou 8 ailerons de poulets
3 à 4 cous

Procéder exactement de la même manière que pour le jus de bœuf.

Remarque : comme pour les fonds et bouillons, on trouve dans le commerce des jus tout prêts d'excellente qualité.

Les fonds

Comme les bouillons, ce sont des liquides parfumés obtenus à partir d'eau et d'éléments divers, mais la cuisson et la réduction sont poussées plus longtemps pour avoir des saveurs plus corsées.
Dans les fonds, seul le liquide final est utilisé. C'est pour cela que ne sont pas employées des viandes ou des volailles destinées à être consommées, mais des déchets variés, tels que os concassés, carcasses de volailles, abattis, arêtes, etc., auxquels on adjoint les légumes et garnitures aromatiques nécessaires.
Les fonds blonds et bruns : les déchets, os, abattis, sont d'abord mis à rôtir et dorer au four et c'est ensuite le fait de les mouiller d'eau qui va donner au fond sa couleur blonde ou brune.
Ce ne sont pas des préparations coûteuses, mais longues à faire, et demandant soin et surveillance.
Aussi, on aura avantage à y consacrer un après-midi, et une fois bien passés, dégraissés et mis en petits pots, bocaux ou bouteilles dans le congélateur, ils attendront d'être utilisés dans une recette.
Ils font partie des réserves de la cuisine.
Les fonds sont à utiliser comme liquide de mouillement de plats mijotés ou comme base de sauces.

Fond blanc de volaille

Pour 1 litre
Préparation : 10 min
Cuisson : 1 h en tout

1 kg de carcasses, cous et pattes de volailles
60 g de carottes
50 g d'oignons
1 blanc de poireau
1/2 branche de céleri
2 gousses d'ail
1 clou de girofle
6 g de poivre concassé

• Grouper les os de volaille dans une grande casserole, couvrir d'eau froide à hauteur, amener à ébullition et écumer.
• Après cette opération, ajouter la garniture de légumes et de condiments et s'assurer d'une ébullition régulière pendant 45 min. Retirer à l'aide d'une louche la graisse qui remonte en surface. Si l'on veut garder un fond limpide, il est important de respecter ces deux règles.

• Passer le fond au chinois.
• Si on le désire plus corsé, il est recommandé de cuire une poule ou un jarret de veau dans ce fond ; ils serviront à un autre usage.
• Si on n'en a pas l'usage immédiat, le laisser refroidir, puis le verser dans des petits bocaux et le mettre en réserve au congélateur.

Fond de veau brun

Pour 1 litre
Préparation : 10 min
Cuisson : 2 à 4 h

1 kg d'os de veau
100 g de carottes
50 g de gros oignons
1 gousse d'ail
1 bouquet garni

• Après avoir demandé au boucher de concasser les os, les faire colorer au four sur une plaque à rôtir.
• Dans une grande casserole, déposer les os, les carottes et les oignons coupés en rondelles, le bouquet garni. Ne pas saler.
• Mouiller d'eau largement au-dessus du niveau, amener à ébullition et écumer.
• Laisser cuire en dégraissant souvent et en ajoutant de l'eau froide pour maintenir toujours le niveau au-dessus des os.
• Laisser bouillir doucement et régulièrement entre 2 et 4 h. Passer au chinois.
• Après réduction, il doit rester un litre de fond brun.
• Si on n'en a pas l'usage immédiat, le laisser refroidir, puis le verser dans des petits bocaux et le mettre en réserve au congélateur.

Gelée de viande

Pour 1,5 litre
Préparation : 10 min
Clarification : 35 min environ

1 1/2 litre de bouillon de pot-au-feu (p. 17)
300 g de viande de bœuf hachée
1 pied de veau
3 blancs d'œufs
1/2 verre de vin de xérès ou porto
1 tasse à thé de cerfeuil
persil, estragon hachés par parties égales
Sel, poivre

• Faire du bouillon de pot-au-feu (p. 17) en ajoutant aux éléments de celui-ci un pied de veau coupé en deux dans la longueur pour fournir les éléments gélatineux nécessaires.
• Dégraisser soigneusement ce bouillon après passage au réfrigérateur.

• *Clarification :* le but de cette opération est de transformer un liquide trouble en un jus limpide et transparent à saveur plus corsée.
– Laver, sécher, effeuiller les herbes, les hacher finement et les verser dans un saladier. Ajouter les blancs d'œufs, la viande hachée. Mélanger soigneusement le tout.
– Faire tiédir le bouillon dans une casserole, puis le verser doucement dans le saladier en délayant le mélange avec une cuillère en bois. Transvaser le tout dans la casserole et, à feu moyen-doux, porter à ébullition sans cesser de tourner.
– Au premier bouillon, arrêter de tourner et laisser mijoter à petit feu pendant 30 min. Toutes les parties solides montent en croûte à la surface tandis que le jus devient limpide en dessous. Retirer ensuite cette croûte à l'aide de l'écumoire. Passer le liquide à travers une passoire fine recouverte d'une toile à beurre. Il est devenu tout à fait transparent.
• Vérifier l'assaisonnement en sel et en poivre. Parfumer avec le vin de xérès (ou porto). La proportion indiquée est approximative et surtout fonction du goût de chacun. À noter cependant que les saveurs doivent être un peu fortes à chaud pour être parfaites à froid.

Fumet de poisson

Pour 1 litre
Préparation : 10 min
Cuisson :
30 min en tout

1 kg d'arêtes et de têtes de poissons, de préférence : sole, turbot, congre, merlan, rascasse
100 g d'oignons
1 bouquet garni

• Dans une grande casserole, à découvert et à feu doux, faire suer, sans matière grasse, le poisson et les oignons découpés en rondelles pendant 10 min environ. Mouiller à hauteur avec de l'eau, ajouter le bouquet garni et porter à ébullition. Retirer l'écume qui se forme en surface et laisser cuire 25 min à petit feu.
• Passer au chinois fin et réserver au froid en attendant l'utilisation.
• On peut mouiller avec 20 cl de vin blanc sec en remplacement d'un tiers d'eau, mais nous préférons garder un caractère neutre au fumet, ce qui laisse plus de liberté pour les futurs mouillements de poissons et de crustacés.
• Le fumet se gélifiant en refroidissant, il est préférable de le couler tiède dans les récipients prévus pour la congélation.

Utilisation : il sert de liquide de cuisson pour cuire les poissons pochés à court mouillement et les poissons braisés.

Les sauces

Les sauces froides

Les vinaigrettes

Les plus simples des sauces froides sont les vinaigrettes, mélange harmonieux de vinaigre, d'huile, de moutarde, de sel et de poivre. Grâce à la variété des vinaigres, des huiles et des moutardes, on peut agréablement modifier le goût de cette sauce, de même qu'avec des fines herbes hachées, des condiments et des épices.

Les vinaigres

Quels qu'ils soient, et quelles que soient leurs dénominations, les vinaigres sont toujours le produit de la fermentation d'un liquide plus ou moins alcoolisé sous l'action d'un champignon dit « mère de vinaigre ». C'est ainsi que l'on en propose de toutes sortes dans le commerce :

• à proscrire, **le vinaigre d'alcool**, qui est seulement acide.

• **le vinaigre de vin** est le plus employé :

– **rouge**, il est fabriqué avec du vin rouge, c'est celui que l'on emploie le plus souvent dans les salades.

– **blanc**, on se sert de vin blanc. Il est particulièrement indiqué pour la sauce au beurre blanc.

• **le vinaigre de cidre** a les mêmes emplois que celui de vin, mais il a un goût très fin et peu acide qui ne dénature pas la salade. Il est très agréable.

• **le vinaigre de xérès** est délicieux. Très parfumé, peu acide, il se marie admirablement avec l'huile d'olive et l'huile de noix. Il est préférable de ne pas mettre de moutarde dans l'assaisonnement quand on l'emploie, pour lui laisser sa saveur intacte.

– On trouve aussi dans le commerce toutes sortes de vinaigres déjà parfumés à différentes fines herbes, tel l'estragon. À mes yeux, il est infiniment meilleur de hacher des fines herbes fraîches dans la vinaigrette au dernier moment.

• **le vinaigre balsamique**. Ce n'est pas un vinaigre s'étant fait lui-même par fermentation, mais un simple vinaigre de vin ayant acquis sa saveur particulière et agréable par l'ajout d'un mélange savant de condiments. Les Italiens en gardent le secret... et ce n'est pas un produit très bon marché. Pour toutes ces raisons, il n'est pas recommandé de s'en servir tous les jours pour la salade familiale...

Les huiles

Elles sont nombreuses sur le marché :
• **l'huile d'arachide**, très employée tant dans les vinaigrettes qu'en friture, a un goût très neutre. Elle donne juste du gras à la salade. Elle tend à être remplacée par d'autres huiles au goût aussi neutre, mais plus légères en calories, telles :
• **l'huile de tournesol**
• **l'huile de maïs**
• **l'huile de colza**
• **l'huile de soja**, et aussi une huile qui est un mélange de tournesol, de colza, de maïs.
• citons aussi **l'huile de pépin de raisin**, que les professionnels aiment bien utiliser, et qui revient à la mode. L'un de ces cuisiniers m'en a dit les raisons : « Elle est si neutre, si légère, sans aucun goût qu'elle ne peut en aucun cas dénaturer les vraies saveurs des ingrédients traités. »
• **l'huile d'olive** : elle est assez légère et pas du tout bon marché. Il en est de toutes sortes. Le parfum du fruit est plus ou moins accentué. C'est à mon avis l'huile à utiliser, à l'exclusion de toute autre, pour toutes les vinaigrettes. Elle ne convient pas du tout pour la mayonnaise. Chaude ou pour frire, elle donne aux mets des saveurs espagnoles... que moi, j'aime bien de temps en temps.
• **l'huile de noix** est riche. Elle a une saveur très particulière. Un peu amère, c'est une huile que l'on peut couper par moitié avec une huile neutre pour adoucir son goût prononcé. On l'utilisera pour assaisonner des salades servies avec des plats du Sud-Ouest.

Vinaigrette classique

Pour une salade

4 cuil. à soupe d'huile (d'olive ou d'arachide)
1 cuil. à soupe de vinaigre de vin
1 cuil. à café de moutarde forte de Dijon
Sel, poivre

• Délayer d'abord la moutarde dans le vinaigre.
• Ajouter le sel et le poivre, puis travailler légèrement avec l'huile.

Les aromates et les condiments des vinaigrettes : à la vinaigrette classique, on peut ajouter :
• des fines herbes : persil, ciboulette et cerfeuil hachés,
• de l'estragon haché ou du basilic haché,
• de l'échalote hachée.
Ces éléments aromatiques sont classiquement employés avec du vinaigre de vin et de l'huile d'olive ou d'arachide.

Remarques : le goût fin du vinaigre de xérès se marie mal avec les échalotes et la ciboulette. En revanche, il admet très bien persil, estragon, cerfeuil.
L'huile de noix supporte bien le persil, des noix grossièrement pilées, ou de fines lamelles de truffes.

Les mayonnaises

La mayonnaise est une émulsion à froid, d'huile et de jaune d'œuf. On emploie essentiellement l'huile d'arachide, l'huile d'olive donnant un goût âcre et peu agréable.

Mayonnaise au naturel

Pour 1 bol
Préparation : 10 min

1/4 de litre d'huile d'arachide
1 jaune d'œuf
2 cuil. à café de moutarde forte de Dijon
2 cuil. à soupe de vinaigre de vin
Sel, poivre

• Dans une jatte un peu profonde, mettre le sel, le poivre, la moutarde, le jaune d'œuf et une cuillerée à soupe de vinaigre.
• Fouetter soigneusement le tout, puis monter la mayonnaise en laissant couler un filet d'huile tandis que l'on travaille régulièrement le mélange avec un petit fouet ou une fourchette, jusqu'à ce qu'on ait épuisé l'huile.
À ce moment, vérifier l'assaisonnement en sel et poivre et ajouter la seconde cuillerée de vinaigre en incorporant bien.
Si la mayonnaise est bien prise, elle ne peut plus tourner.

Conservation : une mayonnaise peut se faire à l'avance et même se conserver du jour au lendemain, à condition de la mettre dans une boîte hermétique et d'éviter de la mettre au réfrigérateur, car le passage du chaud au froid lui serait fatal.

Remarque : avec les batteurs électriques, on réussit sans risque une mayonnaise. Elle est malheureusement moins souple, donc moins fine et moins légère. Pour éviter qu'elle ne devienne trop dure, on versera l'huile plus rapidement et le vinaigre ajouté en dernier lieu la détendra.
Si, malgré toutes ces précautions, la mayonnaise a tourné, il est très facile de la rattraper en mettant un jaune d'œuf dans un bol, puis en versant en filet la mayonnaise tournée tout en fouettant avec le batteur électrique.

Mayonnaise aux herbes

Pour 1 bol
Préparation : 25 min

1 bol de mayonnaise au naturel (p. 28)
1 tasse à thé d'herbes hachées (persil, cerfeuil, ciboulette en parties égales)

• Laver les herbes. Bien les sécher. Prendre les feuilles de persil et celles de cerfeuil. Ne pas utiliser les tiges. Hacher finement en ajoutant la ciboulette ciselée.
• Bien incorporer les herbes à la mayonnaise.
• Goûter et vérifier l'assaisonnement.

Mayonnaise aux câpres

Pour 1 bol
Préparation : 15 min

1 bol de mayonnaise au naturel (p. 28) sans vinaigre
2 cuil. à soupe de câpres hachées

• Égoutter les câpres, les hacher grossièrement.
• Incorporer les câpres à la mayonnaise au naturel sans vinaigre.
• Goûter. Si la mayonnaise est un peu fade, ajouter du vinaigre des câpres.

Mayonnaise aux cornichons

Pour 1 bol
Préparation : 15 min

1 bol de mayonnaise au naturel (p. 28) sans vinaigre
4 à 5 cornichons moyens

• Hacher grossièrement les cornichons.
• Incorporer les cornichons à la mayonnaise au naturel sans vinaigre.
• Goûter. Ajouter éventuellement du vinaigre des cornichons si vous trouvez cette mayonnaise trop fade.

Mayonnaise au ketchup

Pour 1 bol
Préparation : 10 min

3/4 de bol de mayonnaise au naturel (p. 28)
1/4 de bol de ketchup

Incorporer le ketchup à la mayonnaise au naturel en mélangeant bien.

Mayonnaise à la tomate fraîche

Pour 1 bol
Préparation :
mayonnaise, 10 min,
tomates, 5 min

1 bol de mayonnaise au naturel (p. 28)
2 tomates moyennes

• Choisir 2 tomates bien rouges. Les plonger 1 minute dans l'eau bouillante. Retirer la peau. Les couper en petits dés en enlevant toutes les graines et le jus. Les suspendre dans une mousseline pendant que l'on fait la mayonnaise pour que le reste du jus continue à s'égoutter.
• Au dernier moment, incorporer délicatement les dés de tomate à la mayonnaise.

Mayonnaise aux olives noires

Pour 1 bol
Préparation :
mayonnaise, 10 min,
olives noires, 10 min

1 bol de mayonnaise au naturel (p. 28)
50 g d'olives noires dénoyautées

• Il existe des olives noires dénoyautées dans le commerce. À défaut, les dénoyauter avec le dénoyauteur puis les hacher très grossièrement.

• Au dernier moment, incorporer le hachis à la mayonnaise.

Remarque : en diminuant de moitié les quantités de tomates et d'olives noires, on peut également les incorporer toutes les deux à une mayonnaise au naturel.

Mayonnaise crémée au citron

Pour 1 bol
Préparation : 12 min

1/4 de litre d'huile d'arachide
1 jaune d'œuf
1 cuil. à soupe de crème fraîche
1 citron
1 cuil. à café de moutarde forte de Dijon
Sel, poivre

• Faire une sauce mayonnaise au naturel (p. 28), mais en employant le jus d'un citron à la place du vinaigre.
• Quand la mayonnaise est prête, y incorporer la crème fraîche en mélangeant bien avec une cuillère. Vérifier l'assaisonnement. Ajouter éventuellement sel, poivre et un peu de citron.

Remarque : on peut remplacer le citron par du vinaigre de vin ou de xérès dans cette mayonnaise à consistance très légère.

Mayonnaise crémée à la ciboulette

Pour 1 bol
Préparation : 15 min

1 bol de mayonnaise crémée (p. 31)
4 cuil. à soupe de ciboulette hachée

• Couper très finement la ciboulette à l'aide de ciseaux.
• L'ajouter à la mayonnaise.

Mayonnaise crémée au basilic frais

Pour 1 bol
Préparation : 15 min

1 bol de mayonnaise crémée (p. 31)
2 cuil. à soupe de basilic frais haché

• Effeuiller le basilic, hacher grossièrement les feuilles et les incorporer à la mayonnaise.

Mayonnaise crémée aux fines herbes

Pour 1 bol

1 bol de mayonnaise crémée (p. 31)
1 tasse à thé d'herbes (persil, cerfeuil, estragon par parties égales)

Effeuiller les herbes, hacher grossièrement les feuilles et les incorporer à la mayonnaise.

Autres sauces froides

Aïoli

Évidemment, il faut aimer l'ail. Sans être très difficile à faire, il demande néanmoins un peu de doigté. On peut le faire à l'avance, recouvrir le bol d'un film plastique et surtout le laisser attendre à la température ambiante sans aller au froid du réfrigérateur.

Pour 1 bol
Préparation : 15 min

1/4 de litre d'huile d'olive
1 jaune d'œuf
4 gousses d'ail
1/2 citron (jus)
1 cuil. à soupe d'eau tiède... et plus
Sel

• Éplucher et dégermer les gousses d'ail. Les mettre dans un mortier et, à l'aide du pilon, en faire une pâte.
• Incorporer le jaune d'œuf, du sel.
• Verser lentement l'huile en filet en tournant sans cesse. À peu près à mi-chemin, détendre l'aïoli avec la cuillerée à soupe d'eau tiède et le jus du demi-citron en mélangeant bien. Continuer à verser l'huile en tournant. Éventuellement, ajouter de temps en temps un peu d'eau si l'aïoli devenait trop épais. Il doit ressembler à une mayonnaise se tenant bien mais ne se coupant pas au couteau !

Fleurette au citron

Pour 1 tasse à thé

3 cuil. à soupe de crème fleurette
1/2 cuil. à soupe rase de moutarde forte
Le jus d'un 1/2 citron
Sel, poivre

• Délayer la crème fleurette avec la moutarde, du sel et du poivre. Ajouter le jus de citron, bien mélanger.

Fleurette au vinaigre de xérès

Pour 1 bol
Préparation : 10 min

1/4 de litre de crème fleurette
1 cuil. à soupe de vinaigre de xérès
1 cuil. à café de moutarde forte de Dijon
1 cuil. à café d'estragon haché
Sel, poivre

• La crème fleurette est de la crème fraîche liquide. On la trouve en cartons UHT de 20 cl.
• Prendre les feuilles d'estragon, les laver, les sécher et les hacher finement.
• Dans une jatte, délayer la moutarde dans le vinaigre. Ajouter la crème fleurette, l'estragon haché, du sel et du poivre.
• Battre délicatement le tout pour bien assurer le mélange. Vérifier l'assaisonnement.

Emplois : cette sauce accompagne délicieusement romaine, frisée et certaines salades composées.

Sauce gribiche à ma façon

Pour 1 bol
Préparation : 15 min
Cuisson : œuf, 10 min

9 cuil. à soupe d'huile d'olive
3 cuil. à soupe de vinaigre de vin
2 cuil. à café de moutarde blanche
1 œuf
1/2 tasse à thé d'herbes hachées (cerfeuil, persil, ciboulette par parties égales)
Sel, poivre

• Faire cuire dur un œuf. Pendant ce temps, laver les herbes, bien les sécher. Séparer les feuilles de persil et de cerfeuil des tiges et les hacher avec la ciboulette.
• Préparer une vinaigrette classique (p. 27). Ajouter les herbes. Laisser tomber dans la sauce l'œuf dur passé à travers une petite moulinette.
• Mélanger délicatement.

Sauce à l'anchois simple

Pour 1 bol
Préparation : 15 min

3 anchois à l'huile
2 gousses d'ail
1 jaune d'œuf
1/4 de litre d'huile d'olive
1 filet de citron
Poivre

• Broyer au mixer les anchois en menus morceaux ainsi que les gousses d'ail épluchées et dégermées.

• Verser cette pâte dans un bol, ajouter le jaune d'œuf et 1 cuil. à soupe d'eau froide. Bien mélanger le tout, puis verser l'huile en filet pour la monter comme une mayonnaise se tenant bien mais pas trop compacte. La relever avec du poivre, un peu de jus de citron et éventuellement du sel. La laisser attendre à la température de la cuisine.

Sauce à la tomate concassée au basilic

C'est une sauce garniture qui se présente sur assiette à côté du mets qu'elle accompagne.

Pour 4 assiettes
Préparation : 15 min

6 tomates rondes moyennes
4 cuil. à soupe d'huile d'olive
2 cuil. à café de basilic frais haché
Sel, poivre

• Plonger les tomates une demi-minute dans l'eau bouillante. Les rafraîchir en les passant sous l'eau froide, les égoutter, les laisser refroidir.
• Cueillir les feuilles de basilic, les laver, les sécher et les hacher finement. Réserver dans une tasse.
• Retirer la peau des tomates, les couper en deux, les presser doucement dans la main pour enlever les graines et l'eau de végétation. À l'aide d'un petit couteau, couper la chair des tomates en très petits dés.
Sur chaque assiette, disposer un petit tas de tomates concassées. Saler, poivrer. Saupoudrer de basilic haché. Arroser d'excellente huile d'olive.

Sauce au raifort râpé

Pour 4 personnes
Préparation : 12 à 15 min

20 cl de crème fraîche liquide UHT très froide
140 g de raifort râpé (dans le commerce)
2 cuil. à soupe de jus de citron
2 cuil. à café de moutarde forte de Dijon
1 cuil. à café de sucre en poudre
Sel, poivre

• Égoutter le raifort dans une passoire fine.
• Dans un saladier, le mélanger avec le sucre, le citron, la moutarde, du sel, du poivre.
• Battre la crème fraîche liquide en crème fouettée dans un récipient bien froid. Elle doit avoir la consistance d'une mayonnaise

légère. La mélanger convenablement au raifort. Goûter et éventuellement ajouter de la moutarde ou du citron. La mettre au frais et la battre un peu avant de la verser en saucière pour la servir.

Crème fouettée à l'aneth

Pour 1 bol
Préparation : 15 min

20 cl de crème fraîche liquide
1 tasse à thé d'aneth haché
Sel, poivre

• Mettre au réfrigérateur la crème liquide dans un saladier pour que les deux soient bien glacés. Équeuter l'aneth et hacher finement les feuilles.
• Sortir le saladier de crème du froid. À l'aide du petit fouet à main, la battre d'un mouvement régulier. Quand elle commence à monter, accélérer le mouvement jusqu'à ce qu'elle ait la consistance d'une mayonnaise légère. Saler, poivrer, ajouter l'aneth haché, mélanger de nouveau pour répartir l'herbe harmonieusement. Transvaser dans une saucière et servir.

Remarque : on peut tout simplement employer de la crème fraîche épaisse non fouettée et l'assaisonner de même manière ; on peut remplacer l'aneth par de la ciboulette ou des fines herbes mélangées : persil, cerfeuil, ciboulette.

Les sauces chaudes

Les classiques

Béchamel

Elle se fait au dernier moment, mais peut attendre à feu doux. En tout cas, elle ne risque pas de tourner puisqu'elle contient de la farine.
C'est une sauce commode qui, enrichie d'ingrédients, se prête à toutes sortes de préparations

Pour 1 bol (1/2 litre)
Cuisson : 20 min

2 1/2 verres de lait (30 cl)
1 cuil. à soupe rase de farine (15 g)
1 noix de beurre (25 à 30 g)
1 bonne pointe de couteau de noix muscade
Sel, poivre

• Faire un roux blond dans une casserole à feu doux, faire fondre le beurre. Quand il est presque fondu, ajouter la farine et laisser cuire jusqu'à la couleur jaune pâle et que se dégage une bonne odeur de pain chaud.
• Verser d'un coup le lait froid. Porter à ébullition sans cesser de tourner jusqu'à épaississement. Saler, poivrer, parfumer avec de la noix muscade un peu au goût et laisser mijoter à tout petit feu pendant 10 min en donnant un petit tour de temps en temps. Si en fin de cuisson la sauce semble un peu épaisse, l'amener à bonne consistance en ajoutant et délayant un peu de lait. Elle est alors prête à l'emploi.

Remarque : la passer à travers un chinois si on a fait des grumeaux.

Coulis de tomate

Vous savez le bien que je pense de ceux du commerce, mais enfin on peut avoir creusé des tomates pour les farcir. Donc, autant se servir de cette pulpe pour faire un coulis très nature qui sera très bien au congélateur dans des pots de yaourt ou de confiture avant d'être dégelé et enrichi d'herbes et d'aromates. On peut aussi, à la saison, quand les tomates sont mûres et pas chères, décider délibérément de se constituer une réserve.

Pour 1/2 litre, et selon les tomates
Préparation : 20 min
Cuisson : 30 min

1 kg de tomates
Beurre
Sel, poivre

• Plonger les tomates dans une grande casserole d'eau bouillante pendant 1 min. Les rafraîchir en les passant sous l'eau froide et enlever la peau. Couper les tomates en deux, presser doucement chaque moitié au-dessus d'un bol pour faire sortir l'eau et les graines. Les couper ensuite en morceaux.
• Dans une casserole, mettre les tomates à feu doux. Les laisser mijoter à découvert en remuant de temps en temps avec une cuillère jusqu'à ce que l'ensemble réduise et perde toute son eau, ce qui prend à peu près 30 min. À ce moment-là, verser le coulis dans un tamis au-dessus d'un bol, passer et pilonner jusqu'à ce qu'il ne reste que des déchets filandreux. Racler sous le tamis pour ne pas perdre de pulpe.

• À ce stade-là, le coulis a l'aspect d'une sauce. S'il doit entrer dans la composition d'une autre sauce, il est préférable de le dessécher encore un peu. Il suffit pour cela de le remettre dans une petite poêle et, à feu moyen, le faire mijoter 5 à 6 min, jusqu'à ce que, en réduisant, il prenne davantage l'apparence d'une purée un peu fluide.

Remarque : c'est sous cette dernière forme qu'il sera mis en réserve au congélateur.

Variante : on peut ajouter au coulis au dernier moment, avant de le servir, un mélange de fines herbes telles que ciboulette, persil, cerfeuil. On peut lui ajouter de la crème fraîche en dernier lieu et faire « bouillotter » jusqu'à consistance onctueuse. Il est bon alors à être utilisé.

Coulis de tomate de Jacques Maximin

Pour 1/2 litre, et selon les tomates
Préparation : 25 min environ
Cuisson : 1er temps, 10 à 12 min ; 2e temps, variable selon les tomates, entre 20 et 45 min.

1 kg de tomates
1 gousse d'ail
2 oignons
1 branche de thym
1/2 feuille de laurier
1 branche de persil
3 à 4 cuil. à soupe d'huile d'olive
Sel, poivre

• Émonder les tomates (p. 438), supprimer les graines, les détailler en dés, les réserver.
• Éplucher et hacher les oignons grossièrement, ainsi que la gousse d'ail.
• Préchauffer le four à température moyenne.
• Dans une grande poêle, à feu moyen-vif, mettre à chauffer l'huile d'olive, ajouter les oignons, l'ail, le bouquet garni (thym, laurier, persil), les dés de tomates et, en tournant avec la cuillère, faire perdre aux légumes leur eau de végétation.
• À l'aide de l'écumoire, verser les légumes dans la cocotte. La couvrir, puis la mettre au four.
• Laisser cuire à petits bouillonnements pour obtenir un coulis épais. Vérifier l'assaisonnement. Il est bon à l'emploi.

Bagna cauda

C'est la sauce de nos rivages méditerranéens. On y trempe en général des crudités en allant jusqu'au fond mais c'est aussi, bien remué, un délicieux assaisonnement pour un amuse-bouche. Elle doit être chaude-tiède. On la fait donc au dernier moment avant de la verser dans une jatte de service.

Pour 1 bol
Préparation : 15 min

1/4 de litre d'huile d'olive
4 à 5 filets d'anchois à l'huile
Une petite poignée de mie de pain
Un peu de lait
1 gousse d'ail

• Mettre la mie de pain dans une tasse et l'humecter de lait. Sortir les anchois de la boîte sans leur huile et les mettre à fondre à feu doux dans une casserole en les tournant de temps en temps. Éplucher et dégermer la gousse d'ail.
• Quand les anchois sont fondus, leur ajouter la mie de pain pressée entre les mains et la gousse d'ail écrasée au presse-ail, mélanger en ajoutant l'huile d'olive petit à petit. Tenir au chaud sur feu doux, jusqu'au moment de s'en servir.

Coulis de poivrons rouges

Il est ici dans les sauces chaudes, mais froid il est tout aussi bon. On peut le faire à l'avance et le faire chauffer doucement au dernier moment.

Pour 1 bol
Préparation : 10 min

500 g de poivrons rouges cuits à la vapeur (p. 371)
3 cuil. à soupe d'huile d'olive
2 cuil. à soupe de crème fraîche épaisse
1/2 citron (jus)
Quelques gouttes de Tabasco
Sel, poivre de Cayenne

• Égoutter les poivrons, les couper en gros morceaux et les mettre dans le mixer avec le jus de citron. Broyer pour avoir une purée épaisse, la passer et la pilonner à travers une passoire fine au-dessus d'un saladier pour éliminer les déchets.
• Remettre dans le mixer avec l'huile, la crème, quelques gouttes de Tabasco, du sel et un peu de poivre de Cayenne. Tourner quelques secondes, verser dans une casserole, vérifier l'assaisonnement en citron, Tabasco, sel et poivre et la faire convenablement tiédir à feu doux. Elle est alors bonne à l'emploi.

Sauce à l'ail

Pour 1/2 litre de sauce
Préparation : 15 min
Cuisson : 10 à 12 min

20 gousses d'ail
3/4 de litre de lait
2 jaunes d'œufs
2 cuil. à soupe de crème fraîche
Sel, poivre

- Éplucher les gousses d'ail, retirer les petits germes.
- Mettre à bouillir le lait, le saler. Ajouter les gousses d'ail et les faire cuire 10 à 12 min ; elles doivent être bien tendres.
- Au terme de la cuisson, verser le tout dans le mixer et broyer pour avoir une purée claire. À travers une passoire fine, la verser dans une casserole et la mettre sur le feu doux. Porter à petite ébullition.
- Dans un bol, délayer les 2 jaunes d'œufs avec la crème fraîche. Baisser le feu sous la casserole. Prendre 1cuil. de purée d'ail et la délayer dans le mélange jaunes-crème. Recommencer avec une autre cuillerée de purée d'ail et verser ensuite le tout dans la purée d'ail. À feu très doux, tourner la sauce jusqu'à épaississement et onctuosité. Éviter l'ébullition et poivrer la sauce. Si elle doit attendre, la laisser au bain-marie.

Sauce aux oignons

Pour 1 grand bol
Préparation : 10 min
Cuisson :
oignons : 10 min
sauce : 20 min

1/2 litre de lait
175 g d'oignons moyens
1 cuil. à soupe rase de farine (15 g)
1 grosse noix de beurre (30 g)
1 pointe de couteau de muscade râpée
Sel, poivre

- Éplucher les oignons, les couper en rondelles et les mettre dans une casserole avec le lait. Porter à ébullition et faire mijoter à petit feu jusqu'à ce que les oignons soient cuits.
- Les retirer à l'aide de l'écumoire. Bien les égoutter (garder le lait), les poser sur la planche et les hacher finement.
- Dans une casserole à feu doux, mettre le beurre à fondre, ajouter la farine, mélanger et cuire jusqu'à ce que l'ensemble soit lisse et jaune pâle.
- Délayer petit à petit en tournant avec le lait parfumé aux oignons jusqu'à ébullition et épaississement, ajouter les oignons hachés, du sel, du poivre et la pointe du couteau de muscade râpée.
- Laisser mijoter à très petit feu pendant 12 à 15 min. Vérifier l'assaisonnement. Elle est alors bonne à l'emploi.

Sauce poulette

Elle se fait au dernier moment mais attend très bien dans un bain-marie.

Pour 1 bol
Préparation :
15 min environ

2 1/2 verres de bouillon de volaille (30 cl) (p. 19)
1 cuil. à soupe rase de farine (15 g)
25 à 30 g de beurre
2 jaunes d'œufs
1 petit pot de crème fraîche (10 cl)
Quelques gouttes de jus de citron au goût
Sel, poivre

• Dans une casserole, faire un roux blond avec la farine et le beurre comme pour la béchamel (p. 35). Mouiller avec bouillon, court-bouillon, jus de coquillages selon le cas. Saler, poivrer. À feu doux, porter à ébullition jusqu'à épaississement en tournant.
• Dans un bol, délayer les jaunes d'œufs dans la crème fraîche, ajouter un peu de sauce chaude, verser ensuite dans la casserole et continuer à chauffer presque à ébullition jusqu'à consistance lisse et onctueuse. Vérifier l'assaisonnement en sel et en poivre. Parfumer au goût de jus de citron. Elle est alors prête à l'emploi.

Les sauces réduites

Sans farine, elles sont fines, légères et délicieuses.
Elles sont la conséquence de la réduction de crème fraîche mélangée à un liquide de mouillement parfumé. On les termine parfois avec du beurre et des jaunes d'œufs. On y ajoute des éléments pour les parfumer et les enrichir.
Pour être parfaites, ces sauces doivent avoir une consistance onctueuse et non épaisse que l'on reconnaît à ce qu'elles nappent la cuillère et qu'elles coulent en un filet large et continu. On dit qu'elles *font le ruban.*
À tort, ces sauces inquiètent les cuisinières car beaucoup pensent que la crème ne doit pas bouillir car elle « tournerait ».
Effectivement, en début d'ébullition, la crème passe par un stade qui paraît inquiétant, où elle se liquéfie, *monte* dans la casserole et semble se désagréger. C'est normal. Passé cette phase, la crème se reconstitue, réduit et arrive à l'état souhaité.

Pour les réussir

• La crème doit être d'excellente qualité et de première fraîcheur, sinon elle réduit mal et reste en « eau ».

• La quantité de liquide de mouillement doit être bien proportionnée à celle de crème. S'il y a trop de liquide, la crème est « noyée » et ne peut réduire.
• Il ne faut pas arrêter la réduction trop tôt, car la sauce reste alors à l'état de bouillon crémeux.
• Il ne faut pas pousser la réduction trop loin, sinon la crème tourne en beurre, se désagrège et on a quelque chose de gras et d'écœurant, non homogène, tout à fait désagréable.

Les remèdes

• *La sauce reste trop liquide :*
Faire une liaison à la fécule. Pour 1/4 de litre de sauce : 1 cuil. à café rase de fécule.
Dans une tasse, délayer la fécule avec un peu de sauce pour avoir une pâte liquide sans grumeaux. Verser ensuite dans la sauce en tournant avec la cuillère. Attendre que l'épaississement se produise et retirer du feu.
• *La réduction est allée trop loin :*
À feu très doux, ajouter 1 cuil. à soupe de crème fraîche pour 1/4 de litre de sauce. Sans laisser bouillir, battre la crème dans la sauce avec le petit fouet à main pour homogénéiser, et chauffer le tout. Retirer du feu.

Crème de curry

Cette sauce se fait au dernier moment, mais attend très bien dans un bain-marie.

Pour 1 bol
Cuisson : 20 à 25 min

1 verre de bouillon de volaille (p. 19)
1 verre de vin blanc sec
1 échalote
20 cl de crème fraîche épaisse
1 cuil. à café de curry
30 g de beurre
Sel, poivre

• Hacher finement l'échalote.
• Dans une casserole à feu moyen, mettre l'échalote et le vin blanc et faire réduire jusqu'à l'état de compote mouillée. Verser alors le bouillon et le faire réduire de moitié. Ajouter la crème fraîche et le curry et, à petits bouillons, faire réduire jusqu'à consistance onctueuse.
• Baisser le feu à très doux et incorporer le beurre, petit morceau par petit morceau. Vérifier l'assaisonnement en sel, poivre, curry. Elle est alors bonne à l'emploi.

Crème au fumet de poisson

Elle se fait au dernier moment, mais elle peut attendre tenue au bain-marie ou à feu doux.

Pour 1 bol
Cuisson : 10 à 12 min

1 louche de fumet de poisson (p. 25)
5 cuil. à soupe de crème fraîche
2 jaunes d'œufs
1/2 cuil. à café de jus de citron
Sel, poivre

• Dans une sauteuse ou une casserole à fond épais, porter le fumet de poisson à ébullition et le faire réduire de moitié.
• Ajouter ensuite la crème fraîche, mélanger. Laisser bouillir et réduire jusqu'à consistance lisse et onctueuse.
• Pendant ce temps, battre deux jaunes d'œufs dans un bol.
• Quand la sauce est à la consistance voulue, baisser le feu et verser 1 cuil. de liquide sur les jaunes d'œufs. Délayer, recommencer l'opération une fois et verser le tout dans la sauteuse en tournant avec la cuillère en bois. Laisser épaissir jusqu'à ce que la sauce nappe convenablement la cuillère et en évitant désormais l'ébullition.
• Ajouter le jus de citron. Saler, poivrer. Servir en saucière ou entourer le mets choisi en assiettes individuelles.

Crème de volaille

Elle se fait au dernier moment, mais elle peut attendre, tenue au bain-marie.

Pour 1 bol
Cuisson : 10 à 12 min

1 louche de bouillon de volaille (p. 19) ou 1/2 louche de bouillon de volaille instantané (1/2 tablette pour 1/2 litre d'eau)
5 cuil. à soupe de crème fraîche
2 jaunes d'œufs
1/2 cuil. à café de jus de citron
Sel, poivre

• Dans une sauteuse ou une casserole à fond épais, porter le bouillon de volaille à ébullition. Le faire réduire de moitié ou le laisser tel quel s'il s'agit de bouillon instantané.
• Ajouter la crème fraîche, mélanger.
• Laisser bouillir et réduire jusqu'à consistance lisse et onctueuse.
• Pendant ce temps, battre deux jaunes d'œufs dans un bol.
• Procéder ensuite comme il est dit dans la crème au fumet de poisson (p. 42).

Velouté de volaille de Jacques Maximin

Il se fait au dernier moment.

Pour 4 personnes
Préparation : 3 à 4 min
Cuisson : 35 à 40 min

1 litre de bouillon de poularde ou de bouillon de volaille instantané (1 tablette pour 1 litre)
1 cuil. à soupe de farine débordante
50 g de beurre
3 cuil. à soupe de crème fraîche
3 jaunes d'œufs
Sel, poivre

• Dans une casserole, mettre le beurre à fondre. Quand il est fondu, ajouter la farine et, en remuant avec la cuillère en bois, faire cuire jusqu'à obtenir une couleur caramel clair.
• Mouiller avec le bouillon de poularde, ou à défaut, du bouillon instantané, et à feu moyen, porter à ébullition en tournant sans cesse jusqu'à épaississement. À partir de ce moment, laisser mijoter à tout petit feu pendant 30 min. Enlever régulièrement avec une cuillère la peau et les impuretés qui se forment en surface.
• Dans un bol, battre ensemble crème fraîche et jaunes d'œufs. Prendre une cuillère de potage chaud et l'incorporer au mélange crème-œufs. Recommencer l'opération 2 à 3 fois puis jeter le tout dans la casserole en délayant bien. Continuer à chauffer doucement en tournant avec la cuillère jusqu'à ébullition. Le velouté est prêt quand il nappe la cuillère. Contenant de la farine, il ne peut pas tourner. On peut donc le laisser prendre à feu doux la consistance nécessaire.

Sauce chaude au raifort

Pour 4 personnes
Cuisson : 30 à 35 min

1 litre de crème fleurette
80 g de raifort râpé (tout prêt en flacon dans le commerce)
2 cuil. à soupe de moutarde forte de Dijon
1 jus de citron
Sel, poivre

• Verser la crème fleurette dans une casserole, la mettre à feu moyen et la laisser réduire de moitié jusqu'à ce qu'elle soit onctueuse.
• Ajouter le raifort râpé et laisser à petit feu pendant 10 min.
• Incorporer la moutarde en la mélangeant avec la cuillère en bois.
• Passer la sauce dans une autre casserole à travers une passoire fine.
• Assaisonner au goût avec du jus de citron, saler et poivrer. La maintenir au chaud sans la faire bouillir jusqu'au moment de s'en servir.

Sauce à la truffe de Monique Peybère

Pour 1 bol
Préparation :
10 à 12 min
Cuisson : 10 à 12 min

10 cl de jus de truffes
10 à 15 g de truffe en boîte par personne
125 g de beurre doux
Sel, poivre

• Sortir les truffes de leur boîte. Verser le jus de truffes dans une petite casserole.
• Broyer très finement les truffes au mixer, les réserver.
• Sur une assiette, préparer le beurre en morceaux de la taille d'une petite noix.
• Mettre la casserole de jus à chauffer à feu moyen-doux. Quand il est chaud, incorporer le beurre morceau par morceau en battant avec le petit fouet pour avoir un beurre émulsionné (p. 53). Saler, poivrer, incorporer le hachis de truffes et servir dans une saucière.

Remarque : si la sauce doit attendre, la mettre dans un bain-marie chaud non bouillant.

Cette sauce accompagne : des pointes d'asperges, des fonds d'artichauts, des cardons au naturel.

Les sauces émulsionnées

Une émulsion est le mariage heureux d'ingrédients qui ne sont pas faits pour être mélangés. C'est dire que ces sauces émulsionnées ont fâcheusement tendance à *tourner*, les divers éléments qui les composent cherchant à se dissocier sous l'influence de différents facteurs. Ces facteurs sont en particulier :
– *le feu trop vif*, donc il est plus sûr de faire ces sauces dans des casseroles à fond épais sur un feu très doux ou dans un bain-marie bien chaud, mais non bouillant ;
– *l'attente*, donc il est nécessaire de les faire au dernier moment. Elles supportent néanmoins d'attendre un peu dans un bain-marie non bouillant ; il est ensuite normal qu'elles soient servies tièdes. Elles accompagnent classiquement certains légumes tels que les asperges et les artichauts.

Beurre blanc

Il est préférable de le servir immédiatement en saucière. La sauce peut quand même attendre si on plonge la casserole dans un bain-marie d'eau chaude non bouillante.

Pour 4 personnes
Préparation : 5 min
Cuisson : réduction, 10 min ; sauce, 10 min

250 g de beurre demi-sel à température ambiante
2 échalotes (grises si possible)
3/4 de verre de vinaigre de vin
1/4 de verre d'eau
Poivre du moulin

• Hacher finement les échalotes. Les mettre dans une casserole à fond épais avec l'eau, le vinaigre et du poivre du moulin.
• Mettre la casserole à feu doux et faire réduire le liquide. Il est important de le faire lentement pour donner aux échalotes le temps de cuire.
• Pendant cette opération, préparer le beurre en morceaux gros comme des petits œufs sur une assiette. Ce beurre doit être souple et ramolli, donc le sortir suffisamment à temps du réfrigérateur.
• Quand il ne reste plus de liquide au fond de la casserole, la retirer du feu pour la laisser refroidir quelques instants ; elle doit être tiède.
• Remettre à feu doux et, morceau par morceau, incorporer le beurre en fouettant vivement. N'ajouter le morceau de beurre suivant que lorsque le morceau précédent a pris un aspect crémeux et solide.
• Quand la sauce est terminée, l'ensemble doit se tenir comme une mayonnaise un peu fluide et avoir une couleur jaune très pâle.

Remarques : si on a la chance d'avoir du vinaigre de champagne, il sera inutile de mettre de l'eau et la saveur de la sauce sera particulièrement délicieuse.
Le beurre doit être de première qualité. La sauce se réussit mieux avec du beurre demi-sel, mais à défaut, un beurre non salé conviendra très bien. Il faudra seulement ne pas oublier de la saler en fin de cuisson.
Je préfère laisser les échalotes dans la sauce, elle est ainsi plus savoureuse, quoique plus rustique.
Il est cependant classique de la passer à travers un chinois avant de la servir, pour retirer les échalotes.

Sauce hollandaise

Il est préférable de servir cette sauce immédiatement en la transvasant dans la saucière de service.
Elle peut néanmoins attendre un peu, si on la laisse dans la casserole plongée dans un bain-marie chaud et non bouillant.

Pour 4 personnes
Préparation : 5 min
Cuisson : réduction, 10 min ; sauce, 15 min

250 g de beurre doux extra-fin
3 jaunes d'œufs
1/2 verre de vinaigre de vin
2 cuil. à soupe d'eau
Le jus d'1/2 citron
Sel, poivre gris en grains ou mignonnette

• Préparer sur une assiette le beurre ramolli, coupé en morceaux de la taille d'un petit œuf.
• Dans une casserole à fond épais, mettre le vinaigre et du poivre gris mignonnette, c'est-à-dire les grains broyés grossièrement. Porter à ébullition à feu moyen jusqu'à ce qu'il ne reste plus de vinaigre.
• Retirer la casserole du feu, la laisser un peu refroidir. Mettre les jaunes d'œufs, les battre au fouet, ajouter l'eau.
• Remettre la casserole à feu doux et fouetter ce mélange jusqu'à ce qu'il épaississe. À ce moment, en fouettant vivement, incorporer le beurre morceau par morceau. N'ajouter le morceau suivant que lorsque le morceau précédent est bien pris dans la masse. La sauce se monte en fait comme une mayonnaise.
• Quand tout le beurre est incorporé, saler et relever le goût avec le citron en redonnant quelques petits coups de fouet.
La hollandaise accompagne classiquement les asperges.

Sauce maltaise

C'est une variante de la sauce hollandaise.

250 g de beurre doux extra-fin
3 jaunes d'œufs
1/2 verre de vinaigre de vin
2 cuil. à soupe d'eau
1 orange sanguine (jus)
1 bonne pincée de zeste d'orange finement râpé
Sel, poivre

• Procéder comme pour la sauce hollandaise.
• Quand elle est terminée, lui mélanger le jus passé d'une orange sanguine. Vérifier le sel et le poivre et incorporer à la sauce une bonne pincée (un peu au goût de chacun) du zeste finement râpé de l'orange pressée.

Sauce mousseline

Il est préférable de servir immédiatement cette sauce. Elle peut néanmoins attendre un peu dans la casserole tenue dans un bain-marie chaud et non bouillant.

Pour 4 personnes
Préparation : 15 min
Cuisson :
réduction, 10 min ;
sauce, 15 min

250 g de beurre doux extra-fin
3 jaunes d'œufs
2 cuil. à soupe d'eau
1/2 verre de vinaigre de vin
le jus d'1/2 citron

Sel, poivre

Crème fouettée :
2 cuil. à soupe de crème fraîche très froide
1 cuil. à soupe d'eau glacée

• Faire une sauce hollandaise (p. 46).
• Préparer la crème fouettée : dans un saladier glacé, verser la crème fraîche très froide et l'eau glacée. Battre doucement au petit fouet à main jusqu'à ce qu'elle commence à monter et augmenter de volume. Battre alors plus vite pour qu'elle prenne la consistance d'œufs en neige tenant au fouet. L'opération prend moins de 2 min (il est préférable de ne pas la prolonger car la crème tourne en beurre).
• Laisser la crème fouettée à la température de la pièce.
• Incorporer la crème fouettée à la hollandaise en mélangeant avec la cuillère en bois. Verser en saucière et servir aussitôt.

Sauce béarnaise

Il est préférable de servir immédiatement cette sauce en la transvasant dans la saucière de service.
Elle peut néanmoins attendre un peu dans la casserole tenue dans un bain-marie bien chaud, mais non bouillant.

Pour 4 personnes
Préparation : 10 min
Cuisson :
réduction, 10 min ;
sauce, 15 min

250 g de beurre doux extra-fin
3 jaunes d'œufs
2 cuil. à soupe d'eau
3/4 de verre de vinaigre de vin

1 petite échalote
2 cuil. à café d'estragon haché
Sel, poivre mignonnette

• Préparer sur une assiette le beurre souple et ramolli, coupé en morceaux gros comme des petits œufs.
• Hacher finement l'échalote. Laver, sécher, effeuiller l'estragon. Hacher les feuilles.
• Dans une casserole à fond épais, mettre le vinaigre, l'échalote, une cuillerée à café d'estragon et du poivre mignonnette, c'est-à-dire les grains broyés grossièrement. Porter à ébullition à feu moyen et faire réduire en douceur jusqu'à ce qu'il ne reste plus qu'un léger voile de vinaigre au fond de la casserole.

• La retirer du feu, la laisser un peu refroidir. Mettre les jaunes d'œufs, les battre au fouet, ajouter l'eau.
• Remettre à feu doux et fouetter ce mélange jusqu'à ce qu'on le sente prendre et épaissir.
• À ce moment, incorporer en fouettant vivement le beurre, morceau par morceau. N'ajouter le morceau suivant que lorsque le morceau précédent est bien incorporé à la masse. La sauce doit prendre petit à petit la consistance d'une mayonnaise solide.
• Quand le beurre est épuisé, ajouter l'autre cuillerée à café d'estragon haché. Saler en mélangeant bien le tout au fouet.

Sauce choron

Pour 4 personnes
Préparation : 10 min
Cuisson :
réduction, 10 min ;
sauce, 15 min

250 g de beurre
3 jaunes d'œufs
2 cuil. à soupe d'eau
3/4 de verre de vinaigre de vin
1 petite échalote
Estragon haché
1 cuil. à café de concentré de tomates
Sel, poivre

• Faire une béarnaise classique (p. 47) et y ajouter en dernier lieu le concentré de tomates en le mélangeant bien.

Remarque : la saveur de la choron sera moins agressive et la sauce plus raffinée si, au lieu de concentré de tomates, on utilise du coulis de tomate (p. 36) dans les proportions 2/3 de béarnaise, 1/3 de coulis.

Emplois : elle accompagne les viandes et les poissons grillés, ainsi que les bettes, les salsifis et le céleri-rave.

Sauce Claude Jolly

Cette sauce se fait au dernier moment.

Pour une saucière
Cuisson : 2 à 3 min

125 g de beurre doux extra-fin
5 cuil. à café d'eau
1 cuil. à soupe de moutarde forte de Dijon

• Sortir le beurre à temps du réfrigérateur pour qu'il soit ramolli, le fragmenter en morceaux.

• Dans une casserole à feu moyen, mettre l'eau et le beurre à chauffer en donnant à la casserole un mouvement circulaire jusqu'à ce que l'ensemble soit onctueux comme une mayonnaise.
• Hors du feu, incorporer la moutarde rapidement en tournant avec la cuillère. Servir immédiatement en saucière.

Remarque : si la sauce n'est pas homogène et semble se désagréger, on peut la « rattraper » en mettant une petite cuillerée d'eau froide et en fouettant vivement.

Emplois : cette sauce accompagne bien toutes les grillades garnies de haricots verts, les champignons, etc.

Les beurres composés

Ils sont ultra-faciles à faire et se conservent très bien, couverts d'un film plastique pour éviter l'oxydation, au frais et non pas au froid du réfrigérateur qui les durcirait fâcheusement.
Pour tous, la technique est la même : avoir du beurre ramolli, le couper en morceaux, les mettre dans un bol et les malaxer avec une fourchette pour leur donner la consistance d'une pommade. Incorporer les ingrédients voulus avec beaucoup de soin. Si l'on est hostile aux 100 % de matières grasses que cela représente, employer des produits allégés.

Beurre d'ail

Pour 150 g de beurre

8 gousses d'ail épluchées et dégermées cuites 10 min à l'eau bouillante
Sel, poivre blanc au goût

Beurre d'ail d'Escudié

Pour 1 bol
Préparation : 6 min
Cuisson : 5 à 6 min

6 belles gousses d'ail
60 g de beurre en tout
12 cuil. à soupe de bouillon de volaille (p. 19) ou instantané en tablettes.

• Préparer et dégermer les gousses d'ail, les écraser très soigneuse-

ment avec le plat du couteau ou les broyer finement, les remettre dans la casserole et bien leur incorporer 30 g de beurre pour avoir une pommade.
• À feu moyen-vif et en évitant l'ébullition, délayer au fouet cette pommade avec le bouillon de volaille chaud pour avoir une sauce bien lisse.
• Au dernier moment, avant de le mettre en saucière, incorporer en fouettant le beurre restant, morceau par morceau.

Beurre de curry

Pour 150 g de beurre

1 cuil. à soupe de curry en poudre

Beurre d'estragon

Pour 150 g de beurre

3 cuil. à soupe de feuilles d'estragon hachées au mixer
Sel, poivre blanc au goût

Beurre d'échalote

Pour 150 g de beurre

2 échalotes
1/2 verre de vin blanc
Sel, poivre blanc au goût

Hacher les échalotes au mini-mixer, les fondre en douceur dans 1/2 verre de vin blanc sec jusqu'à réduction complète de celui-ci. Les échalotes sont alors à l'état de compote mouillée. Elles sont alors assaisonnées de sel et de poivre avant d'être incorporées au beurre en pommade.

Beurre de fines herbes

Pour 150 g de beurre

4 cuil. à soupe de ciboulette, de persil, de cerfeuil hachés par parties égales au mixer
Sel, poivre

Beurre de moutarde

Pour 150 g de beurre

1 bonne cuillerée à soupe de moutarde forte de Dijon (ou toute autre de votre choix)
poivre

Beurre maître d'hôtel

Pour 150 g de beurre

1 1/2 cuil. à soupe de persil haché
Jus d'1/4 de citron
Sel, poivre

• Laver, sécher et effeuiller, hacher les feuilles de persil.
• Travailler le beurre ramolli et incorporer persil, jus de citron, sel, poivre.

Beurre de paprika

Pour 150 g de beurre

1 oignon haché menu
20 g de beurre
1/2 cuil. de paprika

• Faire fondre en douceur 1 oignon haché menu dans une parcelle de beurre. Quand il est mou et transparent, le saupoudrer de paprika et continuer la cuisson 1 min en tournant en tous sens.
• Verser dans le mini-mixer et broyer pour avoir une fine purée. Vérifier l'assaisonnement en sel.
• Incorporer ensuite au beurre en pommade.

Beurre de poivron rouge

Pour 150 g de beurre

3 poivrons rouges
20 g de beurre
1 cuillerée à café d'eau
Jus de citron
Sel, poivre de Cayenne

• Préparer les 3 poivrons en retirant la tige avant de les ouvrir en deux pour pouvoir retirer les graines et les parties fibreuses. Les couper ensuite en morceaux.
• Dans une casserole à feu doux, mettre à fondre la parcelle de beurre dans la cuillerée à café d'eau, quelques gouttes de jus de citron, ajou-

ter les morceaux de poivrons et, à couvert, les faire étuver en douceur jusqu'à ce qu'ils soient bien tendres. Les saler et les poivrer.

Beurre de raifort

Pour 1 bol
Préparation : 10 min

150 g de beurre ramolli
30 g de raifort râpé (en flacon dans le commerce)
Sel

• Dans un saladier, fragmenter le beurre en morceaux et le travailler à la fourchette jusqu'à ce qu'il soit en pommade en lui incorporant petit à petit le raifort râpé.
• Verser en saucière. Tenir à la température de la cuisine jusqu'à utilisation.

Beurre de tomate

Pour 1 bol

1 cuil. à soupe de concentré de tomates du commerce
1 cuil. à café de sucre en poudre
1 cuil. à café de ketchup
un peu de sel
1 pincée de poivre de Cayenne

• Faire chauffer 1 cuil. à soupe de concentré du commerce dans une petite casserole et y ajouter 1 cuil. à café de sucre en poudre, le faire fondre, saler modérément.
• Ajouter 1 cuil. à café de ketchup et relever d'un peu de poivre de Cayenne au goût.
• Incorporer ce mélange bien froid au beurre malaxé.

Beurre fondu

Pour 4 personnes
Cuisson : 4 à 5 min

150 g de beurre
Le jus d'un petit citron
Sel, poivre

• Dans une casserole à feu très doux, mettre le beurre fragmenté en morceaux.
• Quand il est fondu, retirer à l'aide d'une cuillère toutes les petites impuretés de la surface.

• Saler, poivrer. Assaisonner avec le jus d'un citron. Il est prêt alors à toutes sortes d'usages.

Beurre émulsionné

Cette sauce se fait au dernier moment.

Pour 4 personnes
Cuisson : 5 à 6 min

130 g de beurre
3 cuil. à soupe d'eau
Quelques gouttes de jus de citron
Sel, poivre

• Dans une casserole, à feu doux, mettre l'eau et le beurre en morceaux, laisser fondre puis, en relevant le feu, porter à ébullition.
• Laisser bouillir tout en imprimant à la casserole un mouvement circulaire. Petit à petit, l'ensemble eau-beurre s'émulsionne et constitue une sauce onctueuse.
• Saler, poivrer, éventuellement aromatiser avec un peu de jus de citron.

Emplois : cette sauce toute simple et délicieuse assaisonne les légumes verts cuits à l'anglaise. Elle est d'ailleurs faite le plus souvent avec l'eau de cuisson du légume à assaisonner.

Remarque : on peut y ajouter les fines herbes de son choix.

Beurre noisette

Cette préparation se fait au dernier moment.

Pour 4 personnes

100 g de beurre
2 cuil. à soupe de vinaigre de vin

• Dans une poêle, à feu moyen, faire fondre le beurre jusqu'à ce qu'il ne grésille plus et prenne une couleur noisette.
• Le verser alors sur le mets choisi et verser dans la poêle le vinaigre que l'on fait fumer 1 min.
• Répandre ensuite le vinaigre sur l'ensemble du plat.

Quelques condiments

Chutney de tomates vertes

Ce condiment peut se consommer de suite ou être mis en bocaux hermétiques et stérilisés pendant 1 h dans l'eau bouillante.

Pour 1 bocal
Préparation : 45 à 60 min
Cuisson : 1 h

1 kg de tomates vertes
2 têtes d'ail
2 petits piments verts
50 g de gingembre
3 cuil. à soupe de sucre brun
1/2 litre de cidre
Sel, poivre

• Plonger les tomates 30 s dans l'eau bouillante. Retirer la peau, les ouvrir en quatre, retirer toutes les graines et l'eau de végétation, les concasser grossièrement.
• Éplucher les gousses d'ail, les hacher finement.
• Retirer la tige des petits piments, les ouvrir en deux, retirer les graines, les hacher finement.
• Peler le gingembre et le râper finement.
• Mettre tous ces ingrédients dans une casserole, y mélanger le sucre brun et le cidre. Saler et poivrer légèrement.
• À feu moyen, porter à ébullition, la maintenir de façon régulière en tournant le chutney régulièrement pour qu'il n'attache pas et arrêter la cuisson quand, en réduisant, il a atteint une consistance épaisse et sirupeuse. Relever éventuellement l'assaisonnement en sel, en poivre et en sucre.
• Laisser refroidir, verser dans le bocal et le stériliser si on n'en a pas un usage immédiat.

Emplois : accompagne très bien les viandes rouges, le gibier de poil, les volailles telles que canard et pintade et toutes sortes de terrines.

Échalotes à l'aigre-doux

Pour 1 petit bocal
Préparation : 15 à 20 min
Cuisson : 1er temps, 6 à 8 min ; 2e temps, 3 à 4 min

450 g d'échalotes
30 g de beurre
2 cuil. à soupe de vinaigre de vin
1 cuil. à soupe de sucre brun
Gros sel
Sel, poivre

• Éplucher les échalotes, les émincer en 4 à 6 quartiers dans le sens de la longueur.

• Les mettre à cuire 6 à 8 min dans de l'eau bouillante salée, les égoutter, les rafraîchir sous l'eau froide et parfaitement bien les sécher dans un torchon.
• Dans une sauteuse à feu moyen, mettre 30 g de beurre à fondre. À la couleur blonde, ajouter le vinaigre et le sucre brun, tourner le tout pour obtenir un caramel blond roux, ajouter les échalotes et, en les tournant en tous sens, les faire s'enduire et se glacer de caramel, saler légèrement et les poivrer. Servir chaud ou à température ambiante.

Emplois : complète très bien les terrines et les pâtés. Complète les garnitures d'un rôti de porc, de noisettes de chevreuil ou de marcassin.

Rouille

C'est un condiment où l'ail domine et qui se sert impérativement avec de la bouillabaisse.

Pour 1 petit bol
Préparation : 15 min

3 gousses d'ail
1 petit piment rouge frais
1 jaune d'œuf
1 verre à moutarde (12 cl) d'huile d'olive

• Éplucher et dégermer les gousses d'ail. Détailler le piment en morceaux, broyer convenablement le tout au petit mixer et le verser dans un bol.
• Ajouter le jaune d'œuf et mélanger.
• En versant l'huile en petit filet, monter une courte mayonnaise épaisse que l'on peut terminer en lui ajoutant une cuillerée à soupe de bouillon de la bouillabaisse.
• Présenter la rouille dans un petit bol et chacun en tartinera à son gré des tranchettes de baguette dorées à l'huile d'olive.

Les pâtes

Pâte brisée

Elle se fait la veille et se conserve 8 jours au réfrigérateur, dans un plastique.

Pour 500 g de pâte, et un fond de tarte pour 6 à 8 personnes
Préparation : 15 min, 12 h à l'avance
Cuisson : 20 min

250 g de farine
10 g de sucre en poudre
7 g de sel
180 g de beurre ramolli
1 cuil. à soupe d'eau froide
1 œuf

• Couper le beurre ramolli en 6 morceaux.
• Sur le plan de travail, faire un cratère avec la farine. Le saupoudrer avec le sucre et le sel. Poser l'œuf entier et le beurre au centre de la farine. Commencer à mélanger du bout des doigts d'une main, tandis que l'autre ramène progressivement la farine vers le centre pour malaxer finalement le tout des deux mains.
• Ajouter l'eau petit à petit. Dès que les différents éléments se sont agglutinés et prennent corps, terminer la pâte en l'écrasant sous la paume et en l'aplatissant sur la planche farinée d'un mouvement allongé pour qu'elle soit bien homogène. La rassembler en boule, la glisser dans un sac en plastique et la laisser reposer une nuit dans le réfrigérateur avant l'emploi.
• Allumer le four à température chaude (230-250 °C).
• Sur la planche farinée, étaler la pâte au rouleau sur 5 mm d'épaisseur.
• Beurrer un moule à tarte pour 6 à 8 personnes, à fond mobile (22 à 25 cm de diamètre). Le garnir avec la pâte en la pinçant bien tout autour du bord. Piquer le fond de coups de fourchette. Recouvrir d'un papier sulfurisé et remplir de haricots secs.
• Enfourner et faire cuire 20 min. Sortir la tarte du four. Retirer le papier et les haricots. Laisser refroidir, puis démouler.
Cette cuisson, dite « à blanc », donne une croûte bien cuite que l'on peut ensuite garnir au dernier moment de la façon que l'on souhaite.

Remarque : ne pas hésiter à employer les pâtes brisées toutes prêtes du commerce. Elles sont excellentes et se présentent en pâton ou en disques prédécoupés.

Pâte à crêpes

Elle se fait 1 à 2 h à l'avance.

Pour 6 personnes
Préparation : 10 min
Repos de la pâte : 1 à 2 h

250 g de farine
1/2 litre de lait
4 œufs entiers
2 cuil. à soupe d'huile
1/2 cuil. à café de sel

• Dans une terrine, mettre la farine et le sel, ajouter les œufs entiers. Tourner avec la cuillère pour mélanger grossièrement les œufs avec la farine.
• Ajouter un peu de lait et travailler vigoureusement pour obtenir une pâte lisse. Continuer à verser le lait lentement en délayant et en tournant énergiquement pour obtenir finalement une pâte lisse et fluide sans grumeaux.
• Terminer en ajoutant l'huile. Bien mélanger avant de laisser reposer 1 à 2 h.

Pâte à choux

Pour 30 choux environ
Préparation : 15 min
Cuisson : 30 min

1/4 de litre d'eau et de lait par moitié
110 g de beurre à la température de la cuisine
140 g de farine tamisée
5 œufs
1 cuil. à café de sel

• Allumer le four à température moyenne-chaude (220 °C, th. 6).
• Dans une casserole, verser le mélange lait-eau, le beurre divisé en morceaux, le sel. À feu moyen, porter à ébullition.
• Dès la première ébullition, et une fois le beurre fondu, retirer du feu et verser en pluie toute la farine en mélangeant en même temps avec la cuillère en bois.
• Remettre sur le feu et, en travaillant toujours à la cuillère, dessécher le mélange pendant 1 min environ. Il est à point quand il se décolle du fond et des parois de la casserole.
Retirer du feu, laisser un peu refroidir la casserole et ajouter les œufs l'un après l'autre en travaillant énergiquement pour bien incorporer. On doit finalement obtenir une pâte lisse et homogène.

Pour faire les choux
• Verser la pâte dans la poche à douille (indispensable pour avoir de jolis choux ronds et réguliers). Poser sur la plaque du four une feuille de papier sulfurisé. En pressant doucement la poche à

douille, faire des petits tas ronds de 4 cm de diamètre, un peu espacés.
• Mettre au four pendant 15 min. Au bout de ce temps, entrouvrir la porte du four et laisser cuire encore 15 min.
• Sortir la plaque du four, laisser refroidir. Les petits choux sont alors bons à l'emploi.

Conservation : ces petits choux peuvent se conserver une semaine au réfrigérateur dans un sac en plastique.
On peut aussi les commander chez le boulanger.

Pâte à frire

Elle se fait 2 h à l'avance et se termine au dernier moment.

Pour 6 personnes, et 220 g de pâte
Préparation : 20 min

120 g de farine
3/4 d'un verre de lait
3 cuil. à soupe de bière
1 œuf
1 cuil. à café de levure de boulanger
1 cuil. à soupe de lait
1 bonne pincée de sel

• Dans une tasse, délayer la levure avec la cuillère à soupe de lait.
• Dans une terrine, verser la farine, le jaune d'œuf, la levure et le sel. Mélanger grossièrement avec une cuillère en bois pour casser le jaune dans la farine. Réserver le blanc dans un bol.
• Ajouter le 1/3 du verre de lait et la bière, travailler vigoureusement pour obtenir une pâte lisse sans grumeaux ; continuer à mélanger en versant le reste du lait et l'huile jusqu'à ce qu'on obtienne une pâte un peu fluide. Laisser reposer 2 h à la température de la pièce.
• Avant d'employer la pâte, battre le blanc d'œuf en neige et l'incorporer soigneusement.

LES LÉGUMES

L'ail

Origines

C'est une plante à bulbe de la famille des liliacées que l'on fait pousser dans le potager.
Excessivement ancien, l'ail est sans doute originaire de Chine, où on continue d'ailleurs à en mettre à peu près dans tous les plats.
Depuis la plus haute antiquité, l'ail est réputé tant pour ses nombreuses vertus médicinales que pour ses pouvoirs magiques contre les mauvais esprits, ainsi que son rôle important de condiment dans l'alimentation.
Il est d'ailleurs intéressant de constater à ce sujet qu'à travers les époques, l'ail est plus présent dans la cuisine des pauvres gens que dans celle des classes plus élevées. En Égypte ancienne, il était distribué aux ouvriers des pyramides pour leur donner des forces et les préserver des épidémies, mais les prêtres le déconseillaient au pharaon et à sa cour, le considérant comme impur à cause de son odeur.
La Grèce antique le recommandait surtout aux jeunes athlètes pour augmenter leurs forces ; quant aux Romains, ils n'employaient pas d'ail dans leur cuisine, l'estimant tout juste bon pour la plèbe. Ils en reconnaissaient cependant les vertus médicinales tant à l'égard de la tuberculose que pour ses propriétés laxatives et diurétiques.
Au Moyen Âge, les croisés le ramenèrent en Europe, où il ne tarda pas à jouer un rôle triple : médicament tous usages, protection contre les mauvais esprits et délicieux condiment, à utiliser en cuisine.
Régnait alors la grande peur des vampires, et dans chaque maison on accrochait des tresses d'ail aux fenêtres et aux portes. Mais en même temps était très répandue la « sauce d'aulx » où l'ail pilé s'alliait au persil et à l'oseille pour accompagner les poissons, et à chaque coin de rue se vendait « l'aillée », sauce à base d'huile, d'ail et d'herbes, où le pauvre trempait son quignon de pain. Pendant les siècles suivants, le bon Parisien se régalait au printemps d'ail nouveau, de pain et de beurre tout en se disant qu'il « se faisait une santé » pour l'année à venir.
Nous avons maintenant des rapports plus simples avec l'ail. On continue à le considérer comme bon pour la santé, pas forcément

très digeste, et gênant pour l'odeur intempestive qu'il nous fait dégager après en avoir mangé, néanmoins très indispensable et agréable à utiliser dans bon nombre de préparations bien classiques.

Aspects

L'ail lié en bottes ou tressé se présente sous l'aspect de gros bulbes prolongés de longues tiges, constitués de 12 à 16 gousses bien serrées et protégées par une peau parcheminée.
C'est à partir de mi-juin que l'ail nouveau apparaît sur les marchés, où il reste jusqu'à mi-août.
Selon les variétés, les bulbes seront gris ou blancs, striés de violet ou roses.
À partir de l'automne, l'ail est sec, et se vend ainsi toute l'année jusqu'au printemps suivant, mais il se conserve très bien à condition d'être suspendu dans un endroit frais tout à fait dépourvu d'humidité.
D'une manière générale, l'ail blanc se conserve ainsi pendant 6 mois, le rose et le violet un an.

Choix et qualités

L'ail sera de bonne qualité si les gousses sont dures au toucher et bien enfermées dans leurs différentes peaux.
Si des taches apparaissent et que les gousses sont molles, l'ail est inutilisable. Dans le Midi, on cuisine volontiers l'ail.

Quantités
Elles sont très variables dans la mesure où, par exemple, 1 gousse d'ail suffira dans une vinaigrette pour 4 personnes, tandis qu'en chemise (p. 66) autour du gigot, il faudra bien en compter 3 ou 4 par personne.

La cuisine de l'ail

Quelquefois traité en légume, l'ail est avant tout un condiment sérieusement utilisé dans notre cuisine.
Il se mange cru ou cuit.

L'ail cru

Préparation

Prélever des gousses sur une tête d'ail.
Retirer toutes les peaux de chaque gousse et toujours supprimer le germe, source de cette odeur incommodante.
Selon les utilisations, les gousses seront :
- conservées entières (dans ce cas, non dégermées),
- détaillées en lamelles,
- hachées finement,
- écrasées avec le plat du couteau sur le plan de travail,
- écrasées au presse-ail, petit instrument bien pratique.

Les emplois de l'ail cru

• Finement haché, l'ail cru est une partie importante de sauces bien connues, savoureuses et tout à fait méridionales, telles :
– l'aïoli (p. 32),
– la bagna cauda (p. 38),
– le coulis de tomate (p. 36 et 37),
– le pistou,
– la rouille (p. 55),
– le beurre d'ail d'Escudié (p. 49).
• Finement hachée, la gousse sera dans l'assaisonnement de légumes en salade tels :
– des betteraves,
– des lentilles,
– des tomates,
– des choux crus blancs,
– des choux rouges crus,
– des haricots blancs frais,
– des pommes de terre cuites vapeur,
et l'ail supportera très bien qu'à chacune de ces salades on le mélange aussi avec du persil haché finement.

Utilisations aromatiques

• Entière ou coupée en deux, la gousse d'ail frottera la casserole où cuiront des épinards en étuvée (p. 259) ou d'autres légumes sans grand caractère que l'on voudra rehausser de son parfum.
• Frottée énergiquement sur des croûtons de baguette un peu rassis ou frits, une gousse entière aide à constituer les « chapons

d'ail » parfaitement délicieux à mettre dans les salades vertes telles la frisée ou la scarole.
• Écrasée finement, la gousse d'ail peut être versée dans une bouteille d'huile d'olive qu'elle aromatisera et qui pourra servir soit pour des fritures, soit pour des mayonnaises ou des vinaigrettes.

L'ail cuit

En condiment
Les gousses cuiront dans le plat qu'elles doivent parfumer.

• Crues et coupées en lamelles
1 à 2 gousses selon les goûts, elles seront introduites dans une pièce à rôtir telle que filet de porc, gigot d'agneau...

• Finement hachées et si on le souhaite mélangées moitié-moitié avec du persil finement haché pour faire une **persillade**, elles s'ajouteront dans les derniers instants à des plats en cuisson sautée tels :
– des fonds d'artichauts émincés (p. 79),
– des haricots verts au beurre (p. 290),
– des tomates poêlées (p. 444),
– des pommes de terre sautées (p. 400).
Tous les champignons sautés de culture ou sauvages (p. 167 à 192)
La persillade relève bien aussi :
– des grenouilles sautées,
– des poissons poêlés meunière,
– des escalopes ou des côtes de veau poêlées,
– du confit de canard bien rissolé,
– du magret de canard juste poêlé.

Remarque : il est conseillé de mettre la persillade en fin de cuisson pour juste l'attendrir afin qu'ainsi elle ne communique aucune âcreté au plat, mais au contraire lui donne toute la fraîcheur de son arôme.

• Écrasées au couteau ou broyées au presse-ail, les gousses feront partie de la cuisson des *plats mijotés* en ajoutant son propre parfum aux autres éléments aromatiques.
Dans la proportion de 1 à 2 gousses pour un ragoût de 4 personnes, la gousse sera ainsi mise en début de cuisson :

– dans le bœuf bourguignon,
– dans la daube de bœuf,
– dans la pièce de bœuf braisée,
– dans le tendron de veau à la tomate,
– dans le navarin d'agneau.

En légume
L'ail n'est plus le condiment qui parfume un plat, mais la partie principale d'une préparation qui sera soit une soupe, soit la garniture d'une viande ou d'un poisson ajoutée à d'autres légumes.

L'ail poché (recette de base)

Première manière :
Les gousses d'ail épluchées et dégermées seront cuites à l'anglaise (p. 13) dans beaucoup d'eau bouillante pendant une dizaine de minutes et rafraîchies sous l'eau froide courante.
Utilisation : le beurre d'ail (p. 49).

Deuxième manière :
Dans le but de rendre l'ail moins agressif et d'usage plus facile, les gousses épluchées seront à trois reprises cuites à l'eau bouillante, rafraîchies à l'eau froide et retraitées deux fois de même façon (voir Jacques Maximin, p. 70).

L'aigo boulido

Pour 4 personnes
Préparation : 10 min
Cuisson : 20 min

6 gousses d'ail
1 branche de sauge (indispensable)
1/2 feuille de laurier
1 cuil. à soupe d'huile d'olive
4 petites tranches de pain de campagne
(ou 100 g de vermicelle)
1 litre d'eau
Sel, poivre

• Éplucher et dégermer les gousses d'ail.
• Les mettre dans l'eau froide avec la sauge et le laurier, saler, poivrer, porter à ébullition et laisser cuire pendant 15 min.
• Retirer la sauge et le laurier. Poursuivre la cuisson 5 min.
• Au terme de la cuisson, récupérer les gousses dans le bouillon à l'aide d'une écumoire.

• Dans un petit bol, écraser finement les gousses d'ail en leur ajoutant petit à petit l'huile d'olive pour faire une petite purée.
• Tartiner les tranches de pain avec cette purée.
• Dans 4 assiettes chaudes, dresser une tartine et la couvrir de bouillon bouillant, servir immédiatement.

Variante au vermicelle : délayer petit à petit la purée avec du bouillon. Remettre dans la casserole et faire cuire du vermicelle pendant 5 min dans le liquide en ébullition. Verser dans une soupière chaude et servir.

L'ail en chemise

Pour 4 personnes
Cuisson : 20 à 25 min dans un four à température moyenne-forte.

12 à 16 gousses d'ail

• Les gousses d'ail ne seront pas épluchées mais juste débarrassées de leurs petites pellicules superflues et on en fera un nombre suffisant pour qu'elles fassent une petite garniture à joindre à un autre légume.
• On les fait cuire en général en même temps que le rôti.
Selon le temps de cuisson de la viande, on les fera « partir » en même temps ou on les ajoutera en cours de cuisson en les retournant de temps en temps.
Elles se mangent en crevant la peau rôtie avec la pointe du couteau et en pressant ensuite la gousse d'ail pour extraire la pulpe qui sera exquise dans la sauce du rôti.

Emplois : avec l'agneau rôti, avec le porc rôti.

Gousses d'ail en étuvée

C'est une cuisson en douceur où on emploie des gousses d'ail épluchées et dégermées.

Pour 4 personnes
Préparation : 6 à 8 min
Cuisson : 12 min

16 gousses d'ail
2 cuil. à soupe d'huile d'olive
Sel, poivre

• Préparer les gousses d'ail (p. 63) sans oublier de les dégermer.
• Dans une casserole, faire chauffer l'huile d'olive à feu moyen-doux.

• Ajouter les gousses d'ail et en douceur les faire ramollir doucement en les tournant pendant 10 min.
• Verser de l'eau à hauteur, du sel, du poivre, couvrir et laisser cuire 4 à 5 min de plus.
Les prendre à l'écumoire et les mettre dans un plat.

Emplois : pour faire une purée d'ail, en garniture d'une viande poêlée ou rôti en compagnie de :
– brocolis étuvés au beurre (p. 135),
– courgettes sautées (p. 228),
– aubergines frites (p. 96).

Purée d'ail

Pour 4 personnes

2 belles têtes d'ail
25 cl de crème fraîche
Sel, poivre

• Préparer les gousses d'ail (p. 63), ne pas oublier de les dégermer.

Première manière :
• Faire pocher des gousses d'ail (p. 65), les passer au mixer avec un verre d'eau de cuisson pour avoir une fine purée.
• Verser le tout dans la casserole, ajouter la crème fraîche, bien mélanger le tout et faire « bouillotter » pendant quelques minutes pour avoir une purée onctueuse. Vérifier l'assaisonnement en sel et en poivre.

Deuxième manière :
• Faire des gousses d'ail en étuvée (p. 66).
• Procéder ensuite de même façon que dans la première manière.

Emplois : les mêmes que ceux des gousses d'ail en étuvée.

Et Jacques Maximin propose

Aïoli de pommes de terre et de chou-fleur aux bulots

Pour 4 personnes
Préparation : 1 h
Dégorgement des bulots : 3 h
Cuisson des bulots : 3 h

12 pommes de terre bintje de même taille
1 beau chou-fleur
800 g de bulots en coquille
25 cl de crème fraîche
Vinaigre
Aïoli (p. 32)

Préparation des bulots et des légumes

- Mettre les bulots à dégorger 2 à 3 h dans l'eau vinaigrée, les cuire ensuite tout doucement pendant 3 h dans un court-bouillon (p. 21).
- Laver les pommes de terre, ne pas les éplucher et les faire cuire à la vapeur pendant 35 min environ. Elles doivent être fermes et ne pas se défaire. Les réserver.
- Préparer le chou-fleur en prélevant des tout petits bouquets et les cuire à la vapeur pendant 8 à 10 min. Les réserver.
- Décoquiller les bulots et supprimer le pédoncule. Les réserver.

Finition et présentation

- Faire l'aïoli (p. 32) et le réserver.
- Retirer la peau des pommes de terre, leur couper un petit chapeau sur la longueur, le réserver et creuser avec précaution la partie restante des pommes de terre, les réserver.
- Dans une sauteuse à feu moyen, porter la crème à ébullition et la faire épaissir et réduire légèrement, la laisser refroidir et lui incorporer l'aïoli petit à petit. Ajouter ensuite les bulots et les petits bouquets de chou-fleur, mélanger.
- Farcir ensuite les pommes de terre avec des bouquets de chou-fleur et des bulots juste enrobés de sauce et pris à la fourchette.
- Verser la sauce restante dans un récipient à travers une passoire fine, la réserver.
- Coiffer chaque pomme de terre de son petit chapeau et le tartiner d'un peu de sauce.
- Dresser 3 pommes de terre par assiette, les entourer de sauce et servir.

Variante : on peut, si on le souhaite ou si on ne les aime pas, supprimer les bulots et garnir les pommes de terre uniquement avec du chou-fleur à l'aïoli.

Crème glacée de tomates aux dragées d'ail

Pour 4 personnes
Préparation :
35 à 40 min
Cuisson totale : 1 h

1 kg de tomates
20 gousses d'ail nouveau
200 g de vermicelle
1/2 litre de bouillon de bœuf (p. 17)
Huile d'olive

Éléments de la garniture de cuisson :
4 ciboules
2 échalotes
1 gousse d'ail

Finition :
1 feuille de basilic
1 filet de vinaigre
100 g de crème fleurette

Préparation des tomates et des gousses d'ail

• Plonger les tomates 15 s dans l'eau bouillante pour retirer la peau, les ouvrir, supprimer les graines et les concasser grossièrement.
• Éventuellement, retirer les petites peaux mortes autour des gousses d'ail, les plonger 2 à 3 min dans l'eau bouillante, les égoutter et les sécher soigneusement.
• Verser de l'huile d'olive de façon à recouvrir le fond d'une poêle, y ajouter les gousses d'ail, mettre à chauffer à feu très doux et les laisser se confire et se ramollir très doucement pendant 20 à 25 min.
• Éplucher et hacher les éléments de la garniture : les oignons, l'ail, les échalotes. Mettre un peu d'huile d'olive à chauffer dans une sauteuse, ajouter la garniture hachée et la faire suer et ramollir en douceur pendant 7 à 8 min. Ajouter les tomates concassées et le bouillon et faire mijoter en douceur jusqu'à ce que les tomates soient bien cuites.
• Pendant ce temps, faire cuire le vermicelle 4 à 5 min dans l'eau bouillante salée. L'égoutter, le passer sous l'eau froide et le laisser sécher.

Finition et présentation

• Verser dans le mixer les tomates avec la feuille de basilic hachée et 1 filet de vinaigre pour obtenir une purée fine et fluide.
• Battre la crème fleurette en crème fouettée très ferme, la réserver.
• Bien éponger les gousses d'ail très confites.
• Mélanger convenablement le vermicelle à la purée de tomates glacée et la répartir dans 4 assiettes creuses. Déposer dessus 3 quenelles de crème fouettée façonnées à l'aide d'une cuillère à café. Répartir des gousses d'ail confites entre les quenelles de crème fouettée et servir bien froid.

Terrine d'ail doux

Pour une terrine
Préparation :
25 à 30 min
Cuisson : de la gelée, 2 h ; de l'ail, 7 à 8 min
Fine gelée de volaille

250 g d'ail frais nouveau
50 g de persil frisé

Fine gelée de volaille :
2 pieds de veau
1 poulet
100 g de poitrine fraîche
1 belle carotte
1 gros oignon
1 poireau
1 branche de thym
1 feuille de laurier
1 clou de girofle
8 g de poivre blanc en grains
15 g de sel

*Préparation et cuisson de la gelée**

• Dans une bassine d'eau froide, mettre à dégorger pendant 2 h le poulet, les pieds de veau, la poitrine fraîche.
• Éplucher la carotte, préparer le bouquet garni en lavant le poireau. Ficeler ensemble le poireau, le thym, le laurier. Éplucher le gros oignon, le piquer d'1 clou de girofle.
• Récupérer les viandes et les mettre dans une marmite avec tous les ingrédients aromatiques, le sel, le poivre. Recouvrir d'eau froide et à feu moyen porter à ébullition.
• Écumer régulièrement la surface pendant que l'eau chauffe et pendant les premières minutes de l'ébullition. Assurer ensuite un frémissement régulier à feu doux pendant 2 h.

Préparation et cuisson de l'ail

• Éplucher les gousses d'ail, supprimer le germe. Les plonger 1 min dans l'eau bouillante, les prendre avec une écumoire et les plonger dans l'eau glacée. Recommencer toute l'opération une autre fois.
• Les faire cuire ensuite 5 min dans l'eau bouillante salée. Les égoutter dans une passoire et les passer sous l'eau froide.

Finition de la gelée

• Vérifier l'assaisonnement en sel et en poivre puis, sans remuer le contenu de la marmite, verser doucement le bouillon dans un récipient à travers une passoire tendue d'une étamine pour qu'il reste clair. Mettre la gelée au réfrigérateur pour qu'elle se prenne en huile et que les impuretés et le gras, montant à la surface, soient faciles à supprimer avec une cuillère.

Montage de la terrine

• Laver et hacher le persil finement. Dans une terrine, mettre les gousses d'ail froides et bien sèches. Verser doucement la gelée prise en huile et le persil haché. Mettre ensuite à prendre au réfrigérateur jusqu'au moment de servir.

(*) La gelée étant assez longue à prendre, on aura tout intérêt à la faire plusieurs heures à l'avance.

L'artichaut

Origines

Il est originaire du bassin méditerranéen, sans doute de Sicile. L'artichaut est de la famille des chardons. Les Grecs le cueillaient à l'état sauvage pour se régaler aussi bien de ses grandes feuilles finement ciselées, très amères, que du capitule que nous mangeons maintenant, et qui n'est autre que la fleur en bouton. Si on laisse ce capitule se développer, les feuilles, en s'écartant, vont laisser s'épanouir une ravissante grosse fleur tout en aigrettes d'un violet superbe et d'un grand effet décoratif. De Sicile, l'artichaut gagne peu à peu toute l'Italie, où il est toujours aussi apprécié. C'est cette gourmande et gloutonne Catherine de Médicis qui l'amena dans ses bagages. Elle en raffolait tant et tant que, lors d'une fête, disent les chroniqueurs, « elle cuida crever ». Heureusement, elle en encouragea aussi la culture.
Naturellement, les débuts de l'artichaut furent aléatoires. Considéré comme aphrodisiaque, il était interdit aux jeunes femmes, alors qu'il était conseillé « aux vieillards flegmatiques et mélancoliques ».
C'est maintenant devenu un légume courant apprécié de tous, que l'on trouve à peu près toute l'année.

Aspects

Les artichauts français se succèdent du début du printemps à la fin de l'automne.
C'est ainsi que, dès mars, on trouve d'abord les petits poivrades de Provence qui se mangent crus ou cuits, puis en mai, les gros bretons, les camus tout ronds, qui seront suivis des macaus du Bordelais, également ronds et charnus. En fin de saison, on profitera des délicats violets un peu maigres et aux feuilles pointues.

Choix et qualités

Quel que soit l'artichaut, il sera choisi, lourd dans la main, de couleur uniforme et sans taches. Les feuilles bien serrées seront cassantes sans pointes jaunes qui indiquent que la cueillette est déjà lointaine.

La cuisine de l'artichaut

La cuisine et la préparation des petits poivrades n'est pas la même que celle des gros artichauts et de leurs fonds.
Il en sera de même pour les quantités.

Les petits artichauts

Ils se mangent crus ou cuits.

Quantité
Petits poivrades :
2 à 4 selon leur taille.

Préparation
• Supprimer la queue ainsi que toutes les feuilles dures du pourtour.
• Couper les pointes aux 2/3 de la hauteur du petit artichaut. Ne pas se préoccuper du foin, ils sont assez petits pour ne pas en avoir.

L'artichaut poivrade cru

Le choisir petit et bien serré.
Supprimer la queue en la brisant entre les doigts, retirer les feuilles sèches et dures du pourtour. Chacun ensuite les coupe en quatre dans son assiette et les trempe dans un assaisonnement.

Choix d'assaisonnements : le meilleur à mon goût est la très bonne huile d'olive relevée de quelques gouttes de jus de citron, de sel et de poivre ; mais aussi la bagna cauda (p. 38), très classique dans le Midi ; et l'aïoli (p. 32).

Poivrades au gril

Ils sont évidemment meilleurs grillés sur la braise mais dans le four on a aussi de bons résultats.

Pour 4 personnes
Préparation :
20 à 25 min
Cuisson : 8 à 10 min

8 petits artichauts poivrades
Huile d'olive
Sel, poivre

• Préchauffer convenablement le gril du four pour qu'il soit bien rouge.

• Couper la queue et l'extrémité des feuilles des petits artichauts. Les ouvrir en deux. Badigeonner l'intérieur d'huile d'olive à l'aide d'un pinceau, saler et poivrer.
• Disposer les artichauts l'intérieur tourné vers la braise ou le gril du four. Ne pas placer la grille trop près de la braise ou du gril de façon à dorer et griller les artichauts pendant 4 à 5 min sans les brûler. Les retourner, badigeonner d'huile à nouveau et faire griller pendant 4 à 5 min.
Les disposer sur un plat et les servir avec une burette d'huile d'olive, du sel, du poivre, du pain grillé.

Poivrades frits

Pour 4 personnes
Préparation : pâte, 20 min ; repos, 2 h ; artichauts, 15 min
Cuisson :
1er temps, 5 à 6 min ;
2e temps : 3 à 5 min

6 à 8 petits artichauts poivrades
220 g de pâte à frire (p. 58)
Huile de friture
Sel, poivre

• Faire la pâte à frire et la laisser reposer 2 h en gardant le blanc d'œuf au frais.
• Préparer les artichauts (p. 72), puis les couper en 4 ou 5 quartiers dans le sens de la hauteur. Ne pas se préoccuper du foin.
• Cuire les quartiers d'artichauts à l'anglaise (p. 13) pendant 5 min à peu près, ils doivent rester bien fermes, les égoutter et bien les sécher.
• Battre le blanc en neige et l'incorporer à la pâte à frire.
• Chauffer la bassine à frire à température bien chaude. Plonger un par un les quartiers d'artichauts dans la pâte à frire avant de les disposer dans le panier sans qu'ils se touchent, plonger le panier dans la bassine et faire bien dorer les petits quartiers, ce qui prend quelques minutes. Les poser sur du papier absorbant étalé sur la porte du four, les saler et les poivrer.
Éventuellement, faire une deuxième fournée et servir immédiatement.

Poivrades à la barigoule

Pour 4 personnes
Préparation : 15 à 20 min
Cuisson : 1 h à 1 h 30

12 petits artichauts poivrades
3 oignons moyens
1 petite carotte
1 branche de thym
1/2 gousse d'ail
1/2 verre d'huile d'olive
1 verre de vin blanc sec
1 verre d'eau
Sel, poivre

• Préparer les petits artichauts (p. 72). Les aligner les uns à côté des autres, la tête en l'air.
• Éplucher les oignons et les émincer en rondelles.
• Peler la carotte et la couper en très petits dés.
• Hacher finement la 1/2 gousse d'ail.
• Verser 2 cuil. à soupe d'huile d'olive dans une cocotte ou une sauteuse. Couvrir le fond avec une bonne couche d'oignons, les dés de carotte et l'ail. Les arroser de 2 à 3 cuil. à soupe d'huile d'olive et de thym froissé entre les doigts, faire partir à feu moyen pendant quelques minutes, mouiller ensuite avec le verre de vin blanc et le verre d'eau.
• Couvrir la cocotte et à très petit feu, laisser cuire doucement pendant 1 h à 1 h 30. La sauce doit avoir pratiquement disparu et les petits artichauts doivent être très fondus.
Servir dans la cocotte de cuisson.

Poivrades marinés (plat froid)

Un agréable hors-d'œuvre froid à faire au moment où les petits artichauts poivrades sont tout tendres.

Pour 4 personnes
Préparation : 20 à 25 min
Cuisson : 15 à 20 min

12 petits artichauts poivrades
1/2 litre d'eau
6 cuil. à soupe d'huile d'olive
2 citrons (jus)
1 bonne pincée de sel
Poivre mignonnette
1 gousse d'ail (facultatif)

Bouquet garni :
1 jeune tige de céleri avec feuilles
2 beaux brins de fenouil
1 tige de persil
1 branche de thym frais
1 feuille de laurier

• Préparer les petits artichauts (p. 72).
• Couper le bout des feuilles.
• Verser dans une cocotte de juste dimension l'eau, l'huile d'olive, le jus des citrons, le sel, le poivre et le bouquet garni.
• Aligner les artichauts la tête en haut, porter à ébullition et faire cuire à couvert et à feu vif de manière à attendrir les artichauts et à faire réduire le jus de cuisson d'une bonne moitié.
• Sortir les artichauts, les ranger dans un plat de service creux, les arroser de toute la sauce restante et les laisser refroidir à température ambiante jusqu'au moment de les servir.

Le gros artichaut

Gros artichaut :
1 par personne.

Comme on l'a vu (p. 72), ils sont gros et ronds, le fond bien charnu. Ce sont eux qui se mangent bien classiquement feuilles et fonds avec une bonne sauce, eux aussi dont on n'emploie souvent que les fonds pour faire des recettes plus élaborées. N'oublions pas qu'ils ne doivent pas être cuits trop longtemps à l'avance (pas plus de 12 h) car ils deviennent impropres à la consommation.
Quand ils sont particulièrement tendres, certains les aiment crus.

Préparation

• Ne pas couper la tige, mais en la pliant la détacher doucement d'une main en tournant le légume de l'autre. Elle doit céder petit à petit en entraînant tout un bouquet de fibres profondément enfoncées dans le fond.
• Supprimer ensuite les premières grosses feuilles dures et parfois un peu sèches.

Cuisson traditionnelle

C'est une cuisson à l'anglaise (p. 13) dans beaucoup d'eau bouillante salée. Ils sont ensuite égouttés dans la passoire la tête en bas pour que toute l'eau s'en aille.

Temps de cuisson : selon la grosseur et la variété : 25 min à 40 min. Pour en juger, deux procédés : arracher une feuille, elle doit venir facilement ; piquer le fond avec une aiguille à brider, il doit être tendre mais encore un peu ferme, surtout pas mou.

Cuisson au micro-ondes

Forcément rapide, elle est bien commode d'emploi et garde à l'artichaut toutes ses qualités.

Première manière :
Elle a le mérite de laisser à l'artichaut sa saveur intacte.
• Envelopper chaque artichaut paré de film alimentaire en ne le serrant pas trop mais en l'enfermant bien.
• Piquer le film alimentaire de quelques coups d'épingle.
• Poser les artichauts sur un plat non métallique. Mettre le four micro-ondes à 600 watts, laisser cuire 7 à 8 min et laisser reposer dans le four 5 min de plus.
• Enlever le papier et les employer à la température souhaitée : chauds, tièdes ou froids.

Deuxième manière :
C'est une cuisson traditionnelle, mais menée bien sûr avec toute la rapidité du micro-ondes.
• Disposer en rond des artichauts parés dans un plat creux muni d'un couvercle.
• Remplir d'eau à hauteur et saler. Couvrir et mettre à cuire 9 à 10 min à 600 watts. Au bout de ce temps, piquer le fond d'un artichaut ; s'il est tendre mais ferme, sortir le plat du four, sinon remettre dans le four 1 à 2 min de plus.
• Égoutter les artichauts et les accommoder chauds, tièdes ou froids.

Le gros artichaut et ses sauces

On choisira bien sûr le beau breton ou le macau bordelais, rond, gros et charnu. Selon que l'on veut le manger froid, tiède ou chaud, on le fera à l'avance ou au dernier moment. Il en sera de même pour la sauce choisie.

Pour 4 personnes
Préparation
6 à 7 min
Cuisson : 30 à 35 min

4 beaux artichauts ronds
1 bol de la sauce choisie

• Préparer, cuire et égoutter les artichauts (p. 75) ou les cuire au micro-ondes (p. 75).
• Les laisser refroidir à température de la cuisine. Pour les consommer froids, ne pas les laisser au réfrigérateur. Chauds, les laisser à proximité d'une source de chaleur pendant que se fait la sauce qui, dans ce cas, est en général à confectionner au dernier moment.

Sauces pour artichauts froids ou tièdes :
– vinaigrette classique avec ou sans fines herbes (p. 27),
– fleurette au vinaigre de xérès (p. 33),
– sauce gribiche à ma façon (p. 33).

Sauces pour artichauts chauds :
– coulis de poivrons rouges (p. 38),
– sauce hollandaise (p. 46).

Les fonds d'artichauts frais

Quantité
Les gros fonds : 1 à 1 1/2 selon leur calibre, leur épaisseur et la façon dont ils sont cuisinés.

Préparation
On peut les préparer de deux façons :

• À la ménagère :
Cuire les artichauts entiers à l'anglaise (p. 13). Supprimer ensuite les feuilles et le foin, puis parer convenablement le fond pour qu'il ait belle apparence avant de le citronner légèrement pour éviter le noircissement jusqu'à l'emploi.

• À cru, comme les cuisiniers :
Elle permet de cuire seulement le fond et demande un petit tour de main qui vient vite à condition d'avoir un bon instrument, à savoir un très bon petit couteau bien aiguisé.

Méthode : couper l'artichaut cru à la moitié de sa hauteur. Arracher ensuite à la main toutes les grosses feuilles dures en les tirant par le bas afin d'arriver aux feuilles tendres. Tourner alors avec le petit couteau tout autour du fond pour supprimer toutes les feuilles et le dégager, puis retirer le foin à l'aide d'une petite cuillère et plonger tout de suite le fond dans de l'eau citronnée pour qu'il reste blanc.

Cuisson
Cuire les fonds 12 à 15 min environ dans de l'eau bouillante salée et citronnée. Évidemment, ils doivent être tendres mais fermes.

Fonds d'artichauts (recette de base) et leurs sauces

Les préparer et les cuire comme on le souhaite (p. 75) et selon que l'on veut les manger froids, tièdes ou chauds, on les fera à l'avance ou au dernier moment sans les faire passer par le réfrigérateur. Il en sera de même pour les sauces.

Pour 4 personnes

4 beaux fonds d'artichauts
1 saucière de sauce à servir à part ou en recouvrir les fonds dans des assiettes individuelles

Sauces pour fonds froids ou tièdes :
– Vinaigrette classique (p. 27),

– Mayonnaise crémée aux fines herbes (p. 32),
– Sauce à l'anchois simple (p. 33).
– Avec de la concassée de tomates (p. 34) assaisonnée de sel, de poivre, d'huile d'olive et de cerfeuil haché ;
– Avec quelques pointes d'asperges arrosées d'une légère vinaigrette ;
– Avec des lamelles de champignons crus assaisonnées de citron, d'huile d'olive et de ciboulette hachée ;
– Avec un œuf poché recouvert de mayonnaise aux câpres (p. 29).

Sauces pour fonds chauds :
– Sauce poulette (p. 40),
– Beurre blanc (p. 45),
– Coulis de tomate (p. 37) à la crème.

Fonds d'artichauts aux truffes

Il s'agit d'une entrée très élégante à servir un jour de fête.

Pour 4 personnes
Préparation : 20 à 25 min
Cuisson : 30 min environ

4 beaux fonds d'artichauts bretons frais
1 citron
4 truffes moyennes crues ou de conserve (p. 193)
2 œufs
Vinaigrette au vinaigre de xérès, sans moutarde

• Cuire les artichauts à la ménagère (p. 77), dégager et parer les fonds, les citronner très légèrement pour qu'ils ne noircissent pas.
• Faire durcir les œufs pendant 10 min, les écaler, les couper en deux. Réserver les jaunes. Les blancs ne seront pas utilisés.
• Préparer une vinaigrette au xérès sans moutarde. Placer les fonds d'artichauts côte à côte dans un plat ou sur 4 assiettes.
• À l'aide d'un bon petit couteau, détailler les truffes en fins petits bâtonnets. Les répartir élégamment sur chaque fond. Mettre la valeur d'une bonne cuil. à soupe de vinaigrette sur chaque fond d'artichaut.
• Mettre les jaunes d'œufs dans une moulinette à gruyère et les répartir sur les fonds. Servir immédiatement.

Remarque : la truffe est un produit merveilleux mais horriblement cher… Aussi les proportions données sont juste indicatives pour que la truffe soit vraiment présente, mais on peut aussi essayer d'en utiliser moins. Pour cela, couper les truffes en très fines rondelles et décorer le fond d'artichaut comme une tarte en les alignant joliment... On en emploie beaucoup moins.

Émincé de fonds d'artichauts

Pour 4 personnes
Préparation : 15 à 20 min
Cuisson : 4 à 5 min

8 artichauts moyens violets de Provence
75 g de beurre
4 cuil. à café de persil haché
1 jus de citron
Sel, poivre

• Préparer, parer et réserver les fonds à cru, comme les cuisiniers (p. 77), ne pas oublier de les mettre dans l'eau citronnée au fur et à mesure.
• Laver, sécher le persil, le hacher, le réserver.
• Dans une casserole à fond épais, faire fondre le beurre à feu moyen-doux. Pendant qu'il fond, couper rapidement les fonds bien séchés en lamelles d'un centimètre d'épaisseur au-dessus de la casserole et les laisser tomber dans le beurre.
• Saler, poivrer et faire cuire doucement en remuant et retournant régulièrement avec la spatule en évitant de leur faire prendre couleur.
• Quand les émincés de fonds d'artichauts sont cuits, vérifier l'assaisonnement. Les disposer sur le plat de service chaud. Arroser du beurre de cuisson. Saupoudrer de persil haché et servir.

Variantes : on peut ajouter à ces lamelles étuvées des champignons détaillés en lamelles et sautés (p. 246).
On peut aussi faire une omelette, en ajoutant dans les lamelles d'artichauts cuites des œufs battus salés et poivrés que l'on laisse prendre doucement avant de glisser le tout sur un plat rond.

Fonds d'artichauts aux oignons gratinés

On peut faire cuire les artichauts et les rondelles d'oignons à l'avance. Le reste de la recette se fait au dernier moment. C'est une entrée agréable ou un plat de dîner familial.

Pour 4 personnes
Préparation : 30 min
Cuisson : artichauts, 30 min ; oignons, 15 à 20 min ; finition, 20 min

4 beaux artichauts ronds (p. 75)
500 g d'oignons
2 jaunes d'œufs
3 cuil. à soupe de crème fraîche
50 g de gruyère râpé
30 g de beurre
1 pincée de noix muscade râpée
Sel, poivre

• Cuire les artichauts (p. 77) de façon que le fond soit ferme.
• Pendant ce temps, éplucher les oignons et les couper en rondelles fines.
• Dans une sauteuse à feu moyen-doux, mettre le beurre à chauffer (en garder un peu pour beurrer le plat), ajouter les rondelles d'oignons et les laisser fondre en douceur jusqu'à ce qu'elles soient molles et blondes. Saler et poivrer.
• Préchauffer le four à température moyenne.
• Dans une terrine, battre les jaunes d'œufs en omelette, ajouter la crème fraîche et mélanger. Verser les rondelles d'oignons dans la terrine en les prenant à la spatule pour éviter l'excédent de gras. Bien mélanger le tout délicatement. Assaisonner de sel, de poivre et de noix muscade râpée.
• Beurrer légèrement le fond de quatre ramequins individuels. Déposer dans chacun un fond d'artichaut.
• Répartir soigneusement sur chacun les rondelles d'oignons aux œufs en faisant éventuellement un petit dôme. Saupoudrer légèrement de gruyère râpé.
• Mettre au four pendant 15 à 20 min, de façon que se prenne l'appareil aux oignons. Faire passer le four en position gril pendant les cinq dernières minutes pour faire dorer.
Servir de suite dans les petits plats.

Purée de fonds d'artichauts

Les artichauts peuvent être cuits à l'avance, la purée se fait au dernier moment.

Pour 4 personnes
Préparation : 20 à 25 min
Cuisson : artichauts, 35 min ; pommes de terre, 35 min ; finition, 7 à 10 min

6 beaux artichauts bretons
2 pommes de terre (type bintje)
100 g de beurre en tout
Sel, poivre

• Cuire les artichauts, dégager et parer les fonds comme il est dit p. 77

• Pendant la cuisson des artichauts, cuire à la vapeur les pommes de terre épluchées (p. 387).
• Couper en morceaux les fonds et les pommes de terre. Les passer au moulin à légumes ou au mixer si on désire une purée plus fine.
• Dans une casserole, verser la purée, ajouter la moitié du beurre et mélanger convenablement, saler et poivrer. Maintenir à feu très doux pendant que l'on fait la finition.
• À feu moyen, faire fondre le beurre restant jusqu'à ce qu'il prenne la couleur noisette. Verser ce beurre dans la purée en le mélangeant bien et servir dans un plat creux et chauffé.

Emplois : cette purée accompagne le poulet rôti, les ris de veau poêlés, le poisson poché au beurre blanc.

Et Jacques Maximin propose

Gelée de févettes et poivrades en huile

Pour 4 personnes
Préparation : 45 min
Cuisson totale : 1 h

500 g de févettes (petites fèves)
200 g de petits pois frais
8 petits artichauts poivrades
12 pointes d'asperges violettes
250 g de fine gelée de volaille (p. 70)
Pluches de cerfeuil
Feuilles d'estragon et de basilic au goût
Sel de Guérande au goût
Copeaux de parmesan
Huile d'olive

Préparation de la gelée et des légumes
• Faire la gelée la veille (p. 70), la tenir au réfrigérateur.
• Tourner les fonds (p. 75) des petits artichauts en conservant la queue et les jeunes feuilles attenantes, les cuire à la barigoule (p. 73), les laisser refroidir dans leur cuisson.
• Écosser les févettes, les cuire à grande eau bouillante salée pendant 4 à 6 min selon leur grosseur, les égoutter et les plonger ensuite dans l'eau glacée.
• Faire de même avec les petits pois en les faisant cuire 4 à 6 min selon leur grosseur.
• Égoutter ensuite les légumes et les sécher dans un torchon.
• Préparer les asperges (p. 84) en ne conservant que la partie violette, les cuire à la vapeur pendant 8 à 10 min selon leur grosseur. Les laisser refroidir.

Finition et présentation

- Sortir la gelée du réfrigérateur, la mettre à proximité d'une source de chaleur pour qu'elle se ramollisse et prenne une consistance huileuse.
- Préparer des pluches de cerfeuil, hacher grossièrement du basilic et de l'estragon selon son goût.
- Sortir les artichauts de leur jus de cuisson, bien les égoutter et les couper en 2 dans le sens de la hauteur.
- Prendre 4 grandes assiettes plates. Par assiette, répartir harmonieusement 4 moitiés d'artichauts poivrades, des petits pois, des fèves et des pointes d'asperges. Recouvrir de gelée en huile et mettre au réfrigérateur.
- Pendant ce temps, râper quelques copeaux de parmesan et préparer le mélange de fines herbes.
- Sortir les assiettes du froid, assaisonner avec un peu d'huile d'olive et des gros grains de sel de Guérande.
- Parsemer de fines herbes et de quelques copeaux de parmesan et servir.

L'asperge

Origines

L'asperge est connue depuis bien longtemps. Les Égyptiens s'en régalaient à l'état sauvage. Les Grecs la prenaient pour un aphrodisiaque et les Romains, qui ont toujours eu le goût de la cuisine compliquée, la mêlaient à leurs pâtés de langues d'oiseaux.
On n'en parle plus pendant le Moyen Âge, mais sous le nom d'aspergus puis d'esparge elle fait sa réapparition à partir de la Renaissance. C'est alors, et jusqu'au XIXe siècle, un produit rare. Louis XIV obtient évidemment de La Quintinie qu'il y en ait sur sa table dès le mois de décembre.
C'est à partir du XIXe siècle que les asperges furent cultivées en grand, d'abord à Argenteuil, puis en Sologne. Étant donné sa courte saison et son goût délicieux, elle demeure néanmoins un légume raffiné que l'on attend chaque printemps.

Aspects

Les premières asperges apparaissent début mars et disparaîtront fin juin.
L'asperge est en fait un bourgeon-leturion issu d'une tige souterraine. C'est parce qu'on laisse le bourgeon sortir plus ou moins du sol que l'on a des asperges différentes.
• Le bourgeon affleure le sol : on extrait l'asperge avec une gouge plongée dans le sol – dans le Midi on dit : « creuser les asperges » –, et on a une asperge blanche , grosse et bonne.
• On laisse croître le bourgeon de 7 à 8 cm, il verdit à l'air, on « creuse » alors la mirifique asperge verte exquise entre toutes, rare et chère, qui vient de la région de Lauris en Provence.
• Enfin, en laissant émerger le bourgeon de quelques centimètres, on aura la très bonne violette, venant du Sud-Ouest.
• Depuis quelque temps, on voit apparaître de fines asperges toutes vertes, dites sauvages, à saveur légèrement amère, très appréciées par certains.

Choix et qualités

Blanches, vertes ou violettes, les asperges doivent être très fraîches, quasi cueillies du jour ou de la veille.

On s'aperçoit de la fraîcheur de l'asperge à plusieurs caractéristiques. Elle doit être lourde, rigide, dure et facilement cassante. La peau est brillante et d'une belle couleur claire, tandis que les « écailles » du bourgeon sont bien serrées, et la section de la queue légèrement humide.
Pendant sa courte saison, l'asperge s'échelonne en variétés différentes. On peut néanmoins, dès janvier, profiter d'asperges d'exportation, évidemment coûteuses, mais très convenables.
De toute façon, l'asperge est chère, et même au cœur de sa saison elle reste un produit de luxe. Mais elle est si délicieuse et se prête à tant de plats raffinés qu'elle est toujours aussi appréciée chaque année au moment de son retour.

La cuisine de l'asperge

Blanche, verte ou violette, l'asperge, pour être à son meilleur, doit se cuisiner le jour même pour profiter au maximum de sa fraîcheur. À défaut, elle pourra se conserver 2 à 3 jours au plus, enveloppée dans un linge humide, tenue au frais et plutôt hors du réfrigérateur.
L'asperge se mange chaude, tiède ou froide, à température ambiante, avec toutes sortes de sauces.
Éviter aussi de les choisir trop longues, ce n'est pas avantageux, mais il faut les prendre de même calibre, elles cuiront ainsi de même façon.

Quantité
Il est habituel de compter de 6 à 8 asperges moyennes par personne.

Préparation
• Couper l'extrémité dure des asperges pour les égaliser de manière qu'elles aient 15 à 20 cm de longueur. Gratter ensuite la tige avec l'économe pour qu'il n'y ait plus la moindre fibre.
• Éventuellement, retirer avec les doigts les « écailles » abîmées ou décollées du bourgeon. Les plonger au fur et à mesure dans l'eau fraîche et les y laisser jusqu'au moment de les cuire.

Cuisson
• *À l'anglaise*
Elles cuiront à grande eau bouillante salée, 8 à 12 min selon leur grosseur et leur fraîcheur.

Elles doivent être tendres mais fermes, et on en jugera en piquant légèrement la pointe avec un couteau. Dès qu'elles sont cuites, les prendre à l'écumoire et les poser sur une serviette blanche, posée dans un plat de service long, que l'on rabattra sur les asperges.
Les asperges se mangeant chaudes, tièdes ou froides, on les fera cuire au moment voulu de manière qu'elles aient la température souhaitée, en les laissant à température ambiante dans la serviette repliée.
Les cuire de préférence la pointe en haut dans le haut faitout spécial garni d'un panier muni d'une anse.
À défaut, les ficeler légèrement par 6 ou 7 à la fois et utiliser une marmite de large diamètre où elles ne s'abîmeront pas.

• *À l'étuvée*
C'est un autre mode de cuisson des asperges et elles se font au dernier moment. Elles seront présentées soit seules, soit mélangées à d'autres légumes.

• *La cuisson des pointes d'asperges en vrac au micro-ondes*
Au moment de la pleine saison des asperges, on trouve sur les marchés des pointes brisées en vrac, très avantageuses. Il est nécessaire bien sûr de couper une rondelle à la base qui est forcément desséchée. On peut ainsi toutes les égaliser et si besoin est on gratte à l'économe la partie qui n'est pas le bout de l'asperge proprement dit. La cuisson au micro-ondes convient très bien à ces pointes.

Procédé
Prendre un plat rond convenant au micro-ondes, puis :
• Aligner les pointes tournées vers le centre comme les rayons d'une roue en laissant un rond vide au milieu, de la taille d'une rondelle de citron.
• Mouiller de 3 à 4 cuil. à soupe d'eau, saler légèrement. Couvrir avec un film plastique bien tendu et percé de coups d'épingle.
• Mettre dans le micro-ondes et laisser cuire pendant 10 min à peu près en position moyenne.
• Laisser reposer ensuite pendant 2 à 3 min avant de sortir le plat du micro-ondes.
Tièdes, chaudes ou froides, ces pointes se prêtent alors à toutes sortes d'emplois : en salade avec une vinaigrette au cerfeuil ; pour fourrer une omelette ; présentées dans un plat, couvertes de la sauce de son choix et accompagnant le poisson ou la viande du

déjeuner ; roulées juste dans un beurre fondu salé, poivré et persillé pour accompagner le poulet en train de rôtir.

Asperges chaudes et leurs sauces

Pour 4 personnes

2 kg d'asperges
1 bon bol de sauce

• Préparer les asperges, les cuire, les disposer comme il est dit p. 84.
• Pendant la cuisson, faire la sauce choisie. Éventuellement, la faire attendre dans un bain-marie.

Choix de sauces : sauce hollandaise (p. 46) ; sauce mousseline (p. 47) ; sauce poulette (p. 40) ; on peut enrichir cette sauce de : 1 ou 2 feuilles de menthe finement hachées, quelques feuilles de cerfeuil haché, fines lamelles de champignons de Paris crus ou 1 fine julienne de truffes.

Asperges tièdes ou froides et leurs sauces

500 g par personne... ou un peu moins

• Préparer, cuire les asperges, les disposer dans un plat et, à température ambiante, les laisser tiédir ou refroidir comme on le souhaite.

Choix de sauces : vinaigrette (p. 26) au vinaigre de xérès ou vinaigrette (p. 27) aux fines herbes.
Les asperges tièdes aiment tout autant la sauce mousseline (p. 47) et la sauce hollandaise (p. 46) que les sauces chaudes.

Asperges à la Fontenelle

C'est ainsi, paraît-il, que le philosophe et poète Fontenelle aimait les manger et telles quelles elles constituent à mes yeux un court et exquis petit dîner complet. Les asperges doivent être tièdes-chaudes.

Pour 4 personnes
Préparation : 30 à 35 min

24 asperges moyennes
4 ou 8 œufs au goût
125 g de beurre fondu 1/2 sel
Sel, poivre

Cuisson : asperges, 12 min environ ; œufs, 3 min 1/2 ; fonte du beurre, 3 à 4 min

• Préparer les asperges (p. 84) et les faire cuire (p. 84) de façon qu'elles soient tièdes-chaudes. Au moment de passer à table, les dresser dans une serviette mise sur un plat long.
• Mettre à bouillir une casserole d'eau, allumer le four à température tiède et y faire chauffer 4 petits ramequins.
• Dans une casserole à feu très doux, mettre à fondre environ 125 g de beurre demi-sel de telle manière qu'il ne devienne pas transparent et huileux, mais prenne seulement l'aspect d'une crème jaune pâle.
• Plonger les œufs dans une casserole d'eau bouillante et les cuire à la coque de 3 min à 3 min 1/2. Les prendre à l'écumoire et les mettre dans une serviette pliée sur un plat.
• Servir en plaçant à côté de l'assiette de chaque convive un petit ramequin de beurre fondu et en posant sur la table les œufs et les asperges. Chacun, servi d'œufs et d'asperges, trempera d'abord l'asperge dans le beurre fondu et ensuite dans son œuf à la coque. C'est délicieux.

Asperges à la Monselet

Charles Monselet, écrivain du XIXe siècle et fin gastronome, les aimait, lui, ces asperges, trempées dans des œufs brouillés pas trop pris, et c'était aussi un parfait petit régal plutôt plus léger que le précédent.

Asperges à l'étuvée

Pour 4 à 5 personnes
Préparation : 35 à 40 min
Cuisson : 10 à 12 min

1 kg à 1,5 kg d'asperges moyennes
70 g de beurre
10 cl d'eau
1/2 citron (jus)
Sel

• Préparer les asperges (p. 84) en les laissant assez courtes pour pouvoir les manger de bout en bout.
• Dans une cocotte à feu doux, mettre l'eau et le beurre à fondre. Poser les asperges côte à côte, les tourner 1 min dans le fond de cuisson, couvrir et les laisser étuver en tournant de temps en temps jusqu'à ce qu'elles soient tendres mais fermes.
• Les prendre avec une écumoire, les dresser sur un plat chauffé et servir.

Variantes : telles quelles, elles constituent une agréable garniture, mais on peut aussi les enrichir par quelques autres éléments.

• Aux lamelles d'artichauts émincés (p. 79) :
Employer deux cocottes différentes, mélanger leur contenu au moment de servir, et les parsemer d'un peu de ciboulette hachée.
• Aux épinards étuvés (p. 259) :
Dresser les asperges étuvées sur un lit de petits épinards nouveaux juste affaissés.
• En sauce :
Sortir les asperges de la cocotte à l'écumoire. Les dresser bien chaudes sur un plat de service et les napper de jus de poulet chaud (p. 22) ou de sauce maltaise (p. 46).

Asperges aux petits pois frais

Les asperges peuvent être préparées à l'avance et attendre dans l'eau froide. Les petits pois seront également écossés à l'avance et tout le plat de rapide cuisson sera fait au dernier moment. C'est une agréable garniture ou un plat de dîner.

Pour 4 personnes
Préparation :
40 à 45 min
Cuisson totale :
25 à 30 min

500 g d'asperges moyennes
500 g de petits pois écossés
5 à 6 oignons blancs
30 à 40 g de beurre
2 morceaux de sucre n° 4
1/4 de litre de bouillon de volaille (p. 19)
Sel, poivre

• Préparer les asperges (p. 84), les couper ensuite en tronçons de 3 cm, pointes comprises, les laisser dans l'eau froide.
• Écosser des petits pois pour en avoir 500 g, les réserver.
• Éplucher les petits oignons et les laisser entiers.
• Dans une cocotte à feu moyen, mettre le beurre à blondir, ajouter les oignons et en douceur leur faire prendre une jolie couleur blond pâle, ajouter alors les petits pois et les asperges, bien les mélanger, couvrir, baisser le feu et les laisser étuver pendant 5 à 6 min sans coloration.
• Mouiller à hauteur avec du bouillon. Faire reprendre une petite ébullition, saler, poivrer, ajouter le sucre. Couvrir et faire cuire en douceur pendant 8 à 10 min, les légumes doivent être tendres mais fermes.
• Prendre ensuite les légumes à l'écumoire et les dresser dans un légumier chaud. Relever le feu sous la cocotte et faire réduire le jus à consistance un peu sirupeuse. Le verser ensuite sur les légumes et servir.

Tarte aux pointes d'asperges

Elle peut se faire à l'avance et se réchauffer à feu doux. C'est une entrée agréable ou un plat de dîner.

Pour 6 personnes
Préparation :
Cuisson au micro-ondes des pointes : 8 à 10 min ; tarte, 20 à 25 min

250 g de pâte feuilletée pur beurre
18 pointes d'asperges en vrac
20 cl de crème fraîche
4 œufs entiers
25 g de beurre
Sel, poivre

• Préparer les pointes d'asperges de manière qu'elles ne soient pas plus longues que 4 à 5 cm. Les faire cuire au micro-ondes (p. 85).
• Allumer le four à température chaude.
• Sur la planche farinée, étaler un disque de pâte feuilletée et en garnir un moule à tarte beurré de 24 cm de diamètre en pinçant bien la pâte aux bords du moule et la piquer de coups de fourchette. Garnir le fond de la tarte avec toutes les pointes d'asperges, parsemer entre elles quelques petits copeaux de beurre.
• Dans une terrine, battre les œufs comme pour une omelette. Mélanger la crème fraîche. Saler, poivrer. Verser cet appareil sur les asperges. Mettre au four pour 20 à 25 min. Surveiller la cuisson pour piquer la tarte avec une fourchette si des bulles se formaient à la surface. Démouler et servir.

Salade de pointes d'asperges en feuilles de laitue

À faire le jour où on a trouvé des pointes d'asperges en vrac au marché. C'est un hors-d'œuvre économique et plaisant.

Pour 4 personnes
Préparation :
20 à 25 min
Cuisson :
10 min environ

4 à 6 pointes d'asperges par personne
4 belles grandes feuilles de laitue
4 bonnes cuil. à soupe de vinaigrette à l'huile d'olive et au vinaigre de vin
Facultatif :
1 œuf dur
4 pluches de cerfeuil

• Cuire des pointes d'asperges au micro-ondes (p. 85), les laisser refroidir à température ambiante.
• Prélever sur une laitue quatre belles feuilles vert clair formant un creux.
• Si on le souhaite, faire durcir un œuf 9 min dans l'eau bouillante, le rafraîchir sous l'eau froide pour l'écaler commodément.
• Dresser quatre feuilles de laitue dans quatre assiettes. Dans le

creux, répartir les pointes d'asperges. Faire la vinaigrette, la battre convenablement et en verser la valeur d'une large cuillerée à soupe sur les asperges.
• Si on le souhaite, répartir le jaune d'œuf passé à la moulinette au-dessus de chacune, terminer avec une petite pluche de cerfeuil et servir.

Salade de pointes d'asperges aux fonds d'artichauts et à la sauce gribiche

Cette salade se sert tiède, elle n'en est que meilleure. Cependant, on peut, si on le désire, préparer tout à l'avance et conserver les légumes dans des boîtes hermétiques. Elle se servira alors à température ambiante.

Pour 6 personnes
Cuisson des pointes au micro-ondes (p. 85) ; des fonds, 6 à 7 min

16 pointes d'asperges
6 à 8 fonds de poivrades assez gros (p. 72)
sauce gribiche (p. 33)

• Préparer la sauce gribiche (p. 33). La réserver.
• Dégager les fonds à cru (p. 77) et les cuire seulement 6 à 7 min. Les réserver dans leur eau de cuisson.
• Cuire en même temps les asperges au micro-ondes (p. 85), les laisser tiédir et, selon leur longueur, les couper en deux ou trois morceaux.
• Égoutter et sécher les fonds d'artichauts, les couper en quatre quartiers.
• Dans un petit saladier, mélanger les asperges et les fonds. Verser la sauce gribiche et servir.

Velouté d'asperges

Il est plus élégant d'employer des asperges entières pour utiliser les pointes en garniture, mais si on a des tiges non utilisées d'un plat précédent, on peut utiliser des pointes de petites asperges vertes en boîte, coupées à la moitié et ce sera aussi délicieux.
Le velouté se termine au dernier moment mais la cuisson des asperges peut se faire à l'avance. On les réserve dans un torchon à température ambiante.

Pour 4 personnes
Préparation : 15 min
Cuisson : tiges d'asperges, 20 min ;

12 asperges blanches moyennes
3/4 de litre d'eau
1 cuil. à soupe de farine (environ 20 g)
50 à 60 g de beurre
3 cuil. à soupe de crème fraîche
3 jaunes d'œufs
Sel, poivre

pointes, 8 à 10 min ; potage, 15 à 20 min

• Couper les asperges en deux : 6 cm de pointes d'un côté, les tiges de l'autre. Les gratter et les préparer (p. 84), réserver les pointes dans l'eau fraîche. Couper les tiges en morceaux. Les faire cuire dans l'eau bouillante salée à couvert pendant 20 min. Les égoutter dans une passoire en conservant le jus de cuisson. Passer les morceaux d'asperges au mixer, à défaut, au moulin à légumes, puis au tamis fin. Verser la fine purée obtenue dans le jus de cuisson. Délayer.
• Dans une casserole à feu doux, mettre à fondre le beurre, ajouter la farine, mélanger et cuire jusqu'à ce qu'on atteigne la couleur roux blond. Délayer petit à petit avec le jus d'asperges jusqu'à ébullition et épaississement. Laisser mijoter à petit feu pendant 15 à 20 min.
• Pendant ce temps, faire bouillir de l'eau salée, y cuire les pointes d'asperges pendant 7 à 10 min. Les égoutter et réserver dans un torchon.
• Délayer la crème fraîche et les jaunes d'œufs dans un bol. Ajouter une cuillerée de potage bouillant, délayer, recommencer une fois et jeter le tout dans la casserole. Remuer avec la cuillère jusqu'à ébullition. Contenant de la farine, le velouté peut attendre un moment à tout petit feu jusqu'à consistance onctueuse et crémeuse.
• Saler et poivrer. Ajouter les pointes d'asperges à chauffer quelques instants et servir en soupière ou assiettes individuelles.

Et Jacques Maximin propose

Gratin de pointes d'asperges à la parisienne

Pour 4 personnes
Préparation : 1 h
Cuisson totale : 40 à 45 min

48 petites asperges vertes
8 tranches de jambon
1 litre de velouté de volaille (p. 43)
4 jaunes d'œufs
70 g de parmesan râpé
Sel, poivre

Préparation des asperges

• Donner aux asperges une longueur égale de 10 cm environ, les gratter, les cuire (p. 84) et les égoutter.
• Détailler le jambon de manière à avoir 12 bandes larges.

• Faire 12 petits paquets en enfermant 4 asperges dans une bande de jambon de façon à pouvoir disposer 3 paquets dans 4 assiettes à soupe.

Préparation de la sauce

• Faire le velouté et le laisser cuire doucement en retirant les impuretés qui montent à la surface.
• Au terme de la cuisson, battre 4 jaunes d'œufs dans un bol, ajouter et mélanger 1 cuil. à soupe de velouté, recommencer deux fois l'opération avant de remettre le tout dans la casserole.
• Chauffer jusqu'à épaississement et onctuosité. Ajouter le parmesan, mélanger et vérifier l'assaisonnement.
• Répartir cette sauce sur les asperges dans les assiettes à soupe. Mettre le four en position gril. Dès qu'il est bien rouge, passer dessous et très près les assiettes pour faire très vite dorer le dessus. Servir immédiatement.

L'aubergine

Origines

L'aubergine est originaire de l'Inde, et n'apparaît en Europe que vers le XVe siècle, où elle serait arrivée d'abord en Espagne grâce aux Arabes d'Afrique du Nord, avant de se répandre dans tout le bassin méditerranéen, où elle rencontre un certain succès en tant que plante d'ornement. C'est en effet un bel arbuste aux feuilles rugueuses et aux magnifiques fleurs bleu-violet, dont l'aubergine est le fruit.

De même famille que les honnêtes pommes de terre mais aussi la belladone, la jusquiame et la maléfique mandragore, elle a douteuse réputation, et c'est seulement au XVIIe siècle qu'elle est reconnue, dans le midi de la France, comme un très bon légume. Il faudra attendre le Directoire, les jardins du Palais-Royal et un marchand qui les propose grillées pour qu'elle se généralise.

Il n'en reste pas moins qu'aujourd'hui encore ce sont les trois départements du Vaucluse, des Bouches-du-Rhône et du Tarn-et-Garonne qui en sont les producteurs principaux, et que c'est surtout dans le sud de la France qu'elle est le plus cultivée, très aimée et cuisinée de toutes sortes de façons.

Aspects

Les aubergines françaises sont présentes sur les marchés de mai à octobre.

Les étrangères d'Israël, du Sénégal et de la Côte d'Ivoire prennent le relais pendant tout l'hiver.

Sur les étals, on en trouve des longues, des ovoïdes, des rondes et plus rarement des blanches au goût très fin, un peu semblable à celui du champignon. Elles ont des noms charmants : barbentane, ronde de Chine, bonika, dourka. Toutes ont leurs qualités, avec des peaux plus ou moins foncées, des chairs plus ou moins blanches, plus ou moins vertes.

Choix et qualités

Bien choisir les aubergines fermes, avec des tiges solidement attachées, la peau tendue et brillante sans aucune tache ni trace de choc.

Une longue doit être fine et vraiment allongée, les arrondies plutôt petites. Les trop grosses aubergines sont à éviter, leur taille signifie seulement qu'elles sont trop mûres, et contiennent par conséquent trop de graines.

La cuisine de l'aubergine

C'est de mai à octobre, quand elle est produite par le midi de la France, qu'il faut profiter de l'aubergine, car c'est le moment où elle est avantageuse, dense et rendant peu ou pas d'eau, ce qui évite le plus souvent d'avoir à la faire dégorger.
L'aubergine se mange toujours cuite mais se prête à plusieurs modes de cuisson et ce sont eux qui déterminent la quantité à employer.

Préparation
On ne peut en parler de façon générale puisqu'elle varie selon les modes de cuisson.

Aubergines grillées

Pour 4 personnes
Préparation : 1 h à l'avance : 6 à 8 min
Cuisson : quelques minutes

4 aubergines moyennes
1/2 verre d'huile d'olive
Sel, poivre

• Supprimer la tige des aubergines, les laver, les essuyer, les couper en tranches épaisses de 1 cm dans le sens de la longueur sans les peler, les saupoudrer d'un peu de sel des deux côtés et les laisser dégorger posées sur une grille pendant 15 min.
• Au bout de ce temps, mettre le four en position gril et éponger soigneusement les tranches d'aubergines, les huiler légèrement des deux côtés avec le bout des doigts. Les disposer ensuite les unes à côté des autres sur une grille et les mettre sous le gril bien rouge à une distance de 10 à 15 cm.
• Quand elles sont dorées d'un côté (3 à 4 min environ), les retourner et les faire griller de même de l'autre côté. Puis les déposer sur un papier absorbant sur la porte du four et les saupoudrer de poivre. Éventuellement, faire une autre fournée.

Emplois : chaudes à la sortie du four : les manger comme des chips salées et poivrées à l'apéritif ou en garniture de viande ou de poisson.
En canapés tièdes ou froids garnis d'anchoïade (p. 33) ; de sauce fraîche à la pulpe de tomates (p. 34) et d'un peu de basilic haché ; de tapenade (toute prête dans le commerce) ; d'une pommade faite de jaunes d'œufs durs malaxés avec du sel, du poivre, de l'huile d'olive et saupoudrés, pour finir, de persil finement haché.

Remarque : tout cela ne représente que des suggestions, à vous d'en imaginer d'autres, les tranches d'aubergines grillées sont bonnes filles et s'accommodent de toutes sortes de saveurs.
Il n'y a volontairement pas de quantités indiquées pour les canapés dans la mesure où elles dépendent du nombre de canapés que vous avez l'intention de faire et de la façon de les tartiner plus ou moins généreusement.

Caviar d'aubergines

Il doit impérativement se faire la veille et attendre le moment d'être consommé à température ambiante, couvert d'une assiette et surtout pas au réfrigérateur, de peur que le froid nuise à la macération.

Pour 4 personnes
Préparation :
45 à 50 min environ
Cuisson : aubergines,
15 à 20 min

4 aubergines longues, bien violettes
Huile d'olive
1 filet de vinaigre de vin
1 grosse gousse d'ail ou 2 petites
Sel, poivre du moulin

• Sans les éplucher, mettre les aubergines à griller directement sur la flamme du gaz. À défaut de gaz, les faire griller sous le gril du four en les surveillant bien et en les tournant pour qu'elles « charbonnent » et craquellent de tous côtés en devenant molles, ce qui prouve qu'elles sont cuites.
• Les poser sur une planche et enlever la peau. L'opération se fait commodément en tenant l'aubergine par la tige, et en grattant et soulevant doucement la peau avec un petit couteau pointu. Elle s'enlève par particules. Il faut veiller à enlever tous les petits morceaux noircis de peau qui pourraient rester collés à la chair.
• Couper ensuite les tiges et mettre les aubergines dépouillées sur une planche. Commencer par les hacher grossièrement avec un couteau. Les mettre ensuite dans un saladier.

• Éplucher la gousse d'ail et la piler au-dessus des aubergines avec le presse-ail. Écraser et pilonner avec une fourchette de manière à obtenir une purée. Il ne doit plus du tout rester de morceaux entiers.
• Incorporer généreusement de l'huile d'olive en travaillant toujours à la fourchette. Compléter l'assaisonnement avec un filet de vinaigre de vin, du sel et du poivre du moulin.
• Quand la préparation est terminée, on doit avoir l'impression qu'il y a trop d'huile. Elle sera absorbée pendant le temps d'attente puisque faite la veille et laissée à la température de la pièce recouverte d'un film alimentaire.
• Avant de mettre le caviar d'aubergines dans le plat de service, remuer à nouveau, vérifier l'assaisonnement et éventuellement ajouter huile, vinaigre, sel et poivre.

Emplois : c'est un délicieux hors-d'œuvre.
Faire des canapés en tartinant de caviar d'aubergines des rondelles de baguette ou des demi-tranches de pain de mie frites et dorées d'un seul côté dans l'huile d'olive et c'est le côté *non frit* qui sera tartiné.
On peut les enrichir en ajoutant sur le caviar d'aubergines de la tomate concassée (p. 34) mélangée de ciboulette, des petites languettes de poivrons rouges grillés (p. 372) ou un petit peu d'olives noires dénoyautées et hachées finement.

Aubergines en friture

Elles ne seront pas pelées mais détaillées soit en rondelles, soit en tranches.

Pour 4 personnes
Préparation : 10 min

3 aubergines longues et fines
Huile de friture
Sel, poivre

Les rondelles
Laver les aubergines, les essuyer, ne pas les éplucher, supprimer la tige, les couper en rondelles d'1/2 centimètre.

Les tranches
Laver les aubergines, les essuyer, ne pas les éplucher, supprimer la tige, les couper en tranches dans le sens de la longueur.

• Faire chauffer l'huile dans la bassine à température chaude.
• Disposer rondelles ou tranches dans le panier de friture dans l'huile, faire dorer rapidement en les retournant.
• Déposer ensuite les rondelles ou les tranches sur du papier absorbant, saler et poivrer.
Faire plusieurs fournées pour qu'elles dorent bien et ne se collent pas entre elles.

Emplois : une garniture pour accompagner viandes et poissons ou avec d'autres légumes pour constituer des tians et des gratins.

Bâtonnets d'aubergine croustillants

Ce plat se fait au dernier moment.

Pour 4 personnes
Préparation :
15 à 20 min
Cuisson :
quelques minutes

5 aubergines moyennes
Farine
Huile de friture
Persil haché
Sel, poivre

• Peler les aubergines, éventuellement supprimer les graines et les détailler en bâtonnets réguliers de la grosseur d'un doigt. Hacher du persil, le réserver.
• Mettre à chauffer l'huile dans la bassine à frire. Allumer le four à température tiède, laisser la porte ouverte.
• Pendant ce temps, rouler légèrement les bâtonnets dans un peu de farine. Dès que l'huile est bien chaude, les faire frire dans le panier, poignées par poignées, pendant quelques minutes ; ils doivent être bien dorés.
• Les déposer au fur et à mesure sur du papier absorbant dans un plat disposé sur la porte du four tiède. Saler et poivrer, les parsemer de persil haché et servir aussitôt.

Beignets d'aubergines

Les aubergines se préparent à l'avance ainsi que la pâte à frire. On fait le plat au dernier moment.

Pour 4 personnes
Préparation :
aubergines,

4 à 5 jolies aubergines
Pâte à frire (p. 58)
Huile de friture
Sel, poivre

Facultatif : **persil frais ou persil frit.**

20 à 25 min à l'avance ; pâte à frire,
2 h à l'avance
Cuisson : 3 à 4 min

• Préparer la pâte à frire en réservant le blanc d'œuf (p. 58). La laisser à température ambiante.
• Couper la tige des aubergines, les laver, les essuyer, les peler et les couper en rondelles d'1/2 centimètre, les saupoudrer très légèrement de sel des deux côtés et les laisser dégorger pendant 15 min environ. Les essuyer ensuite soigneusement dans un torchon.
• Terminer la pâte à frire avec le blanc d'œuf (p. 58).
• Faire chauffer l'huile de la bassine à température bien chaude. Allumer le gril. Plonger 7 à 8 rondelles d'aubergine à la fois dans la pâte à frire et à l'aide de l'écumoire les déposer dans le panier de la bassine en évitant qu'elles se touchent.
• Dès qu'elles sont bien dorées, quelques minutes suffisent, les retirer à l'aide de l'écumoire et les poser sur du papier absorbant dans un plat, lui-même posé sur la porte du four mis à température tiède, les saler et les poivrer. Continuer ainsi jusqu'à épuisement des rondelles.

Suggestions : parsemer les beignets d'aubergines dressés dans le plat de service de persil frais haché ou faire frire très rapidement des bouquets de persil dans l'huile de friture, bien les égoutter et les disperser sur et autour des beignets dans le plat.

Gratin d'aubergines de Claude Lebey

Outre le fait qu'à mes yeux il est tout à fait délicieux et somme toute léger, il a l'avantage de se préparer à l'avance (et c'est le plus long) pour être mis ensuite à confire tranquillement au four.

Pour 6 personnes
Préparation du gratin : 40 à 45 min
Cuisson du gratin : 1 bonne heure

6 aubergines
4 tasses à thé de coulis de tomate (p. 36)
2 gousses d'ail
1 branche de thym frais
huile d'olive
Sel, poivre

• Faire un coulis de tomate un peu épais à moins que l'on n'en ait en réserve dans le congélateur – alors le dégeler –, y ajouter deux gousses d'ail écrasées au presse-ail, le saler et le poivrer.
• Supprimer les tiges des aubergines, les peler, les couper en tranches d'1 cm d'épaisseur. Au goût les frire (p. 96) ou les faire cuire et dorer des deux côtés pendant 4 à 5 min à la poêle dans de l'huile d'olive chauffée à feu moyen.

• Les déposer sur du papier absorbant au fur et à mesure, les saler et les poivrer légèrement.
• Préchauffer le four à température moyenne-douce. Prendre un plat qui va au four de juste dimension. Le huiler légèrement. Garnir le fond de tranches d'aubergines alignées les unes à côté des autres. Émietter un peu de thym frais en le froissant entre les mains. Couvrir d'une couche de coulis de tomate, disposer à nouveau une couche d'aubergines et un peu de thym et ainsi de suite en terminant par une couche de coulis de tomate.
• Mettre le gratin d'aubergines au four et le laisser cuire pendant 1 h environ de telle sorte qu'il se « compote » tranquillement.
Le servir bien chaud dans le plat de cuisson.

Variante au fromage : moins fin, mais plus consistant et devenant une entrée, on peut saupoudrer chaque couche de coulis de tomate de gruyère râpé et le passer sous le gril quelques minutes avant de le servir.

Gratin d'aubergines à l'agneau et au coulis de tomate

C'est un gratin consistant pouvant être aussi bien une riche entrée qu'un vrai plat principal de dîner, à faire suivre d'une bonne salade.
Lui aussi peut se préparer à l'avance et se mettre au four au dernier moment.

Pour 4 personnes
Préparation : 20 min
Cuisson : coulis, 15 à 20 min ; tranches d'aubergines, 15 à 20 min ; viande et oignons, 20 min ; au four, 25 min

6 aubergines longues sans graines
500 g d'épaule d'agneau hachée (ou un autre morceau bien maigre)
Huile d'olive
1 tasse à thé de coulis de tomate (p. 36)
1 branche de thym
2 oignons moyens
Chapelure
Sel, poivre

• Faire le coulis de tomate (p. 36) ou le faire dégeler si on en a en réserve.
• Éplucher et hacher menu les oignons, les réserver.
• Supprimer les tiges des aubergines, les peler et les couper en tranches épaisses d'un bon centimètre dans le sens de la longueur.
• Faire dorer les tranches d'aubergines à l'huile d'olive comme il est dit au gratin d'aubergines de Claude Lebey (p. 98). Les déposer sur du papier absorbant au fur et à mesure en les salant et en les poivrant légèrement.

• Dans une autre poêle, mettre une bonne cuillerée à soupe d'huile d'olive, ajouter les oignons hachés et couvrir. Quand ils sont devenus transparents, relever le feu, mettre la viande hachée et faire dorer le tout vivement en remuant avec la spatule en bois. Baisser le feu, ajouter le coulis de tomate, le thym, du sel et du poivre. Bien mélanger et laisser mijoter le tout à couvert pendant 15 min.
• Allumer le four à température chaude (220°-230 °C). Huiler un plat allant au four. Tapisser le fond du plat d'une couche de tranches d'aubergines posées côte à côte.
• Étaler ensuite une couche de farce, puis de nouveau une couche d'aubergines, ainsi de suite en terminant par une couche d'aubergines.
• Saupoudrer de chapelure et arroser d'huile d'olive. Mettre au four pendant 20 à 25 min. Passer le tout en position gril pendant les cinq dernières minutes pour donner une belle couleur dorée. Servir dans le plat de cuisson.

Petits tians d'aubergines et tomates au basilic

C'est un petit tian très confit présenté en petits plats ronds individuels.
Le tian est un plat où on emploie des tranches d'aubergines frites (p. 96) ou poêlées à l'huile d'olive (pelées de préférence, mises en couches alternées dans un plat à gratin avec d'autres légumes et parfois de la viande, le tout étant souvent déjà cuit).
Le plat sera ensuite mis longuement au four moyen-doux pour en quelque sorte se confire et qu'ainsi chaque légume s'imprègne des saveurs de l'autre pour devenir un plat goûteux et parfumé faisant office soit de garniture, soit de plat principal.

Pour 4 personnes
Préparation : 30 à 35 min
Cuisson : 1 bonne heure

2 aubergines
3 tomates
4 gousses d'ail
1 pincée de feuilles de basilic
2 cuil. à soupe d'huile d'olive
Sel, poivre

• Plonger les gousses d'ail non épluchées 6 à 7 min dans l'eau bouillante, les égoutter, les éplucher, écraser la pulpe dans un bol.
• Hacher finement le basilic, le mélanger à l'ail, réserver.
• Peler les aubergines, les détailler en rondelles fines.
• Retirer la peau et les graines des tomates (p. 438), les couper en rondelles.
• Préchauffer le four à température moyenne-douce. Prendre quatre petits plats ronds individuels, les huiler du bout des doigts.

• Garnir chacun d'une couche de rondelles d'aubergines, puis d'une couche de rondelles de tomates, puis d'une couche d'aubergines, en finissant par des tomates. Entre chaque couche, mettre un peu de basilic à l'ail. Sur la dernière couche, terminer avec du basilic à l'ail et parsemer de gouttelettes d'huile d'olive.
• Mettre au four et laisser cuire en douceur pendant une bonne heure. Les petits tians doivent être bien réduits et confits sans avoir pris couleur. Les servir dans leurs petits plats.

Aubergines farcies à la tomate

Pour 4 personnes
Préparation : 30 à 35 min
Cuisson : coulis, 20 à 25 min ; aubergines, 30 à 35 min

4 aubergines
1 bol de coulis de tomate (p. 36)
5 à 6 cuil. à soupe d'huile d'olive
chapelure
Sel, poivre

• Préparer un coulis de tomate épais et réduit.
• Couper les aubergines en deux dans le sens de la longueur et fendre la chair de quelques coups de couteau.
• Mettre à chauffer l'huile à température moyenne dans une grande poêle. Y poser les aubergines côté chair et les faire cuire en douceur. Faire deux fournées et poser les aubergines côté chair sur du papier absorbant.
• Retirer soigneusement la chair des aubergines à l'aide d'une cuillère. L'écraser finement avec une fourchette, lui incorporer le coulis, bien mélanger, saler, poivrer, fourrer chaque moitié d'aubergine. Les saupoudrer de chapelure.
• Préchauffer le four à température chaude.
• Huiler légèrement un plat à rôtir de juste dimension. Aligner les aubergines farcies, les arroser convenablement de gouttelettes d'huile d'olive et les mettre au four pendant 15 min environ. Passer en position gril pour les faire dorer pendant les dernières minutes.
• Servir dans le même plat.

Aubergines farcies à l'aubergine

Elles peuvent être farcies à l'avance. Elles seront passées au four au dernier moment.

Pour 4 personnes
Préparation : 35 à 40 min

4 aubergines longues moyennes
2 oignons moyens hachés
2 gousses d'ail
1 branche de thym émietté
5 à 6 cuil. à soupe d'huile d'olive
Sel, poivre

Cuisson :
1er temps, 6 à 7 min ;
2e temps, 15 min

• Retirer la tige des aubergines, ne pas les éplucher et les fendre dans le sens de la longueur.
• Passer un petit couteau pointu tout autour de chaque moitié d'aubergine entre la chair et la peau, puis inciser la chair de chaque moitié de deux à trois coups de couteau.
• Préchauffer le four à température chaude.
• Hacher finement les oignons et les gousses d'ail.
• Dans une petite poêle, mettre 1 cuil. à soupe d'huile d'olive à chauffer. Ajouter le petit hachis d'ail et d'oignon et en douceur le faire ramollir puis prendre une jolie couleur blonde.
• Pendant ce temps, mettre à chauffer de l'huile d'olive à feu moyen-doux dans une poêle, y poser les moitiés d'aubergines côté chair et les faire cuire en douceur pendant 7 à 10 min, jusqu'à ce que la chair soit tendre et non brûlée. Éventuellement, faire une seconde fournée. Prendre avec l'écumoire. Égoutter sur un torchon et évider les écorces à l'aide d'une cuillère sans les abîmer.
• Poser les écorces dans un plat à gratin huilé.
• Dans un saladier, hacher finement la chair des aubergines, lui incorporer le hachis d'oignon-ail et du thym émietté entre les doigts, du sel et du poivre. Emplir les écorces d'aubergines en lissant le dessus avec le dos d'une cuillère. Arroser d'un filet d'huile d'olive et mettre au four pendant 15 min environ.
Servir dans le plat de cuisson.

Suggestions : au sortir du four, on peut, si on le souhaite, parsemer les aubergines de quelques graines de cumin et de tout petits carrés fins de chair de tomate ; d'un petit hachis d'olives noires ; de persil haché mélangé de quelques pignons frais broyés.

Aubergines grillées farcies aux anchois

C'est un plat froid qui se fait à l'avance et que l'on maintient au frais pendant 2 ou 3 h.

Pour 6 personnes
Préparation : 1 h
Cuisson : 15 min

3 aubergines longues
6 filets d'anchois à l'huile d'olive
2 feuilles de basilic
1 gousse d'ail
1/2 citron
5 cuil. à soupe d'huile d'olive
Sel, poivre
Rondelles de baguette pour servir

• Préchauffer le four à température chaude.
• Mettre 1 cuil. à soupe d'huile d'olive dans une petite casserole à

feu doux. Ajouter les filets d'anchois coupés en morceaux et les laisser fondre en pommade. Réserver.

• Hacher finement le basilic et la gousse d'ail, les mélanger et réserver.

• Retirer la tige des aubergines. Les couper en deux dans le sens de la longueur. Les poser côté chair sur une plaque légèrement huilée. Huiler légèrement les écorces. Mettre au four pendant 15 min environ de telle sorte que la chair soit tendre et les écorces rôties. Retirer du four et laisser refroidir.

• Prélever alors la chair des aubergines à l'aide d'une cuillère sans abîmer les peaux et la verser dans un saladier. La piler convenablement à l'aide d'une fourchette tout en lui incorporant en petit filet 4 cuil. à soupe d'huile d'olive. Ajouter le basilic à l'ail, la pommade d'anchois, le jus d'un demi-citron, du sel et du poivre. Bien mélanger tous les ingrédients.

• Garnir les coques d'aubergines avec cette purée et mettre au frais pendant 2 ou 3 h. Les sortir à temps pour qu'elles soient juste fraîches. Servir en présentant en même temps des rondelles de baguette frites à l'huile d'olive, salées et poivrées.

Et Jacques Maximin propose

Brochettes d'aubergines au bacon, coulis provençal

Pour 4 personnes
Préparation : 20 à 25 min
Cuisson : aubergines, 25 à 30 min ; sauce, 15 à 20 min

8 mini-aubergines
16 tranches de bacon

Coulis :
1 tomate
1 bouquet de persil haché
1 pincée de sucre
2 gousses d'ail
200 g de crème fleurette
1 cuil. à soupe d'huile d'olive
Branches sèches de thym (facultatif)
Sel, poivre

Préparation des aubergines

• Faire couper des tranches fines de bacon par le charcutier. Supprimer ensuite la couenne extérieure.

• Laver les aubergines, les couper en 2 dans le sens de la longueur et quadriller le côté chair avec la pointe du couteau. Envelopper convenablement chaque demi-aubergine d'une tranche de bacon puis les enfiler sur une brochette dans le sens de la longueur, les disposer sur une grille. Préchauffer le four à température moyenne-douce.

Préparation et cuisson du coulis

Plonger la tomate 30 s dans de l'eau bouillante. Retirer la peau, l'ouvrir en 2, supprimer les graines et l'eau de végétation puis concasser la chair de la tomate, réserver.

• Hacher le persil, éplucher les gousses d'ail, retirer le germe et les écraser convenablement.

• Dans une petite casserole, à feu moyen-vif, bien chauffer l'huile d'olive. Dès qu'elle fume, ajouter la tomate concassée, le persil, l'ail et le sucre. Tourner vivement pendant 1 min puis verser la crème, mélanger. Saler, poivrer et porter à petite ébullition pendant 15 à 20 min. À consistance onctueuse, transvaser la sauce dans une autre casserole en la filtrant. Vérifier l'assaisonnement et la laisser en attente à feu doux si besoin est.

Cuisson des aubergines

Pendant la cuisson de la sauce, enfourner les aubergines et les faire rôtir doucement en les arrosant avec la graisse du bacon qui tombe dans la plaque mise au-dessous. Elles doivent être tendres et dorées.

Présentation

Disposer les aubergines sur un lit de branches sèches de thym, soit dans un plat, soit en assiettes individuelles et les accompagner de la sauce mise en saucière dont chacun se servira à son gré.

Remarque

On peut ajouter à la sauce des petits dés de chair de tomates crues, du persil haché cru et des dés de citron légèrement confits.

Meunière d'aubergines à la milanaise

Pour 4 personnes
Préparation : 1 h
Cuisson : 20 à 30 min

2 grosses aubergines
50 g de langue écarlate
50 g de champignons de Paris
50 g de jambon de Paris
40 g de truffe
50 g de parmesan râpé
50 g de gruyère râpé
3 à 4 cuil. à soupe d'huile d'olive
1/2 litre de coulis de tomate de Jacques Maximin (p. 37)
Sel et poivre

Préparation

• Faire le coulis de tomate et le laisser mijoter sur feu tout doux.
• Râper le gruyère et le parmesan, les réserver.
• Parer, éplucher les aubergines, supprimer les graines et les détailler en tranches d'1 cm d'épaisseur.
• Retirer la peau et le gras de la langue écarlate, la détailler en julienne ainsi que la truffe et le jambon.
• Après avoir paré et nettoyé les champignons, les préparer aussi en julienne. Les saisir rapidement dans une poêle antiadhésive.
• Mélanger le tout en salant et en poivrant. Réserver.

Cuisson et finition

• Dans une poêle à feu moyen, faire chauffer l'huile d'olive, y aligner les tranches d'aubergines salées et poivrées, les faire dorer et s'attendrir des 2 côtés en les arrosant de temps en temps d'huile de cuisson. Les poser ensuite sur du papier absorbant avant de les répartir et de les dresser en rosace dans 4 assiettes. Poser ensuite au milieu la julienne.
• Napper tout autour avec le coulis de tomate chaud et saupoudrer des 2 fromages râpés mélangés.

Pastilla d'aubergines au jus d'agneau

Pour 4 personnes
Préparation : 1 bonne heure
Dégorgement des ris de veau : 1 à 2 h
Cuisson totale : 1 h 45

4 aubergines
80 g de ris d'agneau
Farine
5 échalotes
3 gousses d'ail
30 cl de vin blanc
3 cuil. à soupe d'huile d'olive
100 g de beurre
30 cl de vin blanc
3 verres d'eau
16 g de cannelle en poudre
40 g de pignons de pin
40 g d'amandes fraîches sans leur coquille
1 paquet de pâte filo (toute prête dans le commerce)
Sucre glace
Sel, poivre

Préparation de la garniture

• Mettre à dégorger les ris d'agneau dans l'eau froide légèrement vinaigrée pendant 1 à 2 h.
• Laver les aubergines, les couper en bâtonnets d'1 cm d'épaisseur en retirant les graines éventuellement.
• Faire chauffer l'huile d'olive dans une grande poêle. Ajouter les bâtonnets d'aubergine et les faire rapidement dorer de tous côtés. Baisser ensuite le feu et les laisser s'attendrir et se confire pendant 45 min à 1 h. Les réserver.

• Mettre à chauffer doucement le beurre dans une petite casserole en enlevant les impuretés au fur et à mesure pour avoir du beurre clarifié. Le réserver.
• Dans une poêle antiadhésive, faire griller rapidement à feu vif les pignons de pin en les tournant en tous sens, les réserver.
• Ouvrir des amandes fraîches, retirer la petite peau et en réserver 40 g.
• Éponger convenablement les ris d'agneau, les fariner légèrement. Saler et poivrer.
• Éplucher les échalotes et les émincer.
• Écraser les gousses d'ail, réserver.
• Dans une sauteuse, à feu moyen-vif, mettre à chauffer 2 cuil. à soupe de beurre clarifié. Ajouter les ris d'agneau salés et poivrés et les faire rapidement colorer de tous côtés. Ajouter les échalotes et l'ail et faire ramollir et blondir en tournant le tout pendant 2 à 3 min. Retirer les ris d'agneau et les réserver.
• Verser le vin blanc et, à feu vif, déglacer à sec la sauteuse en raclant le fond et en tournant pendant 1 à 2 min. Baisser le feu, mouiller avec 3 verres d'eau et laisser doucement mijoter ce jus à couvert.

Préparation des pastilla
• Dans un saladier, mélanger les aubergines bien confites, les ris d'agneau coupés en petits morceaux, les amandes, les pignons et la cannelle en poudre. Saler, poivrer.
• Prendre le paquet de pâte filo. Sortir des feuillets et les beurrer avec du beurre clarifié en utilisant un petit pinceau. Plier les feuillets beurrés en 2 dans le sens de la longueur et découper des lanières de 3 cm de large.
• Préchauffer le four à température chaude.
• Prendre 4 cercles en inox de 12 cm de diamètre et les garnir de lanières de pâte disposées en étoile du centre vers l'extérieur, se chevauchant légèrement. Elles doivent dépasser largement du moule. Garnir chaque cercle d'aubergines à l'agneau en ajoutant pour chaque pastilla 1 cuil. à soupe de jus d'agneau. Refermer la pâte filo sur la garniture et mettre à cuire au four pendant 10 à 12 min.
• Pendant ce temps, passer le jus à la passoire fine et le tenir au chaud. Sortir les pastilla du four, les démouler en les retournant et les saupoudrer de sucre glace avec la poudreuse. Dessiner ensuite

un quadrillage avec une pointe de couteau. Poser une pastilla au centre de l'assiette. Vérifier l'assaisonnement du jus en sel et en poivre, en verser tout autour de chaque pastilla et servir immédiatement.

Petits paquets d'aubergines à la marseillaise

Pour 4 personnes
Préparation : 1 h 30
Cuisson totale : 30 à 40 min

4 aubergines
18 tomates en tout
18 olives noires de Nice
1 tête d'ail
4 filets d'anchois
3 pommes de terre (type bintje)
1 paquet de pâte filo (dans le commerce)
12 cl d'huile d'olive
2 branches de thym
1 feuille de laurier
30 g de beurre
1 litre d'huile de palme pour frire
Sel, poivre

Préparation des tomates, des aubergines et des olives

• Allumer le four à température chaude.
• Plonger 12 tomates 15 s dans l'eau bouillante. Leur couper un petit chapeau, retirer la peau et les évider de leurs graines. Les poser dans un plat côté évidé en l'air et les arroser d'un peu d'huile d'olive et d'une pointe d'ail, mettre au four pendant 3 min. Sortir et les réserver.
• Laver et essuyer les aubergines, les piquer de quelques coups d'épingle. Retirer les pellicules mortes de 4 à 5 gousses d'ail et les laisser dans leur peau.
• Sur une plaque, disposer les aubergines, ajouter les gousses d'ail non épluchées, 1 branche de thym, 1 feuille de laurier. Arroser d'un peu d'huile d'olive et mettre au four pendant 15 min à la suite des tomates. Au terme de la cuisson, les réserver.
• Pendant ce temps, dénoyauter les olives noires, en réserver 12. Couper les autres en petits morceaux, réserver.

Préparation de la sauce marseillaise

• Plonger les 6 dernières tomates 15 s dans l'eau bouillante pour supprimer la peau. Les épépiner et les couper en dés.
• Dans une sauteuse, mettre 2 cuil. à soupe d'huile d'olive à chauffer à feu moyen. Ajouter les dés de tomates, 2 gousses d'ail épluchées et écrasées, 1 branche de thym et les morceaux d'olives noires réservés. Saler, poivrer et laisser cuire en tournant pendant 4 min. Réserver.

Finition des aubergines

• Couper les aubergines en deux dans le sens de la longueur. À l'aide d'une cuillère, extraire la pulpe et la mettre dans une casserole, réserver les peaux. Extraire la pulpe des gousses d'ail, la mélanger à l'aubergine et ajouter 2 cuil. à soupe de sauce marseillaise. Saler, poivrer et travailler le tout sur feu doux pour lui donner bonne consistance. Réserver.

• Couper des lanières de 3 cm de large sur la longueur de la peau des aubergines, les réserver.

Préparation des pommes de terre et de la pâte filo

• Éplucher les pommes de terre, les laver, les détailler en fins copeaux, les réserver dans un torchon.

• Étaler 2 feuilles de pâte filo, les beurrer, les façonner et les replier pour former 12 cornets. Les disposer sur la plaque du four et les passer au four chaud jusqu'à coloration brune, les réserver.

Finition et présentation

• Entourer les 12 olives réservées d'une petite lanière de filet d'anchois, les réserver.

• Entourer les 12 tomates avec des lanières de peau d'aubergines et les remplir de la pulpe d'aubergines réduite et réservée. Les coiffer d'une olive noire entourée d'anchois et surmonter le tout d'un petit chapeau de pâte filo.

• Prendre 4 assiettes creuses et dresser 3 tomates par assiette.

• Dans une bassine, chauffer l'huile de palme et faire rapidement frire les copeaux de pommes de terre, les sécher sur du papier absorbant et les saler.

• Dans chaque assiette, entourer les tomates de sauce marseillaise et entre chaque tomate la parsemer de copeaux de pommes de terre et servir.

Aubergines naines confites au gingembre « mère Fortunée »

Pour 4 personnes
Préparation :
20 à 25 min
Cuisson totale :
25 à 35 min

720 g d'aubergines naines (12 pièces de 60 g)
100 g de gingembre frais
720 g de sucre
20 cl d'eau

Préparation des aubergines et du gingembre

• Éplucher les aubergines, les plonger 5 à 6 min dans l'eau

bouillante salée, bien les égoutter. Les peser pour avoir le même poids de sucre, les réserver.
• Peler le gingembre, le détailler en julienne et le réserver.

Préparation du sirop et des aubergines confites
• Mettre le sucre dans une casserole de cuivre non étamé, le mouiller avec 20 cl d'eau et le mettre à chauffer à petit feu sans y toucher mais en agitant la casserole pour que petit à petit le sirop se constitue.
• Quand il en est au stade du petit filet (101°), ajouter les aubergines et le gingembre, bien les enrober et continuer la cuisson jusqu'à 109°.
• Stopper la cuisson, débarrasser les aubergines sur un marbre et laisser refroidir. Elles seront alors bonnes à l'emploi et pourront être servies, par exemple, avec une glace à la pistache.

Tarte Tatin d'aubergines

Pour 4 à 6 personnes
Préparation : 1 h
Cuisson :
aubergines, 8 à 10 min ; tarte, 30 min en tout

16 mini-aubergines
4 pommes fruits
100 g de beurre
200 g de sucre en tout
1 zeste de gingembre confit
1 citron

Pâte à foncer :
100 g de farine
10 g de sucre
1 œuf
50 g de beurre
5 g de sel

Préparation des aubergines et des pommes
• Éplucher et couper en 2 les toutes petites aubergines.
• Dans une casserole, mettre un peu d'eau, 125 g de sucre et le gingembre confit. Ajouter les aubergines et les faire pocher en les retournant de temps en temps pendant 8 à 10 min. Elles doivent être tendres mais fermes.
• Pendant ce temps, éplucher les pommes, supprimer la tige, le cœur et les pépins, les détailler en quartiers en les citronnant au fur et à mesure avec le citron coupé en 2.

Préparation de la tarte
• Préchauffer le four à température chaude.
• Prendre 1 moule à tarte à fond mobile de 22 cm. Beurrer grassement le fond et le tour et saupoudrer avec le sucre restant. Remplir ensuite le moule en intercalant quartiers de pommes, d'aubergines et des copeaux de beurre.

Finition et présentation

• Enfourner la tarte pendant 20 min environ, jusqu'à ce qu'elle ait une belle coloration blonde.

• Pendant ce temps, faire la pâte à foncer comme on fait une pâte brisée (p. 56). L'étaler finement et découper un rond de la taille du moule.

• La coloration blonde étant atteinte, sortir la tarte, la couvrir du disque de pâte et la remettre au four environ 10 min de plus, jusqu'à ce que la pâte soit cuite et dorée. Laisser un peu refroidir la tarte avant de la démouler et la servir tiède.

Remarque : on peut accompagner cette tarte Tatin d'une jatte de crème fouettée.

L'avocat

Ce n'est pas un légume, mais le fruit d'un arbre. Il est cependant uniquement traité en préparations salées. C'est pour cela qu'il a ici tout à fait sa place.

Origines

Il nous vient du Nouveau Monde, et ce sont les Espagnols qui le découvrent en Amérique du Sud lors de sa conquête. Sensibles à l'attrait de ce beau fruit que les Aztèques consommaient déjà, ils l'acclimatent dans certaines de leurs possessions tropicales où il fera son chemin, lentement mais sûrement.
À l'heure actuelle, les principaux producteurs... et consommateurs sont le Mexique, les Antilles, la Floride, l'Afrique et Israël où on aime le cuisiner de toutes sortes de façons.
La France a découvert tardivement les charmes de l'avocat, et ce n'est que dans les années 50 que l'on a commencé à en parler dans les livres de cuisine.

Aspects

L'avocat est cultivé de novembre à mai, mois pendant lesquels les variétés se succèdent. Apparaissent en premier ceux d'Afrique du Sud, à la peau très brillante. Ils sont assez quelconques. Puis arrivent ceux du Mexique, du Brésil et d'Israël. Ce sont de gros fruits en forme de poire, à la peau très fine. Ce sont les meilleurs.
La saison se termine par ceux de Floride et d'Afrique noire. Assez petits, ils ont une peau granuleuse, la chair jaune et sont souvent décevants.
Une nouvelle variété de forme très allongée à la peau jaune-vert arrive d'Afrique noire en fin de saison. Si le fruit a été cueilli au bon moment et bien transporté, il sera excellent. Manquant de maturité, il sera mauvais.

Choix et qualités

Pour être bon, l'avocat doit être bien mûr et ce n'est pas très facile de le choisir. À l'œil, la peau doit être brillante, sans taches ni points noirs.

Certains avocats, pour des raisons de transport, sont recouverts d'une fine couche de cire qui les rend très brillants à l'œil. On se rend alors mal compte de leur maturité. Il faut les soupeser pour les sentir bien lourds dans la main, et on résistera à la tentation de les presser du doigt. Le marchand sera furieux, car cela abîme le fruit, qui se conservera moins bien, tant chez le marchand qu'à la maison.
Il faut simplement se contenter de le secouer légèrement. Si on sent bouger le noyau, le fruit est à point et on le consommera le jour même.
S'il paraissait un peu juste, l'envelopper de papier journal et le garder un ou deux jours à température ambiante.

La cuisine de l'avocat

L'avocat ne se cuit pas et se consomme cru.

Quantité
Il est habituel de prévoir un demi-avocat par personne.

Préparation
Elle se fait au dernier moment. Couper l'avocat en deux dans le sens de la longueur en allant jusqu'au noyau.
Prendre chaque moitié dans les mains et ouvrir doucement. Retirer le noyau. Si l'avocat doit attendre un peu, passer une moitié de citron sur la chair pour qu'elle ne noircisse pas.
L'avocat est prêt alors à être servi de deux façons :
– tel quel : chacun aura sa moitié d'avocat dans son assiette et l'assaisonnera de la sauce qui lui sera présentée en saucière ;
– prélever la chair à l'aide d'une cuillère en essayant de la sortir tout entière, la détailler ensuite en petits dés, les remettre dans la coque vide, les assaisonner de la sauce choisie. Éventuellement, décorer avec une herbe fine de son choix.

L'avocat au naturel

Le préparer et le présenter soit entier, soit en petits dés, et l'assaisonner.

Choix d'assaisonnements :
– Vinaigrette classique au vinaigre de vin (p. 27),

– Vinaigrette aux fines herbes (p. 28),
– Mayonnaise au ketchup (p. 30),
– Fleurette au vinaigre de xérès (p. 33).

L'avocat farci

La chair est détaillée en petits dés ou hachée grossièrement. On la mélangera à un ou deux autres ingrédients, puis le tout sera assaisonné et remis dans la demi-coque d'avocat.

Avocats aux crevettes sauce cocktail

Pour 4 personnes
Préparation :
20 à 25 min.

2 beaux avocats
100 g de crevettes décortiquées

Sauce :
4 bonnes cuil. à soupe de mayonnaise au ketchup (p. 30)
1 cuil. à café de Worcestershire sauce
2 cuil. à café de cognac
1 pointe de couteau de poivre de Cayenne

***Facultatif :* persil haché**

• Préparer la sauce cocktail : mélanger la mayonnaise au ketchup (p. 30), la Worcestershire sauce et le cognac, du poivre de Cayenne, vérifier le sel.
• Préparer les avocats en détaillant la chair en petits dés (p. 112). La verser dans le saladier, ajouter les crevettes et la sauce cocktail, bien mélanger le tout.
• Répartir cette farce dans les coques d'avocats en veillant à ce que chacun ait la même proportion de crevettes et, si on le désire, saupoudrer chaque demi-avocat d'un peu de persil haché.

Avocats au crabe, sauce « zoizeau »

C'est une délicieuse entrée relevée. À l'avance on fera le mélange crabe-sauce afin que celle-ci communique bien ses saveurs au crabe, et c'est au dernier moment que l'on ajoutera la chair de l'avocat et que l'on finira la présentation.

Pour 4 personnes
Préparation :
10 à 12 min environ

2 avocats
1 boîte de crabe de 110 g
2 cuil. à soupe de crème fraîche
2 cuil. à soupe de ketchup
5 cuil. à café de Worcestershire sauce
8 cuil. à café de jus de citron
4 à 5 piments-oiseaux*
environ 1/2 cuil. à café de vinaigre du flacon de piments

* Les piments-oiseaux se trouvent en flacon dans les épiceries de produits exotiques.

• Sortir le crabe de la boîte et de son papier. Égoutter le jus. Au-dessus d'un saladier, l'émietter en retirant soigneusement toutes les parties cartilagineuses.
• Préparer la sauce : dans un bol, mélanger crème fraîche et ketchup. Ajouter la Worcestershire sauce. Prendre dans le flacon 4 à 5 piments-oiseaux. Les hacher finement, les incorporer à la sauce. Mettre le jus de citron et ajouter du vinaigre des piments. La sauce doit avoir une saveur relevée et poivrée.
• Mélanger miettes de crabe et sauce et laisser reposer.
• Au moment de servir, préparer les avocats et détailler la chair en un grossier hachis (p. 112). L'incorporer au mélange crabe-sauce. Vérifier si la saveur est bien relevée. Éventuellement, ajouter du sel et du poivre de Cayenne.
• Garnir les avocats en formant un dôme. Si on le désire, on peut poser un petit piment-oiseau sur chaque dôme pour faire joli, mais attention c'est très fort.

L'avocat en salade

L'avocat à la saveur fine et douce se mélange sans agressivité à beaucoup de salades vertes et de légumes. Sa jolie couleur verte a une grande valeur décorative.

Préparation

On peut détailler l'avocat comme on le souhaite, mais certaines préparations se prêtent plus aux petites boules et d'autres aux lamelles.

• Les boules :
Ouvrir l'avocat, retirer le noyau. Citronner la chair légèrement. Au dernier moment, faire des boules de chair d'avocat avec une cuillère dite « parisienne » qui se trouve très facilement dans le commerce.
• Les lamelles :
Ouvrir l'avocat, retirer le noyau, citronner la chair et, au dernier moment, l'extraire de chaque moitié en un seul bloc à l'aide d'une cuillère à soupe, la détailler ensuite en fines lamelles.

Avocats à l'œuf dur et à l'estragon

Pour 4 personnes
Préparation :
20 min environ

2 avocats
1 œuf dur
5 à 6 cuil. à soupe de vinaigrette classique (p. 27)
1/2 tasse à thé d'estragon haché

• Faire durcir un œuf, le mettre à rafraîchir dans l'eau froide. Effeuiller l'estragon, le hacher finement, le réserver.
• Faire la vinaigrette, réserver 2 cuil. à café d'estragon haché, mettre le reste dans la vinaigrette.
• Préparer des boules d'avocat (p. 114). Les mettre au fur et à mesure dans le saladier, verser la vinaigrette et les rouler dedans.
• Passer l'œuf dur dans une moulinette à gruyère au-dessus des boules d'avocat. Terminer en saupoudrant d'estragon haché.

Avocats au cresson et au céleri

Pour 4 personnes
Préparation :
25 à 30 min

2 avocats
2 poignées de cresson
1 petit cœur de céleri en branche
1 bol de fleurette au xérès (p. 33)

• Supprimer les petites tiges du cresson et hacher très grossièrement les feuilles.
• Parer le petit cœur de céleri en branche de ses plus grosses branches et des feuilles pour ne garder que la partie bien tendre. Détailler le petit cœur en rondelles fines.
• Préparer la fleurette au xérès.
• Préparer les avocats en gardant les coques intactes, les détailler en petits dés (p. 112).
• Dans un saladier, mélanger l'avocat, le cresson, le céleri, l'assaisonnement. Remplir les coques d'avocats, décorer d'un mini-bouquet de cresson et servir sur assiettes individuelles.

Salade de mâche et betteraves aux lamelles d'avocat

Pour 4 personnes
Préparation :
35 à 40 min

1 avocat
1 betterave moyenne
1 grosse poignée de mâche
1 gousse d'ail
1/2 citron
6 à 8 cuil. à soupe de vinaigrette classique (p. 27) à l'huile d'olive et au vinaigre de vin

• Trier la mâche en supprimant éventuellement le petit bout de racine et en séparant les feuilles. Réserver quatre tout petits bouquets.
• Peler la betterave, la détailler en petits dés. Peler la gousse d'ail, la plonger 5 min dans l'eau bouillante, l'égoutter.
• Faire la vinaigrette, y ajouter la gousse d'ail écrasée au presse-ail, la réserver.
• Ouvrir l'avocat, retirer le noyau et extraire la chair en un seul bloc (p. 112) et la citronner légèrement. La détailler en lamelles (p. 114).
• Sur quatre grandes assiettes, répartir des feuilles de mâche, les couvrir de lamelles d'avocat, puis ajouter les dés de betterave. Garnir le centre de l'assiette avec quelques lamelles d'avocat.
• Battre la vinaigrette, la répartir sur les assiettes. Terminer en décorant le centre de chaque assiette avec un petit bouquet de mâche.

Remarque : pour plus de simplicité, on peut aussi mélanger doucement tous les ingrédients dans un saladier et verser l'assaisonnement juste avant de servir.

La blette ou bette

Origines

Bette, blette ou poirée, c'est tout simplement le gros bouquet de feuilles issu d'une grosse racine comestible, la betterave, d'où son diminutif de bette.
Poussant à l'état sauvage sur des terrains sablonneux au bord de la mer, elle était bien connue des Romains, mais considérée par ces derniers comme un légume fade et indigeste, réservé à la plèbe.
En fait, c'est au Moyen Âge qu'elle est le plus connue et employée. Charlemagne en ordonne la culture, car elle faisait avec le poireau partie essentielle de ces soupes d'herbes comestibles qui étaient très appréciées par tout le monde, tant les petites gens que la noblesse de la cour.
Aujourd'hui, on la mange surtout en plats régionaux dans le Lyonnais et la Provence, où elle est particulièrement appréciée. Les feuilles sont réservées aux tartes, aux farces, aux soupes tandis que les côtes sont utilisées pour les tians et pour la très fameuse tourte aux bettes, plat sucré adoré des Niçois.

Aspects

Grâce aux différentes variétés, on trouve des bettes à peu près toute l'année. En été, on a des bettes à feuilles vert clair à côtes bien blanches, et d'autres à feuilles frisées qui se vendent aussi en automne. Et c'est en hiver que se trouvent sur les marchés les bettes à feuilles vert foncé.

Choix et qualités

Les bettes se présentent en bouquets de grosses côtes ou cardes blanches garnies de feuilles vertes.
Le bout des tiges ne doit pas être trop sec ni jauni. Il ne doit pas non plus être fissuré, ce qui prouve que les bettes ont été ramassées depuis un certain temps.
Le reste du légume doit être sans taches, brillant, les feuilles non flétries. Tout doit donner l'air de fraîcheur et de bonne santé d'un légume qui n'a pas attendu depuis le moment où il a été cueilli.

La cuisine de la bette

C'est un légume où tout se mange, les côtes et les feuilles. Les Méridionaux aiment tout autant les feuilles que les côtes, tandis que « les gens du Nord » auraient tendance à n'aimer que les côtes, et encore avec une certaine distance... C'est pourtant un très agréable légume dont on peut tirer parti de toutes sortes de façons.

Les côtes

Préparation
À l'aide d'un bon petit couteau, glisser le long des côtes pour séparer les feuilles et les réserver pour l'usage que l'on souhaite (recettes p. 119), y compris pour remplacer des épinards (p. 257). Supprimer le bout des côtes en général dur et plein de fils, puis couper chaque côte en tronçons de 7 à 8 cm et en retirer soigneusement les fils. Ce n'est pas très rapide et c'est minutieux.

Cuisson
C'est une cuisson à l'anglaise (p. 13) de 8 à 10 min environ.

Emploi immédiat
Les égoutter très soigneusement, les mettre dans un légumier chaud et y mélanger un bon morceau de beurre doux ou demi-sel, comme on le souhaite, et servir immédiatement.

En attente
Les égoutter puis les plonger dans l'eau froide pour stopper la cuisson. Égoutter à nouveau soigneusement, et les mettre en attente dans un torchon jusqu'à l'emploi.

Salade de côtes de bettes

Ce sera un hors-d'œuvre ou la garniture d'un plat froid et on détaillera les côtes en tronçons de 2 à 3 cm de long.

Pour 4 personnes
Préparation : 30 min
Cuisson : 8 à 10 min

1/2 botte de bettes
5 à 6 cuil. à soupe d'assaisonnement

• Préparer, cuire, sécher et laisser refroidir (p. 118) les côtes de bettes.
• Au moment de l'utilisation, les disposer dans un plat creux, verser l'assaisonnement et servir.

Choix d'assaisonnements : – Vinaigrette classique (p. 27) à l'huile d'olive et au vinaigre de xérès. À cette vinaigrette, on peut ajouter un œuf dur passé à la moulinette et de la ciboulette hachée au goût ;
– Vinaigrette à l'huile d'olive et au citron. À cette vinaigrette, on peut ajouter 1 à 2 cuil. à soupe de coriandre fraîche hachée, un peu de basilic frais haché ;
– Sauce à l'anchois simple (p. 33).

Les côtes de bettes chaudes (recette de base)

Pour 4 personnes

1 botte de bettes

On détaillera les côtes en tronçons de 5 à 6 cm de long et ce sera une garniture de volailles rôties, de veau rôti ou poêlé ou le plat de légumes du dîner familial.
On peut les faire au dernier moment et les assaisonner bien chaudes d'un morceau de beurre qui fondra.
Faites à l'avance et refroidies, on les réchauffera dans un beurre émulsionné (p. 53) fait avec de l'eau de cuisson des bettes.

Côtes de bettes à la crème et aux fines herbes

On peut les faire cuire à l'avance, et les réchauffer et les accommoder au dernier moment.

Pour 4 personnes
Préparation : 20 min
Cuisson :
bettes, 10 à 15 min ;
sauce, 6 à 8 min

1 botte de bettes
eau salée
2 cuil. à soupe d'eau de cuisson
4 cuil. à soupe de crème fraîche
1 tasse à thé de persil et de cerfeuil hachés par parties égales
Sel, poivre

• Préparer et cuire les bettes (p. 118). Laver, sécher, effeuiller et hacher les herbes.

• Garder 2 cuil. à soupe d'eau de cuisson au fond de la casserole. Ajouter la crème fraîche et les herbes hachées. À feu moyen, faire chauffer et réduire jusqu'à léger épaississement et consistance onctueuse.
• Mettre les légumes à chauffer en les tournant délicatement de tous côtés. Saler, poivrer. Servir dans un légumier chaud.

Variante : bettes à la crème de curry (p. 41).

Côtes de bettes gratinées au four

Le plat peut se préparer à l'avance. On le réchauffe au dernier moment.

Pour 4 personnes
Préparation : 25 min
Cuisson : bettes, 10 à 15 min ; plat, 15 à 20 min

1 botte de bettes
1/2 bol de béchamel
1 grosse cuil. à soupe de crème fraîche
30 g de beurre
125 g de gruyère
1 pointe de noix muscade
Poivre

• Préparer et cuire les bettes (p. 118), les égoutter convenablement dans la passoire à pieds.
• Pendant que les bettes cuisent, préparer la béchamel (p. 35), la laisser sur le feu doux. Râper le gruyère.
• Allumer le four à température moyenne.
• Ajouter la crème fraîche, le gruyère râpé (en garder un peu pour faire gratiner) et la pointe de noix muscade dans la béchamel. Laisser chauffer un peu pour que le gruyère fonde.
• Dans un plat allant au four, disposer les légumes. Verser la sauce. Saupoudrer le plat de gruyère râpé. Mettre au four et laisser chauffer en douceur et en profondeur.
• Pendant les cinq dernières minutes, passer le four en position gril pour que le dessus du plat dore et gratine.
Servir immédiatement dans le même plat.

Emplois : le légume du dîner familial. Accompagnement d'un gigot d'agneau.

Tian de bettes

Simplement un gratin de côtes de bettes à la mode provençale. Il peut commencer un repas, constituer le dîner familial, ou accompagner une viande blanche de préférence ou une volaille.

Pour 4 personnes
Préparation :
35 à 40 min
Cuisson :
bettes, 8 à 10 min ;
tian, 15 min environ

1 botte de bettes
20 cl de crème fraîche liquide
2 jaunes d'œufs
1 gousse d'ail
2 cuil. à café d'huile d'olive
1 tasse à thé de persil haché
Chapelure
Sel, poivre

• Préparer et cuire les côtes de bettes (p. 118), bien les égoutter et les sécher. Hacher très finement la valeur d'une tasse à thé de persil.
• Préchauffer le four à température moyenne-chaude. Prendre un plat à rôtir en terre. Le frotter convenablement avec une gousse d'ail coupée en deux et le huiler d'huile d'olive avec le bout des doigts.
• Étaler ensuite les morceaux de côtes en couches successives saupoudrées à chaque fois de persil haché.
• Mettre 2 jaunes d'œufs dans un bol et les délayer avec la crème fraîche liquide, saler et poivrer. Répartir doucement cette préparation sur tout le plat. Saupoudrer très légèrement de chapelure et parsemer le tout de gouttelettes d'huile d'olive.
• Mettre au four à mi-hauteur, le laisser chauffer et se prendre jusqu'à ce qu'il ait une légère couleur blonde. Servir dans le plat de cuisson.

Les feuilles de bettes

Essayer de choisir des bottes très « feuillues » car elles réduisent beaucoup à la cuisson comme les épinards.
Pour 4 personnes, il faut bien compter les feuilles de 2 bottes.

Préparation

Séparer les feuilles des côtes, les laver à grande eau, bien les égoutter dans un torchon, les cisailler ensuite au couteau en larges morceaux.

Cuisson

• *À l'anglaise* (p. 118)
– Prendre une large marmite et cuire à découvert pendant 6 à 8 min pour que les bettes gardent leur belle couleur verte.

– Dès que les feuilles sont cuites, les prendre rapidement à l'écumoire et les déposer dans un tamis. Presser avec l'écumoire pour faire sortir toute l'eau sans trop abîmer les feuilles. Les poser ensuite sur un torchon pour les sécher.
À ce stade-là, elles sont prêtes pour différentes préparations.

• *Au beurre frais :*
– Mettre une casserole sur le feu vif et ajouter 2 à 3 parcelles de beurre pour en graisser le fond. Ajouter les feuilles de bettes et les tourner vivement pour laisser s'évaporer l'eau qui pourrait rester.
– Les verser ensuite dans un plat chaud, ajouter 50 g de beurre ramolli et tourner les bettes pour que le beurre pénètre bien. Servir de suite.

• *À la crème fraîche :*
– Remplacer le beurre par une grosse cuillerée à soupe de crème fraîche chaude salée et poivrée.

Feuilles de bettes en fondue

C'est l'autre mode de cuisson des feuilles de bettes, qui a l'avantage d'être très rapide et de bien sécher et affaisser le légume tout en lui laissant tout son goût.

Pour 4 personnes
Préparation : 10 à 15 min
Cuisson : 7 à 9 min

1 ou 2 bottes selon la quantité de feuilles
50 g de beurre
Sel, poivre
***Facultatif :* 1 gousse d'ail**

• Prélever les feuilles, les laver et les préparer comme il est dit plus haut. Prendre un large faitout. Si on le souhaite, le frotter avec une gousse d'ail épluchée et coupée en deux.
• Faire chauffer le beurre à feu moyen. Dès qu'il est fondu, verser les feuilles de bettes et, à découvert, en les soulevant et en les tournant de bas en haut avec la cuillère en bois, les faire s'affaisser jusqu'à ce qu'elles soient toutes cuites et tendres, mais fermes, l'eau de végétation s'étant totalement évaporée. Saler et poivrer.
• Verser les feuilles de bettes dans un plat chaud et servir. Si elles doivent attendre un peu, les couvrir et les laisser sur feu tout doux.

Les accompagnements des feuilles de bettes
Quelle que soit la méthode de cuisson choisie, on peut ajouter aux

feuilles de bettes cuites des ingrédients divers qui en changeront la saveur ou les enrichiront :

• À l'oseille

Laver et préparer des feuilles d'oseille (p. 339), les mélanger à des feuilles de bettes dans la proportion d'un tiers d'oseille pour deux tiers de bettes et les faire fondre (p. 122) ensemble.

• Aux champignons sautés

Faire des champignons sautés (p. 169) et les mélanger à des feuilles de bettes cuites à l'eau (p. 121) ou fondues (p. 122) dans la proportion de moitié bettes cuites-moitié champignons sautés.

• Aux petits croûtons

Détailler des petits cubes dans une ou deux tranches de pain de mie sans croûte et les faire dorer rapidement dans du beurre à la poêle. En parsemer un plat de feuilles de bettes cuites à l'eau (p. 121) ou fondues (p. 122).

• À la poitrine fumée

Détailler de la poitrine fumée en fines tranches et, après avoir supprimé la couenne et les cartilages, les rissoler à la poêle de façon à ce qu'elles soient croustillantes et sèches. Les poser ensuite sur le plat de bettes cuites à l'eau (p. 121) ou fondues (p. 122).

• Aux œufs pochés ou mollets

Cuire les œufs au choix et en entourer un plat de feuilles de bettes cuites à l'eau (p. 121) ou fondues (p. 122).

• Aux foies de volaille

Dans une poêle à feu moyen, mettre à dorer 30 g de beurre, ajouter 4 à 5 foies de volaille salés et poivrés et, en les tournant en tous sens, les raidir et cuire 2 à 3 min. Ils doivent rester rosés à l'intérieur. Les découper ensuite en petits dés et les mélanger à des bettes cuites à l'eau (p. 121) ou fondues (p. 122).

Trouchia

C'est un plat essentiellement niçois. En fait une omelette aux feuilles de bettes bien cuite et un peu épaisse qui se mange froide donc peut se préparer à l'avance et que les Niçois aiment traditionnellement dans un pique-nique.

Pour 4 personnes
Préparation : 30 min
Cuisson : 30 à 35 min en tout

5 œufs
1 botte de bettes très feuillue
2 cuil. à soupe de persil haché
2 cuil. à soupe de basilic haché
1/2 gousse d'ail
2 bonnes cuil. à soupe de parmesan râpé
4 à 5 cuil. à soupe d'huile d'olive
Sel, poivre

• Prélever les feuilles de bettes, les laver à grande eau, les égoutter, bien les sécher puis les détailler en lanières.
• Hacher le persil et le basilic.
• Mettre à chauffer à feu moyen 2 cuil. à soupe d'huile d'olive et une cuillerée à soupe d'eau. Ajouter les lanières de bettes et, en les tournant de temps en temps, les laisser fondre en perdant toute leur eau de végétation pendant 6 à 7 min. À couvert, les laisser cuire à feu doux 5 à 6 min de plus.
• Pendant ce temps, battre les œufs en omelette, ajouter le persil, le basilic, la demi-gousse d'ail écrasée au presse-ail, le parmesan râpé, bien mélanger.
• Dès que les feuilles de bettes ont terminé leur cuisson, les incorporer convenablement aux œufs battus, saler, poivrer.
• Dans une poêle, faire chauffer 1 à 2 cuil. à soupe d'huile d'olive. Quand elle est bien chaude, verser l'appareil d'œufs et de verdure en aérant avec la fourchette. Baisser ensuite à feu doux et, en remuant la poêle pour qu'elle n'attache pas, laisser la trouchia se prendre jusqu'à la surface.
• Coiffer alors la poêle avec une assiette plate. Retourner le tout pour avoir l'omelette sur l'assiette puis la faire glisser dans la poêle pour la cuire 1 à 2 min de plus. Incliner alors la poêle au-dessus du plat de service pour y faire descendre doucement la trouchia et la laisser refroidir.

Et Jacques Maximin propose

Tourte de bettes aux pignons grillés et aux raisins

Pour 6 personnes
Préparation : 45 min
Repos de la pâte : 1 h
Cuisson :
bettes, 7 à 8 min ;
tourte, 25 à 30 min

400 g de pâte brisée (p. 56)
1 kg de bettes
200 g de crème fraîche
40 g de sucre
100 g de pignons de pin
150 g de raisins secs de Smyrne
80 g de lait
2 œufs
30 g d'amandes en poudre
Beurre
Sel

Préparation de la pâte et des bettes

• Faire la pâte brisée, la laisser reposer 1 h.

• Prélever les feuilles des bettes, en retirer soigneusement toutes les petites côtes et nervures, les laver avec soin. Les plonger ensuite pendant 7 à 8 min dans de l'eau bouillante salée, les égoutter et les sécher convenablement puis les hacher grossièrement.
• Dans une casserole, mettre la crème fraîche et le sucre à chauffer. À ébullition, ajouter les feuilles de bettes et laisser mijoter doucement pour épaissir la crème.
• Pendant ce temps, faire griller rapidement les pignons dans une poêle antiadhésive, ajouter les pignons et les raisins secs aux bettes et mélanger.

Montage et finition de la tourte
• Préchauffer le four à température moyenne-chaude. Graisser un moule à quatre-quarts avec une noix de beurre. Étaler finement la pâte brisée et garnir le moule en épousant bien les bords et en roulottant tout autour.
• Dans un petit saladier, mélanger en fouettant le lait, la poudre d'amandes et les œufs battus. Incorporer les bettes à cet appareil et verser le tout dans le moule.
• Mettre au four et laisser cuire jusqu'à ce que la pâte soit cuite, l'appareil aux bettes convenablement pris et coloré sur le dessus (compter 25 à 30 min). Démouler et servir chaud ou froid.

Raviolis tout nus de « Mimi »

Pour 4 à 5 personnes
Préparation : 1 h à 1 h 30
Cuisson : des raviolis, variable ; sauce, 45 min

2 kg de feuilles de bettes
250 g de porc maigre
250 g de bœuf
250 g d'agneau maigre
200 g de brinz*
20 g de noix muscade
3 œufs
1 petite botte de persil
1 branche de basilic
3 gousses d'ail
Farine
Huile d'olive
Sel, poivre

Sauce :
100 g de bœuf haché
200 g de poitrine de porc fraîche
2 gousses d'ail
2 petits oignons
1 carotte moyenne
40 g de cœur de céleri branche
2 cuil. à soupe de persil haché
1 cuil. à soupe de basilic
4 petits cèpes**
1 cuil. à soupe de concentré de tomates
12 cl de bouillon de volaille (p. 19)
Huile d'olive
Sel, poivre

(*) Le brinz est un fromage de lait de brebis, il est mis à fermenter dans la saumure pendant l'hiver et se consomme au printemps, sa saveur est forte et piquante.
(**) Selon la saison, on utilisera des cèpes frais (p. 176) ou tout autre champignon du moment : mousserons, girolles, morilles, etc.

Les raviolis

• Préparer et cuire les feuilles de bettes à l'eau bouillante salée (p. 121). Les égoutter, les rafraîchir sous l'eau froide puis les presser convenablement pour supprimer toute humidité. Les hacher ensuite au mixer. Les réserver.

• Parer les viandes et les hacher au cutter. Hacher séparément le brinz, le persil, le basilic, de la noix muscade râpée et l'ail. Les réserver.

• Dans le mixer, broyer ensemble les feuilles de bettes, les viandes, le brinz, les œufs entiers, du sel, du poivre. Verser le tout dans un saladier, ajouter et mélanger le persil, l'ail et le basilic. Vérifier l'assaisonnement en sel et en poivre.

• Préparer une assiette à soupe de farine. Avec les doigts, façonner des boulettes de farce de la taille d'une grosse noix et les fariner légèrement au fur et à mesure. Les réserver sur une planche couverte d'un torchon.

Sauce

• Hacher la viande de bœuf, la poitrine fraîche, l'ail et l'oignon.

• Dans une poêle à feu moyen-doux, légèrement graissée, verser ces ingrédients et les faire suer en douceur à couvert en retournant de temps en temps pendant 10 min environ.

• Pendant ce temps, laver, éplucher et hacher les légumes et les herbes. Les ajouter aux viandes dans la poêle ainsi que le bouillon et le concentré de tomates, bien mélanger. Vérifier l'assaisonnement en sel et poivre et laisser cuire à petit feu pendant 30 à 35 min environ. Tenir au chaud sur le feu doux.

Cuisson des boulettes

• Mettre à bouillir une grande casserole d'eau salée dans laquelle on ajoute 1 bonne cuil. à soupe d'huile d'olive. Y plonger les boulettes par fournées et les égoutter sur papier absorbant. Elles sont cuites quand elles remontent à la surface.

Présentation

• Répartir la sauce au fond d'assiettes bien chaudes et y déposer 5 boulettes par assiette.

La betterave

Origines

Elle fait partie de la grande famille des racines comestibles. Connue des Grecs et des Romains, il semblerait qu'ils en mangeaient seulement les feuilles et dédaignaient la racine.
En France, c'est au XVIe siècle, sous Henri IV, qu'elle fut décrite par le très grand agronome Olivier de Serres dans son *Théâtre d'agriculture et mesnage des champs* : « ... nous est venue d'Italie n'a pas longtemps. C'est une racine fort rouge, assez grosse dont les feuilles sont comme des bettes et tout cela est bon à manger, appareillé en cuisine : voire la racine est rangée entre les viandes délicates, dont le jus qu'elle rend semblable à un syrop au sucre est très beau à voir par sa vermeille couleur. »
Ce « syrop au sucre » va fortement intéresser les chimistes au XVIIIe siècle. Mais c'est surtout le blocus continental qui déterminera Napoléon à faire chercher ce qui pourrait remplacer le sucre de canne, qui manquait terriblement. Une raffinerie est alors construite et bientôt apparaît le premier sucre de betterave, évidemment fort critiqué et chargé de tous les maux.
Néanmoins, le sucre de betterave fait carrière, et bientôt la culture de la betterave se diversifie en trois grandes catégories. D'une part en grande culture, la betterave pour nourrir le bétail et la betterave sucrière, d'autre part la betterave potagère rouge à chair fine qui est celle que nous mangeons. Elle est particulièrement présente dans la cuisine flamande et dans celle de l'Europe de l'Est, où les feuilles sont aussi utilisées dans les soupes.

Aspects

On trouve des *betteraves cuites* toute l'année, mais c'est principalement en automne et en hiver qu'on les voit sur les marchés. Récoltées de fin juin aux premières gelées, surtout dans le Loiret, elles sont conservées en silo ou dans des caves, puis cuites au fur et à mesure de la distribution dans le commerce. Il existe des variétés de forme allongée particulièrement bonnes et parfumées, mais on n'en rencontre presque jamais et ce sont toujours des rondes, dont les noms de variété ne sont jamais spécifiés, qui s'offrent à notre choix.

Les betteraves crues sont rarement présentes sur nos marchés et c'est au début du printemps qu'on les découvre toutes sombres et pas très jolies, grosses ou petites, prolongées d'une maigre tige ornée de quelques feuilles et perdues au milieu d'autres primeurs tellement plus colorés. Le marchand vous dira pourtant fièrement que c'est de la « rouge d'Égypte ». Elles méritent d'être essayées.

Choix et qualités

Tout le reste de l'année, les betteraves cuites industriellement s'offrent sur les marchés. Les meilleures sont celles qui ont été cuites au four. Elles ont gardé tous leurs sucres et tous leurs parfums, et sont bien reconnaissables avec leur vilaine peau ridée presque noire. Les autres, cuites à l'eau, offrent un aspect lisse presque délavé et sont beaucoup moins goûteuses.
Pour les unes comme pour les autres, il faut les choisir de petite taille, donc jeunes, les grosses étant souvent fibreuses.
C'est un agréable légume, riche en glucides, en vitamines, et peu calorique.

La cuisine de la betterave

C'est déjà cuite au four et achetée au marché que la betterave sera le plus utilisée tant en préparations froides que chaudes.

Les préparations froides

Betteraves en hors-d'œuvre

La betterave, avec son léger goût sucré et un peu fumé, est un délicieux hors-d'œuvre *qui accepte toutes sortes d'assaisonnements.*

Pour 4 personnes
Préparation :
5 à 15 min selon les sauces

2 betteraves plutôt petites
1 tasse d'assaisonnement

Retirer la grosse peau ridée des betteraves, les détailler plutôt en petits dés, les assaisonner de la sauce choisie.

Choix des sauces :
Vinaigrette classique (p. 27) au vinaigre de vin et à l'huile d'olive.
À cette vinaigrette, on peut ajouter :
– 2 à 3 cuil. à café de persil haché,
– 1 échalote hachée finement,
– 1 gousse d'ail hachée très finement mélangée à 2 cuil. à soupe de persil haché fin,

Fleurette au vinaigre de xérès (p. 33) à laquelle on peut ajouter :
– du cerfeuil haché,
– de la ciboulette hachée.

Betterave, mâche et endive

Mélangée à d'autres salades ou à d'autres légumes, la betterave détaillée soit en rondelles, soit en bâtonnets, soit en petits dés agrémente admirablement un dîner.

Pour 4 personnes
Préparation : 15 min

1 betterave moyenne
150 g de mâche
1 endive moyenne
5 cuil. à soupe de vinaigrette classique (p. 27) au vinaigre de vin et à l'huile d'olive

• Éplucher la betterave, la couper en petits dés.
• Préparer la mâche en petits bouquets.
• Détailler l'endive en feuilles séparées (p. 250).
• Faire la vinaigrette.
• Mélanger le tout harmonieusement.

Salade de betteraves aux deux pommes et aux filets de harengs doux

C'est une salade copieuse qui peut servir de plat principal.

Pour 5 à 6 personnes
Préparation : 35 à 40 min
Cuisson des pommes de terre : 25 à 30 min

2 betteraves moyennes cuites
300 g de pommes de terre (roseval ou BF 21)
125 g de pommes fruits
2 oignons moyens
2 filets de harengs marinés sucrés (dans les boutiques de produits scandinaves)
3 cuil. à soupe de mayonnaise au naturel (p. 28)
1 tasse à thé de vinaigrette classique (p. 27)

***Facultatif* : 1 bouquet de persil plat**

• Faire cuire à la vapeur les pommes de terre dans leur peau (p. 387), les laisser refroidir.
• Préparer la mayonnaise et la vinaigrette, les réserver.
• Parer les filets de harengs des arêtes qui pourraient demeurer et les détailler en languettes dans le sens de la longueur.
• Éplucher les oignons, les détailler en minces demi-rondelles.
• Retirer la peau des betteraves, les détailler en demi-rondelles.
• Éplucher les pommes de terre, les détailler en gros dés.
• Peler les pommes, les couper en quatre, retirer le cœur et les pépins et les détailler en petits morceaux.
• Dans un saladier, mélanger les pommes de terre, les pommes fruits et la mayonnaise, vérifier l'assaisonnement en poivre. Les dresser en dôme au milieu d'un plat, de la base jusqu'au sommet, couvrir la salade de languettes de harengs doux.
• Entourer la base de rondelles d'oignons et de betteraves entremêlées, les arroser de vinaigrette battue au moment de la verser.

Les préparations chaudes

Débarrassée de sa peau, elle sera détaillée de différentes façons selon la recette.

Betteraves au beurre

Pour 4 personnes
Préparation : 6 à 7 min
Cuisson : 5 à 6 min

2 ou 3 betteraves cuites
50 g de beurre
Sel, poivre

Facultatif :
Pluches de cerfeuil

• Éplucher les betteraves, les détailler en fins bâtonnets.
• Mettre à chauffer le beurre à feu moyen-doux. Ajouter les bâtonnets de betteraves, les assaisonner et en les tournant sans cesse et sans qu'ils dorent, les faire chauffer convenablement.
• Les mettre ensuite dans un plat chaud et décorer si l'on veut de pluches de cerfeuil.

Emplois : garniture de porc rôti ou poêlé, de gibier de poil.

Purée de betteraves

Pour 4 personnes
Préparation :
20 à 25 min
Cuisson : 15 à 20 min

400 g de betteraves
1 échalote moyenne
10 cl de vin rouge
1 cuil. à soupe de vinaigre de vin
50 à 70 g de beurre
Sel, poivre

• Peler les betteraves, les couper en petits dés, réserver.
• Hacher finement l'échalote.
• Dans une sauteuse, mettre 10 g de beurre à fondre à feu moyen-doux, dès qu'il est blond ajouter l'échalote et la faire fondre et ramollir sans qu'elle prenne couleur. Mouiller alors avec le vinaigre et le laisser réduire complètement. Ajouter le vin rouge et les dés de betterave. Bien mélanger le tout, saler, poivrer.
• À petit feu laisser mijoter doucement pendant 10 min.
• Passer le tout au mixer. Remettre dans la casserole et en tournant incorporer 50 à 60 g de beurre par petits morceaux à la fois.
Servir dans un plat chaud.

Emplois : en garniture de râble de lièvre rôti et sa sauce, de civet de lièvre.

Bâtonnets de betteraves en sauce aigre-douce

C'est une petite garniture très rapide à faire.

Pour 4 personnes
Préparation : 15 min
Cuisson :
10 min environ

350 g de betteraves cuites
1 cuil. à soupe de vinaigre de vin
2 cuil. à café de sucre en poudre
1 verre d'eau
70 g de beurre
Sel, poivre

• Retirer la peau des betteraves, les détailler en grosse julienne (bâtonnets).
• Dans une poêle à feu moyen, mettre le vinaigre et le sucre, mélanger et tourner avec la cuillère pour obtenir un caramel roux, le délayer petit à petit avec le verre d'eau. À feu vif ajouter alors le beurre morceau par morceau en fouettant énergiquement pour obtenir une sauce mielleuse. Ajouter la julienne de betterave dans la poêle et la tourner en tous sens dans la sauce pour bien la chauffer et la glacer. Saler, poivrer et la dresser de suite dans un plat de service chaud.

Emplois : pour accompagner du rôti de porc pommes boulangère.

Bortsch

On ne peut pas parler de la betterave sans citer ce potage russe célèbre dans le monde entier.
C'est un rude travail ainsi qu'une longue cuisson, mais un jour de congé et des amis le lendemain, on peut tenter l'aventure... et voici la recette d'Escoffier, grand cuisinier du début du siècle.

Pour la julienne :
300 g de betteraves crues
2 poireaux
1 oignon moyen
200 g de chou pommé
1 racine de persil
1 branche de céleri

Pour le potage :
1 3/4 litre de consommé blanc (c'est-à-dire du fond (p.23) ou du bouillon de volaille (p. 19))
3 cuil. à soupe de jus de betterave râpée
1 petit bouquet de fenouil
1 petit bouquet de marjolaine
750 g de poitrine de bœuf
1 petit canard

• Apprêter la julienne et l'étuver doucement au beurre ; mouiller d'1 3/4 litre de consommé blanc et 3 cuil. à soupe de jus de betterave râpée. Ajouter un petit bouquet de fenouil et de marjolaine ; 750 g de poitrine de bœuf blanchie et un tout petit canard à moitié rôti. Cuire doucement.
Pour servir :
• Détailler le bœuf en dés, et la poitrine du canard en escalopes.
• Finir le potage avec 1 cuil. à soupe d'essence de gribouis ; 2 cuil. à soupe de jus de betterave râpée ; 1/2 cuil. à soupe de fenouil et de persil, hachés et blanchis. Remettre dés de bœuf et escalopes de canard dans le potage avec 10 saucisses chipolatas, grillées et dépouillées. Servir à part une saucière de crème aigre.

Variantes : on peut remplacer les chipolatas par de tout petits pâtés à la farce de canard qui sont dressés sur serviette et servis en même temps que le potage.

Remarques : l'essence de gribouis n'est pas nécessaire. Le gribouis est le nom d'un cèpe d'origine russe qui se trouvait sans doute sur les marchés à l'époque d'Escoffier. On peut, si on le souhaite, mettre de l'essence de champignons qui, en principe, se trouve dans les boutiques de comestibles de luxe.

Le brocoli

Origines

Le brocoli est de la famille des choux. Cousin du chou-fleur, il lui ressemble beaucoup, et se présente comme un gros bouquet de boutons floraux entourés de feuilles.
Bien connu des Romains, le brocoli continue à régaler les Italiens qui en sont follement gourmands et le mangent juste cuit, arrosé d'huile d'olive et d'un peu d'ail haché. Ils n'ont pas manqué de l'emporter dans leurs bagages en émigrant vers l'Amérique, où il a toujours le plus grand succès. On en trouve toute l'année, même dans les plus modestes supermarchés.
C'est bien sûr Catherine de Médicis qui l'apporte dans ses bagages au XVIe siècle, comme tant d'autres choses. On l'appelle « broccoli », pluriel de « broccolo » : tige de chou en italien. Puis on n'en parle plus, et on perd sa trace. Selon toute vraisemblance, il devait être pris pour une simple variété de chou-fleur.
Malgré tout, au XIXe siècle, un catalogue de Vilmorin en cite une variété. Mais apparemment, ce ne sera pas le grand succès, ni chez les cuisiniers, ni dans les maisons bourgeoises. C'est depuis peu que le brocoli est devenu à la mode et fait partie des légumes courants du marché.

Aspects

Quoique pris parfois pour une sorte de chou-fleur, le brocoli en est quand même bien différent, dans la mesure où ses bouquets vert foncé ou violets sont bien séparés, alors que ceux du chou-fleur sont blancs et serrés.
Le brocoli se trouve sur les marchés de juillet à septembre. Il est alors le meilleur. De la fin de l'hiver à juillet, apparaissent les brocolis à longue tige, dits brocolis-asperges, moins fins de goût que ceux de l'été.

Choix et qualités

Quelle que soit leur saison, les brocolis doivent avoir une tige bien verte, chaque bouquet vert foncé ou un peu violacé sera bien serré sans flétrissures ni taches et les feuilles qui entourent le brocoli fraîches et pimpantes.

La cuisine du brocoli

Le brocoli, dont les petits bouquets verts ressemblent beaucoup à ceux du chou-fleur, se prête aux mêmes préparations que ce dernier (p. 206 à p. 208).

Quantité
Il est convenable de compter un gros brocoli pour 4, ou bien 2 petits.

Préparation
Des petits bouquets : supprimer les feuilles vertes du pourtour. Couper les tiges au ras des bouquets. Séparer les bouquets les uns des autres, ils doivent être petits et sans tiges.
Les tiges : si on désire les utiliser, il est nécessaire de les gratter à l'économe pour supprimer la petite peau.

Cuisson
• *À l'anglaise* (p. 13)
Pendant 3 à 7 min, selon qu'on les souhaite un peu croquants ou tendres, les égoutter.

Usage immédiat : mettre un beau morceau de beurre dans la casserole, ajouter les brocolis et les tourner dans le beurre en train de fondre, verser dans un plat chaud et servir tout de suite.

En attente : les brocolis étant cuits, les égoutter puis les rafraîchir sous l'eau froide afin de stopper la cuisson.
Ils sont prêts alors pour diverses préparations.

• *À la vapeur*
Ce sera une cuisson un petit peu plus longue : 5 à 8 min. Comme dans la cuisson à l'anglaise, ils peuvent être utilisés immédiatement ou mis en attente pour d'autres préparations froides ou chaudes.

Les bouquets de brocolis

Brocolis en salade

Pour 4 personnes

1 gros brocoli
1 saucière de la sauce choisie

Cuits à l'anglaise (p. 13) ou à la vapeur (p. 13) en très petits bouquets, ils peuvent être faits bien à l'avance et mis en attente dans une boîte hermétique à température ambiante avant d'être présentés avec leur assaisonnement.

Choix d'assaisonnements :
– Vinaigrette classique (p. 27) à laquelle on peut ajouter :
• un peu d'échalote hachée,
• une gousse d'ail écrasée.
– À l'huile d'olive et au citron. On peut les parsemer :
• de pluches de cerfeuil,
• de feuilles de persil plat,
• d'un jaune d'œuf dur passé à la moulinette et mélangé avec un peu de ciboulette hachée.
– Sauce fraîche à la pulpe de tomates (p. 439) à laquelle on peut ajouter des petits dés de tomate.

Bouquets de brocolis étuvés au beurre

Pour 4 à 5 personnes
Préparation : 10 à 15 min
Cuisson : 6 à 7 min

2 brocolis
50 g de beurre
1 verre d'eau
Sel, poivre

• Préparer les brocolis en petits bouquets (p. 136).
• Verser dans une casserole l'eau, le beurre et les bouquets de brocolis. Mettre sur le feu moyen et porter à ébullition. Régler alors à feu doux et couvrir pour obtenir une petite ébullition. Quand les légumes commencent à s'attendrir, retirer le couvercle et maintenir l'ébullition en tournant de temps en temps les brocolis avec précaution jusqu'à ce qu'ils soient cuits mais fermes. À l'aide de l'écumoire, les disposer dans un plat de service chaud.
• Relever le feu sous la casserole pour réduire le jus beurré et lui donner une consistance un peu sirupeuse. Saler et poivrer, et verser ce jus sur les brocolis.

Variante à l'oignon : éplucher et hacher grossièrement un bel oignon, le faire se ramollir (p. 333) dans 50 g de beurre, ajouter ensuite l'eau et les brocolis, puis continuer comme dans la recette précédente.

Bouquets de brocolis sautés

Il est préférable de faire cuire les brocolis à l'avance pour qu'ils soient convenablement refroidis au moment de la finition.

Pour 4 ou 5 personnes
Préparation : 10 min environ
Cuisson : 15 min en tout environ

2 brocolis moyens
40 à 50 g de beurre
2 cuil. à soupe de persil haché
Sel, poivre

• Préparer les brocolis en bouquets moyens et coupés en deux.
• Les cuire à la vapeur 5 à 8 min et les laisser refroidir.
• Procéder ensuite comme il est dit à chou-fleur sauté (p. 208) mais sans trop les laisser se colorer.

Gratin de brocolis au haddock

Ce léger plat de dîner familial peut être préparé à l'avance et mis au four au dernier moment.
Cependant, il sera plus savoureux s'il est préparé juste avant d'aller au four, les brocolis et le haddock étant, eux, cuits à l'avance.

Pour 4 personnes
Préparation : 15 min environ
Cuisson : haddock, 5 à 6 min ; brocolis, 4 à 5 min ; gratin, 10 à 15 min

2 brocolis
150 g de haddock
1/2 litre de lait
1 bol de béchamel (p. 35)
10 cl de crème fraîche
1 bonne râpée de noix de muscade
50 g de gruyère râpé
Sel, poivre

• Faire tremper le haddock dans une bassine d'eau tiède.
• Préparer les brocolis en supprimant les tiges qui seront utilisées autrement et en ne gardant que des petits bouquets bien séparés.
• Faire cuire les brocolis à la vapeur dans un couscoussier pendant 4 à 5 min.
• Faire cuire le haddock dans le lait à température frémissante pendant 5 à 6 min. Égoutter ensuite le poisson sur un torchon et retirer de la vapeur le compartiment des brocolis.
• Préchauffer le four à température moyenne. Faire la béchamel en employant le lait où a cuit le haddock.
• Ajouter la crème fraîche, bien mélanger, assaisonner avec du sel, du poivre et de la muscade un peu au goût. Laisser « bouillotter » doucement. Dans un plat à gratin de juste dimension, disposer les petits bouquets de brocolis. À l'aide des doigts, émietter le haddock au-dessus du plat en le répartissant harmonieusement.
• Verser la béchamel en nappant tout le dessus du plat. La couvrir

de gruyère râpé. Mettre à chauffer au four pendant 10 à 15 min. Dans les dernières minutes, passer en position gril pour faire blondir le gratin.

• Servir bien chaud.

Les tiges de brocolis

Elles ne valent pas les petits bouquets mais elles sont intéressantes à utiliser au moment où paraissent sur les marchés les brocolis à longues tiges dits brocolis-asperges.

Les tiges froides

• Les tronçonner et en faire une petite salade
Assaisonner de vinaigrette aux fines herbes (p. 29) ou de sauce gribiche (p. 33).

• Les garder entières et les utiliser comme des asperges :
Accompagner de mayonnaise (p. 28), de mayonnaise aux câpres (p. 29) ou de mayonnaise aux cornichons (p. 30).

Les tiges chaudes

Elles seront tronçonnées.
Assaisonner de beurre d'échalote (p. 50), de beurre aux fines herbes (p. 50), de sauce chaude au raifort (p. 43) ou de coulis de tomate (p. 36).

Et Jacques Maximin propose

Soufflés de brocoli

Pour 4 personnes
Préparation :
35 à 40 min
Cuisson totale 1 h

1 gros brocoli
100 g de crème fleurette
5 cl de velouté de volaille (p. 43)
1/4 de litre de la gelée fine de volaille (p. 70)
Sel, poivre

Sauce :
4 à 5 tomates
2 cuil. à soupe de basilic haché
10 cl d'huile d'olive
Sel, poivre

La gelée fine de volaille

• Comme il est dit p. 70, la gelée doit se faire à l'avance pour que les impuretés se déposent au fond et que la graisse montée à la surface se supprime facilement.

• Avant de monter les petits soufflés, mettre 1/4 de litre de gelée dans un bol au réfrigérateur pour qu'elle commence à « trembloter » : les moules seront plus faciles à garnir.

Préparation et cuisson du brocoli et du velouté

• Préparer et cuire le brocoli (p. 134). Le passer au mixer pour obtenir une purée. Passer ensuite cette purée au tamis fin et la mettre dans un torchon étamine très fin que l'on suspendra pour qu'elle s'égoutte et se sèche parfaitement pendant 1 h à peu près.
• Pendant ce temps, faire le velouté (p. 43) et le laisser refroidir.

Préparation des soufflés

• Mettre un saladier avec la crème fleurette au froid dans le réfrigérateur.
• Fixer 4 bandes de papier sulfurisé tout autour de 4 petits moules à soufflé individuels en les faisant dépasser de 3 cm au-dessus des bords.
• Garnir le fond de chaque moule avec de la gelée un peu prise sur 1 à 2 cm d'épaisseur, et à l'aide d'un pinceau, tartiner rapidement de gelée tout le pourtour. Remettre au réfrigérateur.
• Sortir la crème fleurette du froid et la battre en crème fouettée très ferme.
• Dans un saladier, mélanger la purée de brocoli, la crème fouettée, 150 g de gelée et le velouté bien froid. Vérifier le sel et le poivre.
• Remplir les moules avec cet appareil et tenir au froid jusqu'au moment de les démouler.

Présentation

• Supprimer la bande de papier qui entoure les moules. Passer rapidement la lame fine et mouillée d'un couteau à l'intérieur du moule bien contre le bord et démouler au centre de l'assiette.
• Les entourer de sauce ou servir à part cette dernière dans une saucière.

Sauce de coulis cru de tomates au basilic

• Hacher le basilic, le réserver.
• Plonger 15 s les tomates dans l'eau bouillante. Retirer la peau, les ouvrir et retirer toutes les graines.
• Concasser la chair des tomates, la saler, la poivrer.
• Verser l'huile petit à petit en battant avec une fourchette pour monter une sauce. Délayer ensuite avec un peu de gelée liquide et froide. Ajouter le basilic haché. Mélanger et vérifier l'assaisonnement.

Le cardon

Origines

Originaire des régions méditerranéennes, où il pousse encore à l'état sauvage, le cardon aime les climats tempérés et se présente comme un grand arbuste de 1,50 m à 2 m, qui ressemble beaucoup à l'artichaut. Ils sont d'ailleurs de la même famille. Le cardon est en fait un chardon, dont il a la même fleur piquante bleu-violet, issue d'un petit capitule très semblable à celui de l'artichaut.
Il était très apprécié des Grecs et des Romains qui firent de la Sicile et de l'Afrique du Nord leurs principaux lieux de production. Puis le cardon est peu à peu tombé dans l'oubli, sauf en région lyonnaise, en Suisse et dans le Midi où l'on en est toujours très friand.
On mange principalement les nervures centrales des feuilles ou côtes. Certains apprécient le capitule cru ou cuit comme les artichauts ainsi que le pétiole ou tige de la feuille.

Aspects

On le trouve sur les marchés dès les premières gelées d'octobre, jusqu'au mois de mars, et on a mis au point des variétés à feuilles sans épines aux côtes bien épaisses.
La culture du cardon est localisée en région lyonnaise, et un peu dans le Midi. Après récolte, il est mis en jauge en cave pour le blanchiment, et amené sur les marchés à mesure des besoins.
À voir le cardon sur les étalages, on a du mal à imaginer qu'il puisse être non seulement comestible, mais de goût fin et délicat, ce qui explique l'engouement des Lyonnais pour ce légume. Il ressemble à un plant d'artichaut hérissé de feuilles blanc-vert très dures et encore très souvent piquantes. Pour en tirer quelque chose, il faut aller jusqu'au cœur de la plante et trouver ces côtes savoureuses, qu'il faut éplucher soigneusement. Inutile de dire que tout cela fait beaucoup de déchets, et que le cardon n'est ni avantageux, ni rapide à préparer.
Il mérite quand même tout le mal qu'il donne, car c'est vraiment un légume délicieux que je ne saurais assez vous conseiller d'essayer.

La cuisine du cardon

Ce sont les côtes du cœur de la plante qui seront préparées et accommodées. On les mange toujours cuites.
Ne pas oublier qu'il faut 1 pied de 3 kg pour avoir 800 g à 1 kg de côtes nécessaires pour 4 personnes.

Préparation
- Préparer une bassine d'eau citronnée.
- Supprimer toutes les grosses feuilles extérieures très dures pour arriver aux branches tendres.
- Couper alors les côtes intérieures à la base en conservant celles qui sont bien pleines.
- Avec un petit couteau, retirer la petite peau et les fibres en les coupant en tronçons de 5 à 7 cm mis au fur et à mesure dans la bassine d'eau citronnée. Arrivé au petit cœur bien tendre, le parer si besoin est et le mettre aussi dans l'eau citronnée, car le cardon débarrassé de sa peau noircit à toute allure.

Cuisson
C'est une cuisson à l'anglaise (p. 13) où l'eau bouillante salée est additionnée d'un « blanc » pour préserver la belle couleur des cardons.
Préparation du « blanc » : délayer dans un bol 2 cuil. à soupe de farine avec quatre cuillerées à soupe de jus de citron versées petit à petit dans la farine. Mettre à chauffer l'eau dans une grande casserole, la saler.
Délayer la petite pâte au citron en ajoutant de l'eau chaude petit à petit pour avoir un mélange clair dans le bol.
Le verser dans la casserole d'eau bouillante puis y jeter les cardons et les faire cuire doucement à couvert de 45 min à 1 h 30. Ils doivent être tendres mais pas défaits.

Utilisation immédiate : les égoutter et les sécher convenablement. On peut appliquer au cardon ainsi cuit les recettes des côtes de bettes (p. 118 à p. 121).

En attente : les laisser dans l'eau de cuisson bien couverts jusqu'à l'emploi pour qu'ils ne noircissent pas. Dans ce cas, arrêter l'ébullition avant la cuisson complète pour qu'ils ne soient pas trop cuits au moment de l'utilisation.

Cardons froids

Pour 4 à 5 personnes

Côtes bien tendres d'1 pied de cardon
1 bol de l'assaisonnement choisi

• Choisir les côtes les plus tendres, les plus blanches du cœur du cardon.
• Les préparer (p. 140) et les détailler au goût soit en bâtonnets de 5 à 6 cm de long, soit en tronçons de 3 à 4 cm.
• Mettre dans l'eau citronnée au fur et à mesure. Les cuire à l'anglaise, les laisser en attente.
• Préparer sauces et ingrédients à l'avance. Égoutter et sécher les cardons au dernier moment.
• Au goût, les présenter sur un plat, la sauce en saucière, ou les faire en salade, mêlés à l'assaisonnement.

Choix d'assaisonnements
– Vinaigrette classique aux fines herbes (p. 27),
– Mayonnaise crémée au citron (p. 31),
– Bagna cauda (p. 38),
– Crème moutardée : 10 cl de crème fraîche, 1 cuil. à soupe de moutarde blanche, le jus d'1/2 citron, sel, poivre, le tout bien mélangé avant d'en assaisonner les cardons.

Salade de cardons aux haricots verts

Pour 5 à 6 personnes

Côtes bien tendres d'1 pied de cardon
200 g de haricots verts
Vinaigrette classique (p. 27) à la ciboulette

• Effiler, cuire, rafraîchir, égoutter les haricots verts (p. 289-290).
• Préparer et cuire la moitié des côtes tendres du cardon détaillées en bâtonnets de 5 cm de long.
• Faire une vinaigrette classique bien relevée de ciboulette.
• Dans un saladier, mélanger les haricots verts et les cardons bien égouttés et séchés avec la vinaigrette et servir.

Salade de cardons à la tomate et au basilic

Pour 5 à 6 personnes

Côtes bien tendres d'1 pied de cardon
2 ou 3 petites tomates
2 cuil. à soupe de basilic
Huile d'olive
Jus de citron

• Détailler les tomates en dés, hacher le basilic, faire un assaisonnement à l'huile d'olive et au jus de citron.
• Préparer et cuire les côtes de cardons en tronçons de 3 à 4 cm.
• Mélanger les légumes, le basilic, assaisonner avec la sauce bien battue.

Cardons chauds (recette de base)

Pour 4 personnes

1 pied de cardon de 3 kg = 800 g à 1 kg de côtes

• Faire cuire les côtes de cardon détaillées en tronçons de 5 à 6 cm (p. 140). Au sortir de leur cuisson, bien égouttées, bien chaudes et dressées dans un légumier chaud, on peut les assaisonner :
– d'un bon morceau de beurre frais,
– de beurres composés (p. 49) :
• à l'estragon,
• au paprika,
– de crème de volaille (p. 42),
– de jus de rôti (p. 22),
– de jus de poulet (p. 22).

Les accompagnements du cardon au jus de rôti
Ainsi assaisonnés de jus, on peut ajouter aux cardons :
– 125 g de petits pois cuits à l'anglaise (p. 350),
– 200 g de petits champignons de Paris dits « boutons » pochés (p. 168).

Cardons à la moelle

C'est une recette lyonnaise classique à servir en garniture ou plat de dîner. Il est nécessaire d'avoir un bon bouillon de bœuf.

Pour 4 à 6 personnes
Préparation : 1 h
Cuisson : 35 min
Dégorgement : 2 h

1 pied de cardon
Citron
200 g de moelle de bœuf
1 litre de bouillon de pot-au-feu (p. 17)
35 g de beurre
2 cuil. à soupe rases de farine
Sel, poivre

• Mettre à dégorger la moelle dans l'eau froide courante pendant 2 h.
• Préparer et cuire les tronçons de cardon (p. 140). Réserver le petit cœur dans l'eau.
• Dans une casserole, faire fondre le beurre à feu moyen, ajouter la farine, mélanger en laissant cuire pour avoir un roux blond. Verser le bouillon de bœuf froid et, en tournant, porter à ébullition jusqu'à épaississement. Saler, poivrer et laisser mijoter à découvert à tout petit feu 25 à 30 min.
• Au bout de ce temps, égoutter et sécher convenablement les tronçons de cardon ainsi que le petit cœur. Verser les tronçons dans la sauce au bouillon de bœuf et les mélanger. Laisser à tout petit feu. Éponger les cordons de moelle, les détailler en rondelles d'1/2 cm d'épaisseur et les mettre à pocher 2 min dans de l'eau salée frémissante.
• Verser la casserole de cardons bien chauds dans un plat de service creux. Débiter le petit cœur cru en rondelles, en parsemer les cardons, faire de même avec les rondelles de moelle bien égouttées et servir.

Cardons frits

Les cardons seront cuits à l'avance avec un « blanc » (p. 140) et frits au dernier moment.

Pour 4 à 6 personnes
Préparation : 45 min
Cuisson : 1er temps, 1 h 30 environ ; 2e temps, 5 à 7 min

1 pied de cardon
Pâte à frire légère (p. 58)
1/2 verre d'huile d'olive
1/2 citron (jus)
1 tasse à thé de persil haché
Huile de friture
Sel, poivre

Pour le blanc :
Citron
Farine

• Préparer et cuire les tronçons de cardon dans un blanc (p. 140), les laisser dans leur eau.
• Préparer la pâte à frire (p. 58).
• Égoutter et sécher convenablement les cardons dans un torchon.
• Hacher le persil.
• Étaler les cardons dans un plat, verser l'huile d'olive, le jus de citron, le persil haché, du sel, du poivre et laisser mariner pendant 30 bonnes minutes. Les égoutter.
• Faire chauffer l'huile de friture dans une bassine. Tremper les cardons dans la pâte à frire et les plonger 1 par 1 dans l'huile bien

chaude. Les faire dorer sans qu'ils se touchent en n'oubliant pas de les retourner pendant quelques minutes. Les égoutter sur du papier absorbant. Saupoudrer de sel et les servir sur un plat de service chauffé.

Cardons au jus à la julienne de poulet et aux poivrons rouges

Un plat consistant pour utiliser des restes de poulet rôti. On utilisera des poivrons tout prêts en boîte.

Pour 5 à 6 personnes
Préparation : 35 min environ
Cuisson : 45 min à 1 h

300 g de cardons au jus de rôti (p. 142)
1 belle aile de poulet rôti
2 poivrons rouges cuits

• Préparer et cuire des cardons au jus (p. 142).
• Retirer la peau de l'aile de poulet et détailler la chair en julienne.
• Sortir les poivrons de leur boîte, bien les sécher dans un linge et les débiter en languettes de 4 à 5 cm de long sur 1 cm de large.
• Verser le poulet et le poivron dans la casserole de cardons au jus bien chauds, tourner et mélanger quelques instants pour que le tout soit bien chaud et servir dans le plat de service chauffé.

La carotte

Origines

La carotte étant de la famille des ombellifères, elle est nantie d'un joli feuillage léger. C'est sa racine qui est comestible. Connue depuis cinq mille ans, la carotte est originaire d'Afghanistan, et s'est répandue à travers tout le bassin méditerranéen. Tout en reconnaissant ses vertus nutritives, l'Antiquité ne l'appréciait guère en tant qu'aliment, mais lui attribuait le pouvoir de renforcer l'acuité visuelle.

Pendant tout le Moyen Âge, elle fait partie des « raves », les racines, une nourriture de pauvres, et n'apparaît pas sur la table des grands. On y goûte un peu à la cour de Charles 1er d'Angleterre, mais c'est surtout son joli feuillage qui sera utilisé dans les bouquets et les « boutonnières » des élégantes.

C'est par les Italiens à la Renaissance que la cour de France la reconnaît comme un légume noble. Cette pauvre carotte était cependant bien vilaine à l'époque, beige-jaunasse et sans doute bien fibreuse. Au cours des siècles, elle est sans cesse améliorée par les efforts des jardiniers qui créent de nouvelles variétés, et c'est enfin au milieu du XIXe siècle qu'elle acquiert sa belle couleur orange si appétissante. Outre du sucre et des vitamines (provitamine A surtout), elle contient le fameux carotène qui entre dans la composition des autobronzants, et donne une mine superbe aux bébés grands mangeurs de purée de carottes.

Aspects

Se prêtant à toutes sortes d'emplois, tant toute seule qu'en compagnie d'autres légumes ou pour parfumer les ragoûts, la carotte arrive ainsi dans notre cuisine en deuxième position, juste après la pomme de terre et on en trouve toute l'année.

C'est en avril qu'apparaissent les jolies petites carottes vendues en bottes avec leurs fanes sur les marchés – ce sont les « grelots » tendres et sucrés –, puis leur succèdent les longues « nantaises » vendues en bottes elles aussi ; elles sont fermes et croquantes. Et c'est au cœur de l'été que l'on profite des « pleine terre » qui doivent être fraîchement cueillies.

Enfin, tout l'hiver, on aura les belles carottes longues tous usages.

Il faut savoir, et quelle que soit la saison, que plus une carotte est orange, meilleure elle est et plus elle est grosse, plus elle risque d'être ligneuse.

Choix et qualités

Les carottes nouvelles doivent être sans excroissances, revêtues d'une peau lisse fine et sans taches, fermement attachées à leurs fanes.
Quant aux carottes d'hiver, elles devront être longues et plutôt fines pour éviter que le cœur, le « bois », ne soit trop important, sinon il serait nécessaire de le supprimer. Les unes comme les autres n'aiment ni l'humidité du réfrigérateur, ni les séjours dans un sac en plastique. Elles sont très contentes au sec dans un panier ou dans un carton.

La cuisine de la carotte

La carotte ne sera ni préparée ni employée de la même façon selon qu'elle sera de printemps ou d'hiver.

Quantité
On peut grossièrement dire qu'employée toute seule il en faut 3 ou 4 petites par personne, ou à peu près 100 g selon son emploi.

Préparation

• Les carottes nouvelles de printemps
Supprimer les fanes et l'éventuel petit poil. Les gratter à l'économe.
Rondes : les garder entières et essayer de les avoir de même taille.
Longues : selon leur taille, elles peuvent être conservées entières, tronçonnées en morceaux plus ou moins longs, détaillées en bâtonnets plus ou moins fins, en rondelles plus ou moins épaisses.
• Les carottes d'hiver
Supprimer les deux extrémités. Les éplucher à l'économe. Si elles sont grosses, les couper en quatre dans le sens de la longueur et supprimer le cœur.
Si elles sont longues et fines, les laisser telles quelles et selon l'emploi :
– les tronçonner en deux ou trois selon la longueur ;
– les tronçonner en morceaux de 3 à 4 cm et, à l'aide d'un petit couteau d'office, les façonner en grosses olives ;
– les couper en rondelles égales d'1/2 centimètre ;

– les détailler en bâtonnets plus ou moins fins pour avoir une julienne plus ou moins fine ;
– les détailler en petits cubes.

Cuisson
Selon l'emploi, les carottes se cuisent :
– à l'anglaise (p. 13),
– poêlées (p. 149),
– à l'étuvée (p. 149),
– glacées (p. 150).

La carotte crue

Elle sera râpée en julienne plus ou moins fine.

Carottes râpées en hors-d'œuvre

Pour 4 personnes
Préparation : 10 min

4 à 5 jeunes carottes moyennes et bien rouges
5 cuil. à soupe d'assaisonnement

Choix d'assaisonnements :
– Une vinaigrette classique (p. 27). On peut la relever de :
• persil haché,
• estragon haché,
• un peu de cumin en poudre,
• quelques filaments de navets crus finement râpés.
– Un assaisonnement de citron vert à l'huile d'olive relevé de poivre et bien battu avant d'être versé sur les carottes.

Carottes râpées à l'orange

Pour 4 personnes
Préparation : 15 à 20 min

3 ou 4 carottes
1 orange

Assaisonnement :
1 cuil. à soupe d'eau de fleur d'oranger
1 cuil. à soupe de sucre en poudre
1 citron (jus)

• Mélanger dans un saladier tous les ingrédients de l'assaisonnement.

• Éplucher l'orange en ne laissant aucune partie blanche et en la détaillant en quartiers.
• Râper les carottes, les mélanger à l'assaisonnement, les verser dans un saladier et disposer dessus les quartiers d'orange. Servir bien frais.

La carotte cuite

Elle est cuite le plus souvent à l'anglaise (p. 13), dans de l'eau ou dans un bouillon. Elle peut être braisée en faisant partie d'une garniture aromatique.
Elle peut aussi être cuite à l'étuvée ou poêlée, elle sera alors utilisée à part entière en tant que garniture.

Emplois des carottes cuites
– dans le bouillon de légumes,
– dans le fond blanc de volaille (p. 23),
– dans le fond de veau brun (p. 24),
– dans la garniture aromatique des braisés.

C'est un des légumes :
– du pot-au-feu,
– du navarin d'agneau,
– d'un morceau de veau à la cocotte,
– c'est la garniture, avec l'oignon, du bœuf mode.

Avec d'autres légumes : elle constitue :
– la macédoine de légumes (p. 456),
– la salade russe,
– la cocotte de petits légumes de printemps (p. 330),
– les beignets de petits légumes.

Salade de carottes à la marocaine

C'est un plat froid qui fait classiquement partie au Maroc de la grande table de hors-d'œuvre et qui se fait la veille.

Pour 4 personnes
Préparation : 15 min (la veille)
Cuisson : 35 min

3 longues carottes de printemps
1 belle gousse d'ail ou 2 petites
1/2 litre d'eau
2 citrons (jus)
3 cuil. à soupe d'huile d'olive
2 cuil. à café rases de cumin en poudre
Sel, poivre

• Gratter les carottes, les couper en rondelles d'1/2 cm, les mettre dans une casserole. Ajouter l'eau, l'huile d'olive, du sel, du poivre. Porter lentement à ébullition puis assurer un petit mijotement pendant 20 à 25 min, les carottes doivent être bien tendres.
• Pendant la cuisson, éplucher l'ail et le détailler en lamelles minces et presser le jus de 2 citrons, le passer pour supprimer les pépins.
• Au terme de la cuisson des carottes, les laisser refroidir. Ajouter ensuite le jus de citron, le cumin et les lamelles d'ail, verser dans un petit plat creux et laisser macérer jusqu'au moment de servir la petite salade.

Carottes sautées au beurre

Pour 4 personnes
Préparation : 10 min
Cuisson : 12 à 15 min

600 g de carottes longues nouvelles*
50 g de beurre
sel

• Préparer et gratter les carottes. Les couper en rondelles égales d'1/2 cm d'épaisseur, les laver, les sécher.
• Dans une large sauteuse à feu doux, mettre à dorer le beurre, aligner les carottes et les faire cuire et dorer à couvert tout doucement en les retournant à mi-cuisson, les saler.
• Les prendre avec une spatule et les servir dans un légumier chaud.

Elles accompagnent un rôti de veau, des escalopes de veau poêlées, une pintade rôtie.

Facultatif : on peut parsemer les carottes de persil haché.

Bâtonnets de carottes à l'étuvée

On peut employer des carottes nouvelles ou des carottes d'hiver.

Pour 4 personnes
Préparation :
15 à 20 min
Cuisson : 15 à 20 min

4 à 5 carottes moyennes
50 g de beurre
1/2 verre d'eau
Sel, poivre

(*) On peut employer aussi des toutes petites carottes rondes. On les fera d'abord cuire à l'anglaise (p. 13) de façon qu'elles soient encore fermes, puis on leur fera prendre une jolie couleur en les faisant ensuite poêler au beurre dans la sauteuse jusqu'à ce qu'elles soient tendres.

• Préparer et gratter les carottes (p. 146), les détailler en bâtonnets d'1/2 cm de section.
• Dans une sauteuse, mettre l'eau et le beurre en parcelles, ajouter les bâtonnets de carottes.
• Démarrer les carottes à feu moyen en les tournant de tous côtés pendant quelques minutes. Baisser le feu, couvrir et continuer la cuisson en assurant un petit mijotement régulier jusqu'à réduction du jus de cuisson. Les verser ensuite dans un légumier chaud et les servir avec du ris de veau poêlé, du poulet rôti.
On peut compléter ces carottes avec des petites pommes de terre sautées ou des haricots verts.

Carottes glacées

Ce plat se fait au dernier moment.

Pour 4 personnes
Préparation : 15 à 20 min
Cuisson : 20 à 25 min

16 petites carottes nouvelles
50 g de beurre
1/2 litre d'eau
1 cuil. à soupe rase de sucre en poudre
Sel, poivre

• Choisir de préférence des petites carottes nouvelles de taille égale. Sinon tailler des carottes en grosses olives allongées. Les poser côte à côte dans une casserole, couvrir d'eau, ajouter le sucre, le beurre en parcelles, un peu de sel et de poivre. À feu doux, porter à ébullition.
• À découvert, régler un petit bouillottement continu en tournant de temps en temps les légumes, jusqu'à ce que l'eau s'étant évaporée, les légumes soient cuits et enrobés d'une sorte de sirop brillant.
• Continuer la cuisson quelques instants en faisant tourner les carottes dans la casserole pour leur donner une couleur blonde. Présenter dans un légumier chaud.
Servir soit avec du foie poêlé ; soit avec une pièce de bœuf braisé en réduisant la quantité d'un tiers, accompagnées de navets et d'oignons glacés (p. 323 et p. 331).

Purée de carottes

Elle se fait au dernier moment.

Pour 4 personnes
Préparation : 20 à 25 min
Cuisson : 35 à 40 min

3 pommes de terre moyennes bintje
600 g de carottes
100 g de beurre
Sel, poivre

• Éplucher et laver les pommes de terre et les carottes. Les couper en morceaux.
• Mettre les pommes de terre dans une casserole d'eau froide salée. Faire partir l'ébullition. Laisser bouillir 10 min. Ajouter les carottes et continuer la cuisson encore 25 à 30 min.
• Égoutter les légumes dans une passoire à pieds.
• Faire la purée :
– Si on veut une purée très fine, passer les carottes et les pommes de terre au mixer, verser ensuite le mélange dans la casserole.
– Si on préfère une purée plus rustique avec plus de consistance, passer les carottes et les pommes de terre dans le moulin à légumes.
• Verser le tout dans la casserole. Chauffer à feu moyen et la laisser se dessécher et prendre une consistance plus épaisse. Incorporer alors le beurre par petits morceaux en travaillant la purée avec la cuillère en bois. Vérifier l'assaisonnement en sel, poivrer. Mélanger et servir dans un légumier chaud :
• avec un rôti de veau,
• avec des escalopes de veau poêlées,
• avec une pintade rôtie.

La carotte sucrée

... Et la carotte, bonne fille, peut aussi s'accommoder en dessert. Jacques Maximim ne s'y est pas trompé, et nous propose un très fine recette de tarte de carottes miellées au fromage blanc, p. 154. Très différent, voici un gâteau québécois qu'une amie a eu la gentillesse de m'expliquer, et qui a l'avantage de pouvoir se confectionner la veille pour le lendemain.

Gâteau de carottes québécois

Pour 6 à 7 personnes
Préparation : 1 h
Cuisson : 1 h

450 g de carottes râpées
150 g de cerneaux de noix
150 g de raisins secs
500 g de farine de blé noir
4 œufs
1 cuil. à café de levure
1/2 cuil. à café de bicarbonate de soude
1/2 cuil. à café de sel
1/2 cuil. à café de cannelle en poudre
1/2 cuil. à café de noix muscade râpée
250 g de sucre roux (cassonade)
150 g d'huile d'arachide

Pour glacer le gâteau :
90 à 100 g de St-Morêt nature
120 g de beurre
500 g de sucre glace
1 cuil. à café d'essence de vanille

• Laver et éplucher les carottes, les sécher et en râper 450 g très finement. Les réserver.
• Broyer les cerneaux de noix au mixer, les réserver.
• Dans un saladier, mélanger la farine, la levure, le bicarbonate, le sel, la cannelle, la noix muscade.
• Dans un autre saladier, casser les œufs, ajouter le sucre roux et travailler le tout en les fouettant jusqu'à la couleur jaune pâle. Ajouter cette préparation au contenu du premier saladier, puis incorporer les carottes râpées, les raisins secs, les cerneaux de noix broyés. Terminer en ajoutant l'huile.
• Préchauffer le four à température moyenne chaude.
• Du bout des doigts, huiler très légèrement un moule à savarin et y verser la pâte en la répartissant bien également. Faire cuire pendant 1 h environ, le gâteau doit être pris, mais rester moelleux. Le laisser refroidir à température de la cuisine.
• 1 h avant de servir le gâteau, préparer un glaçage en malaxant dans un saladier le beurre ramolli, le St-Morêt, le sucre et l'essence de vanille. L'ensemble doit être lisse et souple.
• Démouler le gâteau. À l'aide d'une spatule, le recouvrir régulièrement de glaçage et le mettre au frais pendant 1h. Il ne doit pas être glacé.

Et Jacques Maximin propose

Terrine de carottes au pain « mouillé »

Pour une grande terrine de 2,2 kg
Préparation : 40 à 45 min
Cuisson : 1 h, 1 h 15

1 kg de carottes
Beurre
Vinaigrette

Appareil pour la terrine :
8 œufs
600 g de farine
30 g de bicarbonate de soude
100 g de beurre
20 g de cannelle
150 g de noix de pécan
Sel, poivre

Pain mouillé :
4 tranches de pain de campagne
20 cl de lait
2 œufs
2 à 3 cuil. à soupe d'huile d'olive
Sel

Sauce bolognaise :
200 g de bœuf haché
1 belle tomate
1 oignon
2 échalotes
1 gousse d'ail
2 à 3 cuil. à soupe d'huile d'olive
1 verre de bouillon de volaille (p. 19)
Sel, poivre

Préparation et cuisson de la terrine

• Préchauffer le four à 160 °C.

• Éplucher les carottes et les râper.

• Dans un grand saladier, verser la farine et le bicarbonate de soude, du sel, du poivre.

• À feu doux, faire fondre le beurre, le verser dans le saladier ainsi que les œufs battus, travailler convenablement le tout pour avoir une pâte lisse. Incorporer les carottes, la cannelle, les noix de pécan.

• Prendre une terrine. Beurrer les parois et le fond. Saupoudrer légèrement de farine. La tapoter tête en bas pour supprimer l'excès de farine. La remplir de l'appareil aux carottes et mettre au four pendant 40 min environ. Elle doit être prise mais pas desséchée. La sortir du four et la laisser refroidir.

Préparation du pain

• Tremper le pain des 2 côtés dans du lait sans trop le détremper, le laisser s'égoutter sur une grille.

Préparation et cuisson de la bolognaise

• Hacher l'oignon, les échalotes et l'ail. Supprimer la peau de la tomate en la plongeant 15 s dans l'eau bouillante. Supprimer les graines, la hacher grossièrement.

• Dans une sauteuse à feu moyen, mettre 2 à 3 cuil. à soupe d'huile d'olive. Ajouter l'ail, l'oignon, les échalotes hachés et les faire fondre et ramollir pendant 5 à 6 min. Ajouter le bœuf haché, relever le feu et le faire revenir en tous sens pendant 1 à 2 min. Ajouter la tomate hachée, 1 verre de bouillon de volaille et mélanger et faire mijoter en douceur pendant 30 à 35 min. Saler et poivrer.

Finition et présentation

• Passer des 2 côtés les tranches de pain dans l'œuf battu et les mettre à poêler et dorer dans 2 à 3 cuil. à soupe d'huile d'olive. Les prendre à l'écumoire et les déposer sur une planche. Tartiner chaque tranche de pain de bolognaise, prise à l'écumoire.

• Faire une vinaigrette et y ajouter le fond de la casserole de bolognaise.

• Sur chaque assiette, dresser une tranche de terrine et une tranche de pain. Arroser de vinaigrette au moment de servir.

Tarte de carottes miellées au fromage blanc

Pour 4 à 6 personnes
Préparation : 15 à 20 min
Repos de la pâte : 1 h
Cuisson : fond de tarte, 20 min ; carottes, 15 à 20 min

400 g de pâte brisée (p. 56)
4 carottes
3 à 4 cuil. à soupe de miel liquide
250 g de fromage blanc
100 g de sucre
15 g de gélatine
1/2 verre de lait
1 zeste de citron râpé
100 g de crème fleurette

Préparation du fond de tarte

- Faire la pâte brisée, la laisser reposer 1 h.
- Au bout de ce temps, préchauffer le four à température chaude.
- Étaler finement la pâte sur une planche farinée et en garnir 1 moule à tarte à fond mobile de 22 cm en pinçant et roulottant bien les bords.
- La préparer et la faire cuire à blanc (p. 56). La laisser ensuite refroidir.

Préparation des carottes

- Éplucher et tailler les carottes en biseau pour avoir des tranches d'1 cm d'épaisseur. Les cuire à grande eau bouillante pendant 5 à 6 min. Bien les égoutter et les sécher.
- Dans une sauteuse de juste dimension, faire chauffer le miel à feu moyen. Ajouter les carottes et, en les tournant délicatement, les enrober de miel jusqu'à ce qu'elles soient glacées, brillantes et séparées les unes des autres. Les prendre avec une spatule et les poser sur un papier sulfurisé.

Préparation du fromage blanc

- Dans un saladier, mettre le fromage blanc, le sucre, le zeste de citron râpé et la gélatine fondue dans un peu de lait tiède. Bien mélanger le tout.
- Battre la crème fleurette en crème fouettée bien ferme, l'incorporer au fromage blanc.

Finition

- Garnir le fond de tarte bien refroidi avec le fromage blanc.
- Terminer le dessert en couvrant toute la tarte de carottes miellées disposées en rosace.

Le céleri

Origines

Le céleri était à l'origine une plante sauvage appelée *ache*, poussant sur les bords du littoral méditerranéen.

De la famille des ombellifères, il présentait un joli feuillage qui, pour les Grecs et les Romains de l'Antiquité, était utilisé à titre ornemental. La couronne du 3e vainqueur aux jeux Olympiques était faite d'ache tressée, et Horace admire sur les tables le feuillage dru et vert sombre de l'*ache*, qui fait ressortir « la blancheur des lys et le pourpre des roses ».

L'*ache* servait aussi à confectionner des couronnes funèbres, et une feuille posée sur une dent à arracher était censée l'anesthésier. Mais l'*ache* était encore loin de paraître sur les tables grecques ou romaines, si ce n'est comme aphrodisiaque.

Au Moyen Âge, l'*ache* faisait partie des simples, et c'est au début de la Renaissance, arrivant d'Italie, que l'*ache*, prenant son nom de céleri, d'origine lombarde, va enfin être cultivée. Mais c'est surtout sous l'égide des jardiniers du jardin des Plantes, à la fin du siècle, que le céleri va devenir un vrai légume utilisé en cuisine, qui aura jusqu'à aujourd'hui un succès mérité.

Aspects

Nous trouvons sur les marchés deux sortes de céleris : le *céleri-branche* à feuillage vert clair, aux côtes blanches charnues et comestibles, et le *céleri-rave*, qui est la racine d'une variété à feuilles courtes et vert foncé qui ne se mangent pas.

Le céleri-branche est sur les marchés pratiquement toute l'année, le nord de la France le produisant de mai à décembre, tandis que le sud assure la suite de l'hiver. Le céleri-rave est en revanche un légume d'hiver, que l'on trouve de septembre à avril. C'est en automne qu'il est le meilleur.

Choix et qualités

Il vaut mieux choisir le céleri-branche à tiges courtes avec de jolies feuilles vert clair et des côtes blanches et charnues. Il sera bien frais si les côtes se cassent facilement et présentent une trace d'hu-

midité à la cassure. C'est le pied plongé dans l'eau qu'elles se conserveront le mieux après l'achat jusqu'à la préparation.
Le céleri-rave se présente sur les marchés comme une grosse boule de 800 g à 1 kg, avec parfois encore un tout petit bouquet de feuilles. Lourd dans la main, il est préférable de choisir des boules plutôt petites, les grosses ayant tendance à être creuses.
Qu'il soit en branche ou rave, le céleri contient des vitamines A et C, des sels minéraux. Il est léger en calories, et c'est un très bon légume, gastronomiquement et diététiquement recommandable.

La cuisine du céleri

Le céleri en branche et le céleri-rave se cuisinent de façon différente et ont chacun leurs propres utilisations, ils seront pour cela traités séparément.

Le céleri-branche

C'est à la fois un condiment et un légume qui se mange cru ou cuit.

Quantités
Elles seront variables selon son utilisation.

Préparation
Supprimer les grosses côtes dures, les branches trop vertes pour arriver aux côtes blanches.
Séparer les côtes les unes des autres. À l'aide d'un bon petit couteau, couper la partie dure du pied puis, en partant du bas, supprimer toutes les fibres en coupant au fur et à mesure les côtes en tronçons de 4 à 5 cm de long. Conserver le petit cœur entier.

En condiment
Ce sera le petit cœur, les jeunes feuilles, les côtes bien tendres qui seront utilisées.

• Le petit cœur ou 1 petite côte toute tendre et feuillue s'ajoute à la garniture aromatique des fonds (p. 23), des fumets (p. 25), des courts-bouillons (p. 21), des braisés et du pot-au-feu.
• Les jeunes côtes tendres taillées en petits dés et crues complètent l'assaisonnement de toutes les salades vertes, de salades composées à base de volailles, telle la chicken salad (p. 416),

ou à base de restes de viandes rôties ou de pot-au-feu mêlés de légumes.

En amuse-bouche à l'apéritif
Choisir les côtes tendres d'un pied de céleri. Les couper un peu à la base et retirer les fibres les plus grosses, les dresser ensuite en bouquet dans un grand verre.
• Préparer à côté une soucoupe de sel fin et des bols de sauce telles que la bagna cauda (p. 38), du coulis de poivrons rouges froid (p. 371). Chacun grignotera les côtes de céleri en les assaisonnant à son gré.
• Préparer des côtes de céleri comme il est dit (p. 156) en les coupant aux deux extrémités pour qu'elles fassent des barquettes de 8 à 10 cm. Les garnir ensuite au choix de : tapenade, anchoïade, un peu de brandade de morue, rillettes.
À chacun, chacune de se livrer à sa fantaisie en essayant toutefois de trouver des produits du commerce pour ne pas se lancer dans des préparations compliquées que ces petites côtes de céleri juste amusantes ne méritent pas.

Le céleri-branche cuit (recettes de base)

Pour 4 personnes

2 pieds pour obtenir 500 g de côtes de céleri

• *À l'anglaise* (p. 13)
Préparer le céleri (p. 156) et le faire cuire à grande eau bouillante salée pendant 10 à 15 min, l'égoutter convenablement.
Il peut alors être :
– chauffé et roulé dans du beurre juste fondu puis saupoudré de persil ;
– chauffé dans du jus de rôti (p. 22), poulet de préférence ;
– tourné dans de la crème fraîche réduite et chaude, relevée de coriandre fraîche hachée avec la garniture d'un rôti de veau, d'un poulet rôti, d'une pintade.

• *À l'étuvée* (p. 14)
Préparer le céleri (p. 156), le mettre dans une casserole avec du beurre et un fond d'eau. À couvert, laisser cuire à petit feu pendant 20 à 25 min. L'égoutter et le dresser dans un légumier chauffé et éventuellement le parsemer de persil haché.

Gratin tomaté de céleri-branche

Pour 4 personnes
Préparation :
15 à 20 min
Cuisson :
25 min environ

600 g de côtes de céleri
1/2 bol de béchamel (p. 35)
25 cl de crème fraîche
1 petite boîte de concentré de tomates
50 g de gruyère râpé
Beurre
Sel, poivre

• Préparer le céleri (p. 156) et le faire cuire 10 min à l'anglaise, bien l'égoutter.
• Faire la béchamel, la laisser sur le feu doux, lui incorporer le concentré de tomates et la crème fraîche. Saler, poivrer et laisser mijoter doucement.
• Préchauffer le four à température moyenne-chaude.
• Disposer les tronçons de côtes de céleri dans un plat à gratin légèrement beurré, les recouvrir de la crème à la tomate.
• Saupoudrer de gruyère râpé. Parsemer le fromage de quelques parcelles de beurre et mettre au four pendant 15 à 20 min. Passer en position gril pendant les cinq dernières minutes pour le faire bien dorer. Servir dans un plat de cuisson.

Emplois : en accompagnement d'un rôti de porc, de côtes de veau poêlées, de magrets de canard poêlés.

Le céleri-rave

Il se mange cru ou cuit.

Préparation

Couper la tige et les petites feuilles à ras de la boule, puis la peler un peu épais avec un couteau. La laver soigneusement.
Le céleri-rave selon son utilisation sera :
– râpé plus ou moins fin,
– débité en morceaux plus ou moins gros,
– détaillé en bâtonnets.
S'il ne doit pas être utilisé immédiatement, le laisser dans de l'eau froide citronnée pour qu'il ne noircisse pas.

En amuse-bouche à l'apéritif

Après l'avoir épluché et lavé, on peut détailler le céleri-rave en rondelles très fines de la taille de tranches de pain de mie et les garnir :

– d'un peu de céleri rémoulade,
– de rondelles de chorizo débarrassées de leur peau,
– de fins copeaux de gruyère bien frais,
– de copeaux de jambon de Parme,
– d'une rondelle de saucisson à l'ail,
– d'une rondelle de truffe fraîche en saison et trois grains de sel c'est tout !

En salade
C'est bien sûr au délicieux *céleri rémoulade* que l'on pense immédiatement, celui que l'on achète si volontiers chez le charcutier.
Si on décide de le faire soi-même, il est recommandé de ne pas le râper trop fin mais assez grossièrement ou d'avoir le temps et la patience de le détailler en fins petits bâtonnets, il aura plus de goût et de fermeté.
Son assaisonnement : une mayonnaise (p. 28) légère bien relevée de moutarde.

On peut le présenter avec des tranches de museau de porc à la ciboulette, achetées chez le charcutier ; ou avec une salade de betteraves à l'ail et au persil (p. 28).
On peut aussi creuser des tomates grappe (p. 440), les farcir de céleri rémoulade et décorer avec une pluche de persil. Pour une petite entrée, en servir trois par personne.

Céleri au beurre et au cerfeuil

Pour 4 personnes
Cuisson : 15 à 20 min à grande eau bouillante salée, bien l'égoutter.

1 beau céleri-rave
75 g de beurre
Cerfeuil
Sel, poivre

• Convenablement pelé puis détaillé en morceaux égaux, faire cuire le céleri-rave à l'anglaise (p. 13). Garder un verre d'eau de cuisson dans la casserole, le remettre sur feu doux, ajouter le beurre divisé en morceaux, porter à ébullition en donnant à la casserole un mouvement circulaire pour obtenir un jus onctueux.
• Ajouter les morceaux de céleri, les tourner dans ce jus pour bien les chauffer, saler, poivrer.
• Présenter dans un légumier chaud en parsemant de cerfeuil grossièrement haché.

Purée de céleri-rave

Elle se fait au dernier moment.

Pour 4 personnes
Préparation : 12 à 15 min
Cuisson : pommes de terre, 30 à 35 min ; céleri, 20 à 25 min

1 boule moyenne de céleri-rave
2 pommes de terre bintje moyennes
80 g de beurre
Sel, poivre

• Éplucher et laver les pommes de terre et le céleri. Les couper en morceaux. Laisser le céleri dans une bassine d'eau fraîche.
• Mettre les pommes de terre dans une casserole d'eau froide salée. Porter à ébullition. Maintenir à petits bouillons et, au bout de 10 min, ajouter les morceaux de céleri. Laisser encore cuire pendant 20 à 25 min.
• Égoutter les légumes dans la passoire à pieds et faire la purée :
– Si on veut une purée très fine, passer le céleri et les pommes de terre au mixer, verser ensuite le mélange dans la casserole.
– Si on préfère une purée plus rustique et moins lisse, passer les légumes au moulin à légumes. Verser ensuite dans la casserole.
• Chauffer à feu moyen pour qu'elle se dessèche et prenne une consistance plus épaisse. Incorporer alors le beurre par petits morceaux en travaillant avec la cuillère en bois. Vérifier l'assaisonnement en sel, poivrer, mélanger et servir dans un légumier chaud.

Utilisation : c'est l'accompagnement idéal, seule ou avec d'autres purées, du gibier à poil, du râble de lièvre, du civet de lièvre poêlé ou en sauce, de noisettes de marcassin poêlées, de selle de chevreuil rôti.

Crème de céleri

Elle se fait au dernier moment. C'est un délicieux potage qui peut constituer l'entrée raffinée d'un dîner entre amis.

Pour 4 personnes
Préparation : 20 min
Cuisson : 40 à 55 min

1 litre de bouillon de volaille (p. 19) ou bouillon de volaille instantané
1 boule de céleri-rave
3 pommes de terre moyennes, type bintje
60 g de beurre en tout
1 cuil. à soupe de crème fraîche
Sel, poivre du moulin

• Éplucher et laver le céleri-rave, le couper en copeaux comme des chips.

• Éplucher, laver les pommes de terre, les couper en morceaux ; les laisser dans l'eau.
• Prendre une large casserole, mettre 30 g de beurre à fondre à feu doux. Quand il est fondu, mettre les copeaux de céleri à étuver, c'est-à-dire les faire s'attendrir doucement dans le beurre, à couvert et en le remuant de temps en temps. L'opération prend à peu près 7 à 8 min. Le céleri doit être souple et non pas mou. À ce moment-là, ajouter les pommes de terre. Mouiller avec du bouillon de volaille (p. 19) froid ou bien avec du bouillon de volaille instantané (1 tablette pour 1/2 litre d'eau). Porter à ébullition à feu moyen et laisser mijoter à couvert pendant 30 min.
• Égoutter les légumes mais garder le bouillon. Passer les légumes au mixer, à défaut, au moulin à légumes, ensuite dans un tamis très fin.
• Remettre dans la casserole à feu doux, chauffer la purée, incorporer la crème fraîche, délayer avec le bouillon de manière à avoir une crème ni trop épaisse ni trop fluide. Vérifier l'assaisonnement en sel.
• Laisser « bouillotter » 2 à 3 min et incorporer les 30 g de beurre restants en petits morceaux en tournant doucement. Donner 2 à 3 tours de moulin à poivre.
Servir tout de suite en soupière ou en assiettes individuelles.

On peut ajouter à cette crème de céleri quelques petites garnitures raffinées telles que :
– des tout petits dés de tomate crue et du cerfeuil haché ;
– des mini-lardons de poitrine fumée ;
– des mini-croûtons de pain de mie rissolés dans du beurre ;
– une truffe moyenne détaillée en fine julienne, et c'est bien ce qui va le mieux !

Céleri sauté à cru en rondelles

Pour 4 personnes
Préparation : 10 à 15 min
Cuisson : 10 à 12 min

1 céleri-rave coupé en 24 rondelles
50 g de beurre
Sel, poivre

• Après avoir épluché, lavé et séché le céleri, le détailler en rondelles d'1/2 cm d'épaisseur et du diamètre d'une pomme de terre moyenne.

• Dans une sauteuse à feu moyen, faire fondre le beurre. Dès qu'il grésille, poser les rondelles les unes à côté des autres et les faire cuire doucement et dorer des deux côtés à couvert. Elles doivent être cuites fermes et non défaites. Saler, poivrer et servir dans un légumier plat et chaud.

Emplois : en garniture comme des pommes de terre sautées (p. 400), le goût du céleri s'accorde bien avec du poulet rôti ; du travers de porc frais grillé ; du lapin rôti ; des filets de poisson poêlés meunière.
On peut les mélanger avec d'autres légumes en utilisant la moitié de la quantité indiquée. Voici quelques suggestions : céleri et carottes sautées ; céleri et rondelles de courgettes frites ; céleri et pommes de terre sautées ; céleri et champignons de Paris sautés ; céleri et fondue d'épinard.

Céleri sauté à cru en julienne

Pour 4 personnes

1/2 céleri rave
40 g de beurre
Sel, poivre

• Éplucher et laver un céleri-rave moyen. En prendre la moitié et la râper très finement (cela fournit beaucoup mais la réduction est importante aussi).
• Dans une grande poêle, à feu vif, mettre à chauffer le beurre. Dès qu'il grésille, ajouter le céleri râpé, saler et, en le tournant en tous sens, le faire s'affaisser et prendre couleur très légèrement pendant 2 à 3 min. Le verser ensuite dans un plat chaud. Poivrer et servir.

Remarque : il existe dans les grandes surfaces des sachets de céleri râpé de façon finissime. Il est très facile d'emploi et la cuisson est hyper-rapide, mais il y a une grosse réduction du céleri et il faut se dire que c'est juste bien pour deux personnes.

Emplois : c'est aussi une garniture aux mêmes emplois que le céleri sauté à cru en rondelles. Mais on peut lui ajouter en dernier lieu du cerfeuil finement haché ; de la ciboulette finement ciselée ; quelques filaments de carotte crue très finement râpée.

Et Jacques Maximin propose

Rôti de céleri-rave « lardé à la couenne »

Pour 4 personnes
Préparation :
40 à 45 min
Cuisson totale :
1 h environ

1 beau céleri-rave ou 2 moyens
1 couenne de porc
600 g de poitrine fraîche de porc

Garniture de cuisson :
3 tiges tendres de céleri-branche
3 oignons
1 petite tête d'ail
4 échalotes
1 louche de fond de veau (p. 24)
Sel, poivre

Préparation du céleri et de la couenne

• Éplucher, parer et laver le céleri-rave. Le plonger dans l'eau bouillante salée pour le cuire, tendre mais ferme (20 min environ), l'égoutter convenablement.
• Détailler la couenne en fins bâtonnets. À l'aide d'un petit couteau, introduire les bâtonnets de couenne dans le céleri pour le larder.
• Détailler la poitrine fraîche en tranches ultra-minces (2 mm d'épaisseur).
• Envelopper le céleri de ces tranches et bien ficeler très rapproché mais sans trop serrer. Réserver.

Préparation et finition du céleri

• Préchauffer le four à température moyenne-douce.
• Éplucher les gousses d'ail, les oignons et les échalotes. Supprimer les fibres des branches de céleri et détailler le tout en dés moyens. Réserver.
• Mettre le céleri dans un plat à rôtir, le saler et le poivrer de tous côtés puis le mettre au four et le faire se colorer doucement de tous côtés, puis ajouter la garniture de cuisson et la laisser suer et ramollir. Verser le fond de veau sur le rôti et arroser régulièrement pour le faire briller et prendre une belle couleur.

Présentation et finition du jus

• Au terme de sa cuisson (1 h environ), sortir le rôti du four et le poser sur une planche pour le découper en tranches de 2 cm d'épaisseur. Les dresser sur un plat à rôtir.
• Sur le feu, faire aller et venir le jus de cuisson dans le plat à rôtir pour le réduire un peu. Vérifier le sel et le poivre, puis à travers une passoire fine le verser sur les tranches de rôti et servir bien chaud.

Facultatif : on peut accompagner ce rôti d'un plat de girolles sautées (p. 180).

Les champignons

Origines

Le champignon remonte à la nuit des temps, et avec les baies, fait sans doute partie des premières cueillettes humaines. C'est un étrange végétal sans fleurs ni fruits, donnant l'impression de pousser de rien sur l'humus et les racines. Ses variétés infinies, les unes comestibles, les autres toxiques, peuvent vous faire aller du simple malaise à la mort.
Dès l'Antiquité, le champignon suscite intérêt et passion. Horace, prudent, s'en tient aux champignons des prés et se méfie des autres. Pline sait fort bien, dans sa classification des espèces comestibles et vénéneuses, distinguer la fausse oronge de la vraie, dite amanite des Césars.
Au Moyen Âge, c'est la psalliote champêtre encore sauvage qui a la cote. « Le Mesnagier de Paris » conseille de les choisir petites, bien fermes et de les peler. Elle n'est rien d'autre que la grand-mère de notre champignon de Paris.
Au XVIIe siècle, La Quintinie développe en effet la culture de la psalliote champêtre en la faisant pousser sur des couches de fumier de cheval fermenté et l'appelle tout naturellement champignon de couche avant qu'il ne devienne « de Paris » sous Napoléon, qui en subventionne la culture dans les carrières désaffectées du tour de la capitale, avant que celle-ci ne s'étende aussi dans le Nord et la vallée de la Loire.

Quant à la truffe, on en parle beaucoup depuis l'Antiquité.
Les Égyptiens la dégustaient enrobée de graisse d'oie et cuite en papillote. Les Grecs et les Romains, tout en s'en régalant, lui attribuaient surtout des vertus thérapeutiques et aphrodisiaques, réputation qu'elle va garder jusqu'au XIXe siècle.
Après une éclipse au Moyen Âge, elle fut en grande vogue sous la Renaissance, et c'est à partir de Louis XIV que son règne ne cesse de s'affirmer, jusqu'à être exagérément employée dans la cuisine du XIXe siècle et du début du siècle, car alors abondante et moins coûteuse. C'est toujours un produit parfaitement délicieux, mais rare et donc horriblement cher. On a donc tendance, ce qui n'est pas plus mal, à l'utiliser plus parcimonieusement mais à bon escient.

Aspect des champignons cultivés

On trouve toute l'année le *champignon de Paris* sur les marchés. Il en existe deux espèces, le blanc et le blond, ou bistre plus goûteux. Selon l'usage que l'on veut en faire, on le choisira grand, moyen ou tout petit. Il est dit alors « bouton » et c'est un champignon délicieux.

Choix et qualités

Il faut le choisir le chapeau bien collé à la tige, c'est un signe de fraîcheur. Dès qu'il a un peu traîné chez le marchand, il s'épanouit, les lamelles apparaissent : rosées c'est encore bien, noires, le champignon est carrément vieux.
Tenant compagnie au champignon de Paris, on rencontre également toute l'année la *pleurote beige*, en forme de corolle et à long pied, dont on a beaucoup intensifié la culture, mais qui est pourtant bien loin de valoir le champignon de Paris.
Si malgré tout au marché vous avez envie de pleurotes, il faut les choisir avec de belles corolles bien saines aux bords intacts, non noircies, non tachées, et dont la peau sera un peu comme un fin velours d'un joli marron. Le pied qui part de travers doit être sans trace d'humidité.
À côté de la pleurote, originaire du Japon, on rencontre aussi, cultivé toute l'année, le *shitake* ou *lentin de chêne*, un bon champignon dont les jolies corolles de couleur marron clair doivent, comme la pleurote, donner une grande impression de fraîcheur et de bonne santé.

Aspect des champignons sauvages

Comme leur nom l'indique, ils sont le produit de cueillettes faites, en principe, par des gens qui savent reconnaître les bons champignons des mauvais, car certains champignons sauvages peuvent être réellement dangereux, et il vaut mieux ne pas les cueillir sous le seul prétexte que le champignon est beau et pimpant.
Au marché, leur vente est évidemment très réglementée et on ne trouve pas n'importe quel champignon sauvage. Il doit faire partie d'une liste très précise, et se présente sur les étals selon des critères rigoureux qui permettent de bien le choisir.

La truffe se développe et vit sous terre à environ 15 à 20 cm au-dessous de la surface, de préférence à l'ombre des chênes truffiers avec qui elle est en symbiose.
La truffe se présente sous la forme d'une boule plus ou moins petite, de forme plus ou moins régulière.
L'homme tout seul n'est pas capable de la sentir et de la trouver, aussi se fait-il aider par un compagnon à quatre pattes qui est gourmand de truffes, la sent et la déterre. Vous lirez plus loin (p. 193) un petit récit de chasse à la truffe qui fera mieux comprendre comment les choses se passent chaque année à travers les départements truffiers, à savoir le Vaucluse, la Drôme, le Périgord et le Quercy.

Choix et qualités

Il doit être intact et muni de toutes ses parties, chapeau, pied deterré, éventuellement bulbe ou volve. Dans son emballage, il doit être placé sur deux couches seulement pour qu'on le voie bien, et il est interdit de mélanger dans un colis des espèces différentes. De plus, ils ne doivent être ni mouillés ni secs.
Il est préférable également de les prendre ni trop petits ni trop gros mais moyens, ce qui représente le bon degré de maturité, et évitera qu'à la cuisson, ils rendent trop d'eau ou se dessèchent et se raccornissent.

Néanmoins, cultivés ou sauvages, les champignons exigent les mêmes soins après l'achat ou la cueillette.

À savoir :
• Les utiliser tout de suite.
S'ils doivent attendre, ne pas les faire passer par le réfrigérateur mais les faire attendre au sec, la tête en bas et non entassés.
• Ne jamais les mettre dans l'eau, ils ont horreur de ça, gonflent, perdent leur saveur et se cuisent très mal.

La cuisine des champignons cultivés

Le champignon de Paris

Il se mange cru ou cuit.
La quantité variera selon son emploi.

Préparation
Ils sont en général bien propres. À défaut, les passer un par un sous un petit filet d'eau après avoir coupé le pied terreux. Séparer la tête de la queue et selon l'emploi cette dernière sera ou non utilisée. Au gré de chacun, soit frotter la tête à l'aide d'un chiffon, soit retirer la peau à l'aide d'un petit couteau.

• Les champignons de Paris crus
Pour être utilisés de cette manière, il faut :
– une fraîcheur absolue du champignon ;
– s'en occuper au dernier moment ;
– le prendre de taille moyenne pour le détailler facilement.
Ils seront détaillés en fines lamelles ou en petits bâtonnets.

• Les champignons de Paris cuits
Ils peuvent supporter plusieurs modes de cuisson qui seront utilisés selon l'emploi des champignons en tant qu'entrées, potages, garnitures, accompagnements divers.

Salade de champignons de Paris

Pour 4 personnes

350 g de champignons de Paris
1 citron (jus)
5 à 6 cuil. à soupe d'assaisonnement

• Séparer les têtes des pieds qui ne seront pas utilisés.
• Préparer les têtes et les détailler en fines lamelles. Les mettre dans un grand ravier et les arroser d'un peu de jus de citron pour qu'elles ne noircissent pas.
• Faire l'assaisonnement de son choix et le verser en le battant sur les champignons et en mélangeant ensuite avec précaution.

Choix d'assaisonnements : une vinaigrette à l'huile d'olive et au citron. On peut y ajouter du cerfeuil haché, de l'estragon haché, fleurette au citron (p. 32), de la mayonnaise crémée au citron (p. 31).

Salades mélangées : en n'utilisant que la moitié des champignons en salade simple, on peut harmonieusement les mélanger avec d'autres légumes en les détaillant, soit :
• *en bâtonnets :*
– avec des betteraves coupées en dés,
– avec des haricots verts (p. 291),
– avec de l'artichaut (p. 77),
– dans la julienne de légumes (p. 456),
• *en lamelles :*
– dans une salade de mâche,
– dans une salade de tomates,
– pour farcir des tomates (p. 443).

Champignons pochés

Ce sont des petits « boutons » dont on coupe juste le pied terreux et que l'on nettoie (p. 167) convenablement.

Pour 4 personnes
Préparation : 10 à 12 min
Cuisson : 4 à 5 min

250 g de tout petits champignons de Paris « boutons »
1/2 verre d'eau
1 citron (jus)
30 g de beurre
Sel

• Dans une casserole, mettre l'eau, le jus de citron, du sel, les champignons, le beurre.
• À feu vif et à couvert, porter à ébullition, la maintenir à gros bouillons pendant 5 min. Retirer du feu et réserver.

Emplois : à ajouter dans une blanquette de veau, une volaille en cocotte à la crème, un ris de veau braisé, un lapin à la moutarde, un pigeon en cocotte.

Champignons sautés

Choisir des champignons de taille moyenne, les préparer (p. 167), les nettoyer convenablement et selon leur grosseur les couper en deux ou en quatre et les pieds en deux.

Pour 4 personnes
Préparation : 15 min
Cuisson : 8 à 10 min

500 g de champignons de Paris
40 g de beurre
Sel, poivre

• Dans une poêle, faire fondre le beurre à feu moyen-doux, ajouter les champignons, couvrir et les laisser perdre leur eau de végétation. Éliminer cette eau.
• Relever le feu à température chaude et faire dorer vivement les champignons en les tournant en tous sens, saler, poivrer. Dès qu'ils sont secs et dorés, ils sont prêts, les retirer du feu.

Emplois : en garniture de viandes et volailles rôties ou poêlées, on les parsème alors de persil haché ; de poissons cuits meunière ; pour fourrer une omelette ; pour ajouter à d'autres légumes tels que :
– épinards cuits à l'étuvée (p. 259),
– pommes de terre sautées (p. 400),
– tomates poêlées (p. 444).

Champignons étuvés à la crème

Pour 4 personnes
Préparation :
20 à 25 min
Cuisson :
1er temps, 6 à 7 min ;
2e temps, 5 à 6 min

400 g de champignons de Paris « boutons »
30 g de beurre
20 cl de crème fraîche
1/2 tasse à thé de fines herbes (persil, cerfeuil et ciboulette hachés en parts égales)
1 cuil. à café de jus de citron
Sel, poivre

• Couper l'extrémité terreuse des pieds de champignons, bien les nettoyer (p. 167).
• Préparer les fines herbes, les réserver.
• Dans une casserole à fond épais, mettre le beurre à feu doux et un peu d'eau. Ajouter les champignons, les rouler dans le beurre, saler, poivrer, couvrir et les laisser étuver pendant 6 à 7 min. Au bout de ce temps, verser la crème fraîche, porter à ébullition et laisser réduire jusqu'à consistance onctueuse.
• Ajouter alors les fines herbes et le jus de citron, mélanger en tournant pour bien faire chauffer le tout. Vérifier le sel et le poivre, servir dans un légumier chaud.

Emplois : en garniture de volailles et viandes rôties ou tout simplement en entrée raffinée avec des petits croûtons frits au beurre, des petits lardons rissolés, des dés de tomates concassées (p. 34), quelques petits pois frais juste cuits à l'anglaise (p. 13).
C'est le légume du dîner familial.

Remarque : en entrée, il est plus raisonnable de compter environ 600 g de champignons.

Duxelles de champignons

C'est une farce qui peut être préparée à l'avance, et réchauffée doucement au dernier moment.

Pour 4 personnes
Préparation :
10 à 12 min
Cuisson totale :
15 à 16 min

250 g de champignons
3 échalotes
50 g de beurre
1 cuil. à soupe de crème fraîche
Sel, poivre

• Préparer les champignons (p. 167), conserver les pieds. Bien les nettoyer.
• Dans une sauteuse à feu doux, faire fondre les échalotes (p. 245) dans le beurre à feu doux.
• Pendant ce temps, hacher finement les champignons.
• Dès que les échalotes sont bien tendres, ajouter le hachis de champignons. Bien mélanger et faire cuire doucement ce hachis à découvert pour que toute l'eau de végétation s'évapore. Ajouter alors la crème fraîche, relever le feu et faire bouillir quelques instants. Retirer du feu et réserver.

Emplois
• Fourrer des crêpes alignées ensuite dans un plat, couvertes de béchamel (p. 35), saupoudrées de gruyère râpé et mises à gratiner.
• Farcir des belles tomates à faire au four (p. 443).
• Faire des œufs cocotte en mettant de la duxelles dessous et dessus dans les ramequins.
• Farcir un poisson à braiser ou à pocher tel qu'une dorade, un lieu, un turbotin.

Velouté de champignons

Dans le cas où on aurait des pieds de champignons non utilisés, ou dans le cas où vos champignons sont très inégaux et pas très présentables, voici un délicieux potage à faire au dernier moment.

Pour 4 personnes
Préparation : 15 à 20 min
Cuisson : 40 à 45 min

250 g de champignons de Paris
1/2 litre de lait
1 cuil. à soupe rase de farine (environ 15 g)
60 g de beurre
3 cuil. à soupe de crème fraîche
3 jaunes d'œufs
1/2 citron
1 cuil. à café de jus de citron
Sel, poivre

• Avec 30 g de beurre, la farine, le lait, faire une béchamel (p. 35) peu épaisse. La laisser mijoter à feu très doux pendant 20 à 25 min.
• Parer et nettoyer les champignons (p. 167). Réserver deux à trois têtes, les arroser avec du jus de citron pour qu'elles ne noircissent pas. Couper le reste en morceaux.
• Dans une poêle, mettre 30 g de beurre à feu moyen. Ajouter les champignons en les remuant en tous sens, faire évaporer l'eau de végétation sans que les champignons se colorent, ce qui prend environ 6 à 7 min. Les broyer ensuite au mixer pour avoir une fine purée. La verser dans une casserole à feu doux et délayer avec la béchamel, porter de nouveau à ébullition en remuant le mélange. Saler, poivrer.
• Dans un bol, mélanger les jaunes d'œufs et la crème fraîche avec 1 à 2 cuil. à soupe de potage. Verser le tout dans la casserole et chauffer jusqu'à ébullition en tournant jusqu'à ce que l'on ait une consistance lisse et onctueuse. Parfumer de quelques gouttes de jus de citron. Vérifier l'assaisonnement. Verser en soupière ou en assiettes individuelles.
• Lasser tomber au-dessus de la soupière ou des assiettes de fins petits bâtonnets de champignons taillés au fur et à mesure dans les têtes réservées. Servir.

Champignons farcis

Cette recette utilise de larges champignons de Paris, et elle constitue une élégante entrée.

Pour 4 personnes
Préparation : 25 min environ
Cuisson : de la farce,

12 gros champignons de Paris
100 g de poitrine fumée
2 oignons moyens
2 gousses d'ail
4 cuil. à soupe de persil haché
4 à 5 cuil. à soupe d'huile d'olive
Sel, poivre

10 min environ ; des champignons farcis, 20 à 25 min

• Préparer les champignons en coupant le bout terreux des pieds, puis en séparant les pieds des chapeaux. Nettoyer convenablement les uns et les autres. Réserver les têtes. Hacher les pieds.
• Supprimer la couenne et le cartilage de la poitrine fumée, la détailler en très petits lardons.
• Éplucher et hacher finement les oignons. Faire de même pour les gousses d'ail, effeuiller et hacher le persil, le réserver.
• Faire chauffer une poêle antiadhésive à feu moyen-vif. Ajouter les petits lardons et, en les tournant, leur faire lâcher le surplus de gras, puis les faire dorer de tous côtés. Les prendre à la spatule, les mettre à égoutter sur du papier absorbant.
• Dans une casserole à feu moyen-doux, faire chauffer 2 cuil. à soupe d'huile d'olive. Verser les oignons hachés et les faire fondre et dorer en douceur. Ajouter l'ail, les pieds de champignons. Mélanger et faire cuire en tournant avec la cuillère en bois jusqu'à ce que toute l'eau de végétation soit évaporée. Retirer du feu et ajouter en mélangeant les lardons et le persil haché. Saler, poivrer.
• Préchauffer le four à température moyenne-chaude.
• Répartir la farce sur les têtes de champignons puis les ranger dans un plat à gratin de juste dimension. Arroser chaque tête avec quelques gouttes d'huile et faire cuire 20 à 25 min. Servir bien chaud dans le plat de cuisson.

La pleurote

Préparation

Couper la partie dure du pied du champignon. Essuyer ensuite les corolles avec un petit chiffon en supprimant éventuellement les parties abîmées.
Si elles sont petites, les laisser entières ; si elles sont grosses ou moyennes, les couper en deux ou quatre.

Pleurotes sautées (recette de base)

Pour 4 personnes : 400 à 500 g

Après les avoir préparées comme indiqué supra, faire revenir les pleurotes au beurre (p. 169) ou à l'huile d'olive à feu moyen-vif pendant 5 min dans la poêle en les remuant vivement en tous sens.

Vous pouvez ajouter de l'ail haché mis à poêler en même temps que les pleurotes.
Avant de servir, les parsemer de basilic haché.

Sauté de pleurotes à la japonaise

Pour 4 personnes
Préparation : 15 min
Cuisson :
15 min environ

400 g de pleurotes
30 g de beurre
1 gousse d'ail
1 cuil. à soupe de saké (alcool japonais)
4 cuil. à soupe de bouillon de volaille (p. 19) ou instantané en tablette
1 pincée de glutamate (dans les magasins de produits asiatiques)

• Préparer et nettoyer les champignons, détailler les gros et les moyens de façon à tout avoir de la même taille.
• Éplucher la gousse d'ail, la hacher grossièrement.
• Dans une poêle à feu moyen, mettre le beurre à fondre, ajouter l'ail et les champignons, faire sauter et dorer rapidement le tout pendant 5 min. Verser le saké, le faire bien chauffer en remuant tout le contenu de la poêle. Mouiller avec le bouillon de volaille. Ajouter la pincée de glutamate, laisser mijoter à feu doux pendant une quinzaine de minutes, jusqu'à ce que presque tout le liquide soit évaporé.
• Servir dans un légumier chaud.

À la polonaise : on peut remplacer le saké par de la vodka.

Emplois : ce sauté de pleurotes constitue une excellente garniture pour des escalopes de veau poêlées ou une côte de bœuf grillée.

Le lentin de chêne

Quantité
400 g

Préparation

Comme les pleurotes (p. 172), auxquelles il ressemble, en ayant toutefois une chair souvent plus coriace.

Cuisson

Sauté au beurre ou à l'huile d'olive (p. 169) à feu doux pendant 5 à 6 min.

Lentins sautés aux petits légumes
(recette de Roland Durand)

Pour 4 personnes
Préparation : 40 min
Cuisson : 5 à 6 min

400 g de champignons
100 g de carottes moyennes
3 branches tendres d'un cœur de céleri
1 courgette longue moyenne
1/2 poivron vert
3 oignons blancs moyens
1 gousse d'ail
1 cuil. à café de gingembre frais haché
2 cuil. à soupe d'huile d'arachide
2 cuil. à soupe de sauce soja
Pluches de coriandre fraîche
Sel, poivre

• Peler les carottes, les détailler en fins bâtonnets.
• Éplucher les oignons, les détailler en rondelles pas trop fines.
• Laver la courgette, la détailler en tronçons de 5 à 6 cm de longueur, éliminer les graines, la détailler en bâtonnets.
• Détailler le céleri en tronçons en éliminant les fibres et détailler le poivron en fines lanières.
• Réserver tous les légumes.
• Hacher l'ail et le gingembre, les réserver.
• Préparer les champignons en supprimant la partie dure du pied et nettoyer les corolles. Les détailler en tranches d'1/2 cm de large.
• À feu vif, faire chauffer l'huile dans la poêle, ajouter tous les légumes et les champignons, saler, poivrer. Faire cuire pendant 3 min en tournant en tous sens avec la spatule. Au bout de ce temps, ajouter l'ail haché, le gingembre et la sauce soja. Bien mélanger et poursuivre la cuisson pendant 2 min. Vérifier l'assaisonnement.
• Dresser dans un plat et parsemer de quelques pluches de coriandre fraîche.

La cuisine des champignons sauvages

Les acheter au marché, c'est à coup sûr la sécurité, mais les cueillir est plus qu'un grand plaisir, même si c'est une véritable aventure, car chaque année des imprudents ramassent, puis se mitonnent n'importe quoi, ce qui risque d'être très dangereux.
C'est pour cela qu'il est rassurant d'apprendre tout bêtement à bien les reconnaître au marché, pour avoir ensuite la joie de les

retrouver et de les ramasser dans les bois ou dans les champs. Le champignon sauvage est un produit saisonnier. Voici une liste non exhaustive des grands classiques.

• *Les bolets :* encore appelés cèpes. Il en existe plusieurs espèces.
– Le meilleur est le bolet bronzé, dit « tête-de-nègre », en été et en automne. Ses mérites en cuisine ne sont plus à décrire.
– Le cèpe de Bordeaux ou « gros-pied », d'août à novembre. Il vaut le tête-de-nègre.
– Le bolet d'été, de mai à juin.
– À citer aussi le bolet orangé.
• *Le champignon des bruyères :* c'est une psalliote, comme le champignon de Paris. On le trouve en groupes dans les prés, les clairières, en été et en automne, et il est excellent.
• *Le champignon des prés*, dit également « rosé », est le cousin germain du champignon des bruyères. On le trouve en été et en automne, et il est très bon.
• *La chanterelle*, dite plus communément « girolle », est nichée dans les bois de feuillus et de conifères, de juin à octobre. C'est un merveilleux champignon, un régal.
• *Le mousseron*, qui pousse dans les prés d'avril à juin, est excellent. Il vaut mieux le choisir jeune et petit.
• *La coulemelle* se trouve en été et en automne dans les prés, les champs, les clairières. Elle est très bonne, à condition que l'on supprime le pied et les écailles.
• *La morille*, ronde ou conique, est rare, horriblement chère sur les marchés et de courte saison (printemps). Elle est pleine de sable… et on l'adore, toute petite… et bien nettoyée. C'est un « grand » champignon.
• *L'oronge*, espèce méridionale, se trouve peu dans le nord de la France. En saison, été et automne, les étals des marchés italiens en sont pleins. On la trouve dans les bois secs de châtaigniers et de chênes. Sa chair ferme est excellente.

Les lactaires

Ils sont ainsi appelés parce que, à la cassure, ils laissent couler un liquide incolore, blanc ou coloré. Ce sont des champignons d'automne poussant principalement dans le Midi sous les pins parasols et les pins d'Alep. Le plus connu est appelé champignon du pin ou sanguin, car son lait est rouge. Sa consommation reste très locale.

Préparation

Un trait commun à tous, ils sont en général pleins de branches, de feuilles, de brins de mousse, d'humus et, comme il a été dit p. 166, il n'est pas question de les tremper dans l'eau. Il sera donc bien, dans la plupart des cas, après avoir supprimé la partie terreuse du pied :

• d'éliminer les saletés, soit avec les doigts, soit avec un petit pinceau rond et mi-dur manié doucement ;

• de les essuyer avec un linge légèrement humide ;

• si les champignons sont vraiment très sales, les nettoyer rapidement un par un sous un filet d'eau et les éponger convenablement.

Certains champignons sont particulièrement minutieux à nettoyer et c'est au cours des recettes que seront données des précisions complémentaires.

Et après tout cela, on aura compris qu'un bon plat de champignons sauvages ça se mérite !

Cuisson

• Les champignons sauvages peuvent être sautés, étuvés, grillés mais selon leurs espèces ils ne doivent pas cuire dans les mêmes conditions et ce sera précisé aux recettes.

• Les quantités à employer seront différentes selon que le plat de champignons sera une entrée ou une garniture, ou d'une nature à rendre plus ou moins d'eau.

Le cèpe (bolet)

Il doit être de taille moyenne, ferme et sans défauts. Si les tubes qui garnissent le dessous de la tête ne sont pas très fermes, il faut les supprimer à l'aide d'un petit couteau, car à la cuisson ils rendent beaucoup d'eau et deviennent spongieux.

Cèpes sautés à l'ail et au persil

Pour 4 personnes
Préparation : 15 à 20 min
Cuisson : 10 à 12 min

750 g de petits cèpes
4 cuil. à soupe d'huile d'arachide ou d'olive (au goût)
3 gousses d'ail
3 cuil. à café de persil haché
Sel, poivre

• Séparer les têtes des queues. Couper la partie terreuse et ligneuse des pieds. Ne pas laver les champignons, mais les essuyer, têtes et queues, avec un petit linge sec.

• Laver, sécher, effeuiller le persil. Le hacher finement, le réserver dans une tasse.
• Éplucher les gousses d'ail, les hacher finement, les ajouter au persil.
• Escaloper les cèpes en tranches de biais de 1 cm d'épaisseur.
• Dans une poêle, faire chauffer l'huile à feu moyen. Quand elle commence à fumer, ajouter les tranches de cèpes, saler, poivrer et en mélangeant avec la cuillère en bois, les faire sauter et cuire de tous côtés jusqu'à ce qu'il n'y ait plus d'eau de végétation et que les tranches soient légèrement dorées. Ajouter l'ail et le persil hachés. Mélanger rapidement. Verser dans un légumier chaud en évitant de mettre l'excédent d'huile et servir.

Emplois : en accompagnement des viandes et volailles rôties.

Cèpes à la bordelaise

Ce plat se fait au dernier moment.

Pour 4 personnes
Préparation : 25 à 30 min
Cuisson : 12 à 15 min

750 g de petits cèpes
4 cuil. à soupe d'huile d'arachide ou d'olive (au goût)
2 échalotes
1 cuil. à soupe de persil haché finement
Sel, poivre

• Séparer les têtes des pieds des cèpes. Couper les parties terreuses de ces dernières. Gratter les queues avec un petit couteau. Essuyer les têtes avec un linge sec.
• Laver, sécher, effeuiller le persil, le hacher finement.
• Éplucher les échalotes, les hacher finement.
• Hacher également les pieds des cèpes.
• Mélanger échalotes, persil et cèpes hachés. Réserver dans un bol.
• Dans une poêle, faire chauffer l'huile à feu moyen. Ajouter les têtes des cèpes, saler, poivrer et les faire cuire et dorer jusqu'à ce qu'il n'y ait plus d'eau de végétation. Les retirer à l'aide d'une écumoire et les poser dans un légumier chaud.
• À feu vif, verser dans la même poêle et faire revenir vivement, pendant 1 min ou 2, hachis de persil, échalotes et queues de cèpes. Verser sur les champignons dans le légumier et servir immédiatement.

Emplois : légume du dîner. Accompagnement d'escalopes de veau, d'un poulet rôti, d'un gigot d'agneau. Accompagnement de côtelettes d'agneau.

Raviolis de cèpes dans leur bouillon d'ail doux

Un très joli plat de Roland Durand.

Pour 4 personnes (48 raviolis)

200 g de cèpes (poids net une fois nettoyés)
800 g de pâte à nouilles (500 g de farine et 5 œufs)
50 g d'échalotes
6 gousses d'ail
60 g de beurre
2 cuil. à soupe d'huile d'olive
2 jaunes d'œufs
3 dl de bouillon de volaille (p. 19)
persil haché
Sel, poivre

• Hacher les cèpes d'une part et les échalotes de l'autre.
• Faire fondre 30 g de beurre dans une poêle avec 1 cuil. à soupe d'huile d'olive, mettre les échalotes et faire suer sans coloration. Ajouter ensuite les cèpes et faire cuire à découvert sur chaleur modérée jusqu'à évaporation totale de l'eau de végétation qu'ils rendent peu à peu. Saler et poivrer. Retirer du feu et laisser refroidir.
• Peler les gousses d'ail, les couper en deux. Les blanchir quatre fois de suite à l'eau bouillante (ce qui adoucit leur goût).
• Faire chauffer le bouillon de volaille avec les gousses d'ail ; lorsqu'il parvient à ébullition, réduire le feu et laisser cuire 5 min.
• Abaisser la pâte à nouilles au rouleau sur le plan de travail, aussi finement que possible (elle doit être presque transparente). Il faut obtenir deux rectangles de même taille, de 50 cm de long sur 20 cm de large environ. Disposer la farce par petits tas espacés, de la grosseur d'un dé à coudre, sur l'une des deux abaisses, en quatre rangées de douze petits tas chacune. À l'aide d'un pinceau, badigeonner d'eau froide le pourtour des petits tas de farce et les bords de l'abaisse. Poser par-dessus la seconde abaisse et souder les deux couches en pressant légèrement du bout des doigts, pour enfermer la farce.
• Découper ensuite les raviolis avec une roulette dentelée. On en obtient 48. Les faire cuire à l'eau bouillante salée pendant 4 min.
• Pendant ce temps, faire réchauffer le bouillon de volaille à l'ail. Le verser dans le bol d'un mixer en ajoutant 30 g de beurre, 1 cuil. à soupe d'huile d'olive, et les 2 jaunes d'œufs. Bien émulsionner le tout, goûter et rectifier l'assaisonnement.
• Égoutter les raviolis et les répartir dans des assiettes creuses bien chaudes. Verser le bouillon par-dessus et parsemer de persil haché. Servir aussitôt.

Champignons des prés, dits rosés des prés, et leur cousin, le champignon des bruyères

Ce sont des psalliotes comme le champignon de Paris. Ils poussent en colonie dans les prés ou dans les clairières. Ce sont des champignons délicieux au goût prononcé.
Les recettes du champignon de Paris leur conviennent parfaitement mais c'est tout simplement sautés que leurs qualités se développeront parfaitement.

Quantité
Pour 4 personnes : 500 g environ

Préparation

Comme le champignon de Paris (p. 167)

Cuisson

• Sautés : les traiter vivement comme les champignons de Paris (p. 167) et les cuire pendant 6 à 8 mn.
• Pochés (p. 168) : les choisir de même taille et ils seront meilleurs si le liquide de pochage est relevé avec quelques graines de coriandre écrasées, la cuisson ne doit pas excéder 5 à 6 min.
• Étuvés : les couper en lamelles après les avoir préparés (p. 167) et les faire comme il est dit (p. 169).

Emplois

Les mêmes que ceux des champignons de Paris (p. 167).
Les rosés ne se mangent pas crus mais on peut les préparer à la grecque pour les déguster en hors-d'œuvre et ils se préparent 1 ou 2 jours à l'avance.

Rosés des prés à la grecque

Pour 4 personnes
Préparation : 15 min
Cuisson : 10 petites min

500 g de petits rosés des prés
1 citron
1 branche de thym
2 feuilles de laurier
3/4 de litre de vin blanc
4 cuil. à soupe de concentré de tomates
Graines de coriandre au goût
4 cuil. à soupe d'huile d'olive
Sel, poivre

• Préparer et nettoyer les champignons (p. 167).
• Prélever le zeste du citron en petits morceaux.
• Délayer le concentré de tomates avec le vin blanc.

• Dans une cocotte, mettre les champignons avec le thym, le laurier, les zestes, le concentré de tomates préparé, saler, poivrer, ajouter des graines de coriandre au goût et l'huile.
• À feu moyen-doux, faire cuire une petite dizaine de minutes. Retirer du feu, verser dans un ravier ou un petit plat creux et laisser refroidir et mariner à température ambiante.

Remarque : ce hors-d'œuvre est classiquement fait avec des champignons de Paris.

La chanterelle ou girolle

Au marché, la choisir petite, à la cueillette, trier les grandes des moyennes et des petites. C'est un délicieux champignon, la plupart du temps vraiment sale.

Quantité
Pour une garniture de 4 personnes : 500 g

Préparation

Couper le bout terreux et sous un filet d'eau nettoyer les girolles une par une en supprimant éventuellement les parties abîmées des corolles et en enlevant tous les petits débris, les branches et le sable accroché dans les lamelles et au creux de la corolle.

Cuisson

Elles sont si bonnes qu'elles n'ont pas besoin d'autre chose que d'une simple cuisson sautée (p. 169) menée vivement pour qu'elles rendent leur eau. Les faire légèrement dorer pendant 3 à 4 min.

Emplois

• En cours de cuisson, on peut ajouter une gousse d'ail pour donner du parfum, on la retirera avant de servir.
• On peut parsemer les girolles de persil haché avant de servir.
• On peut en fourrer une omelette.
• Elle peut être un accompagnement d'œufs brouillés.
• C'est une garniture idéale pour les volailles et les viandes rôties.
• On peut l'accompagner de tomates poêlées (p. 444).
• On peut la mélanger à des haricots verts au beurre (p. 290).
• On peut en répartir sur des épinards étuvés (p. 259).

Le mousseron

Il est souvent de belle taille et c'est un très bon champignon généralement très apprécié. Sa chair blanche épaisse et ferme dégage une bonne odeur et c'est finalement très simplement cuisiné qu'il sert le meilleur.
Il mérite d'accompagner des mets recherchés.

Quantité
Pour 4 personnes
300 à 400 g

Préparation
Supprimer le pied à 1 cm du chapeau, les nettoyer en évitant si possible de les passer sous l'eau. Les couper en deux ou en quatre selon leur grosseur.

Cuisson
C'est une cuisson sautée, ils rendent pas mal d'eau de végétation, il est intéressant de la conserver pour en faire une petite sauce en y émulsionnant du beurre.
Dans une poêle à feu moyen, mettre à chauffer 20 g de beurre, ajouter les mousserons, couvrir pour leur faire rendre leur eau, l'éliminer et continuer la cuisson des mousserons à découvert et en les tournant pendant 3 à 4 min.

Emplois
Étant donné leur finesse, on peut leur faire accompagner des plats raffinés :
• du homard rôti,
• une poularde pochée avec une sauce au foie gras,
• des tranches de saumon poêlées,
• un gigot d'agneau,
• des asperges sauce mousseline (p. 86).

Mousserons dans leur jus à la crème

Pour 4 personnes
Préparation : 15 min
Cuisson : 12 à 15 min

300 à 400 g de mousserons
15 cl de crème fraîche
1/2 citron (jus)
Sel, poivre

• Préparer et nettoyer les mousserons ; éventuellement, selon leur taille, les couper en deux ou en quatre.
• Dans une sauteuse, à feu moyen-doux, mettre à chauffer 20 g de beurre. Ajouter les champignons, couvrir pour leur faire rendre leur eau de végétation, enlever le couvercle et continuer la cuisson

rapidement à feu vif en les remuant sans cesse pour faire évaporer toute l'eau de cuisson. Mouiller alors avec la crème fraîche et la laisser « bouillotter » jusqu'à ce qu'elle devienne légèrement onctueuse en se mêlant et s'enrobant aux champignons, saler, poivrer et parfumer avec un peu de jus de citron.

Emplois : c'est une fine garniture. Elle peut accompagner des queues de langoustines poêlées, des filets de sole pochés, un rôti de veau, une poule au pot avec ses légumes.

La morille

C'est un exquis et fin champignon vivement apprécié des amateurs. Il présente malheureusement quelques inconvénients : il est rare et coûteux, son apparition est de courte durée : avril, début mai, et le nettoyage en est compliqué, car le sable se loge dans les alvéoles.
Il faut préférer les petites morilles aux grosses, moins fines et ayant tendance à être spongieuses. Les petites morilles se cuisent entières, on coupe les grosses en deux ou quatre morceaux.

Quantité
Pour 4 personnes :
400 à 500 g

Préparation

• Nettoyer les morilles : couper l'extrémité terreuse. Plonger les champignons dans une grande bassine d'eau tiède. Laisser tremper pendant 5 à 10 min pour laisser tomber le sable au fond.
• Prendre les champignons avec une écumoire ou les mains pour rester en surface, sans toucher le fond du récipient. Les poser dans une autre bassine d'eau fraîche.
• Prendre ensuite chaque morille, et séparément, finir le nettoyage sous le robinet pour vider définitivement tous les alvéoles. Les éponger sur un torchon sec.

Morilles à la crème

Pour 4 personnes
Préparation :
30 à 35 min
Cuisson : morilles,
10 à à 12 min ;
sauce, 10 à 12 min

400 g de petites morilles
30 g de beurre
Sel, poivre

Sauce :
1 citron
Jus de cuisson des morilles
25 cl de crème fraîche
Quelques gouttes de jus de citron
Sel, poivre

• Préparer les morilles.
• Préchauffer le four à température douce.

• Dans une casserole, mettre les morilles avec le beurre en copeaux, saler modérément. Couvrir et faire cuire à feu doux jusqu'à ce que les morilles aient rendu leur eau de végétation. Poursuivre ensuite la cuisson à découvert jusqu'à évaporation presque complète du liquide.
• Prendre les morilles à l'écumoire en les secouant pour faire tomber le jus des alvéoles et les dresser dans un légumier chaud, les placer au chaud au four.
• Dans la casserole de cuisson, verser la crème fraîche dans le jus. Porter à ébullition et faire réduire jusqu'à consistance onctueuse. Parfumer avec un peu de jus de citron. Vérifier l'assaisonnement en sel, et poivrer. Verser sur les morilles et servir.

Emplois : une fine et délicieuse entrée.
Une garniture raffinée pour des poissons pochés ou des volailles pochées ou des viandes rouges grillées, seuls ou en compagnie d'autres légumes, tels : rondelles de courgettes sautées (p. 228), tomates grillées (p. 445), tranches d'aubergines frites (p. 96).

Le champignon du pin ou sanguin

C'est un lactaire que les méridionaux apprécient énormément en automne et qui se prête à différentes recettes.
Il faut le choisir de taille moyenne.

Quantité
300 à 400 g pour 4 personnes.

Préparation
Supprimer le pied, nettoyer délicatement la tête avec un petit chiffon en évitant si possible de le passer à l'eau. Selon les préparations, il sera laissé entier, coupé en 4, détaillé en lamelles.

Cuisson
Sautés : Préparer les champignons. Couper les têtes en 2 puis les émincer en lamelles. Les faire sauter vivement dans de l'huile d'olive ou du beurre pour qu'ils rendent leur eau. Eliminer la graisse et poursuivre doucement la cuisson des champignons pendant 15 à 20 min. Vérifier l'assaisonnement en sel et en poivre.
On peut ajouter aux champignons un peu avant la fin de la cuisson : les fines herbes de son choix ; 1 gousse d'ail écrasée ; 1 poivron rouge cuit à la vapeur (p. 371) détaillé en tout petits dés.

Sanguins grillés

À faire un jour de barbecue.

Pour 4 personnes
Préparation : 20 à 25 min
Cuisson : 10 à 15 min

12 beaux chapeaux de sanguins
1 citron
50 g de beurre ou 3 cuil. à soupe d'huile d'olive
Sel, poivre

• Préparer un lit de braises juste rougeoyantes.
• Préparer les champignons (p. 183). Les citronner légèrement pour éviter qu'ils noircissent.
• Avec un pinceau, badigeonner les chapeaux des sanguins avec de l'huile ou du beurre fondu, les poser sur une grille elle-même posée sur les braises et faire cuire les champignons en douceur jusqu'à ce qu'ils soient tendres à cœur en les retournant de temps en temps.
Les servir bien chauds, saupoudrés de sel et de poivre.

Emplois : en entrée ou en garniture de viandes rouges grillées, seuls ou accompagnés d'autres légumes tels : rondelles de courgettes sautées (p. 228) ; tomates grillées (p. 445) ; tranches d'aubergines frites (p. 96).

Champignons du pin farcis à la provençale

Pour 4 personnes
Préparation : 25 à 30 min
Cuisson totale : 15 à 20 min

12 beaux champignons des pins
3 gousses d'ail
1 tasse à thé de persil haché
1 tasse à thé de mie de pain de campagne
1 verre de bouillon de volaille (p. 19) ou de lait
12 cl d'huile d'olive en tout
Sel, poivre. *Facultatif :* chapelure

• Émietter de la mie de pain de campagne dans un bol, la mouiller avec du bouillon de volaille ou du lait, réserver.
• Séparer les chapeaux et les pieds des champignons. Nettoyer les têtes avec un petit chiffon, les réserver. Supprimer la partie terreuse des pieds des champignons, les nettoyer et les frotter convenablement. Les hacher et les réserver dans un saladier.
• Hacher finement le persil ainsi que les gousses d'ail. Les ajouter aux pieds de champignons hachés. Bien mélanger. Presser la mie de pain entre les mains, l'ajouter et l'incorporer au mélange précédent. Saler, poivrer.
• Préchauffer le four à température moyenne-chaude. Dans une

poêle à feu moyen, mettre 3 cuil. à soupe d'huile d'olive à chauffer. Ajouter les têtes de champignons et les faire poêler rapidement pendant 6 à 7 min pour qu'elles éliminent leur eau de végétation. Les prendre à l'écumoire et les poser sur du papier absorbant.
• Choisir un plat à gratin de juste dimension. Du bout des doigts, l'huiler légèrement. Farcir le creux de chaque tête de champignon avec la farce réservée et les arroser d'un peu d'huile d'olive. Au goût les saupoudrer de chapelure ou les aligner telles quelles dans le plat à rôtir. Enfourner, laisser gratiner pendant 10 min environ et servir dans le plat de cuisson.

Emplois : en agréable entrée ou en garniture d'une viande ou d'une volaille rôties.

L'oronge

Ce champignon délicieux et très recherché s'est longtemps appelé amanite des Césars. Il vaut mieux ne pas le confondre avec l'amanite phalloïde de la même famille, très vénéneuse et de sinistre réputation.
Au marché ou dans les bois, il faut choisir l'oronge lorsque son chapeau est encore bombé en forme de coupole.
C'est un champignon dont la chair est blanche, épaisse, un peu ferme et d'un goût très fin. Préparée très simplement, l'oronge développera toutes ses qualités, mais rien ne s'oppose à ce qu'elle soit traitée en recettes plus sophistiquées.
On pourra alors l'accommoder comme les girolles, les morilles ou les cèpes.
Elle se mange crue ou cuite. L'oronge crue peut être accommodée comme les champignons de Paris (p. 167).

Quantité
Pour 4 personnes : 300 à 400 g

Préparation

Couper le pied. Nettoyer le chapeau avec un petit chiffon, très délicatement, il est fragile. Et si elle doit être mangée crue, supprimer la petite peau qui couvre le chapeau. Selon la taille du chapeau, le conserver entier ou le couper en lamelles plus ou moins fines selon la recette.

Oronges sautées

• Selon la taille, laisser les têtes entières ou les couper en tranches.
• Procéder ensuite comme pour les champignons sautés (p. 169).
• Comme les girolles elle sera une entrée ou une garniture.

Oronges à l'étuvée

Pour 4 personnes
Préparation : 25 min
Cuisson :
25 min environ

300 g d'oronges
30 g de beurre
Sel, poivre

• Préparer les oronges (p. 185).
• Dans une casserole à feu doux, mettre le beurre à fondre, ajouter les oronges salées, poivrées. Couvrir et laisser cuire doucement pendant 15 min environ.
• Retirer le couvercle et continuer la cuisson jusqu'à évaporation complète du liquide. Vérifier l'assaisonnement : elles sont alors bonnes à servir.

Variantes : on peut en dernier lieu, en fin d'évaporation de l'eau de végétation, ajouter 1 petite échalote hachée finement et 2 à 3 cuil. à soupe de persil haché.
En fin de cuisson, on peut mélanger aux oronges de la tomate concassée bien égouttée (p. 34) et bien relevée de fines herbes (persil, cerfeuil, ciboulette).

Emplois : comme les girolles (p. 180), en entrée ou en garniture.

Oronges au four au thym frais

Pour 4 personnes :
Préparation :
15 à 20 min
Cuisson :
15 min environ

12 belles oronges
50 g de beurre
4 cuil. à soupe d'huile d'olive
1/2 citron (jus)
2 à 3 branches de thym frais

• Préchauffer le four à température moyenne-chaude. Laisser le beurre à température ambiante, couper le pied des champignons, nettoyer le chapeau.
• Huiler du bout des doigts un plat qui va au four, y aligner les champignons, saler et poivrer l'intérieur des champignons, arroser chacun d'un peu d'huile.
• Froisser entre les mains les branches de thym pour recueillir les petites feuilles.
• Malaxer le beurre et le thym pour avoir un beurre composé, le saler, le poivrer, éventuellement le relever d'un peu de jus de citron. Mettre le beurre au thym au frais.

• Enfourner les oronges et les faire cuire environ 15 min. Le jus qu'elles vont rendre doit être devenu sirupeux et très réduit. Les sortir du four, mettre dans chaque oronge une petite noix de beurre de thym et servir dans le plat de cuisson.

La coulemelle

Elle mérite d'être citée, car avec son chapeau couvert d'écailles et son anneau, elle est facile à reconnaître pour les cueilleurs de champignons amateurs.
Il faut simplement la choisir petite, quand son chapeau est presque encore ovale.

Préparation

Supprimer tout le pied, ne garder que les chapeaux, ne pas les laver ni les peler. Simplement les essuyer délicatement avec un petit chiffon.
La coulemelle est un champignon dont la chair absorbe un peu trop facilement la matière grasse. La cuisson sautée n'est donc pas ce qui lui convient le mieux. En revanche, mise à griller avec un peu de beurre travaillé, elle gardera toutes ses qualités.

Coulemelles grillées

Pour 4 personnes
Préparation :
20 à 25 min
Cuisson : 4 à 5 min

12 à 16 coulemelles
150 g de beurre de fines herbes (p. 50)
1 échalote

• Préparer les coulemelles.
• Hacher menu l'échalote.
• Mettre le four en position gril.
• Faire le beurre de fines herbes (p. 50) en lui ajoutant l'échalote hachée.
• Dans chaque chapeau de coulemelle, déposer une petite noisette de beurre de fines herbes, les aligner sur une grille. Mettre dans le four à 20 cm environ sous le gril. Les laisser chauffer et dorer légèrement pendant 4 à 5 min. Les retirer, les dresser dans un plat chaud en leur ajoutant le reste de beurre de fines herbes.

Emplois : elles constitueront une très fine et exquise entrée ou une garniture parfaite pour un perdreau rôti ou un râble de lièvre poché.

Fricassée de champignons sauvages

Et, de retour à la maison… avec beaucoup de bons champignons très différents, faire comme mon ami Patrice Dard.

Pour 4 personnes
Préparation : 20 à 40 min
Cuisson : 7 à 10 min

1 kg de tout un assortiment de champignons sauvages mêlés, cueillis tout frais
2 cuil. à soupe d'huile d'olive en tout
1/2 tasse à thé de ciboulette hachée
1 gousse d'ail
2 cuil. à soupe de noisettes fraîches broyées
Sel, poivre

• Nettoyer les champignons (p. 176) en essayant de ne pas les laver et en supprimant les extrémités terreuses des pieds. Les couper en lamelles.
• Éplucher les noisettes, les broyer grossièrement au mixer.
• Hacher l'ail et la ciboulette, les mélanger convenablement. Réserver.
• Dans une grande poêle antiadhésive, mettre 1 cuil. à soupe d'huile d'olive à chauffer à feu moyen-vif. Ajouter les champignons et, en les remuant en tous sens, leur faire éliminer toute leur eau de végétation.
• Quand elle est presque tout évaporée, mélanger aux champignons le petit hachis d'ail-ciboulette et tourner le tout 1 à 2 min de plus. Les dresser dans un plat de service chaud, les arroser de la dernière cuillerée à soupe d'huile d'olive et les saupoudrer avec le hachis de noisettes.

Emplois : en exquise entrée ou en garniture pour un beau filet de bœuf rôti, des canards rôtis, des tournedos de filet de veau à la crème, un bar braisé au four.

Et Jacques Maximin propose

Daube de champignons des bois

Pour 4 personnes
Préparation : 1 bonne heure
Cuisson : garniture, 1 h ; daube, 1 h

400 g de cèpes
400 g de girolles
400 g de morilles
Huile d'olive

Garniture pour la cuisson :
1 carotte
1 oignon
2 gousses d'ail
100 g de poitrine de porc fraîche
1 branche de thym
1 feuille de laurier
2 à 3 branches de persil
1/2 litre de vin rouge
12 cl de fond de veau (p. 24)
1 cuil. à soupe de saindoux ou d'huile d'olive
Sel, poivre

Préparation de la garniture

- Tailler la carotte, l'oignon et la poitrine fraîche en très petits dés.
- Écraser l'ail.
- Faire un bouquet garni avec le persil, le thym et le laurier.

Cuisson du fond de daube

- Dans une sauteuse, mettre à chauffer 1 cuillerée à soupe de saindoux ou d'huile d'olive. Quand elle est bien chaude, ajouter les dés de légumes et de poitrine fraîche ainsi que l'ail écrasé. Les faire fondre et se ramollir en douceur pendant 7 à 8 min.
- Mettre à feu vif, verser le vin et, dès qu'il est bien chaud, le faire flamber pour réduire son agressivité. Ajouter le bouquet garni, saler, poivrer.
- Remettre à feu doux, couvrir et laisser mijoter à petit feu pendant 1 h.

Préparation des champignons

- Pendant la cuisson du fond de daube, préparer et nettoyer les champignons (p. 176).
- Avec un peu d'huile d'olive, faire sauter et poêler (p. 176) à feu vif et très rapidement les champignons dans trois poêles différentes. Les saler, les poivrer.

Cuisson de la daube

- Préchauffer le four à température douce. Mettre les champignons poêlés dans une daubière, mouiller avec tout le fond de daube, ajouter le fond de veau. Fermer avec le couvercle en « lutant »* et mettre à cuire au four doux pendant 1 h.

Présentation

- Servir la daube dans son plat de cuisson après en avoir retiré le couvercle et accompagnée, si on le souhaite, de copeaux de parmesan présentés à part et d'une burette d'huile d'olive crue dont on se servira à son gré.

(*) « Luter » consiste à fabriquer une pâte épaisse de farine et d'eau pour pouvoir ensuite entourer le couvercle sur une cocotte ou une daubière d'un cordon de pâte afin de le fermer hermétiquement et qu'aucune vapeur ne puisse s'échapper du récipient.

Morilles aux macaronis, coulis de morilles au pain

Pour 4 personnes
Préparation : 1 h
Cuisson : 1 h

400 g de morilles fraîches
400 g de macaronis
100 g d'échalotes
200 g de crème fraîche en tout
2 œufs
50 g de beurre
1 verre de bouillon de volaille (p. 19)
4 tranches de pain de campagne
40 g de parmesan
Sel, poivre

Préparation et cuisson des légumes et des macaronis

• Nettoyer et parer les morilles (p. 182).
• Éplucher les échalotes, les hacher.
• Dans une sauteuse, à feu moyen, mettre le beurre à chauffer, ajouter les échalotes et les morilles, les faire cuire environ 10 à 15 min. Les réserver.
• Pendant ce temps, cuire les macaronis à grande eau bouillante salée, les égoutter, les passer sous l'eau froide et les réserver. Au bout des 15 min de cuisson des morilles, les prendre avec une écumoire en les égouttant bien et les réserver.

Préparation et cuisson du coulis et du nappage

• Dans la sauteuse, ajouter au jus des morilles le bouillon de volaille et 150 g de crème fraîche, porter à petite ébullition et faire réduire pour avoir un coulis onctueux. Réserver au chaud.
• Pendant cette réduction (et si vous en avez la patience !), couper chaque macaroni en deux, les réserver.
• Verser la moitié du coulis dans une petite casserole. Mettre sur le feu et faire réduire de moitié pour avoir un nappage épais. Le réserver sur feu doux.
• Battre les œufs dans un bol. Battre le reste de la crème fraîche en crème fouettée. Incorporer d'abord les œufs, puis la crème fouettée au coulis réduit réservé pour napper.

Finition

• Mettre le four en position gril. Sur le feu doux, mettre à réchauffer les morilles et les macaronis dans le coulis restant. Vérifier l'assaisonnement en sel et en poivre.
• Couper 4 tranches de pain de campagne, les faire griller des 2 côtés. Tartiner un des côtés des tartines avec le nappage. Mettre à blondir sous le gril.
• Dans des assiettes creuses chaudes, répartir les morilles et les

macaronis, les couvrir du reste du nappage et passer rapidement à blondir sous le gril.
Servir en présentant à part les tartines parsemées de quelques copeaux de parmesan.

Morilles farcies à la Matignon aux dés de jambon

Pour 5 personnes
Préparation : 1 h 15
Cuisson :
des morilles, 15 à 20 min ; de la farce, 15 à 20 min

25 belles et grosses morilles fraîches
40 g de beurre
12 cl de fond blanc de volaille (p. 23)
Sel, poivre

Farce :
200 g de morilles fraîches
1 carotte
1 oignon
2 échalotes
2 tomates
1 courgette
1 fond d'artichaut macau (p. 71)
300 g d'asperges vertes
200 g de jambon cru
50 g de beurre
Sel, poivre

Finition :
Bouillon de cuisson des morilles
70 g de beurre

Préparation des grosses morilles
• Préparer et nettoyer parfaitement les grosses morilles (p. 182), les ouvrir et les réserver.

Préparation de la farce
Laver, éplucher et préparer en tout petits dés la carotte, l'oignon, les échalotes, les tomates sans peau et sans graines (p. 438), la courgette, les asperges et le fond d'artichaut (p. 75). Réserver.
• Nettoyer les morilles de la farce, les couper aussi en tout petits dés. Réserver.

Cuisson des grosses morilles
• Dans une sauteuse, à feu moyen les faire cuire 15 à 20 min dans 40 g de beurre et le fond blanc de volaille. Les réserver.

Cuisson des petits dés de légumes
• Dans une sauteuse à feu moyen-doux, mettre à chauffer 50 g de beurre. Ajouter tous les légumes coupés en petits dés et les faire se ramollir et compoter en douceur à couvert pendant 15 à 20 min. Les tourner de temps en temps.
• Pendant ce temps, couper le jambon cru en petits dés.

Finition des morilles farcies
- Ajouter les dés de jambon aux dés de légumes bien cuits et bien tendres. Vérifier l'assaisonnement en sel et en poivre.
- Farcir les morilles à l'aide d'une cuillère à café.
- Verser le bouillon de cuisson des grosses morilles dans une grande casserole et y aligner les morilles farcies. Couvrir et réchauffer à feu doux.

Présentation
- Dresser des morilles farcies, en les prenant avec une spatule à trous, dans des assiettes bien chaudes. Les tenir au chaud sur la porte du four.
- Pencher la casserole où se trouve le bouillon de cuisson et le faire chauffer, y incorporer alors morceau par morceau et en fouettant 70 g de beurre pour le monter et avoir un jus crémeux. Vérifier le sel et le poivre et napper les morilles farcies de ce jus en le répartissant dans chaque assiette.

Risotto aux morilles fraîches au jus de rôti

Pour 4 personnes
Préparation : 35 min
Cuisson totale :
45 min environ

300 g de riz
300 g de morilles fraîches
4 échalotes
10 cl de bouillon de volaille (p. 19)
10 cl de crème fraîche
40 g de beurre
1 à 2 cuil. à soupe d'huile d'olive
3 à 4 cuil. à soupe de jus de rôti (p. 22)
50 g de parmesan râpé
Sel, poivre

Préparation des morilles et du riz
- Parer et laver les morilles (p. 182).
- Éplucher les échalotes, les hacher finement.
- Dans une sauteuse, faire chauffer 40 g de beurre à feu moyen, ajouter les échalotes et les laisser fondre et ramollir pendant 6 à 7 min, ajouter les morilles, mouiller avec le bouillon de volaille et laisser cuire doucement pendant 15 min. Les tenir au chaud et réserver le jus.
- Dans une sauteuse, mettre à chauffer à feu moyen 1 à 2 cuil. à soupe d'huile d'olive, ajouter le riz et, en remuant sans cesse, le faire devenir transparent, couleur nacre. Mouiller avec le jus des morilles passé et, en remuant sans cesse la sauteuse, faire cuire et épaissir le riz pendant 25 min environ. Le riz étant cuit, lui ajouter la crème fraîche et du parmesan râpé. Réserver quelques copeaux. Rectifier l'assaisonnement.

Finition et présentation
• Dresser le riz et les morilles dans une timbale en argent. Verser dessus 3 à 4 cuil. à soupe de jus de rôti et parsemer de quelques copeaux de parmesan.

La cuisine de la truffe

Merveilleuse, noire et parfumée, horriblement chère, la truffe est un champignon rare et recherché.
La truffe se présente sous trois formes :
• *fraîche en saison* sur les lieux de production, et dans les boutiques de produits de luxe dans les grandes villes ;
• *toute l'année en conserve* dans les bonnes maisons. On a le choix entre les truffes entières, en morceaux, en brisures, en pelures. On trouve également du jus de truffe en boîte ;
• *les truffes dites de première ébullition* : c'est un procédé de conservation à faire chez soi.

La saison de la truffe
On la ramasse du milieu à la fin de novembre jusqu'au milieu ou à la fin du mois de mars, selon les années.
En début de saison, elle est encore grise, veinée de blanc, sans beaucoup d'odeur, car elle n'a pas atteint sa pleine maturité. C'est au cœur de l'hiver, de mi-janvier à fin février, que la truffe se pare de toutes ses vertus : elle est alors ferme, d'un noir profond et d'un incomparable parfum. C'est donc à ce moment-là, si on le peut, soit parce que l'on habite une province truffière, soit parce que l'on connaît un producteur ou un courtier, qu'il faut en acheter pour la mettre en conserve d'une façon tout à fait ménagère qui préserve toutes ses qualités.

La chasse à la truffe
Mi-février, un temps sec, froid et ravissant ; le ciel est bleu intense et nous fondons de plaisir devant la beauté de la Provence. Nous avons rendez-vous avec Jacques Pebeyre, un ami de longue date, un homme exquis… et le plus grand courtier en truffes de France. Nous sommes quelque part aux environs de Carpentras, dans cette campagne sèche et pure que nous aimons, et Jacques Pebeyre nous emmène visiter la truffière d'un de ses pourvoyeurs.

Une rude grimpette dans les sentiers pierreux de la colline. Enfin, un champ encore plus sec et pierreux, des chênes étiques et torturés : c'est la truffière. Et là, nous attend un couple. Lui, aimable à la façon provençale, c'est-à-dire gentil et distant, ne disant que l'essentiel, avec son charmant accent qui n'a rien à voir avec celui de Marseille. Elle, une petite chienne bâtarde, tenue en laisse à ses côtés. Sans nous honorer du moindre signe canin d'amabilité, elle attend de se mettre au travail en regardant de temps en temps celui qui est visiblement le seul être à ses yeux sur cette terre.
L'aventure commence. L'une précédant l'autre, ils partent à travers champs. Nous suivons silencieusement, à petite distance. Elle furète de chêne en chêne, elle flaire, elle grattouille... rien. Elle part un peu plus loin. Tout à coup, frénétiques, les pattes grattent, le museau s'enfouit. Rapide, lui aussi se met à quatre pattes et, avec un petit instrument, gratte et fouille maintenant à la place de la chienne. C'est un accord parfait et impressionnant, la chienne a montré le chemin à l'homme qui achève le travail. Enfin, entre ses doigts, apparaît la truffe dans sa gangue de terre. Nous la prenons, nous la nettoyons, nous la sentons, moment émouvant. Pendant un peu plus d'une heure, nous allons ainsi admirer le travail de cette petite chienne et de son compagnon...
Qu'on se le dise, c'est ainsi et pas autrement que se ramassent les truffes ! Celui qui prétendrait qu'elles se cultivent et qu'elles poussent à la demande est un beau menteur. La truffe est trop grande dame pour se laisser extraire de la terre comme une vulgaire carotte, elle se mérite et ne se développe que là où il lui convient. Aussi, depuis des siècles, est-elle toujours parée de son mystère. C'est ainsi que Brillat-Savarin la qualifie de « diamant noir », qu'Alexandre Dumas et quelques autres lui attribuent des pouvoirs aphrodisiaques, et que les jours de marché, en hiver, elle embaume les rues d'Apt, de Carpentras, de Sarlat, de Cahors. Un de mes vieux amis, mort maintenant, traînant son long nez un jour de truffes dans les rues de Sarlat, me déclara pensivement : « C'est quand même le meilleur des légumes ! »

Préparation et conservation des truffes dites de première ébullition

Acheter des truffes fraîches, de la taille d'une noix à la taille d'un bel abricot, de janvier à mars. Les mettre dans une grosse passoire et les passer sous l'eau fraîche pour faire tomber le plus gros de la terre dont elles sont entourées. Les brosser ensuite avec une

brosse à ongles sous le robinet d'eau courante, en insistant bien sur tous les petits creux pour qu'il ne reste plus du tout de terre. Les mettre ensuite dans des petits bocaux, pas plus de trois à la fois. Les fermer.
Entasser les bocaux dans un grand faitout, poser dessus un poids ou une pierre pour les empêcher de flotter. Couvrir d'eau, porter à ébullition et laisser bouillir pendant 3 h. Au bout de ce temps, les truffes sont parfaitement stérilisées et ont gardé tout le parfum et la saveur des truffes fraîches.
Elles peuvent alors se conserver de un à deux ans et avoir les mêmes emplois que les truffes fraîches.
Le jus qu'elles ont rendu dans les bocaux est délicieusement parfumé ; il ne sera pas perdu, mais employé en même temps que les truffes.

Emplois
Une règle d'or qui s'impose d'elle-même pour des raisons de prix et aussi de gastronomie : ne pas employer la truffe à tort et à travers, comme on le voit trop souvent dans nombre de vieilles recettes où l'on a l'impression qu'elle n'est là que pour le décor et non pour ses propres qualités. La truffe, cela se mérite et cela se déguste.

• *Les truffes fraîches crues*
Taillées en fines rondelles, en petits bâtonnets, grossièrement hachées, elles parfument délicieusement une salade verte, une salade de pommes de terre, une salade de fonds d'artichauts ou des pâtes à la crème fraîche.

• *La cuisson des truffes fraîches*
Choisir des truffes fraîches bien dures et bien noires, de taille égale. Verser une demi-bouteille de vin blanc sec dans la partie inférieure d'un couscoussier. Poser les truffes parfaitement brossées et non pelées sur la grille du récipient supérieur. Couvrir, porter à ébullition et laisser cuire les truffes dans la vapeur de vin blanc, pendant 15 min. Au bout de ce temps, elles sont bonnes à l'emploi.

– À la croque au sel : une entrée de luxe où la truffe est mangée pour elle-même dans toute sa magnificence. C'est une entrée légère et raffinée. Disposer les truffes cuites (une par personne) sur une serviette blanche sur le plat de service. À l'usage des convives, disposer sur la table des soucoupes de gros sel, du très bon beurre frais, des tartines de pain de campagne grillées, et chacun croquera sa truffe en la salant de quelques grains de sel et en mangeant sa tartine de pain grillé beurrée.

– En accompagnement : entières ou détaillées de diverses manières, les truffes peuvent parfumer un consommé ou une sauce, se mélanger à des pâtes ou à des œufs, accompagner un crustacé en sauce, garnir un poisson ou une viande. Selon son porte-monnaie, on en utilisera plus ou moins.

• *Les truffes de première ébullition*
Elles remplacent avantageusement les truffes fraîches pour tous les autres emplois. Si nécessaire, on les réchauffe 5 à 6 min à la vapeur de vin blanc.

• *Les truffes de conserve*
Elles ont les mêmes emplois que les truffes fraîches cuites et que les truffes de première ébullition.

Petites ravioles aux truffes

Une recette de Frédy Girardet.

Pour 4 personnes
Préparation : 45 min, la pâte étant prête
Cuisson totale : 8 à 10 min

150 g de pâte à ravioli
25 g de truffes fraîches
70 g de persil (pesé sans les grosses tiges)
1/2 échalote
70 g de beurre
4 cuil. à soupe de jus de truffe
1 jaune d'œuf (pour dorer)
Sel, poivre

Pâte à ravioli (environ 400 g) :
250 g de farine
3 petits œufs (= 150 g)
1 pincée de sel
Noix muscade

Préparation de la pâte
• Dans un bol à pétrir, mettre la farine, 1 pincée de sel et 1 œuf. Râper par-dessus un petit peu de noix muscade et faire tourner les crochets à pâte lentement.
• Lorsque le premier œuf est absorbé, ajouter le deuxième, puis ensuite le troisième. Travailler d'abord lentement, puis plus vite, jusqu'à ce que la pâte se forme d'elle-même en une boule ferme, mais élastique et qui ne colle pas.

• Emballer la boule de pâte dans du film étirable et la laisser reposer une demi-heure au réfrigérateur.

Réalisation de la recette

• Hacher 25 g de truffes fraîches.
• Plonger le persil dans une casserole d'eau salée, amener à ébullition, laisser cuire 1 min, puis égoutter, rafraîchir à l'eau froide et bien essorer en pressant entre les mains, de façon à extraire toute l'eau.
• Hacher finement la moitié d'une échalote.
• Hacher au couteau le persil bien essoré.
• Mettre dans une petite casserole le hachis d'échalote et 20 g de beurre. Porter sur bon feu et retirer lorsque le beurre mousse. Ajouter alors le hachis de truffes, sel, poivre et remettre sur feu doux. Laisser mijoter 2 min à découvert et en remuant. Retirer du feu, ajouter le persil, bien mélanger et rectifier l'assaisonnement en sel et poivre (après avoir goûté un brin de persil !). Débarrasser sur une assiette et laisser refroidir avant d'utiliser. Conserver la casserole avec le beurre de cuisson.
• Étendre la pâte. Elle doit être pratiquement transparente, autant dire qu'il est exclu de l'abaisser au rouleau et qu'il faut absolument posséder un petit appareil à main pour laminer les pâtes fraîches et le régler sur l'épaisseur la plus fine. (La pâte a tendance à coller, il faudra sans doute la fariner légèrement pour l'étendre.)
• Diviser la pâte finement abaissée en deux moitiés. Passer la première entièrement à la dorure, puis déposer, à intervalles réguliers, des petits tas de farce (1 cuillerée à thé rase environ).
• Recouvrir le tout avec la seconde abaisse. Bien coller les deux épaisseurs de pâte en appuyant du bout des doigts autour des tas de farce, de façon à chasser l'air emprisonné.
• Découper enfin 16 ravioles à l'aide d'un emporte-pièce à grosse cannelure de 5 cm de diamètre.

Finitions

• Pocher les ravioles 3 min à l'eau bouillante salée, mais ne pas les rafraîchir. Les passer, juste égouttées, dans un beurre à peine chaud.
• Reprendre la casserole dans laquelle ont cuit les truffes, la porter sur le feu, ajouter 4 cuillerées à soupe de jus de truffe, porter à ébullition, ajouter 30 g de beurre, l'émulsionner en vannant, c'est-à-dire en secouant la casserole tout en lui donnant un mouvement circulaire. Rectifier l'assaisonnement.

• Présenter sur assiettes chaudes 4 ou 8 ravioles par personne, selon la composition du repas, nappées de jus.
Le reste éventuel de pâte devra être poché sans tarder, après avoir été coupé en lanières ou en triangles et dégusté comme « pâtes fraîches » avec du beurre et du fromage râpé par exemple.

Galette de truffe au lard fumé

Une recette de Joël Robuchon.

Pour 4 personnes :
Préparation :
1er temps, 50 min ;
2e temps, 12 min

260 g de truffes
400 g d'oignons
120 g de graisse d'oie
120 g de crème fraîche
100 g de beurre très ramolli
2 gousses d'ail
Fleur de sel de Guérande
Sel et poivre du moulin

Préparation

• Découper, par personne, 3 disques de papier sulfurisé de 13 cm de diamètre, soit 12 disques.
• Couper 200 g de truffes en lames d'un bon millimètre d'épaisseur.
• Frotter 8 disques de papier sulfurisé avec les gousses d'ail pelées et coupées en deux.
• À l'aide d'un pinceau, beurrer très généreusement un disque de papier aillé, puis le couvrir entièrement de lames de truffe en commençant par le centre, puis par cercles successifs, en faisant se chevaucher légèrement les lames de truffe. Beurrer le pourtour extérieur de chaque cercle avant de poser le suivant, afin que les truffes adhèrent bien entre elles. Lorsque tout le disque est masqué par les truffes, beurrer à nouveau très, très généreusement toute la surface des truffes à l'aide d'un pinceau, poser par-dessus un autre disque de papier aillé et appuyer fortement. Recommencer exactement la même chose trois autres fois et placer les galettes au réfrigérateur pour 1 h au minimum afin de bien laisser durcir le beurre. Ce travail peut même être fait la veille.
• Hacher très finement 60 g de truffes et les garder en attente au frais dans une petite boîte hermétique.
• Peler les oignons, les couper en deux ou en quatre et les émincer à la râpe en très fines lamelles presque transparentes. En peser 320 g net, soit 80 g par personne.
• Débarrasser les oignons émincés dans une casserole, ajouter 120 g de graisse d'oie, saler et porter sur feu vif. Compter 10 min de

cuisson, sans coloration et en remuant. Égoutter ensuite dans une passoire pour éliminer le gras.
• Hacher le lard très finement, le placer dans une passoire, tremper la passoire 10 s dans une casserole d'eau en ébullition et laisser égoutter.

Finitions et présentation
• Réchauffer les oignons, ajouter le hachis de truffe et le laisser juste se chauffer en remuant pendant 30 s. Incorporer ensuite le lard, poivrer généreusement, remuer pendant 1 min, ajouter la crème et laisser encore 1 min sur le feu, en remuant toujours. Goûter et rectifier l'assaisonnement qui doit être bien marqué en poivre.
• Répartir cette masse au centre de quatre grandes assiettes, puis l'aplatir en fine galette de 13 cm de diamètre, en s'aidant des disques de papier sulfurisé préparés.
• Sortir les galettes de truffe du réfrigérateur, retirer un des papiers et poser chacune, en la retournant, sur la galette d'oignon. Laisser l'autre disque de papier.
• Glisser pour 1 min environ dans le four préchauffé à 240 °C, juste le temps de faire fondre le beurre qui maintenait les truffes soudées ensemble. Retirer du four dès que le beurre est fondu. Enlever les papiers.
• Saler toute la surface avec de la fleur de sel de Guérande et donner un tour de moulin à poivre. Accompagner de toasts de pain de campagne aillés.

Remarque : la seule préparation aux oignons avec le hachis de truffe et le lard, servie en petites cassolettes et accompagnée de pain de campagne toasté et aillé, constitue une délicieuse petite entrée chaude… un peu moins coûteuse. Le sel de Guérande est considéré comme le meilleur sel marin français. La « fleur de sel » est plus fine que le sel marin ordinaire.

Le chou et toute sa famille

Origines

C'est un très vieux légume d'environ 4000 ans, d'origine européenne, issu d'une espèce sauvage poussant sur le littoral. Les Égyptiens et les Hébreux semblent ne pas l'avoir connu, tandis que les Grecs et les Romains l'ont beaucoup apprécié, tant pour ses vertus thérapeutiques – on lui attribuait des propriétés constipantes ou laxatives selon qu'il était plus ou moins cuit – que pour ses vertus culinaires. Il semblerait quand même que sa forte odeur indisposait les raffinés, tel Lucullus qui souhaitait « le bannir de la table de l'homme honnête », tandis que Caton pensait que le chou entretenait la santé.
D'abord plante aux larges feuilles écartées et épaisses, il va devenir « pommé » sous César et « forcé » au point de devenir énorme.
Au Moyen Âge en France, il va d'abord être le cataplasme qui guérit les convulsions et les morsures des chiens enragés avant de faire partie de toutes les soupes. C'est Olivier de Serres, en 1600, qui signale : « Des cauli fiori ainsi dits des Italiens encore assez rares en France tiendront rang honorable au jardin pour leur délicatesse. »
Partout répandu, présent toute l'année, le chou se diversifie maintenant en plus de 400 variétés, toutes issues finalement de ce chou maritime poussant il y a si longtemps sur tout le littoral européen.

Aspects

Le chou et ses cousins sont des légumes d'hiver dont la saison va de fin novembre à mi-avril. On trouve sur les marchés :
• *le chou vert* non pommé à feuilles cloquées. En mars, faisant une deuxième saison, petit, pointu, vert foncé, il est absolument délicieux.
• *le frisé de Milan* aux feuilles très frisées et beaucoup de nervures. Il a les mêmes utilisations que les choux pommés, mais il est moins fin.
• *le chou pommé* : se présente sous la forme de grosses boules aux feuilles très serrées, blanches, vertes, rouges. C'est le vrai chou de

l'hiver avec toutes ses qualités pour les soupes, les potées, à râper pour les petites salades, en garniture de saucisses, de côtes de porc, tous les bons plats de la saison.

• *le brocoli*, de par sa délicatesse, ses jolis bouquets décoratifs, les précautions à prendre pour le cuire, a mérité une rubrique spéciale (p. 133).

• *le chou-fleur* : il y en a toute l'année, il faut toujours l'acheter avec ses feuilles vertes, et ses bouquets doivent être bien serrés et bien blancs. On en fait des plats raffinés qui peuvent d'ailleurs s'interchanger avec les préparations du brocoli.

• *le chou de Bruxelles* : c'est un petit bourgeon semblable à un bébé-chou bien pommé. On le trouve sur les marchés d'octobre à mars. C'est un bon légume dont la cuisson doit être courte pour que le petit chou ne prenne pas un goût trop prononcé.

• *le chou chinois* : il est là parce que, lui aussi, on le trouve en hiver, mais il diffère des choux européens et, comme son nom l'indique, vient de Chine à l'origine. Maintenant, il est cultivé en France et ressemble à une grosse botte de bettes ou à une romaine qui aurait de longues côtes. Il a plus le goût d'une agréable salade cuite que celui du chou.

Choix et qualités

Un bon chou doit être bien lourd dans la main, ses feuilles dures crissantes et serrées.

Les choux de Bruxelles, eux, seront choisis plutôt petits, bien durs et les feuilles extérieures non jaunies.

Quant au chou-fleur, son trognon de feuilles doit être bien vert, les bouquets très serrés, bien blancs et sans taches, et le chou chinois doit dégager une belle impression de fraîcheur avec ses feuilles pimpantes et bien dressées.

Le chou dans ses différentes variétés est rempli de qualités en étant riche en vitamines, en sels minéraux et peu calorique.

Il est malheureusement bourré de cellulose, ce qui le rend indigeste, et il faut savoir que c'est peu cuit qu'il sera le plus facilement assimilable.

On ne voit plus sur les marchés des villes les cousins pauvres du chou, à savoir le chou-rave, le chou-navet et le fameux rutabaga de la dernière guerre mondiale. À vrai dire, ils n'ont pas grand intérêt, mais si d'aventure on en croise dans un marché campagnard, on peut les goûter dans une potée ou une soupe familiale.

La cuisine du chou

D'un chou à l'autre, la préparation et la cuisson ne seront pas les mêmes, c'est pour cela qu'elles seront précisées à chaque variété de chou traité. Même peu cuit, il faut savoir que le chou diminue de moitié à la cuisson, qui est une cuisson à l'anglaise (p. 13).

Le chou pommé

Vert, blanc, rouge, il se mange cru ou cuit. Il en sera de même pour le chou vert.

Préparation en salade
Parer le chou de toutes ses feuilles extérieures dures et flétries. Le couper en deux. Poser chaque moitié à plat sur la planche et la détailler en fins rubans comme on coupe des tranches de saucisson jusqu'à l'élargissement des côtes. Éparpiller les fins rubans avec les doigts. Assaisonner la salade et la faire 2 h à l'avance, puis la laisser macérer à température ambiante.
Assaisonnements :
– une vinaigrette classique à l'huile d'olive complétée comme on le souhaite par des petits oignons hachés finement, des échalotes hachées, de la ciboulette hachée.

Emplois de la salade de chou blanc : un hors-d'œuvre familial seul ou servi en compagnie de museau de porc vinaigrette.
En garniture de confit de canard froid, de rôti de bœuf froid, d'un steak tartare avec des frites ou de hachis Parmentier chaud.

Emplois de la salade de chou rouge : un hors-d'œuvre familial, seul ou en compagnie de saucisson à l'ail, de pâté de campagne.
En garniture : de saucisson chaud de Lyon en ajoutant de la salade de pommes de terre ; de venaison froide : chevreuil ou marcassin accompagnés d'échalotes à l'aigre-doux (p. 54).
Le frisé de Milan, si riche en côtes et en nervures, ne sera pas fameux en salade et je ne le conseille pas.

Préparation et cuisson du chou pommé
• En potée : supprimer toutes les feuilles dures extérieures, le couper en 6 à 8 morceaux en parant la moitié du gros tronçon intérieur.

Il sera plongé dans la marmite 30 min avant la fin de la cuisson de la potée. Il est complètement inutile de le cuire excessivement, il serait moins bon et indigeste.
On peut employer aussi du chou vert de l'hiver ou du frisé de Milan en supprimant le plus possible les grosses côtes.

• En garniture : procéder exactement comme pour l'embeurrée de chou vert nouveau (p. 204) en veillant plus particulièrement à supprimer les côtes et à garder les feuilles les plus tendres.
Dans ce cas, le temps de cuisson est variable selon la qualité du chou : de 15 à 17 min dans l'eau bouillante puis 1 à 2 min pour le terminer au beurre bien frais et le servir bien chaud.
C'est idéal pour accompagner : des chipolatas poêlées, des côtes de porc poêlées, des saucisses de Montbéliard pochées ou poêlées, des filets de poisson grillés ou poêlés meunière.

• En plat complet : il est farci et c'est à la manière provençale qu'il est ici proposé et ce n'est évidemment pas une cuisine de la dernière minute, mais on peut le faire en deux temps : le préparer à l'avance et le mettre au frais. Le cuire ensuite avant le repas en calculant bien le temps de cuisson.

Le fassum selon Escudié

Pour 1 beau chou pommé (6 à 8 personnes)
Préparation : 1 bonne heure
Cuisson : 1er temps, 10 min ; 2e temps, 2 h 30 à 3 h

200 g de petit salé
1 poignée de mie de pain trempée dans du lait
1 bonne poignée de riz
3 à 4 cuil. à soupe d'huile d'olive
1 petit filet*
1 gousse d'ail
1 belle branche de persil
1 branche de thym
1 feuille de laurier
Sel, poivre

• Faire bouillir de l'eau salée dans une grande marmite.
• Préparer le chou en enlevant le trognon et les mauvaises feuilles extérieures, le plonger tout entier pendant 10 min dans l'eau bouillante salée.
• Cuire du riz à grande eau bouillante salée, l'égoutter.
• Sortir le chou avec des écumoires, le laisser refroidir en le posant sur le plan de travail. Écarter et séparer toutes les grandes feuilles

(*) On trouve en Provence le « fassumier » mais, à défaut, un filet à provisions à mailles un peu serrées fera très bien l'affaire.

pour arriver au cœur. Le prélever. Hacher menu le cœur du chou, le petit salé, et mettre dans un saladier avec la mie de pain essorée entre les mains et le riz cuit, du sel et du poivre. Mélanger à cette farce l'huile d'olive.
• Prendre un grand saladier rond, y déposer le petit filet de manière qu'il dépasse largement sur les bords. Reconstituer le chou en commençant par les grosses feuilles et en plaçant au centre la farce préparée. Resserrer le filet tout autour du chou et bien le nouer et le ficeler au-dessus du chou. Déposer le chou dans un haut faitout, le couvrir d'eau. Ajouter les éléments aromatiques : ail, persil, thym, laurier, du sel.
• Faire partir l'ébullition, laisser cuire ensuite à petits bouillons réguliers pendant 2 h 30 à 3 h. Au terme de la cuisson, sortir le chou du faitout, le dégager délicatement de son filet et le présenter dans un large saladier. On le découpera au fur et à mesure en larges quartiers de haut en bas.

Le chou vert nouveau

Il est délicieux et il faut l'utiliser quand il est petit, bien pointu et vert foncé.

Embeurrée de choux

Pour 4 personnes
Préparation : 10 min
Cuisson :
10 min environ
Finition : 1 à 2 min

3 jeunes choux verts
60 g de beurre
Sel, poivre

• Supprimer les grosses feuilles dures de l'extérieur. Séparer les feuilles une par une, supprimer les côtes, garder le petit cœur. Bien laver les feuilles de chou.
• Les faire cuire à l'anglaise (p. 13). Les égoutter dans la passoire à pieds. Cisailler ensuite les feuilles dans la passoire avec un couteau, à la fois pour les hacher grossièrement et pour supprimer toute l'eau de cuisson. Tout ceci ne sera que meilleur fait largement à l'avance.
• Au moment de servir, remettre les choux dans la casserole, ajouter le beurre en trois à quatre morceaux et le mélanger rapidement jusqu'à ce que le chou soit chaud et bien imprégné de beurre juste fondu et non cuit. Saler et poivrer. Servir dans un légumier chaud.

Emplois : le plat de légume idéal du dîner familial avec une omelette aux fines herbes.
En garniture d'un lapin rôti, d'un chevreau rôti, d'une pintade rôtie, d'escalopes de dinde panées et poêlées.
On peut le servir avec d'autres légumes tels qu'une purée de pommes de terre (p. 386) ou des tomates poêlées (p. 444).

Le chou rouge

Il se consomme cuit. Ce sont de longues cuissons où se mélangent le salé et le sucré.

Fondue de chou rouge aux pommes

Elle se fait lentement et en douceur.
Ce plat peut se faire à l'avance. On le réchauffe doucement avant de servir.

Pour 4 à 6 personnes
Préparation : 15 à 20 min
Cuisson : 2 h 30

1 chou rouge
50 g de beurre et 1 noix de beurre
3 pommes un peu acides
1 cuil. à café de sucre en poudre
2 cuil. à soupe de vinaigre de vin
Sel, poivre

• Préparer le chou en grosse julienne, comme il est dit à « chou rouge caramélisé » (p. 206), la saler et la poivrer.
• Allumer le four à température douce (120 °C, th. 3-4). Beurrer abondamment une cocotte avec les 50 g de beurre. Ajouter la julienne de chou rouge, l'asperger avec le vinaigre. Couvrir hermétiquement la cocotte et la mettre au four. Laisser cuire pendant 2 h 30.
• Pendant ce temps, éplucher les pommes, les couper en quatre, enlever le cœur. Émincer chaque quartier en trois ou quatre morceaux dans le sens de la longueur. Les tourner dans le sucre en poudre.
• À mi-cuisson du chou, ouvrir la cocotte, répartir les croissants de pommes dans la julienne. Refermer la cocotte et continuer la cuisson.
• La cuisson terminée, ajouter une grosse noix de beurre dans la cocotte, mélanger rapidement pour la faire fondre et servir dans un légumier chaud.

Emplois : en garniture de selle de chevreuil rôti ; de lièvre rôti ; d'une oie rôtie.

Chou rouge caramélisé

C'est une garniture ou un plat de légume pour le dîner familial.

Pour 6 personnes
Préparation :
10 à 15 min
Cuisson : 2 h-2 h 30

1 chou rouge
5 gousses d'ail
1 oignon
5 cuil. à café de vinaigre de vin
5 cuil. à café d'eau
2 cuil. à soupe de sucre roux
30 g de beurre
Sel, poivre

• Préparer le chou. Enlever toutes les feuilles extérieures flétries. Couper le tronçon. Séparer les feuilles une par une, retirer les grosses côtes blanches. Empiler ensuite les feuilles sur la planche et tailler en grosse julienne.
• Éplucher les gousses d'ail, les hacher, faire de même avec l'oignon.
• Dans une cocotte, mettre le beurre à fondre à feu moyen, verser l'ail et l'oignon et les faire se ramollir et blondir en douceur. Mouiller avec le vinaigre de vin et le faire fumer 1 min en tournant le hachis d'ail et d'oignon en tous sens. Ajouter l'eau, la julienne de chou, le sucre roux, du sel, du poivre et mélanger convenablement le tout. Couvrir et laisser cuire à feu doux pendant 2 h à peu près. Le chou doit s'affaisser, se cuire et se caraméliser progressivement tout en devenant bien tendre. Le tourner régulièrement.
• Vérifier l'assaisonnement et servir dans un plat chaud.

Le chou-fleur

C'est en petits bouquets qu'il faut le présenter, mais le reste du chou-fleur n'est pas perdu pour autant, car il sera employé pour une purée.
Le chou-fleur se mange cru ou cuit.

Quantités
Pour 4 personnes
1 chou-fleur moyen

Préparation

Couper le trognon pour retirer convenablement toutes les feuilles vertes. Séparer ensuite le chou-fleur en bouquets en laissant 2 à 3 cm de tige. C'est une question de goût mais il est plus agréable de le détailler en bouquets *plutôt petits* que trop gros.

• *Cru en amuse-bouche à l'apéritif*: le détailler en bouquets vraiment petits. Les présenter en vrac dans un plat et poser à côté des bols de sauces telles que mayonnaise au ketchup (p. 30) ; fleurette au vinaigre de xérès (p. 33) ; bagna cauda (p. 38).
Chacun trempera son petit bouquet à sa guise.

• *Cuits en petit hors-d'œuvre* : préparer de très petits bouquets, les mettre dans un ravier.
Assaisonner d'une vinaigrette classique aux fines herbes.
Variante : on peut les mêler moitié-moitié avec de très petits bouquets de brocoli à peine cuits à la vapeur (p. 134).

Cuisson

• *À l'anglaise* : le préparer en bouquets et les faire cuire à grande eau bouillante salée 8 à 10 min. Ils doivent être tendres mais fermes.

• *À la vapeur* : le préparer et le faire cuire à la vapeur dans un couscoussier ou un cuit-vapeur pendant une dizaine de minutes (moins s'ils doit être sauté ensuite) en laissant fermes les petits bouquets.
C'est à mon avis la meilleure cuisson, car le chou-fleur garde tout son bon goût et n'est pas délavé par son passage dans l'eau bouillante.

Salade de chou-fleur cuit (recette de base)

Pour 4 personnes

1 chou-fleur moyen

Préparer le chou-fleur en petits bouquets. Le cuire à la vapeur, le laisser refroidir.

Assaisonnements au choix : 1 vinaigrette classique (p. 27) ;
1 mayonnaise crémée aux fines herbes (p. 32) ; 1 mayonnaise au ketchup (p. 30) ; coulis de poivrons rouges froid (p. 38).

Variantes avec d'autres légumes : on peut mêler le chou-fleur à des dés de betteraves (p. 128), des pousses d'épinards crues (p. 260) ou des tomates concassées crues (p. 34).
Dans ce cas, l'assaisonner d'une vinaigrette classique (p. 27) ou de fleurette au vinaigre de xérès (p. 33).

Chou-fleur sauté au beurre

Pour 4 personnes
Préparation : 10 à 15 min
Cuisson : 1er temps, 5 à 6 min ; 2e temps, 7 à 10 min

1 chou-fleur moyen
50 g de beurre
Sel, poivre

• Préparer le chou-fleur (p. 206) et le cuire à la vapeur pendant 5 à 6 min, le laisser refroidir.
• Dans une grande poêle, mettre à dorer le beurre à feu moyen. Ajouter les bouquets de chou-fleur et, en les tournant sans cesse, leur faire prendre une jolie couleur dorée. Les prendre à la spatule pour les dresser dans un légumier chaud. Saler, poivrer.

Facultatif : le parsemer de pluches de cerfeuil.

Remarque : plus c'est doré, meilleur mais indigeste, c'est !
Au goût de chacun donc de les dorer plus ou moins tout en sachant aussi qu'ils ont tendance à se défaire… et c'est plutôt bon !

Emplois : il constitue le légume du dîner familial ou en garniture d'un rôti de bœuf, d'un canard rôti ou d'un poisson poêlé meunière.

Beignets de chou-fleur

Pour 4 personnes
Préparation : 15 min
Cuisson : 1er temps, 10 min ; en friture, 3 à 4 min

1 beau chou-fleur
Pâte à frire (p. 58)
Huile pour frire
Sel, poivre

• Faire la pâte à frire 2 h à l'avance en réservant le blanc d'œuf.
• Préparer le chou-fleur en petits bouquets (p. 206), les cuire à la vapeur (p. 207). Bien les sécher.
• Juste avant le repas, incorporer le blanc battu en neige à la pâte à frire. Chauffer l'huile dans la bassine. Quand elle est bien chaude, plonger d'abord des petits bouquets dans la pâte puis dans l'huile. Faire bien dorer sans qu'ils se touchent, il faudra faire plusieurs fournées. Les mettre au fur et à mesure sur du papier absorbant, saler, poivrer, les tenir au chaud sur la porte du four à température chaude.

Facultatif : parsemer les petits beignets d'un peu de graines de cumin.

Emplois : très petits, saupoudrés de sel, de poivre et de cumin, ils peuvent être présentés en amuse-bouche à l'apéritif. En bouquets normaux ils constitueront une entrée légère ou une garniture d'un poulet rôti ou d'un rôti de veau.

Le chou de Bruxelles

Le choisir plutôt petit, il sera moins fort et plus tendre.

Quantité
Pour 4 personnes :
500 g de choux

Préparation

Couper la tige de chaque petit chou, supprimer soigneusement toutes les feuilles extérieures abîmées, bien les laver.

Cuisson

• *À l'anglaise* : Pendant 8 à 10 min environ, dans beaucoup d'eau bouillante salée ne bouillant pas trop fort pour que les petits choux ne s'effeuillent pas et soient tendres mais fermes. Bien les égoutter à la passoire et dans un torchon sans les abîmer.
On peut les réchauffer à feu moyen dans une sauteuse en les tournant dans du beurre doré jusqu'à ce qu'ils prennent couleur ou à feu doux en mettant environ 50 g de beurre dans une cocotte. Quand il est fondu, ajouter les petits choux et les faire chauffer sans qu'ils prennent couleur en les tournant de temps en temps.

Emplois : de l'une ou de l'autre façon, les choux de Bruxelles serviront de plat de légumes du dîner familial avec des œufs au plat ou une omelette par exemple.
En garniture d'un poisson poché accompagné de beurre blanc (p. 45) ou de sauce hollandaise (p. 46) ; d'un rôti de bœuf avec son jus ; ou encore d'une pintade rôtie avec son jus.

La choucroute

C'est une spécialité alsacienne qui consiste à faire fermenter dans des barils des choux blancs finement émincés marinant dans une saumure aromatisée au genièvre.
On emploie en général une variété de très gros choux, dits le chou quintal d'Alsace.
Pour servir chez soi une bonne choucroute entourée de charcuterie, on peut choisir deux solutions : soit acheter de la choucroute crue chez le charcutier et la faire cuire soi-même ; soit acheter chez un bon charcutier de la choucroute cuite et tout le choix de charcuterie que l'on souhaite.

À la maison, on fera réchauffer le légume à feu très doux dans une grande marmite où l'on aura mis un petit fond de vin blanc.
Les charcuteries seront réchauffées ou cuites à part.
Moi je vous propose :

Salade de choucroute crue

C'est une salade du début de l'automne, quand la choucroute est depuis trois semaines en barils, et se trouve donc au début de sa macération. À défaut, cette salade peut au contraire être une salade de printemps si on emploie les petits choux verts nouveaux tout pointus et délicieux.

Pour 4 personnes
Préparation :
20 min environ
Cuisson lardons :
5 min

500 g de choucroute crue
100 g de cerneaux de noix
100 g de raisins de Corinthe
125 g de poitrine fumée

Vinaigrette :
1 bonne cuil. à soupe de vinaigre de vin
4 cuil. à soupe d'huile d'olive
1 cuil. à café de moutarde forte de Dijon
Sel, poivre

• Mettre à tremper les raisins dans de l'eau tiède. Plonger la choucroute crue dans une bassine d'eau froide. La brasser convenablement. La verser dans une passoire et la passer sous le jet d'eau froide en la brassant avec les mains. La laisser égoutter, la mettre ensuite dans un torchon et la sécher parfaitement.
• Broyer très grossièrement les noix à l'aide du petit mixer, elles doivent être en menus morceaux.
• Supprimer la couenne et les cartilages de la poitrine fumée, la débiter en petits lardons.
• Graisser légèrement une poêle avec la couenne. La mettre sur le feu moyen, ajouter les lardons et les faire lâcher leur graisse et dorer pendant 5 à 6 min. Les retirer avec une spatule et les poser sur une assiette.
• Éponger convenablement les raisins de Corinthe.
• Faire l'assaisonnement dans un saladier. Verser la choucroute crue ainsi que les autres ingrédients, mélanger et servir.

Variante au petit chou vert nouveau : émincer le petit chou en rondelles très fines de la tête au trognon. Démêler les lanières de chou avec les doigts. Préparer les mêmes ingrédients et le même assaisonnement, mélanger le tout et laisser macérer 1 h à température ambiante en tournant de temps en temps.

Et Jacques Maximin propose

Tourte feuilletée de chou-fleur

Pour 5 à 6 personnes
Préparation :
25 à 30 min
Cuisson : chou-fleur,
7 à 9 min ; tourte, 30
à 35 min

500 g de pâte feuilletée*
1 gros chou-fleur
1/2 bol de béchamel (p. 35)
Noix muscade
25 g de beurre
Farine

Sel, poivre

Pour dorer :
1 jaune d'œuf
1 cuil. à café d'eau

Préparation de la garniture

• Préparer et cuire le chou-fleur en petits bouquets à l'eau bouillante salée (p. 207), bien l'égoutter et le sécher.
• Faire une petite béchamel (p. 35), bien l'assaisonner et la parfumer de noix muscade. La mélanger aux petits bouquets de chou-fleur bien séchés.

Préparation de la tourte

• Prendre un moule à tarte à fond mobile de 22 cm de diamètre. Le graisser avec un peu de beurre.
• Préchauffer le four à 160 °C.
• Sur une planche farinée, étaler finement la pâte feuilletée. En le renversant, poser le cercle du moule sur la tourte pour tracer un rond.
• À l'aide d'un couteau, découper un rond de pâte plus grand de 2 cm autour du dessin. Le réserver. Ramasser en boule le reste de la pâte et l'étaler à nouveau pour garnir convenablement le moule en laissant dépasser la pâte de 2 à 3 cm au-dessus du bord.
• Verser dans le moule tout le chou-fleur à la béchamel en le répartissant bien également. Prendre le rond de pâte réservé, le poser délicatement sur les choux-fleurs et fermer en roulottant convenablement la pâte du dessous avec celle du dessus.
• Casser l'œuf et laisser tomber le jaune dans une tasse, ajouter 1 cuil. à café d'eau. Battre le tout.
• À l'aide d'un pinceau, badigeonner de ce mélange tout le dessus et les bords de la tourte. Mettre ensuite au four à 160 °C pendant 30 à 35 min environ, la tourte doit être bien dorée. Au terme de sa cuisson, la démouler, la dresser sur un plat et la servir bien chaude.

(*) Les courageuses feront de la pâte feuilletée… Les autres achèteront de la pâte feuilletée *pur beurre fraîche* prédécoupée en larges disques.

Viennoise de chou-fleur

Pour 8 personnes
Préparation : 30 min
Cuisson totale :
10 min environ

2 choux-fleurs
30 g d'huile d'olive
30 g de beurre
Sel, poivre

Panure :
6 tranches de pain de mie
100 g de farine
6 œufs

Préparation des choux-fleurs

• Préparer et nettoyer les choux-fleurs (p. 206), les séparer en gros bouquets et les faire cuire à grande eau bouillante salée pendant 8 min environ.
• Bien les égoutter et bien les sécher dans un torchon.

Préparation de la panure

• Battre les œufs comme pour une omelette, les verser dans une assiette.
• Verser la farine dans une autre assiette.
• Émietter finement le pain de mie rassis et le passer au tamis pour avoir une chapelure fine, la verser dans une assiette.

Finition et présentation

• Tailler les bouquets de chou-fleur sur la hauteur en tranches de 1 cm d'épaisseur. Passer chaque tranche des 2 côtés d'abord dans la farine, puis dans les œufs battus et enfin dans la chapelure. Les poser sur une grille pour qu'elles ne se collent pas entre elles. Saler et poivrer.
• Dans une poêle à feu moyen, faire chauffer le beurre et l'huile. Poser les tranches de chou-fleur les unes à côté des autres et les faire dorer 1 à 2 min de chaque côté. Éventuellement, utiliser 2 poêles en même temps.
• Quand les tranches sont bien dorées des 2 côtés, les prendre avec une écumoire, les poser sur un plat de service chaud et servir tout de suite.

Remarque : on peut servir ce plat avec un jus de rôti (p. 22) chaud relevé d'un peu de vinaigre et de quelques câpres hachées.

Feuilles de choux verts séchées aux fruits rouges

Pour 4 personnes
Préparation : 1 h
Cuisson : 1 h 30

8 belles feuilles de chou vert frisé
10 fraises
10 framboises
10 cerises
4 grappes de groseilles
1 poire comice
1 pomme verte
50 g de beurre
30 g de sucre en poudre
1/2 litre de sirop de sucre (dans le commerce)
1 gousse de vanille

Préparation des feuilles de chou

• Préchauffer le four à température très douce.
• Prélever sur un chou vert frisé 8 belles feuilles, les nettoyer et les plonger 7 à 10 min dans de l'eau bouillante salée pour les cuire convenablement. Les retirer à l'écumoire, les étaler sur un torchon et bien les sécher.
• À l'aide d'un pinceau, les badigeonner de sirop de sucre et les étaler sur la plaque du four. Les laisser sécher et devenir craquantes pendant 1 h à peu près en n'oubliant pas de les badigeonner de sirop régulièrement.

Préparation des fruits et du coulis

• Équeuter les fraises, les couper en 4, dénoyauter et retirer la queue des cerises, avec une fourchette égrapper les groseilles. Les passer au mixer pour préparer le coulis de fruits rouges.
• Éplucher la poire et les pommes, supprimer le cœur et la tige, les couper en gros morceaux.
• Dans une sauteuse, mettre à fondre le beurre à feu moyen. Quand il est blond, mélanger le sucre en poudre puis ajouter la pomme et la poire ainsi que la gousse de vanille coupée en 4. En les tournant, les faire rapidement caraméliser. À feu vif, verser alors 1/2 verre d'eau et 1/2 verre de coulis, retirer la pomme et la poire à l'écumoire et déglacer le fond de la sauteuse en la tournant en tous sens et en raclant avec la cuillère en bois.

Finition et présentation

• Disposer une feuille de chou bien séchée par assiette, garnir la feuille de pomme et poire caramélisées et recouvrir d'une autre feuille de chou posée de biais. Entourer le tout de coulis de fruits et piquer 1 morceau de gousse de vanille.

Le concombre

Origines

C'est un légume vieux comme le monde, sans doute originaire de l'Inde. Fruit d'une cucurbitacée rampante, il a dû « ramper » pas mal pour apparaître chez les Égyptiens qui en étaient férus, tandis qu'il a très vite existé en Chine, où l'on continue à en cultiver une variété très ancienne au jus piquant et aigre-doux.
Les Hébreux en déplorent l'absence pendant l'Exode, mais le cultivent en Galilée. Les Israéliens en sont toujours aussi gourmands, de même que, finalement, toute l'Europe, grâce aux aléas de la diaspora.
Du temps des Grecs et des Romains, le concombre était peut-être plus apprécié comme remède et produit de beauté : tout en étant connu en cuisine, les Romaines s'en faisaient déjà des masques de beauté astringents !
En France, Charlemagne en fait pousser dans ses jardins. Olivier de Serres en recommande vivement la culture et la consommation, tandis que La Quintinie le « forcera » sous abri pour que Louis XIV en ait dès avril.
Apprécié par toutes les populations, objet de toutes sortes de préparations, le concombre est un beau légume qui n'a pas fini d'apparaître sur nos tables.

Aspects

Le concombre est un beau légume allongé à la peau vert foncé et à la chair vert pâle croquante et fraîche.
Sa saison va de mars à fin octobre, mais en hiver, les concombres d'importation assurent la soudure.

Choix et qualités

Il en existe de nombreuses variétés qui, finalement, se divisent en deux catégories : ceux de plein champ et ceux de serre.
Vous ne pourrez connaître leur provenance sur les marchés, mais c'est finalement de peu d'importance. Ce qui compte, c'est de les choisir minces, car ils contiennent moins de graines, la peau fine, brillante, bien tendue et sans taches.

Avec seulement 15 calories aux 100 g, le concombre est léger, léger, plein de sels minéraux et de vitamines. Malgré ces qualités-là et son goût délicieux, il n'est pas vraiment digeste quand on le consomme cru. C'est cuit qu'il sera le plus assimilable.

La cuisine du concombre

Le concombre ne se prête pas à des préparations très compliquées. Il se mange cru ou cuit.
La quantité sera variable selon les recettes.

Quantité
Pour 4 personnes : 1 concombre de 600 à 700 g

Préparation

• Si on l'utilise cru : couper les deux extrémités, le peler avec un économe. Le fendre dans le sens de la longueur et supprimer les graines à l'aide d'une cuillère passée tout du long. On peut alors le détailler en fines rondelles et l'employer tel quel, car les concombres ne sont maintenant plus du tout amers.
Mais si on veut avoir le mieux de sa saveur, il faut le faire *dégorger* : dans un saladier, disposer des fines rondelles en couche, les saupoudrer d'un peu de gros sel, refaire une couche, remettre du sel, et ainsi de suite jusqu'à la fin du concombre. Laisser reposer 1 h ; il va rendre toute son eau. Le verser alors dans une passoire et le rincer abondamment. Le mettre ensuite dans un torchon et le tordre pour lui faire exprimer tout son jus. Le concombre a alors diminué de moitié, les rondelles n'ont plus aucune allure ; en revanche, elles sont devenues du plus beau vert et ont pris un goût délicieux.

• Si on l'utilise cuit : le peler, supprimer les graines. On peut alors le détailler de différentes manières :
– en tronçons de 4 à 5 cm de longueur, si on a le temps, arrondir les angles pour leur donner la forme de grosses olives ;
– en billes plus ou moins grosses à l'aide de la « cuillère parisienne » (de différents calibres, elle se trouve dans les bonnes drogueries) ;
– en rondelles plus ou moins fines de 1/2 cm à 1 cm.

Cuisson

• *À l'anglaise* : cuire le concombre à grande eau bouillante salée (p. 13).

Temps : *en olives, 12 à 13 min ; en rondelles : 8 à 10 min*
Les égoutter convenablement.
On peut alors juste les rouler dans du beurre chaud fondu dans la casserole de cuisson.
Dresser ensuite dans un légumier chaud et parsemer si on le souhaite :
- de menthe fraîche hachée,
- de graines de fenouil.

On peut aussi, avec un peu d'eau de cuisson conservée, les rouler dans un beurre émulsionné (p. 53), les saupoudrer ensuite de basilic haché, de graines de cumin.

• *À l'étuvée* : le couper en rondelles et les mettre dans la casserole avec un voile d'eau, 40 g de beurre détaillé en copeaux, du sel. Porter à ébullition et faire cuire à couvert à petit feu pendant 10 à 12 min jusqu'à évaporation de l'eau.
Les dresser telles quelles dans un légumier chaud et les saupoudrer :
- de pluches de cerfeuil,
- de pluches de coriandre fraîche.

Emplois
Quel que soit le mode de cuisson choisi, les concombres sont une excellente garniture : de gigot d'agneau ; d'un poisson poché servi avec un beurre blanc (p. 45) ou une sauce mousseline (p. 47) ; d'un poulet rôti avec son jus.
On peut le mêler à d'autres légumes cuits à l'étuvée, tels que : des épinards étuvés (p. 259) ; des tomates poêlées (p. 444) ; des poivrons vapeur (p. 371).

Salade de concombres

Pour 4 personnes
Préparation :
20 min environ - 1 h à l'avance

2 concombres moyens
Gros sel

Assaisonnements :
- une vinaigrette classique à l'huile d'olive (p. 27).

On peut ajouter :
- de l'estragon haché,
- quelques feuilles de menthe fraîche très grossièrement hachées.

Tomates farcies aux concombres

Pour 4 personnes

6 à 8 tomates rondes moyennes
2 concombres moyens
4 à 5 cuil. à soupe de vinaigrette classique (p. 27) additionnée de 2 cuil. à soupe d'estragon haché

• Creuser les tomates, les laisser la tête en bas (p. 442).
• Faire dégorger les concombres (p. 215), les presser, puis les assaisonner avec la vinaigrette à l'estragon.
• Farcir généreusement les tomates en faisant un petit dôme. Terminer avec un peu d'estragon haché, réservé.

Concombre glacé

Le concombre peut être cuit aussi de manière plus raffinée.

Pour 4 personnes
Préparation :
10 à 15 min
Cuisson :
de 12 à 20 min

1 concombre de 600 à 700 g
1/4 de litre d'eau
1 cuil. à soupe bombée de sucre en poudre
50 g de beurre
Sel

• Préparer le concombre en grosses olives allongées (p. 215).
• Dans une casserole, aligner les morceaux de concombre côte à côte, couvrir d'eau, ajouter le beurre en parcelles, le sucre et du sel.
• À feu moyen porter à ébullition, puis baisser le feu et laisser cuire à petits bouillons à découvert en tournant les légumes de temps en temps. L'eau doit disparaître en laissant les olives de concombre enrobées d'un sirop brillant et cuites de bonne manière. Ne pas pousser la cuisson trop loin pour éviter de caraméliser les concombres qui risqueraient de prendre un goût amer.
• Après la disparition de l'eau, on peut les laisser en attente sur feu très doux en les tournant de temps en temps.

Emplois : en garniture d'un poisson braisé, d'une pièce de bœuf rôtie.

Remarque : on peut les mêler à des carottes, des oignons et des navets glacés (p. 150, p. 331, 323).

Et Jacques Maximin propose

Crème de concombre glacée

Pour 4 personnes
Préparation : 20 à 26 min
Cuisson : 7 à 9 min

3 concombres
50 g de beurre
250 g de crème fraîche
2 cuil. à soupe de béchamel (p. 35) (facultatif)
25 cl de crème fleurette
Sel, poivre

Préparation et cuisson des concombres

• Éplucher 2 concombres à l'économe. Les ouvrir en 2 et à l'aide d'une petite cuillère, racler toutes les graines. Les détailler en petits dés.

• Dans une sauteuse, faire fondre le beurre à feu moyen-doux, ajouter les dés de concombre et les faire doucement étuver à couvert aux 3/4 de leur cuisson (encore bien fermes).

Préparation et cuisson de la crème de concombre

• Verser la crème fraîche dans une casserole et la porter à ébullition. La verser sur les concombres dans la sauteuse et poursuivre jusqu'à cuisson complète des concombres en maintenant une petite ébullition. Saler et poivrer. Verser ensuite dans un mixer et broyer pour obtenir une purée. La verser dans un récipient à travers un chinois. Éventuellement, si elle paraissait trop fluide, on pourrait lui ajouter 2 cuil. à soupe de béchamel (p. 35) pour la rendre plus consistante.

• Poser le récipient dans un saladier rempli de glace et fouetter légèrement la crème en la laissant refroidir complètement. La mettre ensuite en attente au réfrigérateur.

Présentation

• Au moment de servir, éplucher le dernier concombre, supprimer les graines et, à l'aide d'une cuillère parisienne*, façonnner des billes de concombre. Réserver.

• Sortir la crème fleurette du froid et faire une crème fouettée bien ferme. Mélanger à la crème de concombre glacée 5 cuillerées à soupe de crème fouettée et les billes de concombre cru. Servir de suite.

(*) C'est une cuillère spéciale existant en plusieurs tailles pour obtenir facilement des billes de légumes de différentes grosseurs. On la trouve chez tous les bons droguistes.

Croustillant de concombre aux raisins de corinthe

Pour 4 personnes
Préparation : 30 min
Cuisson totale : 30 à 35 min

2 concombres
1 pomme
1 figue
160 g de raisins secs de Corinthe
1 paquet de pâte filo (dans le commerce)
100 g de beurre en tout
20 cl de Grand-Marnier

Préparation de la garniture

• Faire tremper les raisins dans le Grand-Marnier.
• Éplucher les concombres, retirer les graines, les couper en dés moyens. Peler la pomme, supprimer le cœur, la couper aussi en dés moyens. Détailler la figue de même manière.
• Dans une sauteuse, mettre à chauffer à feu moyen 50 g de beurre jusqu'à la couleur blonde. Ajouter les dés de concombre, de pomme et de figue. En les tournant délicatement, les faire blondir légèrement pendant 8 à 10 min. Ajouter alors les raisins égouttés et les mélanger.
• Sortir le tout de la sauteuse à l'aide d'une écumoire et déposer sur du papier absorbant.

Préparation du croustillant

• Préparer des feuillets de pâte filo en les doublant et les beurrant.
• Préchauffer le four à température moyenne-douce.
• Sur la plaque du four graissée d'une parcelle de beurre, poser un cercle de 18 cm. Le garnir de feuillets de pâte filo en épousant bien le contour et en laissant de la pâte filo dépasser largement pour pouvoir recouvrir. Verser la garniture dans le cercle et l'enfermer convenablement en rabattant la pâte filo.
• Mettre au four et laisser cuire doucement jusqu'à ce que la pâte soit bien dorée et croustillante.

Finition et présentation

• Retirer le cercle, dresser le croustillant sur un plat et le servir chaud au sortir du four.

La courge, le potiron et la courgette

Origines

Tous ces légumes appartiennent à la famille de plantes rampantes nommée les cucurbitacées, dont la très décorative coloquinte fait d'ailleurs partie.
Certains disent qu'elles sont originaires de l'Inde, mais il paraît plus probable qu'elles nous viennent du Nouveau Monde, car d'une part on n'en fait mention dans aucun écrit avant le XVe siècle, tandis que Christophe Colomb, lors de son premier voyage, remarque un grand champ de « calebazas » évoquant tout à fait des courges ou des potirons. Par ailleurs, les courges ont leur place dans la mythologie aztèque et on en a retrouvé des graines dans des tombes incas.
On peut ainsi supposer que ces grosses cucurbitacées ont toujours été cultivées dans tous les pays chauds et tempérés.
Les Grecques et les Romaines faisaient grand cas des graines de courge pilées dans l'huile d'amandes pour avoir une jolie peau !
Au siècle dernier, autre usage, la courge était employée dans le traitement du vers solitaire...
Et les livres de cuisine du XIXe siècle et du début du XXe siècle proposent de nombreuses préparations de la courge et du potiron en vantant leurs mérites culinaires sans faire mention de la courgette. Et pour cause, elle n'est connue et répandue dans l'Europe du Nord que depuis la dernière guerre mondiale. C'est pourtant elle qui a maintenant tous les succès, tandis que la courge se cantonnerait au Midi, et que le potiron aurait subi une totale désaffection avant de revenir un peu à la mode depuis quelque temps.

Aspects

La courge est en fait le nom générique de la famille et, en tant que telle, plaît surtout aux méridionaux qui savent bien l'accommoder. Elle existe en plusieurs variétés, et la plus répandue, que l'on voit en fin d'été et en automne sur les marchés dans le Midi, a la peau foncée et la chair d'une belle couleur orange.
Le potiron, lui, n'est pas autre chose qu'une variété de courge.

Jaune orangé, gros et tout rond, côtelé, la chair orange, il est surtout très apprécié dans le Nord et particulièrement par les Anglo-Saxons. Il ne faut pas le confondre avec la **citrouille** jaunâtre parfois tachée de vert qui est, elle, réservée au bétail.
Ce qui, en revanche, paraît beaucoup sur nos tables depuis à peu près cinquante ans, c'est la fine et délicieuse **courgette**, dont il faut savoir qu'elle n'est pas autre chose qu'une courge cueillie à demi mûre. On la trouve toute l'année sur les marchés. Elle arrive principalement du Var, du Vaucluse, des Bouches-du-Rhône. Elle se vend sans précision de variété. Il en existe des longues et des rondes. La meilleure est fine, vert foncé, plutôt petite. Elle doit peser lourd dans la main, avoir la peau bien fine et brillante, sans aucune tache, et le pédoncule fermement attaché.

La cuisine de la courge, du potiron et des courgettes

Ces trois légumes seront traités chacun à leur tour.

La courge

Quantité
1 kg
pour 4 personnes

Préparation
Peler le morceau de courge et supprimer toute la pulpe et les graines pour ne garder que la chair rouge et ferme.

Cuisson
Elle dépend des recettes

Courges aux tomates, au riz et au basilic

Pour 4 personnes
Préparation :
25 à 30 min
Cuisson : du riz,
20 min ; des légumes,
15 à 20 min

1 kg de courges
1 kg de tomates moyennes
2 à 3 oignons moyens
4 cuil. à soupe d'huile d'olive en tout
150 g de riz
Basilic
Sel, poivre

- Préparer la courge, la couper en petits morceaux.

• Préparer les tomates en les émondant et en supprimant leur eau de végétation (p. 438). Les couper en quatre.
• Préparer les oignons en les hachant grossièrement.
• Dans une large casserole, mettre un fond d'eau, 3 cuil. à soupe d'huile d'olive et les légumes, saler. Faire cuire à feu moyen en tournant de temps en temps jusqu'à ce que les légumes, ayant perdu toute leur eau, se soient affaissés en une purée fluide. Vérifier l'assaisonnement en sel, poivrer.
• Dans les derniers moments de la cuisson des légumes, faire cuire du riz de façon que les deux cuissons coïncident, l'égoutter et l'assaisonner avec la dernière cuil. à soupe d'huile d'olive. Vérifier l'assaisonnement.
• Hacher du basilic.
• Servir dans un plat rond en mettant le riz au milieu et en l'entourant de la purée de courge et de tomates.
• Saupoudrer le tout de basilic haché et servir comme on le souhaite, chaud, tiède ou à température ambiante.

Tian de courge

Pour 4 personnes
Préparation : 20 à 25 min
Cuisson totale : 30 à 35 min

500 g de courge
2 à 3 cuil. à soupe d'huile d'olive
1 demi-bol de béchamel (p. 35)
2 œufs
Noix muscade
Chapelure
Sel, poivre

• Éplucher la courge (p. 221), la détailler en petits dés.
• Faire une béchamel pas trop épaisse et la laisser sur le feu doux.
• Dans une sauteuse à feu moyen-doux, faire chauffer l'huile d'olive, ajouter les dés de courge et en remuant sans cesse les faire fondre et ramollir sans qu'ils se défassent pendant 10 à 12 min.
• Préchauffer le four à température moyenne-chaude.
• Battre les œufs entiers dans un bol, les mélanger à la béchamel, relever de noix muscade au goût. Saler, poivrer.
• Huiler légèrement le fond et les parois d'un plat à gratin. Prendre les dés de courge à l'écumoire et les verser dans le plat en une seule couche. Recouvrir de béchamel aux œufs. Parsemer d'un peu de chapelure, si on le souhaite, ou sinon se contenter de parsemer le tian de gouttelettes d'huile d'olive.
• Mettre au four pendant 15 à 20 min de façon que la sauce se prenne et dore légèrement.
Servir bien chaud dans le plat.

Le potiron

Il est souvent très gros, très beau, et il n'est pas question de l'acheter entier pour sa petite famille. On demande au marchand d'en couper un bon quartier.

Quantité
600 à 700 g pour 4 personnes

Préparation

Peler la grosse peau et supprimer toutes les graines et la pulpe filamenteuse qui les entoure.

Cuisson

- À l'anglaise (p. 13)
- À l'étuvée (p. 14)

Le potiron peut s'accommoder salé ou sucré.

Potage au potiron à la bourgeoise et ses petites garnitures

Pour 4 personnes
Préparation : 10 à 15 min
Cuisson : 15 à 25 min

600 g de potiron
50 g de beurre
4 cuil. à soupe d'eau
Bouillon de volaille (p. 19) ou instantané en tablette
2 cuil. à soupe de crème fraîche
Sel, poivre

• Préparer le potiron et le découper en petits morceaux réguliers. Le mettre dans une casserole avec l'eau et le beurre. Cuire à l'étuvée entre 15 et 25 min environ jusqu'à ce qu'il soit bien tendre et bien fondu.
• Le passer au mixer pour avoir une purée lisse, remettre dans la casserole et délayer la purée avec du bouillon de volaille pour avoir un potage de bonne consistance, ni trop épais, ni trop fluide. Le terminer avec la crème fraîche. Saler et poivrer.
• On peut compléter le potage en lui ajoutant :
– le blanc de 2 poireaux émincés en julienne et fondus au beurre (p. 364) ;
– 3 à 4 cuil. à soupe de petits pois juste ébouillantés (p. 350) ;
– 3 cuil. à soupe d'oseille fondue (p. 340) ;
– à part, des petits croûtons frits au beurre.

Gratin de potiron

Pour 4 personnes
Préparation :
15 à 20 min
Cuisson totale :
30 à 35 min

600 g de potiron
4 à 5 oignons moyens
1 gousse d'ail
Huile d'olive
75 g de gruyère râpé
Sel, poivre

• Peler et préparer le potiron (p. 223) en le coupant en petits morceaux, le faire cuire 10 min à l'anglaise (p. 13). L'égoutter convenablement.
• Éplucher les oignons, les émincer en rondelles et les faire étuver (p. 14) doucement dans 1 à 2 cuil. à soupe d'huile d'olive.
• Préchauffer le four à température moyenne-chaude.
• Frotter les parois d'un plat à gratin avec la gousse d'ail. Disposer une couche de potiron, les oignons émincés, une couche de potiron. Saupoudrer de fromage râpé, arroser d'un filet d'huile d'olive et mettre à gratiner 15 à 20 min en passant le four en position gril pendant les dernières minutes pour le faire dorer.
• Servir dans le plat de cuisson.

Emplois du gratin de potiron : en garniture d'un lapin sauté, d'un pigeon rôti, de cœur de veau aux pruneaux.

Gâteau de potiron

Pour 4 personnes
Préparation :
45 min environ
Cuisson :
45 min environ

600 g de potiron
110 g de beurre
1/2 litre de lait
75 g de sucre
2 cuil. à soupe de fécule
3 œufs
Sel
Eau de fleur d'oranger au goût

• Préparer le potiron en petits morceaux, le faire cuire dans 4 cuil. à soupe d'eau et 50 g de beurre pendant 20 min.
• Le passer au mixer pour avoir une purée. Remettre dans la casserole et la poser sur le feu pour dessécher la purée convenablement. Pour 500 g de purée, la délayer avec 1/2 litre de lait, ajouter le sucre et 60 g de beurre. Mélanger convenablement et porter à ébullition en tournant.
• Dans 1 cuil. à soupe d'eau, délayer la fécule, l'ajouter à la purée de potiron et faire épaissir en tournant pendant quelques minutes.
• Préchauffer le four à température douce.
• Retirer du feu la purée de potiron, la laisser un peu refroidir.

Ajouter trois jaunes d'œufs l'un après l'autre en mélangeant. Battre les trois blancs en neige, les incorporer convenablement et parfumer au goût avec de la fleur d'oranger. Verser le tout dans un moule à manqué beurré et mettre au four pendant 45 min. Laisser refroidir et démouler cette sorte de quatre-quarts au potiron.

On peut le servir avec une crème anglaise à la vanille ou au chocolat, un coulis d'oranges.
Il peut accompagner des poires pochées au sirop, une compote de pommes, une mousse au chocolat, des pruneaux au vin rouge.

Tarte à la marmelade de potiron

Pour un fond de tarte de 4 à 6 personnes
Préparation : 15 à 20 min
Cuisson : 30 à 35 min

200 g de pommes un peu acides
800 g de potiron
50 g de sucre
50 g de beurre
Cannelle en poudre

• Éplucher les pommes, supprimer la tige et le cœur, les détailler en petits cubes, les mettre dans une casserole.
• Préparer le potiron (p. 223), détailler la chair en petits dés égaux à ceux des pommes, les mettre aussi dans la casserole, ajouter le beurre, le sucre et mouiller d'eau à hauteur. Faire partir à petite ébullition et laisser cuire de 30 à 35 min. La marmelade doit être bien réduite et au point de se mettre à caraméliser, l'eau étant tout à fait éliminée.
• Au bout de ce temps, soit passer les fruits au tamis pour avoir une purée fine, soit l'écraser grossièrement en purée avec la fourchette. Parfumer avec de la cannelle au goût et laisser refroidir.

Emplois : garnir un fond de tarte de 4 à 6 personnes préalablement cuit, servir tiède.
On peut décorer la tarte avec des amandes grillées au four, des pignons dorés dans la poêle, quelques graines de cardamome.
Elle peut être accompagnée de caramel liquide, crème Chantilly, sauce au chocolat.

La courgette

C'est donc une courge très jeune que l'on n'a pas laissée arriver à maturité et qui est, de ce fait, un petit légume frais et délicieux.
Elle se mange crue ou cuite.

Quantité
Variable selon l'emploi et les modes de cuisson.

Préparation

Si la peau est bien fine, il est inutile de la peler, mais c'est aussi une question de goût personnel et de recettes.
Couper en tout cas les deux extrémités, la courgette est censée être fine et n'aura donc pas besoin qu'on supprime ses graines comme pour le concombre.

Elle peut être détaillée : en tronçons arrondis, en olives comme pour le concombre (p. 215), en petits dés, en petites boules à la cuillère parisienne comme pour le concombre, en longues tranches fines, en rondelles, en bâtonnets, en julienne.

• En salade simple : pour tout dire, elle n'a pas un goût fou, mais relevée d'herbes et d'aromates ou mêlée à d'autres légumes, elle donne une bien agréable note de fraîcheur.
Quantité pour 4 personnes : 4 à 5 petites courgettes toutes fines.
Couper les deux extrémités, ne pas les peler, les râper en grosse julienne ou les détailler en fins petits bâtonnets.
Assaisonner d' une vinaigrette classique à l'huile d'olive (p. 27) et impérativement parfumer avec 1/2 tasse de basilic frais haché, ou 1/4 de tasse de thym frais.

• En salades mêlées
La courgette sera détaillée en dés ou en petites boules. Elle apportera sa fraîcheur à des petites salades de verdure ou de légumes telles que :
– dés de fonds d'artichauts cuits (p. 77), dés de tomates crues, dés de courgette, persil haché, vinaigrette classique à l'huile d'olive ;
– petites pousses d'épinards crues (p. 260), boules de courgette, 1 cœur de céleri finement émincé (p. 158), vinaigrette classique à l'huile d'olive et au cerfeuil haché ;
– petits bouquets de cresson, dés de courgette, dés de betterave, fines aiguilles de poitrine fumée bien rissolées, vinaigrette classique au persil ;

– petits bouquets de mâche, boules de courgette, champignons crus émincés, vinaigrette au persil plat ;
– boules de courgette, petits pois frais juste cuits à l'anglaise (p. 350) et refroidis, coriandre fraîche en petites pluches, vinaigrette classique.

Ce sont des petites salades que l'on a intérêt à présenter de manière décorative dans des petites assiettes individuelles et en les assaisonnant au dernier moment.

Cuisson

La courgette est de bonne volonté pour se cuire de toutes sortes de façons.
Elle se mêle aussi bien en préparations précises avec d'autres légumes.

• *Courgettes à l'anglaise :*

Pour une garniture pour 4 personnes, préparer et détailler en rondelles de 1 cm d'épaisseur 7 à 8 fines courgettes de 20 à 25 cm de long.
Préparer 2 cuil. à soupe de persil et de ciboulette hachés, les réserver. Cuire les courgettes à l'anglaise (p. 13), les prendre à l'écumoire pour les égoutter très soigneusement sur un linge, les dresser dans un légumier chaud. Conserver 2 cuillerées à soupe de jus de cuisson dans la casserole, ajouter 50 g de beurre et, en tournant sur le feu vif, obtenir une émulsion légère et onctueuse, ce qui prend 2 min. Verser et mélanger aux courgettes, les saupoudrer de fines herbes hachées, poivrer et servir.

Emplois : en garniture de poissons pochés accompagnés : de crème de curry (p. 41), de sauce mousseline (p. 47), de sauce choron (p. 48).
En garniture de viandes et volailles rôties.
En n'employant que la moitié, les courgettes peuvent être servies en même temps que : des haricots verts (p. 289), des champignons sautés (p. 169), des céleris-raves sautés à cru (p. 162).

• *Courgettes glacées*

Quantité pour 4 personnes : 7 à 8 fines courgettes de 20 à 25 cm de long.

Les préparer et les détailler en grosses olives comme les concombres (p. 215), les aligner dans une sauteuse côte à côte, les couvrir d'eau, ajouter du sucre, de l'eau et procéder comme pour le concombre glacé (p. 217).

Emplois : les mêmes que ceux des courgettes à l'anglaise.
On peut aussi mélanger courgettes, concombres et oignons glacés pour faire un plat un peu plus gourmand.

• *Courgettes sautées*
Préparer 6 à 7 courgettes fines (p. 226) pour 4 personnes, ne pas les éplucher, les détailler en rondelles d'1 cm d'épaisseur ou en longues tranches fines.
Dans une sauteuse à feu moyen-vif, faire chauffer de l'huile d'olive, aligner les rondelles de courgettes et les faire rapidement dorer sur les deux faces pendant 5 min à peu près. L'opération doit être menée rondement et il faut savoir que les courgettes « boivent le gras » et c'est en les saisissant bien qu'elles se sécheront le mieux.
Les égoutter sur du papier absorbant, les saler, les poivrer et, au choix, les saupoudrer de basilic haché, estragon haché, ciboulette hachée.

Emplois : une petite garniture de : viandes poêlées, de volailles rôties, d'une sole meunière.

Tian de courgettes sautées et gratinées

Pour 4 personnes
Préparation : 15 à 20 min
Cuisson des courgettes : 5 min

5 à 6 courgettes longues et fines
2 œufs entiers
3 à 4 cuil. à soupe d'huile d'olive
Thym
Sel, poivre

• Préparer et couper les courgettes en longues tranches d'1/2 cm d'épaisseur et les faire sauter. Aligner la moitié des tranches en une couche dans un plat à gratin légèrement huilé d'huile d'olive. Parsemer de thym froissé entre les mains. Déposer une seconde couche de courgettes et la parsemer de thym.
• Préchauffer le four à température moyenne-chaude.
• Dans un bol, battre les œufs entiers en omelette, les verser et les répartir sur les courgettes. Mettre au four 10 min environ, le temps que les œufs se prennent et que tout le plat prenne une jolie couleur dorée.
• Servir bien chaud.

Emplois : le légume idéal du dîner familial ou en garniture de foie de veau poêlé, de tendron de veau à la tomate, de poussins grillés à l'estragon, de ragoût de lotte à la tomate, de brandade de morue.

Courgettes aux tomates confites au four

Bien confites ensemble, la courgette et la tomate vont s'accorder pour faire un tian particulièrement savoureux.

Pour 4 personnes
Préparation : 30 min
Cuisson : 3 h environ

800 g de tomates moyennes juste mûres
600 g de courgettes fines
1 grosse gousse d'ail
3 à 4 cuil. à soupe d'huile d'olive
1 branche de thym frais
Un peu de sucre
Sel, poivre

• Préparer les courgettes sans les peler et en les coupant en tranches d'un bon centimètre d'épaisseur.
• Émonder les tomates, retirer les graines et l'eau de végétation (p. 438), supprimer le pédoncule et les couper en 2 ou 3 tranches dans le sens de la largeur.
• Préchauffer le four à température douce, frotter convenablement un plat à gratin avec la gousse d'ail. Dans le plat, aligner des rangées de tomates et de courgettes alternées, saupoudrer les tomates d'un peu de sucre, saupoudrer de thym frais les deux légumes, saler et poivrer légèrement.
• Arroser le tout d'huile d'olive et mettre au four à confire très doucement pendant 3 heures à peu près, le tassant de temps en temps avec le dos de l'écumoire pour que les légumes soient convenablement confits et un peu colorés.
• Servir dans le plat de cuisson.

Emplois : le plat de légumes du dîner familial tout à fait délicieux à servir avec une omelette.
Garniture d'œufs pochés chauds.
Il peut se servir froid avec un poisson poché froid ou du rôti de veau froid.

Petits beignets de courgette

Pour un joli plat de petits beignets
Préparation : 10 min
Repos de la pâte : 2 h
Cuisson : 5 min

7 à 8 courgettes fines de 20 à 25 cm
220 g de pâte à frire (p. 58)
Huile pour frire
Sel

• Faire la pâte à frire deux heures à l'avance en laissant le blanc de côté.
• Préparer les courgettes sans les peler et en les coupant en rondelles fines d'un petit 1/2 cm d'épaisseur. Au moment de faire les beignets, incorporer le blanc battu en neige à la pâte à frire et faire convenablement chauffer l'huile dans la bassine.
• Plonger les rondelles de courgettes dans la pâte à frire, une par une et par fournées les mettre à frire sans qu'elles se touchent. À bonne couleur, les sortir et les poser sur du papier absorbant, les saler et les saupoudrer si l'on veut de persil haché très fin.
• Les présenter dans un grand plat.

Emplois : tièdes, un agréable amuse-bouche pour l'apéritif, ou chaudes : une garniture légère pour s'ajouter à d'autres légumes tels que des haricots verts (p. 289), des épinards (p. 257) ou des champignons sautés (p. 169) ; pour accompagner : des poissons braisés, du canard rôti, des langoustines poêlées.

Quelques autres courges

Ces légumes ne sont pas très courants, on ne les voit guère sur les marchés citadins mais ils sont souvent amoureusement cultivés par des jardiniers amateurs de cette famille des cucurbitacées qui rampe, qui grimpe et qui nous offre ces beaux légumes éclatants, décoratifs, souvent volumineux et amusants à découvrir dans son assiette.

La chayote, ou cristophine

Il existe une variété jaune très pâle et hérissée de poils courts mais on rencontre le plus souvent un joli légume vert tendre en forme de belle poire côtelée.

Préparation

Après l'avoir pelée, on la détaille en lamelles tout autour de l'amande centrale qui est en général supprimée mais qui est également comestible et d'un goût très fin.

Cuisson
Tous les modes de cuisson et toutes les recettes de la courgette (p. 226 à p. 230) froides ou chaudes conviennent à la chayote.

Le giraumon, dit citrouille des Antilles

On l'appelle aussi « bonnet turc », « citrouille iroquoise » et il ressemble à un potiron.
Deux variétés de giraumon :
– un bien gros légume de 3 à 4 kg,
– un plus petit d'1 kg environ.
C'est ce dernier qu'il est préférable de choisir car, entamé, le giraumon ne se conserve pas.
Sa chair délicate est ferme, douce au goût et légèrement musquée.

Préparation
Il se pèle et on supprime les graines tout comme pour une courge rouge ou un potiron.

Cuisine
On peut le manger cru et en salade comme le concombre (p. 216). Cuit, les recettes du potiron (p. 223) lui conviennent tout à fait. Il est aussi un élément du ragoût dans la cuisine antillaise.

Le pâtisson ou artichaut de Jérusalem

C'est une courge ronde et bombée, de couleur blanc-vert, toute bordée de festons arrondis.
Le pâtisson peut être très gros et atteindre jusqu'à 25 cm de diamètre. Dans ce cas, il sera très beau à utiliser seulement comme milieu de table car sa chair est devenue fibreuse et peu agréable. Il est délicieux et amusant quand il est tout petit, relevé de fines herbes hachées, et cuit en douceur à l'étuvée (p. 14) ; il est d'usage aussi de le conserver dans le vinaigre comme les cornichons.
Le pâtisson est cultivé dans le Midi ; on le récolte en août et en septembre. Sa chair ferme et légèrement sucrée rappelle en moins fin celle de l'artichaut et il faut le choisir pas plus gros qu'un artichaut moyen.

Préparation
Le laver et couper à ras le départ de la tige.

Cuisson
Comme un bel artichaut, il est cuit à l'anglaise (p. 13). Il faut le maintenir tendre mais encore ferme : on en juge en le piquant avec la pointe d'un couteau.
On peut le consommer froid ou chaud et on peut alors lui appliquer les assaisonnements et les préparations des artichauts (p. 75 à p. 80).

Le potimarron

Une courge aussi, qui en plus petit ressemble au potiron. Autant dire qu'il est très décoratif : beau dans un jardin, beau sur une table. Sa chair, en revanche, évoque beaucoup le marron, à la fois par son goût et sa consistance.

Cuisine
On peut le traiter comme le potiron (p. 223) : en soupe, en gratin, mais aussi en faire une belle purée de saveur bien semblable à celle des marrons (p. 312).

Et Jacques Maximin propose

Clafoutis de courge rouge

Pour 4 personnes
Préparation :
45 min environ
Cuisson totale :
20 min environ

400 g de courge rouge
1/2 gousse d'ail
1/2 échalote
2 pincées de feuilles de thym
3 œufs
80 g de farine
80 g de Maïzena
10 cl de lait
1/4 de litre de crème fleurette
30 g de beurre
4 cuil. à soupe d'huile d'olive
Sel, poivre

Préparation et cuisson de la courge rouge
• Éplucher la courge rouge et la tailler en petits dés. Les réserver.
• Hacher finement l'ail et l'échalote, froisser une branche de thym pour en obtenir 2 bonnes pincées, réserver.
• Mettre à chauffer à feu vif 2 cuillerées à soupe d'huile d'olive. Ajouter les dés de courge et les faire sauter et prendre couleur très rapidement en les tournant en tous sens. Les retirer ensuite à l'écumoire pour éviter le surplus de gras et les poser sur une assiette. Réserver.

Préparation de l'appareil à clafoutis

• Dans un saladier, casser les œufs, les battre et y mélanger la farine et la Maïzena. Verser ensuite le lait petit à petit en tournant avec la cuillère en bois pour obtenir un mélange lisse et fluide. Ajouter la crème fleurette en l'incorporant convenablement. Saler et poivrer.

Préparation et cuisson des clafoutis

• Préchauffer le four à température moyenne.

• Dans une poêle, faire chauffer à feu moyen 2 cuillerées à soupe d'huile d'olive, ajouter l'ail, l'échalote, le thym et les dés de courge. En tournant, laisser ramollir et compoter pendant 2 min. À l'aide d'une écumoire pour éviter le surplus de gras, déposer les dés de courge dans un saladier et les laisser refroidir. Prendre 4 moules à tarte individuels de 10 cm de diamètre, les graisser légèrement avec du beurre.

• La courge étant refroidie, lui ajouter l'appareil à clafoutis et mélanger délicatement le tout. Vérifier l'assaisonnement en sel et en poivre. Répartir ensuite dans les moules à tarte et mettre à cuire au four pendant 10 à 15 min. Démouler et servir bien chaud avec, si on le souhaite, un coulis de tomate un peu acidulé.

Fondue de chayotes

Pour 4 personnes
Préparation :
20 à 25 min
Cuisson :
1 petite heure

2 chayotes*
8 ciboules
2 à 3 cuil. à soupe d'huile d'olive
1 branche de thym
2 gousses d'ail
Le jus d'1 citron
1/2 verre de fond blanc de volaille (p. 23)
30 g de beurre
Sel, poivre

Préparation des légumes

• Peler les chayotes, les ouvrir en 2, retirer le noyau et, avec un couteau, supprimer la partie cornée du centre du légume.

• Peler les ciboules.

• Détailler ensuite les chayotes et les oignons en lamelles fines dans le sens de la longueur.

• Éplucher les gousses d'ail, les couper en 2 dans le sens de la longueur.

Cuisson

• Dans une sauteuse, mettre à chauffer l'huile d'olive à feu moyen,

(*) *La chayote* se nomme aussi *cristophine* et peut subir les mêmes apprêts que le concombre ou la courgette.

ajouter les 2 légumes et les faire blondir en les remuant convenablement pendant 5 à 6 min. Ajouter le thym, les gousses d'ail et le beurre. Saler et poivrer.
• Parfumer avec le jus de citron, mouiller avec le fond blanc de volaille, saler, poivrer. Porter à toute petite ébullition, régler ensuite à feu doux. Couvrir, laisser mijoter et compoter les légumes jusqu'à ce qu'ils soient fondus.

Présentation
• Supprimer la branche de thym.
• Dresser dans un plat chaud et servir.

Remarque : ce simple plat peut être la fine garniture d'une darne de thon cuite à la poêle.

Marinade de fleurs de courgettes assaisonnées de Saint-Jacques

Pour 4 personnes
Préparation : 1 h
Cuisson des poivrons : 15 min en tout
Temps de marinade : 1 bonne heure

16 fleurs de courgettes
8 coquilles Saint-Jacques
1 petit poivron rouge
1 petit poivron vert
1 petit poivron jaune
2 tomates
2 gousses d'ail
2 citrons
3 cuil. à soupe de vinaigre balsamique en tout
13 à 14 cuil. à soupe d'huile d'olive en tout
12 copeaux de parmesan
Sel, poivre

Préparation des légumes
• Nettoyer et parer les fleurs de courgettes : couper un peu la tige, et éliminer les débris avec le bout des doigts. Les plonger 5 à 10 s dans de l'eau bouillante, puis les passer sous l'eau glacée, les sécher convenablement, les réserver.
• Ébouillanter les poivrons pour retirer la peau, supprimer les graines et les fibres, les tailler en très petits dés.
• Éplucher une petite gousse d'ail, la hacher.
• Dans une poêle, mettre à chauffer 3 cuil. à soupe d'huile d'olive à feu moyen, ajouter les poivrons et la gousse d'ail hachée, faire ramollir et revenir les légumes, les laisser refroidir et les réserver.
• Plonger les tomates 15 s dans l'eau bouillante pour retirer la peau, supprimer les graines, les couper en petits dés et les laisser s'égoutter dans une passoire au-dessus d'un bol.

Préparation des fleurs de courgettes farcies

• Décoquiller les Saint-Jacques et hacher la chair en dés moyens.

• Dans un saladier, mélanger les poivrons refroidis pris à l'écumoire pour éviter le surplus de gras, les dés de Saint-Jacques et les dés de tomates, ajouter le jus d'un citron, 1 cuil. à soupe de vinaigre balsamique, 2 à 3 cuil. à soupe d'huile d'olive, du sel, du poivre, et bien mélanger le tout.

• Farcir de ce mélange les fleurs de courgettes et les aligner dans un plat.

• Faire une vinaigrette avec le jus de l'autre citron, 2 cuil. à soupe de vinaigre balsamique, 1 gousse d'ail hachée, 7 à 8 cuil. à soupe d'huile d'olive, du sel, du poivre. Tout en fouettant cette sauce, en verser sur les fleurs de courgettes et laisser mariner en les retournant de temps en temps pendant 1 bonne heure.

Finition

• Détailler 12 fins copeaux de parmesan, les réserver.

• Prendre les fleurs de courgettes à l'écumoire, en disposer 4 par assiette. Battre la marinade en lui ajoutant un petit peu d'eau et en saucer légèrement chaque assiette. Terminer en ajoutant les copeaux de parmesan.

Facultatif : on peut compléter ce plat avec quelques fines lamelles d'ail frit.

Pudding de courgettes

Pour 4 personnes
Préparation : 1 h
Cuisson totale : 2 h

300 g de pâte brisée (p. 56)
4 courgettes longues
400 g de pommes de terre (type roseval)
400 g de pleurotes
2 échalotes
1 gousse d'ail
12 cl d'huile d'olive en tout
60 g de beurre en tout
Farine
Sel, poivre

• Préparer la pâte brisée (p. 56) et la laisser reposer.

Préparation des légumes

• Éplucher et tailler les pommes de terre en billes égales, les précuire 10 à 12 min à grande eau bouillante salée.

• Sans les éplucher, en supprimant juste le côté de la tige, tailler les courgettes en longues tranches sur 3 mm d'épaisseur.

• Nettoyer convenablement les pleurotes (p. 172), les tailler en julienne.
• Hacher l'ail et les échalotes.

Cuisson des légumes
• Dans une cocotte à feu moyen, mettre à chauffer 30 g de beurre, ajouter les pommes de terre et terminer leur cuisson en les faisant dorer convenablement de tous côtés, saler et poivrer.
• Dans une grande poêle, mettre à chauffer 3 à 4 cuil. à soupe d'huile d'olive, aligner côte à côte des tranches de courgettes et les faire dorer quelques minutes des deux côtés en veillant à ne pas les casser en les retournant. Faire plusieurs fournées. Au fur et à mesure, les déposer sur du papier absorbant et les saler.
• Dans une poêle, faire chauffer 1 à 2 cuil. à soupe d'huile d'olive à feu moyen-doux, ajouter l'ail, les échalotes et les pleurotes. En douceur, faire « suer » et ramollir les champignons pendant 10 min à peu près jusqu'à ce qu'il n'y ait plus du tout d'eau de végétation. Saler et poivrer.

Montage et cuisson des petits puddings
• Sur une planche farinée, étaler finement la pâte brisée. À l'aide d'un cercle de 10 cm de diamètre, découper 4 ronds de pâte. Les réserver.
• Préchauffer le four à 160 °C.
• Avec le bout des doigts, graisser la plaque du four avec 25 g de beurre. Poser dessus 4 cercles en inox de 10 cm de diamètre et de 3 cm de hauteur. Les garnir de tranches de courgettes disposées en étoile et se chevauchant légèrement. Bien épouser les bords du cercle et laisser dépasser et retomber la partie restante des tranches de courgettes. Garnir le fond du cercle de pommes de terre. Remplir de julienne de pleurotes et refermer en rabattant les tranches de courgettes.
• Poser 1 rond de pâte sur chaque cercle garni et mettre au four à cuire pendant 1 heure.

Présentation
• Au moment de servir, retirer délicatement les cercles de métal et, à l'aide d'une spatule, déposer au centre des assiettes les petits puddings surmontés de leur rond de pâte bien doré.

Remarque : toute la préparation des puddings peut être faite à l'avance, on les cuira au four au dernier moment.

Tarte de fleurs de courges

Pour 4 personnes
Préparation : pâte, 2 h à l'avance ; tarte, 25 min
Cuisson : courge, 6 à 7 min ; tarte, 1 petite heure ; fleurs, 3 à 4 min

250 g de courge
15 cl de crème fleurette
3 œufs
10 g de cannelle
1 g de clous de girofle en poudre
8 à 12 fleurs de courges selon leur taille
1 litre d'huile pour frire
Sel de céleri
Sel, poivre

Pâte :
200 g de farine
100 g de beurre
Un peu de lait
1 pincée de sel

Préparation de la pâte

• Dans un saladier, mélanger la farine et le beurre coupé en lamelles, le sel. Ajouter un peu de lait et manier la pâte très rapidement, elle doit être souple.
• La mettre en boule et la laisser reposer 2 h.

Préparation et cuisson de la courge

• Peler et épépiner la courge, la couper en dés.
• Mettre un petit peu d'eau au fond d'une casserole et du sel, ajouter les dés de courge et la faire cuire à petite ébullition pendant 6 à 7 min. Elle est à point quand elle s'écrase facilement.
• La verser dans une passoire et la laisser s'égoutter convenablement.

Préparation du fond de tarte

• Préchauffer le four à température moyenne-chaude.
• Étaler finement la pâte sur une surface farinée.
• Avec un peu de beurre, graisser légèrement un moule à tarte de 22 cm de diamètre, à fond mobile. Le garnir de pâte en la pinçant bien tout autour du bord et en roulottant, la préparer ensuite pour la faire cuire à blanc (p. 56) pendant 20 min environ.

Préparation et cuisson de la tarte

• Préchauffer le four à température moyenne-chaude (200 °C).
• Verser les dés de courge dans un saladier, les écraser à la fourchette, ajouter la crème fleurette et les 3 œufs battus en omelette. Bien mélanger. Assaisonner et parfumer avec du sel, du poivre, la cannelle et le clou de girofle en poudre. Mélanger convenablement.
• Le fond de tarte étant cuit, le débarrasser du papier alu et des haricots et y verser la purée de courge. Enfourner et laisser cuire pendant 30 à 45 min.

Préparation et cuisson des fleurs de courges
• Mettre à chauffer l'huile de friture dans une bassine.
• Pendant ce temps, couper le petit bout de tige des fleurs de courges et les nettoyer convenablement avec un petit chiffon.
• Quand l'huile est bien chaude, mettre les fleurs de courges dans le panier et les plonger 2 à 3 min dans l'huile de friture, elles doivent être dorées et croustillantes. Les poser sur du papier absorbant et les saupoudrer de sel de céleri avant de les poser côte à côte sur la tarte de courge chaude.
Servir de suite.

Mille-feuilles de courge en confiture

Pour 4 personnes :
Préparation :
20 à 25 min
Cuisson : des feuilletés, 25 min ; de la courge, 35 à 45 min

600 g de pâte feuilletée
500 g de courge rouge
500 g de sucre en poudre
2 gousses de vanille
1 citron
80 g de sucre glace

Préparation de la courge
• Éplucher la courge et la tailler en dés.
• Dans une casserole à fond épais, verser le sucre et l'humidifier avec un peu d'eau. Mettre à feu doux et le cuire jusqu'à ce qu'il se forme des petites bulles (environ 110 °C à 115 °C au thermomètre à sucre).
• Ajouter les dés de courge, le jus du citron et les gousses de vanille fendues en deux. Mettre à feu vif en tournant sans cesse, cuire la confiture jusqu'à ce que le sucre nappe la cuillère et se solidifie. Laisser refroidir la confiture.

Préparation et cuisson des feuilletés
Voir p. 211 et découper 16 rectangles en tout.

Montage des mille-feuilles
• Disposer 4 rectangles de feuilleté, étaler de la confiture dessus, la couvrir d'un autre rectangle, remettre de la confiture puis un autre rectangle, puis de la confiture et terminer par un dernier rectangle que l'on saupoudre de sucre glace.
• On peut, si on le souhaite, glacer le dessus des mille-feuilles à l'aide du fer à brûler.

Le crosne

Origines

C'est un drôle de petit légume tout tortillé, de couleur blanchâtre, en fait le tubercule d'une plante originaire du Japon. Il doit tout bonnement son nom à la localité de Crosnes, en Seine-et-Oise, où il fut semé chez nous pour la première fois.
Il connut au XIXe siècle son heure de gloire. On pourrait même parler d'un véritable engouement dans les années 1886-1887. On célébrait ses formes en le comparant, qui à la queue du scorpion, qui à un chapelet de grains d'ivoire. Tous s'accordaient pour le trouver exquis, et c'est vrai qu'il a la saveur délicate et agréable d'un artichaut légèrement sucré.
Alexandre Dumas fils, pour la première de sa pièce *La Salade japonaise*, eut l'idée de faire servir sur scène à ses comédiens une salade où se trouvaient des crosnes. Est-ce de ce moment qu'il fut dit « du Japon » ?
C'est maintenant un légume presque oublié, que l'on ne voit que rarement sur les marchés. Il reviendra peut-être un jour à la mode, ne serait-ce que pour son caractère décoratif.

Aspects

C'est un légume d'automne. Apparemment, il n'y en a qu'une seule sorte.
Les crosnes frais se reconnaissent à leur peau blanchâtre, un peu brillante. Ils ne doivent pas être fripés, ni avoir les bouts foncés.
C'est plutôt un bon et fin petit légume original à servir. Il a une saveur douce et un peu sucrée. Quoique peu facile à trouver et pas du tout bon marché, il mérite d'être essayé en tant que légume rare et recherché.

La cuisine du crosne

Ne pas le laisser traîner après l'achat, car il se flétrit vite et il vaut donc mieux le cuisiner le plus vite possible.

Quantité
Environ 400 g pour 4 personnes

Préparation
Supprimer les 2 bouts de chaque crosne, les mettre dans un torchon rugueux avec du gros sel et frotter, frotter pour faire tomber la peau en petites pelures. C'est à vrai dire complètement fastidieux et, outre son prix, c'est peut-être la raison de son désamour. Après cette opération, laver les crosnes très soigneusement à plusieurs eaux courantes pour supprimer le sel et les petites peaux.

Cuisson
• *À l'anglaise*
À grande eau bouillante salée pendant 10 min, moins s'ils sont très frais ; ils doivent être fondants, fermes sans être mous.
Bien égouttés, ils sont bons à être accommodés.

• *À l'étuvée*
Mettre les crosnes dans une large casserole, les recouvrir juste d'eau, ajouter 30 g de beurre et cuire à petite ébullition jusqu'à évaporation complète de l'eau. Ils sont alors bons à servir après les avoir salés et poivrés modérément pour ne pas dénaturer leur fine saveur un peu sucrée.
C'est à mes yeux la meilleure cuisson pour les servir tels quels sans avoir à les réchauffer.

Emplois : les mêmes que ceux énumérés à la cuisson à l'anglaise. Mais on peut les servir en fines entrées avec des langoustines poêlées, des écrevisses à la crème ou des coquilles Saint-Jacques meunière.

Les crosnes en salade

Pour 4 personnes

400 g de crosnes

Les cuire à l'anglaise, bien les égoutter et les sécher dans un torchon, les laisser refroidir.
Assaisonner d'une vinaigrette classique avec ou sans fines herbes (p. 27) ou de fleurette au vinaigre de xérès (p. 33).

Les crosnes au beurre

Pour 4 personnes

400 g de crosnes

Les cuire à l'anglaise (p. 240).

Première manière : au beurre simple
Dès qu'ils sont égouttés, les mettre dans une casserole à feu doux avec 30 à 40 g de beurre et les chauffer en les roulant sans leur faire prendre couleur.

Deuxième manière : au beurre fondu émulsionné
Dans la casserole, réserver 3 à 4 cuil. à soupe d'eau de cuisson des crosnes et faire un beurre fondu émulsionné (p. 53). Ajouter les crosnes et les rouler dedans.
On peut leur ajouter du cerfeuil haché.

Emplois : une jolie garniture pour un poisson poché à la hollandaise (p. 46), des poulardes pochées à la crème de volaille (p. 42), des paupiettes de veau à la crème et à l'estragon ou des ris de veau poêlés

Crosnes à la crème et aux truffes

Pour 4 personnes
Préparation :
20 à 25 min
Cuisson : 12 à 15 min

400 g de crosnes
25 cl de crème fraîche
Sel, poivre

Facultatif : **2 truffes moyennes fraîches ou de conserve (p. 194)**

• Préparer les crosnes (p. 239), les faire cuire à l'étuvée (p. 240).
• Dans les dernières minutes de leur cuisson, quand il reste encore un fond d'eau dans la casserole, verser la crème, bien la mélanger et la laisser bouillotter et réduire à feu doux jusqu'à consistance onctueuse, saler, poivrer.
• Comme on le souhaite… mais c'est très bon, détailler une truffe en fins petits bâtonnets. Si elle est de conserve et qu'il y a un peu de jus dans la boîte, l'ajouter aux crosnes.
Servir dans un légumier chaud en parsemant les petits légumes de julienne de truffe.

Emplois : en très fine et délicate entrée, en garniture de foie gras poêlé ou d'un turbot poché.

Et Jacques Maximin propose

Blanquette de crosnes aux mousserons

Pour 4 personnes
Préparation :
15 à 20 min
Cuisson :
25 min environ

800 g de crosnes
400 g de mousserons
2 échalotes
1/2 litre de fond blanc de volaille (p. 23)
2 jaunes d'œufs
10 cl de crème fraîche
60 g de beurre en tout
ciboulette hachée au goût
Sel, poivre

Préparation des crosnes et des mousserons

• Préparer les crosnes (p. 240) et les mousserons (p. 181). Eplucher et hacher les échalotes.
• Dans une poêle à feu moyen, mettre 30 g de beurre, ajouter les crosnes et les faire poêler pendant 5 à 6 min environ.
• Dans une sauteuse, poêler de même les mousserons avec les échalotes, et les laisser rendre leur eau de végétation. Enlever les champignons à l'écumoire et terminer la cuisson des crosnes dans le jus des mousserons en le laissant réduire doucement de moitié pendant 10 min environ.

Finition et présentation

• Pendant ce temps, mettre à chauffer le fond blanc de volaille et confectionner un velouté onctueux avec les œufs et la crème (p. 43).
• Le jus des mousserons ayant bien réduit, ajouter les champignons aux crosnes dans la sauteuse, mouiller avec le velouté et laisser chauffer convenablement quelques minutes.
• Pendant ce temps, ciseler la ciboulette en petits tronçons.
• Répartir la blanquette de crosnes aux mousserons dans 4 assiettes et la parsemer de ciboulette hachée.

Gratin de crosnes

Pour 4 personnes :
Préparation :
25 à 30 min
Cuisson : des crosnes, 15 à 20 min ; du velouté, 35 à 40 min

600 g de crosnes
12 dl de velouté (p. 43)
Essence de truffes au goût*
4 jaunes d'œufs
50 g de parmesan râpé
50 g de beurre
Sel, poivre

(*) L'essence de truffes se trouve toute prête en petits flacons dans les bonnes épiceries.

• Nettoyer et préparer les crosnes (p. 239).
• Faire le velouté (p. 43), le parfumer à l'essence de truffes, bien retirer les petites impuretés qui montent à la surface, le lier avec les jaunes d'œufs, le laisser très convenablement épaissir en le laissant bouillotter doucement.
• Mettre le beurre à fondre dans une sauteuse à feu doux. Ajouter les crosnes et les faire étuver à couvert en les retournant régulièrement pendant 15 à 20 min. Saler et poivrer.
• Râper le parmesan.

Présentation
• Préchauffer le gril du four.
• Les crosnes étant cuits, prendre 4 assiettes. Au fond de chacune, mettre une couche de crosnes, couvrir de très peu de velouté bien épais puis de parmesan. Refaire des couches alternées de crosnes, de velouté et de parmesan.
• Mettre ensuite à gratiner en douceur au four.
Servir bien chaud et bien doré.

L'échalote

Origines

Elle serait en quelque sorte un bâtard de l'ail et de l'oignon, ou sa cousine rapprochée. L'échalote fait en tout cas partie de la famille des alliacées. Elle aurait été cultivée en Palestine bien longtemps avant J.-C. C'est donc une plante potagère. Ce sont les croisés qui la ramenèrent en Europe, où sa saveur piquante et parfumée intermédiaire entre l'ail et l'oignon eut vite tous les succès. Charlemagne la fit rapidement cultiver dans ses célèbres potagers, où elle était en bonne place entre l'ail et l'oignon.

Nous en sommes toujours très gourmands, et elle fait partie intégrante non seulement de la cuisine française, mais de la cuisine européenne. Autres grands consommateurs de l'échalote, les Chinois dont la réputation de gastronomes n'est plus à faire.

Aspects

L'échalote se récolte en juillet et, fraîche, apparaît l'été sur les marchés. La « vraie » échalote est grise, c'est la meilleure, au goût accentué, à la saveur piquante. Elle est de plus en plus difficile à trouver. Pas très grosse, elle doit être bien dure et de forme allongée.

On rencontre plus facilement la « rose de Jersey » à la pelure rose et au goût plus doux. L'hiver, vous achèterez l'échalote « cuisse de poulet », faite pour la conservation et qui se présente sous la forme de gros bulbes allongés aux pelures orangées.

Choix et qualités

Grise ou rose, d'été ou d'hiver, il faut choisir les échalotes bien dures sous le doigt, bien enfermées dans leurs pelures et ne commençant surtout pas à germer.

La cuisine de l'échalote

C'est un légume-condiment aux multiples emplois qui est utilisé cru ou cuit.

Quantité
On ne peut le dire pour 1 personne étant donné la diversité de ses utilisations. Selon les cas, elle sera crue ou cuite.

Préparation

• Supprimer toutes les pelures et couper les parties dures à chaque extrémité ; on peut alors la garder entière ou :
• Émincée dans le sens de la hauteur.
• Détaillée en rondelles dans le sens de la largeur.
• Hachée plus ou moins finement.

Emplois

Ils sont extrêmement nombreux, car l'échalote fait vraiment partie de notre cuisine et on en use facilement crue ou en cuisson.
À titre de rappel, et la liste ne prétend pas être exhaustive.

• Hachée finement, l'échalote crue est le condiment par excellence des vinaigrettes et aussi de la mayonnaise (p. 28).
Elle peut être employée pour presque toutes les salades vertes et salades de légumes, mais rappelons qu'elle est particulièrement à sa place dans les salades de choux divers, de pommes de terre, de betteraves, de haricots verts, de tomates, de haricots blancs frais.
Elle est aussi le point de départ du très excellent beurre blanc (p. 45), de la béarnaise (p. 47) et de sa variante, la sauce choron (p. 48).
• Hachée ou émincée, elle fait partie de tous les plats mijotés : ragoûts, braisés, sautés.
• Hachée finement crue ou cuite, elle parfume farces et terrines.
• Entière et crue, elle est jetée dans le pot-au-feu et les courts-bouillons.
• Confite non épluchée, la servir telle quelle autour d'une pièce de viande ou de volaille ou d'un poisson braisé comme on fait avec les gousses d'ail.
L'écraser avec une fourchette pour sortir la pulpe et avoir une purée que l'on incorpore à un jus de rôti de braisage ou pour compléter le déglaçage d'une poêle.
• Confite épluchée, écrasée en purée et employée de même façon que l'échalote cuite dans sa peau.
– servie en compagnie d'un autre légume tels que haricots blancs frais, haricots verts, tomates poêlées (p. 444).

Les échalotes confites (recette de base)

C'est une lente et douce cuisson dans une matière grasse.
Temps de cuisson : 40 à 50 min
Matière grasse : beurre ou graisse d'oie

Première manière : retirer juste la première peau, faire fondre la graisse à feu très doux, y poser délicatement les échalotes, elles doivent être immergées, et les laisser cuire très doucement. Puis les prendre à l'écumoire et les égoutter sur du papier absorbant.

Deuxième manière : éplucher les échalotes, mettre très doucement du beurre à fondre, immerger les échalotes dans le beurre et les cuire tout doucement. Les prendre ensuite à l'écumoire et les sécher sur du papier absorbant.

Si enfin vous souhaitez goûter l'échalote confite en recettes élaborées utilisée pour elle-même,

Jacques Maximin propose

Confit d'échalotes aux pruneaux, bolognaise de canard

Pour 4 personnes
Préparation : 35 à 40 min
Cuisson : des échalotes, 40 à 50 min ; de la bolognaise, 30 à 35 min

25 échalotes
25 beaux pruneaux
300 g de graisse d'oie

Bolognaise de canard :
1 magret de canard
1 oignon
2 échalotes
3 gousses d'ail
1 tomate
1 louche de fond de veau (p. 24)
3 cuil. à soupe d'huile d'olive
Sel, poivre

Préparation des échalotes et des pruneaux

• Éplucher les échalotes.
• Dans une sauteuse, à feu moyen-doux, mettre la graisse d'oie à chauffer, y poser les échalotes et les mettre à confire pendant 40 à 50 min à feu doux.
• Dénoyauter les pruneaux, les réserver.

Préparation de la bolognaise de canard

• Retirer la peau du magret, la dégraisser en partie, la réserver ainsi que la graisse.
• Éplucher et hacher les échalotes, l'oignon et les gousses d'ail.
• Supprimer la peau et les graines de la tomate (p. 438), la concasser grossièrement.
• Dans une petite sauteuse, mettre à chauffer l'huile d'olive à feu moyen. Ajouter l'ail, l'oignon et l'échalote et les faire se ramollir et colorer pendant 5 à 6 min.
• Pendant ce temps, hacher finement le magret au couteau, le déposer ensuite dans la sauteuse et, en relevant le feu, le faire revenir vivement avec le mélange oignon, échalote, ail. Ajouter la tomate concassée et le fond de veau, mélanger, saler, poivrer, baisser le feu et laisser mijoter pendant 30 à 35 min.

Finition

À l'aide de l'écumoire, retirer les échalotes confites de leur graisse, les poser sur du papier absorbant et bien les éponger avant de les introduire dans les pruneaux dénoyautés. Les mettre à chauffer dans le four à température douce.
• Détailler la peau du magret en lardons, les plonger 1 min dans l'eau bouillante, les égoutter et les éponger. Mettre à chauffer dans une poêle la graisse réservée du magret. Quand elle est bien chaude, y mettre à frire les lardons de peau de façon qu'ils soient bien croustillants. Avec l'écumoire, les déposer sur du papier absorbant et les saler.

Présentation

Dans 4 assiettes creuses chaudes, répartir la bolognaise de canard, disposer dessus des échalotes aux pruneaux et les parsemer de lardons.

Soufflé d'échalotes confites au melon et au vinaigre de xérès

Pour 4 personnes :
Préparation : 20 à 25 min
Cuisson : 1 bonne heure

400 g de melon
200 g d'échalotes
4 cl de vinaigre de xérès
4 blancs d'œufs
50 g de sucre
4 feuilles de gélatine
100 g de crème fleurette

Préparation du melon et des échalotes

• Préchauffer le four à température douce.

• Éplucher et hacher finement les échalotes. Supprimer l'écorce et les graines du melon, le détailler en tranches d'1/2 cm d'épaisseur.
• Dans un plat à rôtir de juste dimension, faire un lit d'échalotes et le couvrir de tranches de melon. Arroser le tout avec le vinaigre de xérès. Mettre au four et laisser bien cuire et se ramollir pendant 1 h ou plus.
• Au bout de ce temps, verser les échalotes au melon dans un mixer et broyer pour obtenir une purée, la verser dans un torchon, nouer celui-ci aux quatre coins et le suspendre pour que la purée s'égoutte bien pendant 1 petite heure.

Préparation de la meringue
• Ramollir la gélatine dans un tout petit peu d'eau tiède.
• Battre les 4 blancs d'œufs en neige en leur incorporant petit à petit le sucre en poudre en le versant en pluie.
• Terminer en y mélangeant doucement la gélatine.
• Monter la crème fleurette en crème fouettée bien ferme. La réserver.

Préparation et finition des soufflés
• Découper des bandes de papier sulfurisé et entourer 8 cassolettes de papier sulfurisé en le faisant dépasser de 2 cm au-dessus des petits récipients et en le fixant avec un élastique.
• Finir les soufflés en mélangeant d'abord la pulpe de melon aux échalotes avec la meringue refroidie, puis incorporer ensuite la crème fouettée.
• Remplir les moules jusqu'en haut du papier sulfurisé et mettre au réfrigérateur plusieurs heures à l'avance.

Présentation
• Au moment de servir, retirer le papier sulfurisé et servir tel quel dans les petits moules.

Remarque : on peut servir avec une compote de melon.

L'endive

Origines

L'endive telle que nous la connaissons est un légume récent, qui date seulement de la moitié du XIXe siècle et dont la « création » est due d'une part, vers 1850, à un paysan observateur des environs de Bruxelles et au jardinier en chef, Brézier, des jardins botaniques de Bruxelles.

L'endive est en fait au départ une chicorée sauvage verte et amère, en aucun cas comestible. Mais notre paysan avait constaté que ladite chicorée, mise à l'ombre et au chaud, s'éclaircissait et s'adoucissait d'autant, devenant bonne à manger. De là à entreprendre une petite culture... dont Brézier entend sans doute parler. Il trouve l'idée intéressante, et décide d'améliorer le nouveau légume. Pour cela, il va utiliser les vastes souterrains des jardins botaniques de Bruxelles pour y forcer et faire blanchir avec succès ses fameuses chicorées.

La witloof (feuillage blanc en flamand), dite aussi chicon en Belgique et endive en France, était née, et s'apprêtait à commencer une carrière prometteuse, dépassant les frontières de la Belgique et du nord de la France. L'endive est en effet un légume avantageux, sans déchets, fin de goût, facile à préparer cru ou cuit, pauvre en calories et qui plaît à tout le monde.

Sa culture se passe en deux temps : des chicorées à grosses racines sont d'abord mises en terre en plein air, d'avril à l'automne, puis les racines sont repiquées et terminent leur développement dans l'obscurité chaude des caves jusqu'au début de l'hiver. L'endive est alors ramassée, triée, lavée, emballée jusqu'au moment de sa distribution. La France du Nord en est le principal producteur.

Aspects

Il n'existe pas de variétés proprement dites dans l'endive. On peut juste en remarquer 3 sortes différentes : des toutes petites, dites endivettes, d'autres ayant les feuilles un peu frisées et découpées, et enfin celles à forme oblongue et serrée que nous connaissons tous.

Ces dernières sont surtout classées en catégories « extra », I, II et III. Mieux triée, mieux lavée, souvent plus chère, l'endive belge est souvent considérée comme meilleure que la française. C'est une idée tout à fait fausse. Ce qui, avant tout, est important c'est de bien la choisir.

Choix et qualités

L'endive doit être ferme, brillante, lisse, renflée, sans taches ni petites feuilles jaunes. Telle quelle, crue ou cuite, belge ou française, elle donnera toute satisfaction.

La cuisine de l'endive

Ce légume se mange cru ou cuit.

Quantité
Habituelle pour 1 personne :
– crue : selon la taille, 1 à 1 1/2,
– cuite : selon la taille, 2 à 3.

Préparation

Retirer éventuellement les premières feuilles abîmées. Ne pas laver les endives mais les essuyer avec un linge humide.

• *L'endive est conservée entière :*
– creuser la base avec un petit couteau pointu pour supprimer le cône dur, source d'amertume.

• *L'endive est détaillée :*
– on peut la détailler de plusieurs manières selon la recette choisie. C'est, de toute façon, très rapide, pas plus d'1 min si ce n'est moins par légume.
Les feuilles entières
– couper la base et éliminer le cône dur. Avec les doigts, effeuiller l'endive feuille par feuille en supprimant un peu de la base parfois un peu dure.

• *L'endive émincée :*
– la couper en deux dans la longueur. Supprimer le tronçon dur. Trancher chaque moitié en deux ou trois selon la grosseur de l'endive dans le sens de la longueur, puis en deux ou trois selon la taille désirée dans le sens de la largeur. Éparpiller le tout avec les doigts.

Cuisson

Elles peuvent être cuites à l'anglaise (p. 13), mais je ne le conseille

pas : l'endive perd sa fine saveur, monte en amertume, se détrempe. Il faut beaucoup la presser pour l'égoutter et elle prend une assez triste allure.
La cuisson à l'étuvée (p. 14) est sans conteste la meilleure pour l'endive entière.

Amuse-bouche d'endives

Première proposition : garder les feuilles entières, garnir la face creuse d'une préparation et les présenter sur un plat comme des canapés.

Proportions par personne : 3 à 4 feuilles d'endive.
Par feuille d'endive : 2 cuil. à café de garniture

Suggestions :
– Feuilles à la tapenade (se trouve en petit bocal dans le commerce) ;
– Feuilles aux œufs de saumon (dans le commerce) ;
– Feuilles au taboulé (au détail dans les boutiques libanaises) ;
– Feuilles au roquefort : malaxer du roquefort avec du beurre ramolli pour avoir une crème ; tartiner la feuille d'endive, décorer d'une feuille de persil.

Deuxième proposition : préparer un beau bouquet de feuilles entières dans un grand verre et disposer à côté quelques petits bols de sauce où chacun trempera sa feuille d'endive à son gré.

Suggestions de bols de sauce :
– sauce à l'anchois (p. 33),
– bagna cauda (p. 38),
– mayonnaise aux olives noires : 1 mayonnaise au naturel (p. 28) dans laquelle on incorpore au goût 1 à 2 cuil. à soupe d'olives noires dénoyautées finement hachées.

Salades d'endives

Pour 4 personnes

3 à 4 endives selon taille
6 à 7 cuil. à soupe d'assaisonnement

L'endive est émincée comme il est dit (p. 250). Au goût de chacun, les morceaux seront plus ou moins fins, plus ou moins longs. Utilisée seule en salade, elle réclame un assaisonnement de bon goût pour relever sa saveur un peu neutre. Elle se prête davantage au mélange avec d'autres ingrédients.

Sauces suggérées : fleurette au vinaigre de xérès (p. 33) ; mayonnaise crémée à la ciboulette (p. 31).

Salade de mâche, betterave et endives

Pour 4 personnes
Préparation : 20 min

1 betterave moyenne cuite
1 endive moyenne
150 g de mâche

Assaisonnement : **6 à 7 cuil. à soupe de vinaigrette classique (p. 27) ou au vinaigre de vin et à l'huile d'olive.**

- Trier les petits bouquets de mâche, émincer l'endive (p. 250).
- Éplucher la betterave, la couper en petits dés.
- Mélanger l'assaisonnement et les trois ingrédients et servir rapidement pour éviter que la betterave ne colore l'endive.

Salade d'endives, de cresson et de champignons

Pour 4 personnes
Préparation : 15 min environ

1 belle endive
1 bonne poignée de cresson
150 g de champignons de Paris

6 à 7 cuil. à soupe de vinaigrette classique au vinaigre de vin et à l'huile d'olive (p. 27)

- Émincer l'endive assez finement (p. 250).
- Trier le cresson en supprimant les tiges trop longues.
- Supprimer les pieds des champignons, nettoyer les têtes avec un petit linge humide et les émincer en lamelles.
- Mélanger les légumes dans un saladier.
- Faire la vinaigrette (p. 27), la verser sur les légumes et servir.

Salade d'endives, d'oignons et de pommes de terre

Pour 4 personnes
Préparation : 15 à 20 min
Cuisson : de l'oignon, 1 h ; des pommes de terre, 30 min

1 belle endive
2 à 3 petites pommes de terre à chair ferme (roseval)
1 gros oignon blanc
1/2 tasse à thé de persil haché
6 à 8 cuil. à soupe de vinaigrette classique (p. 27) ou au vinaigre de vin et à l'huile d'olive

• Préchauffer le four à température moyenne chaude. À bonne température, mettre l'oignon blanc et le laisser cuire pendant 40 min puis le laisser refroidir.
• Faire cuire les pommes de terre à la vapeur (p. 387), dans leur peau et les laisser refroidir.
• Quand les deux légumes sont prêts, émincer la belle endive (p. 250) assez finement. La réserver.
• Retirer la peau des pommes de terre, les détailler en julienne. La réserver.
• Éplucher l'oignon. Délicatement, le couper en rondelles et défaire ses anneaux.
• Hacher le persil, le réserver.
• Faire la vinaigrette.
• Dans un saladier, disposer en les mélangeant endives, oignon, pommes de terre sans les abîmer.
• Faire la vinaigrette et, en la battant, la verser sur les légumes. Terminer avec le persil haché.

Facultatif : on peut si on le souhaite ajouter à cette salade 1 ou 2 filets de harengs découpés en menus dés.

Endives entières étuvées

Pour 4 personnes
Préparation : 10 min
Cuisson : 30 à 40 min

8 à 12 endives de taille égale
40 g de beurre
1 citron (jus)
10 cl d'eau
Sel
1 pincée de sucre

• Préparer les endives entières (p. 250). Les aligner bien serrées dans une vaste casserole ou une sauteuse. Verser l'eau et le jus de citron, le sel et le sucre. Finir en ajoutant le beurre en parcelles.
• Couvrir la casserole et faire partir à plein feu jusqu'à ébullition. Baisser le feu et, la casserole toujours couverte, laisser mijoter

pendant 30 à 35 min. Elles doivent être tendres mais ni molles ni défaites.
• Les sortir de la casserole avec une écumoire et les presser pour en sortir tout le jus. On peut alors les accommoder comme on le souhaite.

Endives poêlées

Pour 4 personnes
Préparation : 10 min
Cuisson : 1er temps, 30 à 35 min ; 2e temps, 10 min environ

8 à 12 endives
50 g de beurre
Sel, poivre

• Faire étuver et égoutter les endives comme il est dit p. 253 (elles peuvent être faites à l'avance).
• Dans une large poêle, faire fondre le beurre à feu moyen. Aligner les endives et les faire dorer de tous côtés en les retournant pendant 10 min environ. Les prendre avec une spatule pour éviter le gras et les déposer dans un plat de service chaud.

Emplois : en garniture de veau rôti, de veau poché, de poulet rôti, ou encore de foie de veau poêlé.

Endives au beurre meunière et au persil

Pour 4 personnes
Préparation : 20 à 25 min
Cuisson des endives : 30 à 35 min
Finition : 5 min

8 à 12 endives étuvées (p. 253)
100 g de beurre
1/2 citron (jus)
1/2 tasse à thé de persil haché
Sel, poivre

• Faire cuire les endives à l'étuvée (p. 253).
• Pendant ce temps, hacher grossièrement des feuilles de persil.
• Au terme de la cuisson des endives, prendre chaque légume avec l'écumoire et le presser convenablement avec une petite spatule plate. Disposer les endives au fur et à mesure dans un plat de service bien chaud. Saler. Réserver au chaud.
• Dans une poêle à feu moyen-vif, faire fondre le beurre jusqu'à la couleur noisette, presser le citron au-dessus de la poêle en remuant en tous sens pour faire mousser le beurre. Verser sur les endives, ajouter le persil, quelques tours de moulin à poivre et servir.

Emplois : les mêmes que ceux des endives poêlées, garniture de filets de poisson pochés.

Endives gratinées au fromage

Pour 4 personnes
Préparation :
15 à 20 min
Cuisson : 1er temps, 30 min ; du gratin, 20 min

8 à 12 endives
1 bol de béchamel (p. 35)
20 g de beurre environ
100 g de gruyère râpé
1 cuil. à soupe de crème fraîche
Sel, poivre

• Faire étuver et bien égoutter les endives (p. 253). On peut les faire à l'avance.
• Pendant la cuisson des endives, faire une béchamel (p. 35).
• Éventuellement, râper le gruyère s'il ne l'est déjà. En mélanger les deux tiers à la béchamel et ajouter la crème fraîche.
• Préchauffer le four à température moyenne, graisser un plat à gratin avec une parcelle de beurre. Ranger les endives bien égouttées et serrées côte à côte dans le plat. Répartir également la béchamel. Saupoudrer le plat avec le reste du gruyère râpé. Parsemer le tout de quelques copeaux de beurre. Mettre au four. Laisser chauffer pendant 15 min environ.
• Passer ensuite le four en position gril pour faire gratiner et servir.

Variante :
Gratin d'endives au jambon : on peut rendre ce gratin plus consistant et plus savoureux en entourant chaque endive d'une mince tranche de jambon de Paris débarrassée du gras et de la couenne.

Emplois : le légume du dîner familial, garniture de bœuf poêlé ou rôti.

Endives émincées étuvées

Pour 4 personnes :
Préparation :
5 à 6 min
Cuisson :
10 min environ

5 à 6 endives moyennes
40 g de beurre
Sel, poivre

• Émincer les endives comme il est dit (p. 250) et de coupe moyenne.
• Dans une poêle de juste dimension, faire fondre le beurre à feu moyen. Verser les endives et les tourner en tous sens pendant 30 s. Baisser le feu, saler, couvrir la poêle et laisser étuver les endives en les retournant de temps en temps jusqu'à ce qu'elles soient translucides, tendres, un peu fermes.

• Éventuellement et au goût, les asperger de quelques gouttes de jus de citron. Vérifier le sel, les poivrer. Elles sont alors bonnes à être transvasées à l'écumoire dans le plat de service chaud.

Variantes :
Émincé d'endives doré : on peut, si on le souhaite, relever le feu et, à découvert, en tournant rapidement en tous sens, faire prendre une jolie couleur dorée à l'émincé d'endives.
Émincé d'endives à la crème : préparer et cuire les endives comme il est dit à la recette précédente. 2 à 3 min avant la fin de la cuisson, verser 3 cuil. à soupe de crème fraîche épaisse et, à plein feu, tourner les endives dans la crème fraîche pour que celle-ci réduise et épaississe. Éventuellement, parfumer avec un peu de citron. Poivrer avant de servir.

Gratin d'émincé d'endives

Pour 4 personnes
Préparation : 15 à 20 min
Cuisson : 15 à 20 min

5 à 6 endives
2 tranches d'1 cm d'épaisseur de poitrine fumée
40 à 50 g de beurre en tout
75 g de gruyère râpé
Sel, poivre

• Émincer (p. 250) les endives en grosse julienne.
• Préchauffer le four en position gril.
• Retirer la couenne et les cartilages de la poitrine fumée, la détailler en fins bâtonnets à peu près de même taille que la julienne d'endives.
• Faire étuver la julienne d'endives (p. 255), retirer le couvercle et la faire blondir en la tournant en tous sens. La prendre avec l'écumoire et la déposer sur du papier absorbant.
• Dans la même poêle et à feu vif, faire rapidement dorer les bâtonnets de poitrine fumée. Ils doivent lâcher toute leur graisse et être un peu croustillants. Les déposer à côté des endives sur le papier absorbant.
• Graisser légèrement la plaque du four avec un peu de beurre. Mélanger la julienne d'endives et la poitrine fumée. Vérifier sel et poivre.
• Verser 4 petits tas de ce mélange sur la plaque en les espaçant. Avec les doigts ou une petite spatule, aplatir les petits tas pour former quatre galettes plates de taille égale. Les saupoudrer de gruyère râpé. Ajouter quelques menues parcelles de beurre sur le gruyère râpé et passer sous le gril pour chauffer et faire prendre une belle couleur dorée aux petites galettes.
Servir immédiatement dans des assiettes individuelles.

L'épinard

Origines

L'épinard est une plante originaire du bassin mésopotamien. Bizarrement et pour une fois, il semble avoir été ignoré des Romains. En revanche, on pense avec presque certitude que les Perses l'auraient fait connaître aux Arabes, avec lesquels ils commerçaient. On sait en tout cas qu'il était assez apprécié de ces derniers pour, d'une part être nommé « le prince des légumes » par leurs écrivains ; d'autre part être utilisé aussi comme médicament. Avicenne, le grand médecin arabe du Xe siècle, en faisait grand cas, et le préconisait comme cataplasme pour les maux d'estomac.
C'est évidemment par les Croisés que l'épinard va faire son apparition en Europe. Et dès le XIIIe siècle, il aura sa place dans les potagers des rois et des châtelains.

Aspects

L'épinard est pour nous maintenant un légume courant, dont on vante toujours la bonne teneur en fer et en vitamines A, B, C.
Il faut néanmoins savoir que l'épinard est un légume fragile qu'il faut consommer très vite, quand il n'est pas loin de la cueillette, car sinon il développe des substances toxiques dites nitrites, qui sont la transformation des nitrates, les engrais chimiques utilisés pour sa culture.
On trouve des épinards à peu près toute l'année, avec néanmoins deux saisons principales où ils sont abondants sur les marchés.
De février à mai, les épinards sont à assez petites feuilles tendres, minces et vert clair.
De fin septembre à novembre, les feuilles sont plus larges, de texture plus épaisse et vert foncé.
Enfin, si vous avez envie d'épinard l'été, renoncez-y, il déteste la chaleur et la sécheresse, mais remplacez-le par sa délicieuse cousine qui, hélas, se fait rare : la tétragone. Elle se prépare de la même façon.

La cuisine de l'épinard

L'épinard est un légume exigeant qui demande à être bien choisi et bien traité.
– Les feuilles seront bien fermes, sans taches, luisantes de bonne santé, vert clair ou vert foncé selon la saison.
– Il n'attend pas, se flétrit vite, prend triste mine… et déteste le réfrigérateur. Il faut donc s'en occuper dès le retour du marché.

Quantité
• Cru : 75 g à 100 g par personne selon l'emploi qui en sera fait (p. 260).
• Cuit : 300 à 400 g par personne à l'achat.
Pour 4 personnes :
– à l'anglaise : 1,300 kg ou 1,400 kg,
– à l'étuvée : 1 kg.

Préparation

Ce légume se mange cru ou cuit.
• Cru : il s'agit de toutes petites feuilles jeunes, tendres et vert clair, dites souvent « pousses d'épinard » chez le marchand et généralement prêtes à l'emploi. La tige est, la plupart du temps, si peu formée qu'on peut laisser les feuilles telles quelles avant de les préparer.
• Cuit : seront alors employées les belles feuilles saines et arrivées à maturité vert clair ou vert foncé selon la saison.
Avec pas mal de déchets à l'épluchage et réduisant beaucoup à la cuisson, l'épinard n'est pas un légume très avantageux.

L'épluchage : il s'agit simplement de retirer la queue en la tirant à rebours sous la feuille pincée entre deux doigts. Dans le cas de grandes feuilles, il est assez recommandé de retirer les trop grosses nervures en déchiquetant la feuille avec les doigts.

Le lavage : il sera minutieux, car l'épinard a tendance à être terreux. On doit donc le laver à plusieurs eaux en le prenant à chaque fois en surface tandis que la terre tombe au fond de la bassine.

Cuisson

• *À l'anglaise* (p. 13)
La cuisson est courte : 3 à 5 min à reprise de l'ébullition selon les feuilles, vert tendre et fines ou vert foncé et épaisses.
Les prendre alors à l'écumoire et les plonger dans une casserole d'eau glacée, ceci dans le but à la fois de stopper la cuisson et de conserver leur belle couleur. Les égoutter ensuite dans une passoire à pieds.
Puis il est d'usage de les presser entre les mains pour en retirer toute l'eau. Ils prennent alors à mes yeux assez triste allure. Aussi,

je trouve préférable quand ils sont cuits de cette façon de les étaler entre deux torchons et de les tapoter pour les assécher convenablement. Ils sont prêts à ce moment à être réchauffés et tournés soit dans du beurre chauffé à la couleur blonde, soit dans du beurre chauffé à la couleur noisette.

• *À l'étuvée*

La cuisson est couverte : selon les feuilles, 3 à 5 min.

On la pratique plus volontiers avec des jeunes feuilles vert tendre mais elle donne aussi d'excellents résultats avec des feuilles plus importantes à condition que les épinards soient déchirés et bien débarrassés de leurs tiges et des grosses nervures. À noter que c'est une cuisson plus avantageuse dans la mesure où les épinards non pressés fournissent davantage. Il en suffit donc de 1 kg pour 4 personnes. Elle permet également de servir tels quels les épinards bien chauds sans avoir à les réchauffer comme dans la cuisson à l'anglaise.

Prendre une grande casserole, couvrir le fond d'un voile d'eau, ajouter pour 1 kg (4 personnes) 40 g de beurre, du sel. Mettre sur le feu moyen, faire fondre le beurre, ajouter les épinards et, en tournant sans cesse, les faire s'affaisser tandis que l'eau de végétation s'évapore. Poivrer alors au goût.

Verser les épinards dans un plat de service chauffé ; ils sont alors bons à servir :

– en garnitures de viandes poêlées, rôties, de poissons pochés ou poêlés,

– en légume à part entière, complété par les accompagnements de son choix.

Remarque : on peut donner aux épinards un parfum supplémentaire en frottant les parois de la casserole où ils vont s'affaisser avec une gousse d'ail cru.

Suggestion de présentation

Mettre les épinards bien chauds dans un plat chauffé et disposer dessus, au choix : des croûtons poêlés dans le beurre, bien dorés et séchés sur du papier absorbant ; des lardons de poitrine fumée rissolés au dernier moment et bien égouttés de leur graisse ; des œufs pochés chauds ou encore des petits champignons de Paris poêlés.

Salade de pousses d'épinards

Pour 4 personnes

300 g de pousses d'épinards
6 à 7 cuil. à soupe d'assaisonnement

• Éventuellement, supprimer les feuilles abîmées et retirer les trop longues queues. Si nécessaire, les laver, les sécher alors dans un torchon puis les disposer dans un grand plat creux ou dans un saladier.
• Les assaisonner.

Choix d'assaisonnements
– 1 vinaigrette classique au vinaigre de xérès (p. 27),
– 1 vinaigrette classique (p. 27) relevée d'échalote et de persil très finement hachés.

Salade de pousses d'épinards à la fausse gribiche

Pour 300 g de pousses d'épinards

4 à 5 cuil. à soupe de vinaigrette classique (p. 27) un peu moutardée
1 œuf
1/2 tasse à thé de persil haché

• Préparer les épinards, les disposer dans un large plat creux.
• Faire durcir un œuf, préparer la vinaigrette.
• Hacher le persil.
• Écaler l'œuf et le passer à la moulinette au-dessus du centre du plat d'épinards. Tout autour, saupoudrer de persil haché et verser la vinaigrette un peu battue seulement sur les épinards autour du persil.
• Présenter le plat puis mélanger le tout avant que chacun se serve.

Pousses d'épinards aux dés de tomates et aux pignons

Pour 4 personnes
Préparation : 15 à 20 min

300 g de pousses d'épinards
4 à 5 petites tomates bien dures
100 g de pignons
6 à 7 cuil. à soupe de vinaigrette classique à l'huile d'olive et au vinaigre de vin (p. 27)

• Plonger les tomates 30 s dans l'eau bouillante. Retirer la peau, les couper en deux, retirer les graines et l'eau de végétation. Couper la

chair en petits dés, les mettre en attente dans une passoire au-dessus d'un bol pour que s'écoule le jus restant.
• Faire chauffer convenablement sur le feu une poêle antiadhésive. Y mettre les pignons et, en tournant vivement en tous sens pendant 1 min à peu près, leur faire prendre une légère couleur dorée. Les retirer, les réserver.
• Préparer les pousses d'épinards (p. 260) et la vinaigrette.
• Dans un saladier de cuisine, mélanger délicatement tous les ingrédients de la salade avec la vinaigrette et verser ensuite dans un grand plat creux avant de servir.

Salade d'épinards et de champignons

Pour 4 personnes
Préparation : 20 à 25 min

250 g de pousses d'épinards
150 g de champignons de Paris
5 à 6 cuil. à soupe de vinaigrette classique (p. 27) au vinaigre de xérès

• Faire la vinaigrette dans une tasse.
• Éventuellement, préparer et trier les jeunes feuilles.
• Préparer les champignons en séparant les têtes des pieds. Essuyer les têtes avec un petit chiffon humide. Les couper rapidement en lamelles fines.
• Dans un saladier, les mélanger délicatement aux épinards. Battre un peu la vinaigrette et la verser sur tout le saladier, servir.

Salade d'épinards aux moules à la mayonnaise à la ciboulette

Pour 4 personnes
Préparation : 35 min environ
Cuisson moules : 3 à 4 min

200 g de pousses d'épinards
1/2 tasse à thé de vinaigrette classique (p. 27)
1 litre de petites moules
1 petite échalote
1/2 verre de vin blanc sec
1 belle branche de persil
1 gousse d'ail
Poivre en grains
1 petit bol de mayonnaise (p. 28)
3 à 4 cuil. à soupe de ciboulette hachée

• Gratter et laver soigneusement les moules à plusieurs eaux, les laisser reposer dans la dernière.
• Pendant ce temps, faire la mayonnaise et ciseler la ciboulette en petits tronçons. Réserver.
• Laver le persil, éplucher la gousse d'ail, éplucher et hacher

l'échalote. Dans une marmite, mettre le vin blanc, l'échalote, l'ail, le persil. À feu vif, faire bouillir quelques minutes. Poivrer généreusement, ajouter les moules et les faire cuire et s'ouvrir en les brassant en tous sens pendant quelques minutes.
• Les sortir de la marmite, les décoquiller et les verser dans un saladier. Passer le jus des moules dans un bol à travers un petit chiffon pour le filtrer. Le laisser refroidir.
• Éventuellement, trier et préparer les petites pousses d'épinards (p. 258), les disposer sur tout le pourtour d'un plat creux et faire la vinaigrette, la réserver.
• Ajouter à la mayonnaise en tournant 1 à 2 cuil. à soupe de jus de moules pour la rendre plus fluide, y mélanger presque toute la ciboulette hachée, mélanger convenablement les moules et la mayonnaise et les verser au centre du plat d'épinards, en évitant d'en mettre sur les feuilles et en formant un petit dôme. Terminer en saupoudrant de ciboulette hachée. Arroser les épinards de vinaigrette et servir.

Épinards étuvés aux foies de volaille

Pour 4 personnes
Préparation : 25 à 30 min
Cuisson : des épinards, 3 à 5 min ; des foies, 3 à 4 min

1 kg d'épinards
30 g de beurre
6 foies de volaille
40 g de beurre
3 cuil. à soupe de vinaigre de xérès
30 à 40 g de beurre
Sel, poivre

• Préparer les épinards à l'étuvée (p. 259), les tenir au chaud.
• Avec un petit couteau, nettoyer les foies de toute trace de fiel (les parties vertes).
• Dans une poêle à feu moyen-vif, mettre à dorer 30 à 40 g de beurre, ajouter les foies de volaille salés et poivrés et, en les tournant, les faire raidir et cuire rapidement pendant 3 à 4 min. Ils doivent être rosés à l'intérieur. À l'aide d'une spatule, les poser sur la planche et découper chacun en 3 ou 4 petites escalopes, les déposer sur les épinards au centre. Remettre la poêle sur le feu vif et dès qu'elle est bien chaude, verser le vinaigre de xérès et 1 cuil. à soupe d'eau, gratter tous les résidus de cuisson et faire réduire à consistance un peu sirupeuse. Verser alors cette petite sauce sur les foies et servir.

Variante : on peut remplacer les foies par des cervelles d'agneau poêlées dorées, puis coupées en deux avant d'être déposées sur les épinards et arrosées de leur beurre de cuisson.

Étuvée d'épinards aux bananes poêlées

Pour 4 personnes
Préparation :
30 min environ
Cuisson : épinards, 3 à 4 min ; bananes, 5 à 6 min

1 kg de pouses d'épinards
4 à 5 bananes pas trop mûres
125 g de beurre en tout
Sel, poivre

• Préparer les épinards (p. 258), les faire étuver (p. 259), les dresser et les tenir au chaud.
• Éplucher les bananes, couper les deux extrémités, retirer les petites fibres, les couper en deux puis encore en deux dans le sens de la longueur.
• Dans une grande poêle à feu moyen-vif, faire chauffer et dorer le beurre. Poser délicatement les bananes et les faire s'attendrir et dorer de chaque côté. Les prendre à la spatule et les disposer en étoile sur les épinards.
• Servir sans attendre.

Fondue d'épinards et d'oseille à la crème

Pour 4 personnes
Préparation :
20 à 25 min
Cuisson :
8 à 10 min en tout

500 g d'épinards
400 g d'oseille
10 cl de crème fraîche
40 g de beurre
Sel, poivre
1 pointe de noix muscade râpée au goût

• Préparer les épinards (p. 258), opérer de la même manière pour l'oseille. Les faire cuire ensemble à l'étuvée (p. 259).
• Quand ils sont affaissés, les hacher très grossièrement à l'aide d'un couteau dans la casserole. Ajouter la crème fraîche, une pointe de noix muscade si on le désire et, en tournant en tous sens, faire « bouillotter » et réduire cette dernière pendant 4 à 5 min. Vérifier l'assaisonnement en sel, poivrer convenablement et présenter dans un légumier chaud.

Petites tartes de jeunes épinards aux zestes de citron confit

Pour 4 personnes
Préparation :
30 min environ
Cuisson :
35 min en tout

300 g d'épinards
4 croûtes de tartelettes en feuilletage de 10 cm de diamètre mi-cuites « à blanc », c'est-à-dire demi-cuites (commandées à un pâtissier)
30 g de beurre
4 gouttes d'eau de fleur d'oranger
1 citron (pour les zestes)
Sel, poivre

Pour confire les zestes :
10 cl d'eau
50 g de sucre

Appareil :
20 cl de crème fleurette
2 jaunes d'œufs
Sel, poivre du moulin

• À l'aide d'un économe, éplucher la peau jaune du citron. Bien gratter, ensuite, à l'aide d'un couteau à lame fine, la chair blanche, cotonneuse et amère, qui pourrait rester au dos du zeste. Puis les tailler en fine julienne. Les plonger dans une casserole d'eau froide et les porter à ébullition sur un feu vif. Les égoutter.
• Dans une autre casserole, à feu très doux, les confire dans l'eau et le sucre pendant 15 à 20 min. Les égoutter à nouveau et les réserver.
• Préparer les épinards (p. 258), les sécher dans un linge.
• Dans une grande casserole, mettre 30 g de beurre et le chauffer à la couleur noisette, y jeter les épinards et les cuire 2 à 3 min en remuant constamment. Les égoutter alors dans une passoire.
• Préchauffer le four à température moyenne-douce. Répartir les épinards dans les quatre tartelettes. Mettre au centre de chacune une goutte d'eau de fleur d'oranger.
• Mélanger, à l'aide d'un fouet, les jaunes d'œufs et la crème, assaisonner de sel et d'un peu de poivre. Répartir dans les tartelettes. Cuire 12 min au four pour que les tartelettes finissent de cuire et que l'appareil aux œufs prenne.
• Dresser les tartelettes sur des assiettes et répartir sur chacune des zestes de citron confits.

Et Jacques Maximin propose

Salade herbée aux pousses d'épinards en vinaigrette aux foies

Pour 4 personnes
Préparation : 15 à 20 min
Cuisson des foies : 3 à 4 min

150 g de pousses d'épinards (très jeunes épinards)
10 foies de volaille
20 g de cerfeuil
20 g d'estragon
20 g de basilic
20 g de coriandre fraîche
1 à 2 cuil. à soupe d'huile d'olive
Sel, poivre

Vinaigrette :
1 cuil. à soupe de vinaigre de vin vieux
4 cuil. à soupe d'huile d'olive
Sel, poivre

Préparation des pousses d'épinards et des herbes
• Éventuellement, retirer les tiges des pousses d'épinards. Prélever la quantité nécessaire de feuilles de cerfeuil, d'estragon, de basilic et de coriandre.
• Laver convenablement d'une part les pousses d'épinards, d'autre part les feuilles des fines herbes.
• Bien sécher le tout dans un torchon.

Préparation et cuisson des foies de volaille et de la vinaigrette
• Parer et nettoyer les foies en supprimant toute trace de fiel, les saler, les poivrer.
• Dans une grande poêle, faire chauffer à feu vif 1 à 2 cuil. à soupe d'huile d'olive, y verser les foies de volaille et, en les tournant, les faire cuire vivement 3 à 4 min de façon à les maintenir rosés. Les prendre avec une écumoire pour éliminer le gras et les laisser refroidir sur du papier absorbant.
• Faire la vinaigrette dans un bol, la réserver.
• Détailler les foies en petits morceaux, les passer ensuite à la moulinette grille fine au-dessus d'un saladier pour avoir une purée.
• Battre la vinaigrette et la verser petit à petit sur la purée pour bien l'incorporer. Vérifier le sel et le poivre. Ajouter les pousses d'épinards et les pluches de fines herbes, bien mélanger le tout et répartir la salade dans 4 assiettes avant de la servir.

Facultatif : on peut ajouter à cette salade quelques asperges violettes cuites à l'eau (p. 84) et refroidies.

Le fenouil

Origines

Le fenouil est une ombellifère. C'est une jolie plante au feuillage léger et aux larges ombelles jaunes, parfois confondue avec l'aneth, son cousin du Nord. Il pousse à l'état sauvage, le long du littoral méditerranéen.

Les Grecs connaissaient bien le fenouil, qu'ils appelaient marathon, du nom de la région où ils le cultivaient, mais uniquement en tant que médicament, utilisé entre autres pour son action sur les troubles de la vision. Sans doute par les Grecs, les Romains vont s'intéresser au fenouil, dont ils vont aussi se servir en médecine. Mais, toujours curieux de ce qui pourrait être intéressant en cuisine, ils vont se mettre à en manger quelque peu, sans se douter à quel point leurs lointains descendants en seront gourmands.

Un vieux dicton vénitien ne dit-il pas : « Le pain et le fenouil me suffisent » ?

Au Moyen Âge, comme toujours, famine et superstitions s'entremêlent étroitement, et les Italiens se mettent à manger du fenouil parce qu'ils ont faim et que, somme toute, c'est assez bon, mais il est également suspendu aux portes pour éloigner les mauvais esprits. Il paraît que l'usage se perpétue dans le Béarn.

Enfin, à la Renaissance, les Italiens de Catherine de Médicis vont apporter le fenouil aux Français du Sud, et ce sont les Niçois qui le feront connaître par la suite au reste du pays, sans que ce soit toutefois un grand succès. Le fenouil restera longtemps un légume méditerranéen associé à un type de cuisine particulier, ce qu'il continue d'être, mais avec un succès de plus en plus certain dans l'ensemble du pays.

Aspects

Il faut distinguer le fenouil sauvage qui est amer, et le fenouil dit bulbeux qui est doux.

Du fenouil sauvage, on fait surtout du « petit bois » pour griller du poisson au barbecue, et avec ses graines on fabrique un alcool, « la fenouillette », au goût anisé.

Ce sont les tiges du fenouil cultivé aplaties à la base et enserrées étroitement les unes dans les autres qui constituent ce bulbe comestible et délicieux au léger goût d'anis. Il peut être, selon les variétés, tout en longueur ou court et rond.

Choix et qualités

Rond ou long, il faut le choisir bien blanc, luisant et très ferme, sans taches ni chocs, les feuilles serrées, et plutôt petit, car il sera plus tendre. Le fenouil français poussant dans le Midi est présent sur les marchés de novembre à mars. Il est prolongé jusqu'en mai par le fenouil italien d'importation.

La cuisine du fenouil

Le fenouil se mange cru ou cuit. Il est assez avantageux, car il y a peu de déchets.

Quantité

Il est raisonnable de compter 1/2 fenouil par personne quand il est consommé cru, 1 petit fenouil par personne quand il est émincé et cuit, 2 petits fenouils quand ils sont cuits entiers.

Préparation

Couper nettement un demi-centimètre de trognon. Les grosses feuilles extérieures dures et fibreuses vont se détacher et seront éliminées. Retirer les petites feuilles vertes qui peuvent s'utiliser et les tiges pour ne garder que le bulbe qui sera accommodé entier ou émincé, cru ou cuit. Selon les préparations, le temps varie de 10 à 15 min. Si on ne le conserve pas entier, il sera détaillé :

– feuille par feuille : creuser le trognon et détacher les feuilles une par une pour arriver au petit cœur. Avec un petit couteau, supprimer éventuellement la partie trop dure de la base des feuilles ;

– en julienne : le couper en quatre dans le sens de la hauteur, puis détailler chaque partie en fins bâtonnets de la taille que l'on souhaite dans le sens de la longueur ;

– en rondelles : détailler le fenouil en très fines rondelles presque transparentes en allant de la base à la tête, puis les éparpiller avec les doigts.

Emplois

• Des petites feuilles vertes : elles peuvent servir de condiment à utiliser sans exagération, car elles sont très parfumées : dans un court-bouillon (p. 21) ; hachées dans une vinaigrette ; en pluches pour embellir une salade de fenouil ; hachées dans une salade de pommes de terre ; hachées dans une salade de riz et de

moules ; hachées pour disperser sur des pommes au four ouvertes en deux et arrosées de crème fleurette ou de beurre fondu ; hachées sur des fèves à l'étuvée (p. 280) ou hachées sur des pois gourmands (p. 353).
• Des bulbes crus : en amuse-bouche (p. 269).
• En salades
Les fenouils sont préparés comme il est dit p. 267 et se présentent plutôt en hors-d'œuvre et non pas en salades de fin de repas. Ils se prêtent également assez peu aux mélanges. Le goût anisé et le croquant les empêchent de s'accorder avec de nombreux légumes. Selon le goût de chacun, les bulbes seront soit taillés en julienne, soit en rondelles, ce que je trouve plus agréable.

Cuisson
On utilise des modes de cuisson différents selon que les fenouils sont cuits entiers ou émincés.

Les fenouils entiers
• À l'anglaise (p. 13) pendant 15 à 20 min. Bien les égoutter et les presser dans la passoire avec une petite spatule pour faire sortir l'eau.
Ou
• *À l'étuvée* (p. 14) pendant 10 à 15 min.
Cuits d'une façon ou d'une autre, on peut les accommoder comme on le souhaite :
– arrosés d'un peu d'huile d'olive et de quelques gouttes de jus de citron ;
– coupés en deux, mis dans un plat la face coupée au-dessus, parsemés d'un peu de gruyère râpé et de copeaux de beurre et passés rapidement sous le gril du four pour les faire gratiner.
• *Confits* (p. 270)
C'est une façon inhabituelle de cuire les fenouils qui deviennent alors : garniture d'un plat salé-sucré tel que : un rôti de porc, du magret de canard poêlé ; complément d'un dessert tel que : des crêpes, des œufs à la neige à la crème anglaise à la vanille, du riz au lait, un gâteau de semoule, une glace à la vanille.

Les fenouils émincés
Ils sont détaillés en grosse julienne (p. 267).
Les fenouils émincés sont cuits à l'étuvée (p. 14 et ci-dessus), mais il est plus goûteux de mettre de l'huile d'olive à la place du beurre.

Amuse-bouche de fenouil

Première manière :
préparer et détacher les feuilles tendres entières (p. 267), garnir la face creuse d'une préparation et les présenter en éventail sur un plat comme des canapés.

Suggestions
– Feuilles à l'anchoïade (dans le commerce).
– Feuilles à la concassée de tomates (p. 34) relevée de quelques feuilles de fenouil hachées.
– Feuilles avec des lichettes de gravlax (c'est un saumon scandinave mariné cru).
– Feuilles avec des copeaux de jambon cru.

Deuxième manière :
Bouquet de feuilles aux sauces
Détailler plusieurs fenouils feuille par feuille (p. 267) en ne conservant que les plus tendres et les dresser dans une coupe comme une grosse fleur. Disposer à côté quelques petits bols de sauce où chacun trempera sa feuille de fenouil à son gré.

Suggestions de bols de sauce :
– Mayonnaise au ketchup (p. 30).
– Mayonnaise crémée (p. 31) relevée de quelques petites feuilles de basilic haché.

Salade de fenouil au naturel

Pour 4 personnes

2 à 3 fenouils, selon leur taille
6 à 7 cuil. à soupe de vinaigrette classique (p. 27) à l'huile d'olive

Facultatif :
– mettre du citron à la place du vinaigre dans l'assaisonnement,
– décorer la salade de pluches de cerfeuil.

Salade de fenouil et de cresson à l'œuf dur

Pour 4 personnes
Préparation : 20 à 25 min

1 fenouil
1 belle poignée de cresson
1 œuf
6 à 7 cuil. à soupe de vinaigrette au vinaigre de vin et à l'huile d'olive assez moutardée

• Faire cuire dur l'œuf à l'eau bouillante pendant 9 à 10 min, le passer sous l'eau froide.
• Trier les bouquets de cresson en supprimant les tiges.
• Préparer le fenouil (p. 267). Émincer le bulbe en fines rondelles.
• Dans un saladier, mélanger délicatement le fenouil, le cresson et l'œuf dur écalé passé à la moulinette.
• Préparer la vinaigrette, bien la battre et la verser dans le saladier.

Fenouils confits

Pour 4 fenouils

100 g de sucre
1 dl d'eau
100 g de beurre

• Préparer les fenouils (p. 267) en retirant les grosses feuilles dures extérieures, les couper en fine julienne (p. 267).
• Cuire les fenouils à l'anglaise (p. 268) pendant 5 min, les égoutter et les sécher soigneusement.
• Faire un sirop en portant lentement à ébullition l'eau et le sucre dans une petite casserole.
• Dans une sauteuse à feu doux, faire fondre le beurre, ajouter les fenouils, les rouler dans le beurre et les mouiller avec le sirop. Tourner le tout avec la cuillère en bois et laisser confire à petit feu pendant 15 à 20 min. Ils doivent être bien tendres.
• Les prendre à l'écumoire et les déposer en les étalant sur un marbre ou un plateau en matière plastique. Les laisser refroidir.

Beignets de fenouil au persil frit

Pour 4 personnes
Préparation : pâte à frire, 2 h à l'avance : 20 min ; fenouil, 15 à 20 min
Cuisson : des

4 bulbes de fenouil moyens
Pâte à frire (p. 58)
1 verre d'huile d'olive
1 bouquet de persil frisé
Sel

• Faire la pâte à frire (p. 58), la laisser reposer.
• Préparer les fenouils (p. 267), garder le tronçon avec le bulbe.

fenouils, 10 à 12 min ; beignets, moins d'1 min par beignet

Les faire cuire à l'anglaise (p. 13 et 268) pendant 10 min à peu près. Ils doivent être fermes. Les égoutter sur un torchon et les sécher parfaitement.
• Préparer des petits bouquets de persil bien lavés, bien séchés.
• Terminer la pâte à frire.
• Couper les bulbes de fenouil en quatre ou six quartiers selon la taille dans le sens de la hauteur ; ils ne doivent pas être trop épais.
• Préchauffer le four à température douce, étaler du papier absorbant sur la porte ouverte.
• Mettre à chauffer l'huile d'olive dans une sauteuse. Du bout des doigts, plonger rapidement les quartiers de fenouil dans la pâte à frire et les poser sur un côté dans l'huile bien chaude. Faire dorer et retourner au fur et à mesure. Le tout prend moins d'1 min pour chacun. Il faut être rapide et ne pas en mettre trop à la fois. Dès qu'un quartier est prêt, le poser sur le papier absorbant. Quand tous les quartiers sont terminés, faire frire rapidement les petits bouquets de persil et les égoutter aussi sur le papier absorbant. Les saler.
Servir en dressant les fenouils dans un plat, parsemés et entourés de persil frit.

Facultatif : on peut accompagner ces petits beignets de la sauce de son choix préparée à l'avance.

Suggestion de sauces :
– Sauce à l'anchois simple (p. 33),
– Mayonnaise aux olives noires (p. 30),
– Coulis de poivrons rouges (p. 38).

Fenouils au beurre fondu

Pour 4 personnes
Préparation : 10 à 12 min
Cuisson : 15 à 20 min

8 petits fenouils
75 g de beurre
3 cuil. à soupe d'eau de cuisson
2 cuil. à soupe de persil haché
Sel, poivre

• Préparer les fenouils en les laissant entiers (p. 267).
• Hacher le persil pendant la cuisson des fenouils, le réserver.
• Cuire les fenouils à l'anglaise (p. 268), les égoutter convenablement et conserver 3 cuil. à soupe d'eau de cuisson au fond de la casserole.

• Ajouter le beurre et, à feu vif, le faire fondre dans l'eau en imprimant un mouvement circulaire à la casserole pour favoriser l'émulsion.
• Poser les fenouils dans cette sauce maintenue à feu doux et les réchauffer en les tournant délicatement. Poivrer. Les dresser dans un légumier chaud et les saupoudrer de persil haché.

Fenouil braisé à l'échalote et au thym

Pour 4 personnes
Préparation : 10 à 12 min
Cuisson : 30 min environ

8 petits fenouils
2 échalotes
3 cuil. à soupe d'huile d'olive
1 branche de thym frais
Sel, poivre

• Préparer les fenouils en conservant les bulbes entiers (p. 267).
• Éplucher les échalotes et les hacher finement.
• Dans une jolie cocotte de juste dimension, mettre à chauffer l'huile d'olive à feu moyen. Ajouter les échalotes et les laisser fondre en douceur jusqu'à ce qu'elles prennent une couleur blonde. Les mouiller juste d'un voile d'eau, saler.
• Aligner les fenouils les uns à côté des autres sur le lit d'échalotes, les saupoudrer de feuilles de thym en froissant les branches entre les doigts, et les assaisonner de sel et de poivre.
• Couvrir la cocotte, mettre sur feu doux et laisser cuire et s'attendrir les fenouils en les arrosant de temps en temps de jus. Les servir dans leur plat de cuisson.

Facultatif : on peut accompagner ces fenouils d'un coulis de poivrons rouges (p. 38).

Fenouils marinés aux anchois

C'est une entrée froide.

Pour 4 personnes
Préparation : 20 min environ, deux jours avant
Cuisson des fenouils : 15 min

3 ou 4 fenouils moyens
3 ou 4 anchois à l'huile
1 gousse d'ail
1 petite échalote
1 petite cuil. à soupe de vinaigre
5 à 6 cuil. à soupe d'huile d'olive
Sel, poivre

• Parer les fenouils de leurs tiges et de leurs petites feuilles vertes, réserver ces dernières dans une boîte hermétique. Poser les bulbes entiers dans un couscoussier et les faire cuire à la vapeur pendant 15 min.

• Pendant ce temps, mettre les anchois à feu doux dans une petite casserole et les faire fondre. Hors du feu, ajouter alors la gousse d'ail écrasée au presse-ail et l'échalote hachée très menu. Délayer les anchois d'abord avec le vinaigre puis avec l'huile d'olive pour avoir une sauce fluide un peu consistante. Éventuellement, rectifier le sel et le poivre. La réserver.

• Les fenouils étant cuits, séparer les feuilles les unes des autres. Les détailler en lamelles dans le sens de la longueur.

• Dans un ravier, étaler des lamelles de fenouil les unes à côté des autres. Battre la sauce pour l'homogénéiser et en étaler un peu sur le fenouil, refaire une couche de légumes puis de sauces et ainsi de suite en terminant par la sauce.

• Laisser mariner deux jours à température ambiante.

• Au moment de servir, hacher finement les petites feuilles vertes, dont on a réservé 1 cuil. à soupe. En parsemer le dessus du ravier et servir.

Fenouils cuits à l'huile d'olive

Pour 4 personnes
Préparation :
8 à 10 min
Cuisson : 6 à 8 min

4 petits fenouils
3 cuil. à soupe d'huile d'olive
Sel, poivre

• Émincer les fenouils (p. 267). Dans une grande poêle, mettre l'huile et l'eau à chauffer à feu moyen, ajouter les fenouils et tourner en tous sens pendant 1 min, les saler, les couvrir et les laisser cuire et s'attendrir pendant 10 min environ en les retournant de temps en temps. Ils doivent être cuits, tendres mais encore fermes.

• Au terme de leur cuisson, on peut les servir :

– tels quels avec un peu de petites feuilles vertes conservées en toutes petites pluches ;

– bien égouttés de la poêle et assaisonnés d'un jus de rôti (p. 22) bien chaud ;

– pris à l'écumoire et mis dans un coulis de tomate (p. 36) chaud ;

– égouttés et mis dans un plat de service chaud en compagnie de bâtonnets d'aubergine croustillants (p. 97) et de petits beignets de courgette sautés (p. 230).

Et Jacques Maximin propose

Cœurs de jeunes fenouils aux fruits de mer

Pour 4 personnes
Préparation : 1 h
Cuisson totale : 35 min

12 petits fenouils
100 g de coques
100 g de prairies
100 g de noix de pétoncles
100 g de palourdes
1 oignon
2 échalotes
3 gousses d'ail
1 petite carotte
1 filet de pastis
75 g de beurre en tout
Vinaigre
Sel, poivre

Pour cuire les coquillages :
2 échalotes
3 cuil. à soupe de persil haché
1 verre de vin blanc
1/2 gousse d'ail
30 g de beurre en tout
Sel, poivre

Préparation des légumes et des coquillages

• Laver à plusieurs eaux les coques, les prairies et les palourdes, les laisser séjourner dans une bassine d'eau vinaigrée.

• Nettoyer les pétoncles et les décoquiller.

• Préparer les fenouils en dégageant les bulbes. Détailler les côtes extérieures des fenouils en fins petits dés, faire de même avec l'oignon, les échalotes, l'ail et la carotte après les avoir épluchés. Plonger 3 min les bulbes de fenouil dans l'eau bouillante salée, les égoutter.

• Dans une sauteuse à feu moyen, faire chauffer 40 g de beurre, ajouter tous les légumes coupés en petits dés et les faire se ramollir et prendre couleur en douceur. Ajouter les bulbes de fenouil et les faire cuire et braiser à couvert pendant 15 min à peu près. Ils doivent être tendres mais fermes. En dernier lieu, arroser d'un filet de pastis et d'une noix de beurre frais, réserver au chaud.

• Sortir les coques, les prairies et les palourdes de la bassine.

• Hacher séparément les échalotes, la 1/2 gousse d'ail et la valeur de 3 cuil. à soupe de persil, réserver.

• Dans une marmite, mettre les échalotes et du poivre avec le vin blanc, faire réduire quelques instants à feu vif, ajouter les prairies, les palourdes et les coques et, en les brassant en tous sens, les faire s'ouvrir et cuire pendant quelques minutes. Arrêter le feu et couvrir pour les garder au chaud.

• Dans un poêle à feu moyen-vif, faire dorer 30 g de beurre et faire sauter rapidement les pétoncles avec la 1/2 gousse d'ail et le persil haché pendant 2 min à peu près. Les réserver.

Finition et présentation

• Sortir les bulbes de fenouil de la sauteuse, les couper en deux et les répartir en rosaces dans des assiettes creuses. Verser dans la sauteuse le jus filtré de la marmite de coquillages et y ajouter le fond de cuisson des pétoncles.

• Mélanger avec le fond des légumes. Verser le tout au centre des assiettes et recouvrir d'un mélange de coques, de praires, de palourdes et de pétoncles.

Servir immédiatement.

Raviolis de tomates au fenouil et aux dés de saint-pierre

Pour 4 personnes
Préparation : 45 à 50 min
Cuisson : des tomates, 4 à 5 h ; des légumes, 30 à 35 min en tout

12 grosses tomates
4 fenouils
2 oignons
1 courgette
1 beau cœur de céleri
2 petits saint-pierre
1 citron
4 belles feuilles de basilic en tout
2 gousses d'ail
1 cuil. à café de pastis
1/4 de litre de fond blanc de volaille (p. 23)
1 à 2 cuil. à soupe d'huile d'olive
Sucre en poudre
70 g de beurre
Huile
Sel, poivre

Préparation et cuisson des tomates confites

• Préchauffer le four à température très douce (40 à 60 °C).

• Plonger les tomates 15 s dans l'eau bouillante, retirer la peau, les ouvrir en 2 et retirer les graines.

• Du bout des doigts, huiler la plaque à rôtir du four. Disposer les tomates ouvertes les unes à côté des autres, côté coupé dessus. Arroser chaque moitié de quelques gouttes d'huile, d'une pincée de sucre en poudre, de sel et de poivre. Les mettre à mi-hauteur dans le four et les laisser tout doucement se confire et s'attendrir pendant 4 à 5 h. Elles doivent, en perdant leur eau, devenir toutes tendres et confites.

Préparation des raviolis

• Faire lever les filets de saint-pierre par le poissonnier. À la maison, les tailler en petits dés. Les réserver.

• Laver, parer, éplucher les oignons, les fenouils, le céleri, la courgette, les gousses d'ail, les détailler séparément en petits dés.

• Hacher 2 feuilles de basilic. Détailler en tout petits dés la chair d'1/2 citron, les réserver.
• Mettre 1 à 2 cuil. à soupe d'huile d'olive dans une poêle et y faire cuire à feu moyen-vif tous les légumes à tour de rôle en les tournant vivement de tous côtés, saler et poivrer, les prendre à l'écumoire à chaque fois et les réserver. Éventuellement, remettre de l'huile d'olive.
• Terminer en faisant poêler rapidement à feu vif les dés de saint-pierre salés et poivrés, mouiller avec le pastis, pendant 1 à 2 min. Mélanger les légumes et le saint-pierre, y ajouter les dés de citron et le basilic haché réservés. Vérifier l'assaisonnement.
• Sortir la plaque des tomates confites du four et répartir la farce de légumes et saint-pierre sur la moitié des tomates et les refermer pour obtenir les raviolis. Remettre au chaud dans le four.

Finition et présentation
• Hacher les deux dernières feuilles de basilic et presser le jus de l'autre moitié du citron.
• Dans une petite casserole, mettre le fond blanc de volaille à chauffer avec le jus de citron et le basilic haché.
• Dresser 6 raviolis par assiette, remettre au chaud, maintenir sur la porte du four.
• Incorporer au fond blanc de volaille le beurre morceau par morceau hors ébullition en fouettant vigoureusement pour avoir une sauce onctueuse. En napper les raviolis et servir.

La fève

Origines

La fève est une légumineuse aux fleurs noires décoratives qui se développent ensuite en gousses contenant des graines comestibles. On se demande si ce n'est pas le plus vieux légume cultivé de toute l'histoire de l'humanité : on ne perd jamais sa trace depuis la préhistoire, où elle était répandue en Europe et en Égypte.
Plus tard, elle fait partie, à l'état de semences, du grand bric-à-brac que les pharaons emmènent avec eux pour l'éternité.
La Bible l'évoque comme la maigre nourriture des prophètes dans le désert.
Dans *l'Iliade*, Homère en parle comme d'une nourriture populaire et abondante, et Schliemam en découvre des quantités calcinées sur le site supposé de Troie.
Les patriciens romains, quant à eux, laissaient sans doute à la plèbe cette pauvre nourriture, mais pendant les saturnales s'en servaient comme jeton pour élire le roi du banquet... notre fève dans la galette des Rois est très exactement l'héritière de ces jetons romains.
Il est cependant intéressant de constater que cette fève qui ne cesse de nourrir son homme depuis le début des temps était une mal-aimée. Elle ne régalait pas vraiment, mais était toutefois bien commode pour pallier le manque de céréales, quoique aussi soupçonnée de provoquer la stérilité ou d'être un aphrodisiaque.
Cette fève a, néanmoins, toujours « tenu la route » et continue à être une nourriture populaire répandue à travers tout le bassin méditerranéen ainsi que dans le sud-ouest de la France. Elle y est mangée à ses différents stades de maturation.

Aspects

La fève est un légume de bonne volonté qui s'accommode de tous les climats. Dans le midi de la France, elle apparaît vers mai, juin et y demeure tout l'été. Son aspect, son goût changent au fur et à mesure des mois et du moment où on la cueille.
On a d'abord la « févette » exquise, tendre, vert pâle comme la gousse qui est alors bien remplie des petites graines. On la déguste à la croque au sel comme des radis, en la pressant entre les dents pour manger la chair et se débarrasser de la peau.

À la saison, dans les cafés, en France, en Espagne, au Portugal, le sol est jonché de petites peaux crachées au pied des comptoirs... Plus tard, févette devient fève, la cosse aplatie aux extrémités s'est teintée de vert-jaune, les graines, plus espacées, sont de même couleur, mais ont doublé de volume. C'est le moment de les cuisiner. Enfin, si on laisse les fèves continuer leur croissance, on les fera devenir des « fèves séchées », grosses, de couleur beige clair, vendues sans cosse. C'est alors un légume sec, base de plats régionaux roboratifs, à déguster au creux de l'hiver.
Toute jeune et en cosse, la fève fraîche ne contient que 34 calories pour 100 g tandis que la fève séchée en contiendra 250 pour la même quantité. Autant dire qu'elle devient alors très nourrissante.

La cuisine de la fève

La fève est un légume exigeant et délicieux, à condition de la consommer toute jeunette et tendre. À condition de toujours lui enlever la petite peau (on dit la « dérober »). À condition de peu la cuire, c'est alors une très fine garniture, une salade raffinée. Plus vieille, plus grosse, plus farineuse, c'est en purée qu'il faut la préparer.

Quantité
Ce n'est pas un légume avantageux avec ses grosses cosses, car ses petits grains ne sont pas toujours si serrés que ça. Il en faut beaucoup à la pesée pour avoir la quantité voulue dans le légumier. Compter 2,500 kg à 3 kg chez le marchand pour 4 personnes.

Préparation
Pour manger les fèves crues à la croque au sel il faut supprimer les cosses et les présenter sur un ravier, chacun se débrouillera avec la petite peau.

Cuisson
Écosser les fèves et mettre à bouillir de l'eau dans une grande casserole. Par poignées, jeter les fèves 1 à 2 min dans l'eau bouillante, les ramasser au fur et à mesure à l'écumoire et les déposer sur un torchon. À ce stade de très court passage dans l'eau bouillante, elles sont juste prêtes à être débarrassées de leur petite peau. Elles auront besoin de continuer à être accommodées sans leur peau.
Pour dérober les fèves, il faut légèrement inciser la peau au niveau du germe avec la pointe de l'ongle ou un petit couteau et pousser ensuite la fève hors de son enveloppe. Ce n'est pas une opération rapide, mais elle peut se faire à l'avance quand on a un moment ; il suffit ensuite de conserver les fèves dans une boîte hermétique au frais jusqu'au moment de les utiliser.

Salade de fèves

Pour 4 personnes
Préparation : 1 h environ
Cuisson : 5 min

350 à 400 g de jeunes fèves écossées
5 à 6 cuil. à soupe d'assaisonnement

Il faut choisir des petites fèves très jeunes à la gousse bien remplie. On peut les cuire en une seule fois en les maintenant dans l'eau bouillante 5 min. On les égoutte bien et on les laisse refroidir avant de retirer la petite peau. Elles sont alors bonnes à l'emploi.

• Préparer l'assaisonnement de son choix et le mélanger aux fèves.

Choix d'assaisonnements : vinaigrette au vinaigre de xérès ; vinaigrette au citron et à l'huile d'olive ou fleurette au citron (p. 32).
À la vinaigrette au xérès, on peut ajouter de la ciboulette et du persil hachés et mélangés.
À la vinaigrette au citron, on peut ajouter du basilic haché ou des feuilles de thym frais froissées entre les mains ou un petit rien de cumin en poudre.

Salade de fèves nouvelles aux tiges d'oignons nouveaux et au thym

Les fèves peuvent être préparées et cuites à l'avance. Elles seront mises en attente dans une boîte hermétique jusqu'au moment de faire ce hors-d'œuvre.

Pour 4 personnes
Préparation : 40 à 45 min
Cuisson : 5 à 7 min

1 kg de fèves non écossées
Tiges d'une botte d'oignons nouveaux
1 jolie branche de thym frais

Sauce :
1 vinaigrette classique (p. 27) au vinaigre de vin et à l'huile d'olive
1 petite cuil. à café de feuilles de thym
1/2 tasse à thé de tiges d'oignons tronçonnées

• Mettre à bouillir une grande casserole d'eau salée avec une bonne branche de thym prise sur la branche.
• Écosser les fèves, retirer la petite peau comme il est dit p. 278. Les jeter ensuite dans la casserole d'eau bouillante et les faire cuire 5 à 7 min. Elles doivent rester un peu croquantes. Les égoutter et les passer sous l'eau froide pour les rafraîchir.
• Prendre 5 à 6 tiges vertes d'oignons nouveaux. À l'aide de ciseaux, couper en menus tronçons la partie vert clair et tendre des tiges. Réserver.

• Préparer une vinaigrette dans un petit saladier en y ajoutant une bonne cuil. à café de fleurs et de feuilles de thym prélevées en froissant doucement la branche de thym entre les mains. Ajouter les fèves et les tiges d'oignons tronçonnées, mélanger le tout et servir.

Salade de fèves aux jeunes artichauts et au cerfeuil

Pour 4 personnes
Préparation : 1 h
Cuisson : des fonds d'artichauts, 10 à 12 min ; des fèves, 5 min

250 g de fèves écossées
4 fonds de jeunes artichauts
5 à 6 cuil. à soupe de vinaigrette au vinaigre de xérès
1/2 tasse à thé de petites pluches de cerfeuil

• Écosser, préparer, dérober et cuire les fèves (p. 278).
• Prélever les pluches de cerfeuil sur un bouquet, les réserver.
• Choisir de jeunes artichauts (p. 77). Dégager les fonds (p. 77), les faire cuire (p. 77), puis les détailler en quatre à six morceaux selon leur taille.
• Préparer la vinaigrette.
• Mélanger la vinaigrette, les fèves, les morceaux d'artichauts et les trois quarts des pluches de cerfeuil. Transvaser dans un saladier de service et terminer en décorant la salade avec le reste des pluches de cerfeuil disposées au centre.

Variante :
Salade de fèves aux haricots verts
Les artichauts seront remplacés par 125 g de jeunes haricots verts cuits à l'anglaise (p. 290) que l'on brisera en 3 ou 4 morceaux selon leur taille pour avoir des tronçons de 3 à 4 cm.
Ils seront assaisonnés ensuite par la même vinaigrette, et décorés avec du cerfeuil.

Fèves à l'étuvée

Pour 4 personnes :
Préparation : 1 h
Cuisson : 5 à 6 min

400 g de jeunes fèves écossées
50 g de beurre
10 à 12 cl d'eau
Sel, poivre

• Retirer la petite peau des fèves (p. 278).
• Dans une casserole, mettre l'eau, le beurre, et du sel. Amener à

ébullition, ajouter les fèves et laisser cuire à couvert et à petit feu 5 à 6 min ; elles doivent être tendres, mais encore fermes. Les verser dans un plat de service chaud en arrosant d'un peu de jus de cuisson poivré.
• À ce moment-là, elles peuvent être consommées :
– telles quelles,
– saupoudrées de persil et de cerfeuil hachés,
– saupoudrées de feuilles de thym frais,
– saupoudrées de ciboulette hachée.

Fèves au basilic et aux lardons

Pour 4 personnes
Préparation : 40 à 45 min
Cuisson totale : 25 min environ

350 à 400 g de fèves écossées
1 bel oignon
2 gousses d'ail
125 g de poitrine fumée
1 tasse à café de basilic frais haché
1 petite louche de bouillon de volaille (p. 19)
50 g de beurre
Sel, poivre

• Cuire à l'anglaise (p. 13 et 278) les fèves dérobées (p. 278) pendant 5 à 7 min selon leur maturité. Bien les rafraîchir sous l'eau froide, les réserver dans un torchon.
• Retirer la couenne et les cartilages de la poitrine fumée, la détailler en très petits lardons, la réserver.
• Éplucher l'oignon, le hacher assez grossièrement.
• Prélever les feuilles de basilic sur le bouquet et les hacher très grossièrement à l'aide de ciseaux. Éplucher et hacher les gousses d'ail. Réserver.
• Préparer du bouillon de volaille instantané si vous n'en avez pas en réserve (p. 19). Le réserver.
• Graisser une poêle avec la couenne de la poitrine fumée et la chauffer à feu moyen. Verser les tout petits lardons et en tournant en tous sens leur faire lâcher leur graisse pendant quelques minutes. Quand ils commencent à prendre couleur, ajouter l'oignon et, en remuant le tout, faire prendre une belle couleur blond doré à l'oignon et aux lardons pendant encore 3 à 4 min. Les sortir de la poêle en évitant le surplus de gras et les réserver sur une assiette.
• Dans une sauteuse mise à feu vif, verser le bouillon de volaille et le beurre et, en donnant à la sauteuse un mouvement circulaire, émulsionner le mélange bouillon-beurre qui doit devenir crémeux. Verser alors les fèves ainsi que l'oignon aux lardons et bien mélan-

ger le tout en faisant chauffer pendant 1 min. Rectifier le sel et le poivre.
• Hors du feu, ajouter le basilic et l'ail hachés et mélanger. Dresser dans un plat de service chauffé et servir.

Fèves à la fleurette et à la sariette

Pour 4 personnes
Préparation : 1 h environ
Cuisson des fèves : 5 à 6 min
Finition : 7 à 8 min

350 à 400 g de jeunes fèves écossées
1/4 de litre de crème fleurette
2 cuil. à café de sarriette fraîche
Sel, poivre

• Cuire à l'anglaise (p. 13 et 278) les fèves dérobées (p. 278), les égoutter soigneusement.
• Laver, sécher la sarriette, la hacher finement, verser la crème fleurette dans une casserole. La faire bouillir à plein feu jusqu'à obtenir une consistance onctueuse. Saler, poivrer. Ajouter les fèves et la sarriette. Laisser chauffer 1 min en mélangeant délicatement. Servir dans un légumier chaud.

Fèves fraîches en persillade

Pour 4 personnes
Préparation : 1 h environ
Cuisson : échalotes, 10 min ; fèves, 5 à 7 min

350 à 400 g de jeunes fèves écossées
2 échalotes moyennes
50 g de beurre
1/2 tasse à thé de persil haché
Sel, poivre

• Cuire à l'anglaise (p. 13 et 278) les fèves dérobées (p. 278) pendant 5 à 7 min selon leur maturité. Les égoutter.
• Éplucher les échalotes, les hacher finement, les réserver.
• Hacher le persil, le réserver.
• Dans une poêle, mettre le beurre à chauffer à feu moyen. À couleur dorée, ajouter les échalotes, les faire fondre et ramollir doucement jusqu'à ce qu'elles soient blondes. Ajouter alors le persil haché et les fèves. Tourner le tout doucement pour bien mélanger les différents ingrédients. Vérifier l'assaisonnement en sel et en poivre.
Présenter dans un légumier chaud.

Purée de fèves

C'est un plat qui convient à des fèves bien développées.

Pour 4 personnes
Préparation : 1 h
Cuisson : 10 à 15 min

400 à 500 g de fèves écossées
75 g de beurre
10 à 12 cl de bouillon de volaille (p. 19)
Sel, poivre

• Cuire les fèves « dérobées » (p. 278) à l'anglaise (p. 13 et 278). Les égoutter et les passer au mixer. Transvaser dans une casserole.
• À feu doux, incorporer le beurre morceau par morceau et éventuellement ajouter un peu de bouillon de volaille. La purée doit être bien lisse, ni trop épaisse, ni trop liquide.
• Vérifier l'assaisonnement en sel et en poivre.
Servir bien chaud.

Variantes :
La purée peut devenir potage si on lui ajoute davantage de bouillon et 1 cuil. à soupe de crème fraîche. On peut ajouter à cette soupe des petits croûtons poêlés au beurre, des mini-lardons de poitrine fumée bien rissolés et séchés sur du papier absorbant.

Et Jacques Maximin propose

Gelée de févettes et poivrades en huile

Recette page 81.

Le gombo

Origines

Le gombo est une plante potagère tropicale qui s'appelle savamment la ketmie. Apporté d'Afrique sur le continent américain par les esclaves noirs, le gombo fut vite cultivé et apprécié tant en Amérique Centrale qu'en Amérique du Nord où il continue d'ailleurs à avoir tous les succès.
Il semblerait qu'il ait fait son apparition en Europe seulement au XVIIe siècle, où il est alors uniquement considéré comme un ingrédient obligé de la cuisine créole. C'est seulement petit à petit qu'il deviendra un légume à part entière, devenant garniture ou partie d'un ragoût dans la cuisine traditionnelle européenne. Selon les variétés, on consomme soit les feuilles dites « oseille de Guinée », soit le fruit. C'est ce dernier que nous avons l'habitude de voir ici sur les étalages.

Aspects

Le gombo est le fruit de la plante, il a l'aspect d'une gousse striée de sillons. Elle peut être longue de 6 à 12 cm et relativement fine comme un petit piment ou courte de 2 à 4 cm et trapue – elle est alors souvent appelée bamia.
On cueille le gombo avant maturité, quand il est bien vert, tendre et pulpeux, les graines non encore formées. En principe, le gombo est presque toute l'année disponible dans les magasins de produits exotiques. En principe aussi, on le trouve séché ou en conserve au naturel.
Il est, dans la bouche, de contact un rien gélatineux, mais mis dans le ragoût, il en assure la bonne liaison.
C'est un petit légume peu calorique riche en calcium, en phosphore, en fer et en vitamine C.

La cuisine du gombo

C'est un agréable et joli légume. Si on aime et on accepte son côté un rien gélatineux, il peut s'utiliser et s'accommoder de toutes sortes de façons.

Quantité
400 à 500 g pour 4 personnes.

Préparation
Les laver à plusieurs eaux, les égoutter puis couper le pédoncule.

Cuisson
• *À l'anglaise* (p. 13) :
3 à 5 min dans l'eau bouillante salée, puis les égoutter dans la passoire à pieds.
Emploi immédiat : mettre un beau morceau de beurre dans la casserole encore chaude, ajouter les gombos et les tourner dans le beurre en train de fondre, saler, poivrer, verser dans le légumier de service chauffé et servir tout de suite.
En attente : les gombos étant cuits, les égoutter puis les rafraîchir sous l'eau froide afin de stopper la cuisson. Ensuite, ils seront réchauffés en douceur et tournés en tous sens dans une casserole où on aura mis un voile d'eau ou de bouillon et un bon morceau de beurre. Dès qu'ils sont bien chauds, les verser dans un légumier de service chauffé.
Facultatif : on peut les saupoudrer de persil ou de cerfeuil hachés.
Ainsi accommodés, ils accompagnent bien : des poissons braisés, des escalopes de veau poêlées, du poulet rôti, un lapin sauté.
Dans le ragoût : on les ajoute simplement à la sauce du ragoût en fin de cuisson de celui-ci et on les laisse juste bien se réchauffer.

• *À l'étuvée* (p. 14)
Plonger les gombos 1 min dans de l'eau bouillante salée, les égoutter et les sécher. Mettre dans une casserole un petit fond d'eau, un bon morceau de beurre. Ajouter les gombos, les couvrir et les faire se ramollir en douceur pendant 6 à 8 min en les tournant de temps en temps. Les dresser dans le plat de service en les égouttant convenablement.
Cuits de cette manière c'est une garniture idéale pour accompagner : des poissons pochés avec une sauce, des viandes poêlées ou rôties, du chevreau rôti, de l'agneau de lait rôti.
Ils s'harmonisent aussi parfaitement avec des tomates poêlées (p. 444).

Gombos aux poivrons et aux tomates

C'est une sorte de ratatouille qui peut se préparer à l'avance et où on ajoute les gombos à cuire au dernier moment.

Pour 6 personnes
Préparation : 20 à 25 min
Cuisson : 25 à 30 min

500 g de gombos
1 poivron rouge
1 poivron jaune
2 tomates moyennes
1 petit piment rouge
3 gousses d'ail
1 branche de thym
2 à 3 cuil. à soupe d'huile d'olive
1 pincée de poivre de Cayenne
Sel, poivre

• Préparer les gombos (p. 285), les réserver. Émonder les tomates (p. 438), supprimer les graines, les détailler en morceaux moyens, les réserver.
• Hacher finement l'ail et le piment, réserver.
• Passer les poivrons à la vapeur et supprimer la peau et les graines (p. 370), les détailler en lamelles de 4 à 5 cm de long sur 1 ou 2 cm de large.
• Dans une sauteuse à feu moyen-doux, chauffer l'huile d'olive, ajouter l'ail et le piment, les faire se ramollir en douceur. Ajouter ensuite les lamelles de poivrons et les faire s'attendrir doucement pendant 5 à 10 min. Ajouter les morceaux de tomates, la branche de thym, saler, mélanger le tout et laisser mijoter à petit feu à couvert pendant 20 à 25 min. Au bout de ce temps, ajouter les gombos et, à plein feu, terminer la cuisson à découvert en tournant le tout pendant 5 à 6 min. Vérifier le sel, poivrer, ajouter une pincée de poivre de Cayenne, verser dans un plat chaud et servir.

Gombos frits

Pour 4 personnes
Préparation : pâte à frire, 2 h à l'avance ; gombos : 10 à 12 min
Cuisson : 1er temps, 4 à 5 min ; en friture, 2 à 3 min

350 à 400 g de gombos
1 grand bol de pâte à frire (p. 58)

Marinade :
Huile
Jus de citron

Persil haché
Sel, poivre

Facultatif :
Petits bouquets de persil frit

• Préparer la pâte à frire (p. 58) en réservant le blanc d'œuf.
• Laver les gombos, retirer la tige, les cuire à l'anglaise (p. 13 et 285), les rafraîchir sous l'eau froide. Bien les égoutter et les sécher dans un torchon.

• Les aligner ensuite dans un plat creux, les arroser de jus de citron, de persil haché, de sel, de poivre, les couvrir d'huile d'olive et les faire mariner pendant 30 à 35 min. Au dernier moment, sortir les gombos de la marinade, les éponger convenablement avec du papier absorbant.
• Terminer la pâte à frire en y incorporant le blanc battu en neige. Chauffer l'huile de la bassine à température chaude.
• Plonger les gombos dans la pâte à frire, les aligner sur un papier sans qu'ils se touchent, les plonger dans l'huile et les faire convenablement dorer de tous côtés, les poser ensuite sur du papier absorbant, saler, poivrer.
• Faire plusieurs fournées en les tenant éventuellement sur la porte du four chaud.

Emplois : le légume du dîner familial, en garniture de poissons frits, ou de viandes poêlées et rôties.

Le haricot vert, le haricot blanc, le haricot rouge

Origines

Disons d'emblée que le haricot vert n'est autre que la gousse allongée d'un haricot dont on ne laisse pas les graines se développer.
Il est évident que les gousses dont les graines sont destinées à devenir des haricots blancs ne sont ni de même variété, ni de même culture, ni de même récolte que celles qui demeureront des haricots verts.
Le haricot est de la famille des papilionacées et nous vient tout droit du Nouveau Monde, où il fut découvert par les conquérants espagnols au début du XVIe siècle.
Longtemps, il ne sera consommé que sous sa forme de graine, et c'est seulement à la fin du XVIIIe siècle en Italie qu'il commencera à être cueilli et mangé « vert », c'est-à-dire en l'état de gousse.
Le haricot vert restera rare et cher en France pendant tout le XIXe siècle, et ce n'est qu'à partir du XXe siècle qu'il entrera de manière courante dans l'alimentation des Français, tout en demeurant un légume assez coûteux, et néanmoins de plus en plus apprécié.

Aspects

On trouve des haricots verts toute l'année. Du mois de mai au mois d'octobre, ils sont français. L'hiver, ils sont d'importation : Sénégal, Kenya. Entre les deux, début du printemps et fin de l'automne, l'Italie et l'Espagne prennent le relais.
Les Français, à peine chauvins, vous assureront que ce sont nos haricots verts les meilleurs. Moi, j'affirmerai que le meilleur de tous est celui cueilli tout jeune, gros comme une allumette, aux petites heures du matin dans le potager, et que l'on mange pour le déjeuner, cuit en 1 min. Ce n'est pas toujours évident...
À défaut, le haricot vert doit être de la qualité dite « filet » : la gousse est fine, longue et ronde.
Parmi ceux-là, on apprécie le haricot vert fin de Bagnols du Sud-Ouest et le triomphe de Farcy qui vient du Loiret et de Bretagne.
L'hiver, cette qualité-là, dite aussi haricot aiguille, nous vient du

Kenya ou du Sénégal en caisses de bois où ils sont bien alignés, bien calibrés et, grâce à la rapidité des transports actuels, tout à fait frais et délicieux.

Choix et qualités

Qu'ils soient de France ou d'ailleurs, à vous de bien les choisir : tous de même taille, fins et longs, d'un beau vert frais, sans taches, durs et se cassant net. À la brisure, une goutte d'humidité est la dernière assurance que la cueillette n'est pas loin.
Précisons enfin, pour ajouter à ses qualités, que le haricot vert est digeste et peu calorique. Il contient du fer, du calcium, du potassium et de la vitamine C.

Les haricots blancs, comme les **flageolets**, apparaissent en été. Ils sont issus d'autres variétés que celles qui donnent les haricots verts. On les achète non écossés, dans leurs gousses, et ce sont eux que l'on consommera secs en hiver en plats roboratifs et réchauffants.

La cuisine du haricot vert

C'est un légume de si fine saveur qu'il est inutile de le cuisiner de façon compliquée. Chaud, il sera la garniture de toute viande poêlée ou rôtie. Ce n'est pas le légume des plats mijotés, sauf pour le navarin d'agneau où il tient compagnie à d'autres petits légumes de printemps.
Froid, il sera délicieux en salades simples ou composées avec juste un ou deux légumes pour l'accompagner, sans le surcharger.
Bien qu'il se suffise à lui-même, il est quand même un des éléments de la jardinière de légumes (p. 455) et de la macédoine de légumes (p. 456), dite aussi salade russe quand elle est froide.

Quantité
En garniture : il est raisonnable de compter 100 à 125 g par personne.
En légume seul ou

Préparation

Il suffit de casser sans brusquerie chaque extrémité du haricot vert et de tirer le long du légume pour supprimer les fils... qui en général n'existent pas si les haricots verts ont été choisis très frais. À ce stade-là, soit on les laissera entiers, soit on les coupera en 2-3 mor-

en salade : 150 à 175 g par personne.

ceaux selon la recette. Les laver ensuite à grande eau. Ils seront encore meilleurs et plus fermes si on les laisse séjourner 1/4 d'heure dans une bassine d'eau fraîche.

Cuisson

C'est un légume qui se mange toujours cuit, froid ou chaud selon les accommodements.

Le haricot vert ne se cuit pas autrement qu'à l'anglaise (p. 13), mais sa cuisson demande quelques soins pour qu'il soit parfait.

• Il faut beaucoup d'eau bouillante salée pour que les haricots verts soient à l'aise dans la casserole. Il est impératif de maintenir une grosse ébullition sans couvrir, afin de leur conserver leur belle couleur verte.

• On ne peut pas indiquer de temps de cuisson, car il varie selon la grosseur et la fraîcheur des haricots verts. Elle peut aller de 3 min pour des haricots frais cueillis, à 10-12 min maximum. Il faut donc les surveiller et les goûter régulièrement.

Un haricot vert bien cuit doit être un peu croquant, et surtout ne pas se plier tristement quand on le tient entre deux doigts.

Au terme de leur cuisson, les retirer de l'eau à l'aide d'une écumoire et les égoutter dans une passoire.

À ce moment-là :

Si on les déguste immédiatement, les secouer pour éliminer toute l'eau, les servir dans un légumier chaud en leur ajoutant rapidement des copeaux de beurre frais et du persil haché si on le souhaite.

Si on les fait attendre pour un emploi ultérieur : les sortir de leur casserole et les plonger dans une bassine d'eau glacée qui arrêtera net leur cuisson. Les égoutter ensuite dans une passoire à pieds puis les envelopper dans un torchon jusqu'à utilisation pour bien les sécher.

Ensuite, on les réchauffera tout doucement en les mélangeant dans une casserole avec du beurre fondu.

• On peut aussi les réchauffer dans du jus de poulet rôti (p. 22) dégraissé.

Salade de haricots verts

Pour 4 personnes
Préparation : 15 min
Cuisson : variable selon la fraîcheur et la taille (p. 290)

750 g environ
1 tasse à thé d'assaisonnement

• Préparer et laver les haricots verts (p. 289).
• Les cuire (p. 290), les rafraîchir dans l'eau glacée, bien les égoutter et les sécher.

Choix d'assaisonnements :
Vinaigrette classique à l'huile d'olive et soit au vinaigre de vin, soit au vinaigre de xérès.
On peut ajouter à cette vinaigrette : du persil haché ; de la ciboulette hachée ; un mélange de fines herbes : persil, cerfeuil, ciboulette ; de l'échalote finement hachée.

Salade de haricots verts et de champignons

Pour 4 personnes
Préparation : 20 à 25 min
Cuisson : variable selon la fraîcheur et la taille (p. 290)

300 g de champignons de Paris moyens ultra-frais
300 g de haricots verts
1 citron
5 à 6 cuil. à soupe de vinaigrette classique (p. 27)
1/2 tasse à thé de persil haché

• Éplucher, cuire et rafraîchir les haricots verts (p. 289 et 290). Bien les sécher.
• Préparer l'assaisonnement et hacher le persil.
• Supprimer le pied des champignons, nettoyer les têtes (p. 167) et les couper en bâtonnets. Ajouter quelques gouttes de jus de citron pour qu'ils ne noircissent pas.
• Dans un saladier, mélanger les haricots verts, les bâtonnets de champignons et le persil haché.
• Fouetter la vinaigrette et la verser dans le saladier.

Salade de haricots verts à la tomate et aux pluches de cerfeuil

Pour 4 personnes :
Préparation :
20 à 25 min
Cuisson : variable selon la fraîcheur et la taille (p. 290)

300 g de haricots verts bien fins
3 tomates moyennes bien dures
1 bouquet de cerfeuil
5 à 6 cuil. à soupe de vinaigrette à l'huile d'olive et au vinaigre de vin

• Préparer les haricots verts (p. 289). Au goût, les laisser entiers ou les couper en deux, puis les cuire à l'anglaise (p. 290), les rafraîchir, les sécher dans un torchon.
• Couper les tomates en 4, retirer toutes les graines et l'eau de végétation. Couper chaque quartier en petits morceaux.
• Prélever des pluches fines sur le bouquet de cerfeuil. Les réserver.
• Faire l'assaisonnement dans un saladier, ajouter les haricots verts et les tomates. Mélanger et répartir ensuite dans 4 assiettes individuelles. Décorer avec les pluches de cerfeuil.

Haricots verts sautés

Pour 4 personnes
Préparation :
20 à 25 min
Finition : 4 à 5 min

750 g de haricots verts
1/2 tasse à thé de persil haché
1 gousse d'ail
2 à 3 cuil. à soupe d'huile d'olive
Sel, poivre

• Préparer et faire cuire les haricots verts (p. 289 et 290). Les rafraîchir, bien les égoutter et les sécher.
• Hacher la valeur d'1/2 tasse à thé de persil, éplucher et hacher finement une gousse d'ail, mélanger les deux.
• Dans une grande poêle à feu moyen, faire bien chauffer l'huile d'olive. Verser les haricots verts et, en les tournant en tous sens, les faire rissoler légèrement.
• Au dernier moment, ajouter l'ail et le persil, poivrer et, en tournant en tous sens, chauffer 1 à 2 min de plus avant de verser les haricots verts dans un légumier de service chaud.

La cuisine du haricot blanc

C'est un légume d'été qui s'achète en gousse. Il faut donc veiller à ce que les gousses soient bien pleines.
Ne pas les choisir trop importantes, avec des haricots trop gros et ayant tendance à être farineux. Ils doivent être moyens.

Quantité
À l'achat, la quantité est forcément assez importante à cause des gousses à éliminer. Il faut compter 2 kg pour 4 personnes.

Cuisson

C'est un légume frais. Après écossage il sera donc cuit à l'anglaise (p. 13) dans une eau aromatisée d'ail, d'oignons, de thym et de laurier. Bien égoutté, il sera ensuite accommodé comme on le souhaite, froid ou chaud.

Salade de haricots blancs (recette de base)

Pour 4 personnes
Préparation : 40 à 45 min
Cuisson : 1 h environ

2 kg de haricots blancs non écossés
2 oignons moyens
2 gousses d'ail
1 petite branche de thym
1 feuille de laurier
2 litres d'eau
50 à 60 g de beurre
Sel, poivre

• Écosser les haricots.
• Éplucher les oignons, les couper en rondelles, éplucher les gousses d'ail.
• Dans une grande casserole, mettre l'eau, l'oignon, l'ail, le thym et le laurier, du sel. Porter à ébullition. Ajouter les haricots. Attendre que l'ébullition reprenne. Écumer, baisser le feu, couvrir et laisser cuire doucement, à petits bouillons, 1 h environ. Les haricots doivent être tendres et non éclatés.
• Les égoutter ensuite soigneusement. Supprimer le thym et le laurier. On peut, selon son goût, conserver les oignons ou les éliminer.

Assaisonner au choix d'une vinaigrette classique à laquelle on pourra ajouter du cerfeuil haché ou de l'estragon haché ou de l'échalote hachée ou encore un mélange de fines herbes ; ou d'une mayonnaise au ketchup (p. 30) ; ou encore d'une sauce fraîche à la pulpe de tomates (p. 439).

Salade tiède de haricots blancs frais au poivron rouge et à l'ail

Pour 4 personnes
Préparation : 1 h
Cuisson : des poivrons, 15 à 20 min ; des haricots, 1 bonne heure

2 kg de haricots blancs non écossés
2 poivrons rouges
4 ou 5 gousses d'ail
5 à 6 cuil. à soupe de vinaigrette à l'huile d'olive et au vinaigre de vin

• Écosser et cuire les haricots comme dans la recette des haricots blancs en salade (p. 293).
• Pendant ce temps, faire griller les poivrons (p. 372) et mettre à cuire les gousses d'ail non épluchées 10 min dans l'eau bouillante salée. Les égoutter.
• Retirer la peau des poivrons et les détailler en lanières d'1 cm de large et de 5 cm de long.
• Au terme de la cuisson des haricots, les égoutter soigneusement, retirer le thym, le laurier, les oignons, les laisser tiédir.
• Faire la vinaigrette, y incorporer la pulpe finement écrasée des gousses d'ail épluchées.
• Dans un saladier, mélanger les haricots tièdes, les poivrons rouges, la vinaigrette à l'ail et servir.

Haricots blancs au beurre

Pour 4 personnes
Préparation : 40 à 45 min
Cuisson : 1 h environ

2 kg de haricots blancs non écossés
2 oignons moyens
2 gousses d'ail
1 petite branche de thym
1 feuille de laurier
2 litres d'eau
50 à 60 g de beurre
Sel, poivre

• Écosser et cuire les haricots comme dans la salade de haricots blancs (recette de base) p. 293.
• Au bout d'1 h de cuisson, verser dans une autre casserole la presque totalité du jus de cuisson qui pourra servir pour un potage, en s'aidant du couvercle pour retenir les haricots.
• Retirer le thym et le laurier, ajouter le beurre. Donner à la casserole un mouvement tournant pour faciliter la fonte et la pénétration du beurre. Vérifier l'assaisonnement en sel, poivrer. Servir dans un légumier chaud.

Haricots panachés

Ce plat se fait au dernier moment.

Pour 4 personnes
Préparation : 30 à 35 min
Cuisson : haricots verts, variable selon la fraîcheur et la taille (p. 290) ; haricots blancs, 1 h environ

1 kg de haricots blancs non écossés
350 g de haricots verts
1 oignon
2 litres d'eau
1 gousse d'ail
1 petite branche de thym
1/2 feuille de laurier
50 à 60 g de beurre
Sel, poivre

• Écosser les haricots blancs.
• Éplucher les haricots verts et les couper en deux, les laver.
• Éplucher et couper l'oignon en rondelles, éplucher la gousse d'ail.
• Dans une casserole, faire cuire les haricots blancs comme il est dit à haricots blancs au beurre, avec le thym, le laurier, l'ail et l'oignon (p. 293).
• En fin de cuisson des haricots blancs, faire cuire les haricots verts à l'anglaise (p. 290).
• Les retirer avec une écumoire, les égoutter dans une passoire à pieds.
• Retirer la presque totalité du bouillon des haricots blancs, le thym et le laurier. Ajouter le beurre et les haricots verts. Mélanger tous les éléments à l'aide d'une cuillère en bois. Laisser un peu chauffer. Servir dans un légumier chaud.

Purée de haricots blancs frais

Pour 4 personnes
Préparation : 25 à 30 min
Cuisson : 1 h environ

2 kg de haricots blancs non écossés
2 oignons moyens
2 gousses d'ail
1 petite branche de thym
1 feuille de laurier
2 litres d'eau
1 cuil. à soupe de crème fraîche
50 à 60 g de beurre
Sel, poivre

• Préparer et cuire les haricots comme dans la salade de haricots blancs (p. 293).
• Les égoutter complètement dans la passoire. Conserver l'ail, les oignons. Retirer le thym et le laurier. Réserver le jus dans une boîte hermétique pour un usage ultérieur (un potage, par exemple). Passer les haricots au moulin à légumes ou au mixer si on veut une mousse fine.

• Remettre dans une casserole à feu moyen, et faire sécher la purée jusqu'à éliminer toute l'humidité. Ajouter ensuite le beurre et travailler à la cuillère. Terminer la purée avec la crème fraîche que l'on incorpore soigneusement en tournant toujours. Vérifier l'assaisonnement en sel et en poivre.
Servir dans un légumier chaud.

Variante : la purée devient potage :
• Verser la purée dans une casserole à feu doux en la délayant petit à petit avec du jus de cuisson des haricots. À consistance encore un peu épaisse, ajouter 2 à 3 cuil. à soupe de crème fraîche en la mélangeant bien. On doit obtenir une crème de haricots blancs ni trop fluide ni trop épaisse. Vérifier le sel et poivrer généreusement.
• À ce potage on peut ajouter la même petite garniture qu'à la purée de pois cassés (p. 356).

Variante : on pourra aussi faire ce potage avec des haricots blancs secs cuits d'abord, égouttés et mixés ensuite, puis délayés avec du jus de cuisson et de la crème fraîche.

Les haricots flageolets

C'est une variété de haricots, petits et de couleur verte, qui apparaît vers le mois de septembre.
Ils s'accommodent de la même façon que les haricots blancs frais. La purée de flageolets est particulièrement savoureuse. Elle se marie bien avec l'agneau, mais elle sera aussi agréable avec les premiers canards sauvages.
Assez rarement vendus frais, ils sont le plus souvent présentés en boîte.

Les haricots blancs secs

Ce sont des légumes d'hiver. Pour être bons, ils doivent dater de la dernière récolte.
Il en existe de nombreuses variétés, depuis la toute petite « mogette » jusqu'aux gros « lingots » du Nord en passant par les « soissons », les plus couramment utilisés.
On peut faire avec les haricots secs les mêmes recettes qu'avec les haricots frais (p. 293) mais la préparation et la cuisson ne sont pas du tout les mêmes.

Quantité
100 g par personne

Préparation

• Mettre les haricots dans une passoire, les rincer soigneusement sous l'eau froide pour supprimer leur éventuel goût de poussière.

• Les faire tremper au moins 2 h dans l'eau tiède ou 1 nuit dans l'eau froide. Jeter ensuite l'eau de trempage.

Cuisson
2 h à 2 h 30
• Mettre les haricots blancs secs dans une marmite et les recouvrir largement d'eau froide. Ajouter 2 oignons coupés en rondelles, 2 gousses d'ail, 1 petite branche de thym, 1 feuille de laurier. Porter doucement à ébullition et faire « bouillotter » à couvert pendant 2 h à 2 h 30 selon la qualité et la variété de haricots employée. Ils doivent être tendre, moelleux et non éclatés.
• Au terme de la cuisson, retirer le thym et le laurier. Supprimer la quasi-totalité du jus, le réserver pour un potage.
• On peut les accommoder :
– comme des haricots blancs frais (p. 293 à p. 296),
– en purée (p. 295), à laquelle on peut ajouter de la saucisse fumée pochée et détaillée en rondelles, des petits croûtons de pain poêlés au beurre, des lardons de poitrine fumée, du persil haché.

La cuisine du haricot rouge

Relativement peu cultivés en France, ils sont de consommation courante en Amérique, en Espagne et aux Antilles.
C'est dans les restaurants tex-mex (Texas, Mexique) que se déguste le fameux *chili con carne* si populaire aux États-Unis, et qui fut au départ le plat des pionniers du Texas.
Grossièrement, le chili con carne est un ragoût de bœuf haché, cuit avec des oignons émincés, relevé de piment et de cumin, dans lequel on ajoute des haricots rouges en cours de cuisson.

• *Les haricots rouges frais*
Ils sont écossés, se préparent, se cuisent et s'accommodent comme les haricots blancs frais :
– froids en salade avec la vinaigrette de son choix (p. 27),
– chauds au beurre frais (p. 294).

• *Les haricots rouges secs*
Ils sont passés sous l'eau courante, mis à tremper et accommodés comme les haricots blancs secs. On en fait aussi des petits ragoûts.

Haricots rouges à la bourguignonne

Pour 5 à 6 personnes
Préparation : 2 h 30 de trempage et 15 min
Cuisson : 2 h environ

450 g de haricots rouges secs
400 g de poitrine fumée
1 oignon
2 gousses d'ail
2 clous de girofle
1 petite branche de thym
1 feuille de laurier
70 cl de vin rouge
70 cl d'eau
25 g de beurre
Sel, poivre

- Mettre les haricots à tremper.
- Éplucher l'oignon, le piquer de clous de girofle, éplucher les gousses d'ail, ficeler le thym et le laurier.
- Égoutter les haricots rouges, les mettre dans une marmite, mouiller avec l'eau et le vin rouge. Porter doucement à ébullition, écumer, saler et poivrer. Ajouter le bouquet garni, l'oignon, l'ail.
- Disposer le morceau de poitrine fumée, couvrir et laisser mijoter 2 h à 2 h 15 à tout petit feu. Au terme de la cuisson, prendre le morceau de poitrine à l'aide d'une écumoire et le poser sur une planche.
- Égoutter les haricots, supprimer l'oignon et le bouquet garni, les verser dans un plat de service creux et chauffé. Ajouter 3 à 4 cuil. à soupe de jus de cuisson. Tenir au chaud dans le four tiède.
- Détailler la poitrine fumée en lardons de grosseur moyenne.
- Dans une poêle, faire fondre 25 g de beurre à feu moyen-vif, ajouter les lardons et les faire rissoler. Dès qu'ils sont croustillants, les prendre à l'écumoire et les verser dans les haricots. Mélanger délicatement et servir.

Et Jacques Maximin propose

Beignets de haricots verts et de sole à la béarnaise

Pour 4 personnes
Préparation : 1 h
Cuisson : 4 à 5 min
Repos de la pâte : 2 h

700 g de haricots verts frais extra-fins
4 filets de sole
1 ciboule
1 tomate
1 bol de sauce béarnaise (p. 47)
Pâte à frire (p. 58)
Huile de friture
Sel, poivre

Préparation de la pâte à frire

- Préparer la pâte à frire, la laisser reposer 2 h en réservant le blanc d'œuf pour la finition.

Préparation des différents éléments

• Lever les 4 filets de sole et les détailler en petits lanières dites goujonnettes, les réserver.
• Équeuter les haricots verts. Éventuellement, les couper en 2, s'ils sont très longs. Les réserver.
• Parer la ciboule, l'émincer, la réserver.
• Plonger la tomate 15 s dans l'eau bouillante, supprimer la peau et les graines, couper la chair en petits dés, les réserver.
• En dernier lieu, faire la béarnaise et lui ajouter la ciboule émincée et les dés de tomate.

Finition et présentation

• Dans 2 récipients, faire chauffer l'huile de friture à température très chaude.
• Terminer la pâte à frire en lui incorporant le blanc battu en neige.
• Tremper les goujonnettes de sole d'abord dans la pâte à frire puis dans l'huile de friture pendant 4 à 5 min. Le poisson doit être cuit et la pâte à frire boursouflée et bien dorée. Déposer sur du papier absorbant. Saler et poivrer.
• Tremper les haricots verts crus dans la pâte à frire et les plonger dans l'huile de friture pendant 4 à 5 min en essayant de les séparer le plus possible. Quand ils sont bien dorés, les déposer aussi sur du papier absorbant. Saler et poivrer.
• Dans 4 assiettes, répartir au centre la béarnaise bien ferme. La couvrir et l'entourer de petits beignets de sole et de haricots verts mélangés.

La lentille

Origines

La lentille est une légumineuse, sans doute originaire du Moyen-Orient, qui a très vite essaimé vers la Grèce, l'Italie et finalement le reste de l'Europe.
Très nutritive car riche en matières azotées, elle est connue depuis des temps très reculés, et a joué un rôle important dans l'alimentation humaine. Elle était le plus souvent consommée en bouillie ou en ragoûts.
Les Égyptiens en étaient de grands consommateurs. Tout le monde connaît l'histoire biblique d'un Esaü qui, bien fatigué après une dure journée de travail, vendit son droit d'aînesse à son frère cadet venant de se mitonner un bon petit plat de lentilles.
Les Grecs considéraient les lentilles comme un plat destiné aux pauvres, qui donnait aussi des forces aux guerriers, mais leurs philosophes en faisaient, paraît-il, leur ordinaire pour ne pas céder aux tentations de la bonne chère.
Pour les Romains, c'était plutôt une plante médicinale soignant le foie, ainsi qu'une nourriture destinée à la plèbe.
Au Moyen Âge, en temps de disette, on confectionnait avec de la farine de lentilles et de la farine de céréales un pain bien lourd, grossier et nourrissant, mais aussi des sortes de bouillons digestifs à base d'herbes pour se remettre l'estomac en bon état.
Au cours des siècles suivants, la lentille a perdu de son importance, mais il semblerait que depuis quelque temps, elle soit revenue à la mode pour accompagner toutes sortes de plats.
Elle demeure un légume très riche pouvant remplacer la viande dans un repas : 350 calories aux 100 g. Elle n'est pas toujours bien digérée par tous à cause de l'importante quantité de cellulose contenue dans sa peau.

Aspects

La lentille ne se consomme qu'à l'état de légume sec. C'est un légume d'hiver. Comme toujours pour les légumes secs, il est important de choisir les lentilles issues de la dernière récolte. Elles n'en seront que meilleures.

On cultive en France plusieurs variétés de lentilles qui se distinguent essentiellement par leur couleur : blondes, brunes, vertes. C'est la lentille verte « du Puy » cultivée sur les terres du Velay qui est considérée comme la plus fine, la plus savoureuse. Comme les haricots secs, et à cause de sa peau indigeste, la lentille demande à être mise à tremper plusieurs heures pour ramollir sa peau et faciliter sa cuisson.

La cuisine de la lentille

Comme tous les légumes secs, la lentille n'a qu'un mode de cuisson, mais bonne fille, elle s'accorde avec de nombreux mets pour donner de bons petits plats. Elle est d'ailleurs redevenue très à la mode et on lui prête toutes sortes de qualités gourmandes.

Quantité
Pour 4 personnes :
250 g environ

Préparation

Trier les lentilles pour éventuellement supprimer débris et petits cailloux, encore que celles vendues en boite soient déjà triées. Ce sont celles vendues au poids dans les sacs qui demanderont soin et attention.

Les verser dans une passoire et les rincer abondamment à l'eau courante pour éliminer tout goût de poussière. Les mettre à tremper dans de l'eau tiède pendant une bonne heure.

Au bout de ce temps, les égoutter convenablement.

Lentilles nature (recette de base)

Pour 250 g de lentilles

2 oignons moyens
2 gousses d'ail
1 branche de thym
1 feuille de laurier

- Éplucher les oignons et les gousses d'ail, les conserver entiers.
- Égoutter les lentilles, les mettre dans un faitout avec l'ail, l'oignon, le thym, le laurier, couvrir d'eau. Porter à ébullition et à couvert assurer un petit bouillottement régulier pendant un temps qui peut varier selon les lentilles, de 45 min à 1 heure. Elles sont à point quand elles sont encore un peu fermes, ni molles, ni éclatées.
- À ce moment, égoutter les lentilles en conservant leur jus de cuis-

son, l'ail et les oignons qui pourront être utilisés et en se débarrassant du thym et du laurier.
• Les lentilles sont alors bonnes à être cuisinées de diverses manières.

Salade de lentilles

On peut la servir froide ou tiède.

Pour 4 personnes

200 à 250 g de lentilles

• Cuisiner les lentilles comme indiqué dans la recette de base.
• Assaisonner d'une vinaigrette classique (p. 27) ou d'une vinaigrette à l'huile de noix.

Variantes : avant de les assaisonner, mélanger aux lentilles les oignons de cuisson réservés en les détaillant grossièrement. On peut aussi ajouter à la vinaigrette classique les 2 gousses d'ail de cuisson réservées en les écrasant en fine purée.

Emplois : en hors-d'œuvre : soit servie seule soit accompagnée de rondelles de saucisson ; de petits triangles de saucisson à l'ail détaillés en quartiers et débarrassés de leur peau ; de rondelles fines de saucisses de Francfort cuites.
Dans un plat, entourer les lentilles assaisonnées d'œufs durs grossièrement hachés relevés d'une vinaigrette à l'huile d'olive et aux fines herbes.
En garniture : la salade de lentilles accompagnera parfaitement les restes d'une potée de porc froide ; d'un rôti de veau froid ; des terrines de gibier et des pâtés ; de la langue de veau.

Lentilles tièdes à l'œuf et aux lardons

Pour 4 personnes
Préparation : voir p. 301
Cuisson : 45 min à 1 h

12 bonnes cuil. à soupe de lentilles cuites (p. 301)
150 g de poitrine fumée
4 œufs
Sel, poivre

• Faire cuire les lentilles selon la recette de base (p. 301). Retirer la couenne et les cartilages de la poitrine fumée, la détailler en très petits lardons.

• Dans une poêle antiadhésive, les faire convenablement rissoler pour qu'ils rendent toute leur graisse, les retirer à l'écumoire et les sécher sur du papier absorbant. Saler et poivrer.
• En dernier lieu, faire des œufs pochés en les cassant délicatement au-dessus d'une casserole d'eau frémissante et en les laissant cuire 3 à 4 min. Les poser sur un torchon.
• Sur 4 assiettes individuelles, dresser des lentilles cuites et tièdes mêlées de petits lardons, dont on a réservé une partie pour la finition. Poser l'œuf sur le tout et terminer avec des lardons réservés éparpillés sur l'assiette.

Lentilles chaudes au beurre

Après la cuisson et après les avoir égouttées (p. 301), mettre au fond d'une casserole 3 à 4 cuil. à soupe de jus de cuisson, ajouter 50 g de beurre, les lentilles, et faire convenablement chauffer le tout en mélangeant avec précaution de bas en haut. Vérifier l'assaisonnement et servir dans un légumier chaud.

Emplois : les lentilles accompagnent bien :
– des petites chipolatas poêlées ;
– des saucisses de Montbéliard pochées à l'eau frémissante pendant 30 à 35 min ;
– des oreilles et des queues de porc grillées ;
– des crépinettes poêlées ;
– du confit de canard bien dégraissé et bien rissolé à la poêle ;
– des grillades de porc.

Lentilles à la saucisse de Morteau

Pour 4 personnes
Préparation : 5 min
Cuisson :
1 heure environ

250 g de lentilles
1 saucisse de Morteau

Cuisson des lentilles :
2 oignons
2 gousses d'ail
1 branche de thym
1 feuille de laurier

• Préparer et mettre à cuire les lentilles selon la recette de base (p. 301).
• 35 min avant la fin de la cuisson, ajouter la saucisse piquée de coups d'épingle aux lentilles et laisser mijoter le tout.

• Au terme de la cuisson, récupérer la saucisse, supprimer le thym et le laurier. En s'aidant du couvercle, supprimer pratiquement tout le jus et laisser sur le feu doux. Récupérer les oignons, les couper en fines rondelles. Récupérer les gousses d'ail, les écraser, ajouter un bon morceau de beurre aux lentilles et leur mélanger l'ail et l'oignon.
• Verser dans un plat de service et disposer sur les lentilles la saucisse de Morteau coupée en 4.

Lentilles à la provençale d'Escudié

Pour 4 personnes
Préparation : 10 min
Cuisson des lentilles : 45 min à 1 h
Finition : 3 à 4 min

250 g de lentilles
3 à 4 filets d'anchois à l'huile
1 gousse d'ail
2 à 3 cuil. à soupe d'huile d'olive
Sel, poivre

Pour la cuisson des lentilles :
1 oignon
2 gousses d'ail
1 branche de thym
1 feuille de laurier

• Préparer et cuire les lentilles (p. 301). En fin de cuisson, mettre les filets d'anchois dans une petite casserole et les laisser fondre en douceur sur feu doux.
• Au terme de la cuisson des lentilles, les égoutter convenablement. Éplucher la gousse d'ail.
• Dans une casserole, mettre l'huile d'olive à chauffer à feu moyen, y mettre à dorer la gousse d'ail entière pendant 1 à 2 min. Ajouter les lentilles, les tourner en tous sens pour les chauffer, ajouter les filets d'anchois fondus et mélanger aux lentilles en tournant délicatement en tous sens pendant 1 min de plus. Rectifier l'assaisonnement en sel et poivre si nécessaire.
Servir dans un légumier bien chaud.

Emplois : le légume du dîner familial ou en garniture de tranches de thon frais poêlées.

Purée de lentilles

On peut faire cuire les lentilles à l'avance, on les laisse dans leur jus et on termine la purée au dernier moment.

Pour 4 personnes
Préparation : 10 à 15 min
Cuisson : 1 h à 1 h 30
Finition : 20 à 25 min

400 g de lentilles
2 oignons moyens
2 gousses d'ail
1 branche de thym
2 feuilles de laurier
50 à 60 g de beurre
2 litres d'eau
Sel, poivre

• Trier, laver, tremper les lentilles, les faire cuire comme il est dit à haricots blancs au beurre (p. 294).
• Quand elles sont cuites, les passer dans un moulin à légumes au-dessus d'une casserole ou au mixer si on veut une purée très fine.
• Mettre la purée à feu assez vif pour faire évaporer le reste de liquide et la dessécher. La travailler alors en incorporant le beurre. Vérifier l'assaisonnement et servir dans un légumier chaud.

Emplois : en garniture d'un canard sauvage rôti, de noisettes de chevreuil poêlées, de râble de lièvre sauce poivrade et de façon générale de tout gibier de plume, ou de poil rôti ou en sauce.

Crème de lentilles

Un très délicat potage qui utilisera le jus de cuisson des lentilles.

Pour 4 personnes
Préparation : 10 min
Cuisson totale : 1 h environ

180 g de lentilles
1 oignon moyen
1/2 feuille de laurier
1 cuil. à café de curry en poudre
10 cl de crème fraîche
Jus de cuisson des lentilles
Sel, poivre

• Préparer et cuire les lentilles (p. 301) avec l'oignon coupé en rondelles et la 1/2 feuille de laurier, les égoutter en conservant le jus de cuisson. Retirer le laurier et passer au mixer les lentilles et l'oignon pour obtenir une fine purée. Réserver dans une casserole.
• Dans une autre casserole à feu moyen, verser la crème fraîche, y délayer le curry en poudre, laisser bouillotter pendant 3 à 5 min pour que la crème épaississe et devienne onctueuse. La verser en mélangeant petit à petit dans la purée de lentilles. Mettre sur le feu doux et ajouter du jus de cuisson des lentilles pour avoir un potage ni trop fluide, ni trop épais, et bien chaud. Vérifier l'assaisonnement en sel et poivrer convenablement.

Servir la crème de lentilles dans des assiettes creuses individuelles bien chaudes.

Les garnitures de la crème de lentilles
Si on le souhaite, on peut enrichir la crème de lentilles de différentes garnitures qui seront présentées sur la table et dont chacun se servira à son gré :
- des pluches de persil,
- de la ciboulette hachée,
- des mini-dés de concombre cru,
- des mini-croûtons de pain de mie rissolés au beurre,
- des mini-lardons bien rissolés,
- des mini-chipolatas poêlées.

Et Jacques Maximin propose

Soupe de lentilles

Pour 4 personnes
Préparation : 30 à 35 min
Cuisson : 20 min

360 g de lentilles
100 g de poitrine fraîche
25 cl de crème fleurette
1 oignon
1 carotte
3 tiges de persil
1 branche de thym
1 feuille de laurier
40 g de ciboulette hachée
Sel, poivre

Facultatif :
2 pigeons de 400 g chacun

Préparation des lentilles et des garnitures
• Mettre les lentilles à tremper dans l'eau froide pendant 2 h au maximum.
• Pendant ce temps, préparer un bouquet garni ficelé avec le persil, le thym, le laurier.
• Éplucher et laver la carotte, la couper en 3-4 morceaux.
• Éplucher et couper l'oignon en 4.

Préparation de la soupe et présentation
• Égoutter convenablement les lentilles. Les verser dans une casserole, ajouter le bouquet garni, la carotte, l'oignon et le morceau de poitrine fraîche. Saler. Mouiller avec une louche d'eau, les faire

cuire ensuite à toute petite ébullition à couvert pendant 20 min environ. Poivrer.

• Au bout de ce temps, prélever 200 g de lentilles avec une écumoire. Les réserver dans une casserole.

• Supprimer le bouquet garni, la carotte et l'oignon des lentilles restantes. Prélever la poitrine fraîche et la couper en petits lardons, les réserver.

• Verser la crème fleurette dans ces lentilles restantes et passer le tout au mixer. Passer ensuite cette crème à la passoire fine au-dessus d'une casserole, la tenir sur le feu doux.

• Prendre un peu de cette crème ainsi que les lardons et les ajouter aux lentilles réservées dans la casserole et tenir sur le feu doux.

• Hacher très grossièrement la ciboulette et la mélanger aux lentilles aux lardons.

• Dans 4 grandes assiettes creuses, répartir au centre les lentilles aux lardons, puis les entourer de crème de lentilles.

Servir bien chaud.

Facultatif: on peut faire rôtir 2 pigeons puis émincer les filets qui seront disposés sur les lentilles. On terminera en posant une cuisse par assiette.

Le maïs

Origines

Le maïs est une céréale dont les hautes tiges vertes portent de grandes feuilles et de longs épis bien enveloppés de feuilles serrées et imbriquées.
C'est Christophe Colomb qui le découvre lors de son premier voyage en Amérique. Il poussait alors à l'état sauvage, et les Indiens en utilisaient les grains pour faire une farine avec laquelle ils confectionnaient des galettes.
Il sera ensuite cultivé par les colons, et c'est Cortes qui va l'introduire en Europe. Mais le maïs restera longtemps cantonné à l'Espagne, l'Italie et le Sud-Ouest français, où il continue à être utilisé à l'état de farine pour les plats régionaux, telle la polenta en Italie, ainsi que les gaudes, les miques, les millas dans le Sud-Ouest français.
En revanche, sur tout le continent américain, le maïs occupe sous différentes formes une place prépondérante dans l'alimentation.

Aspect

Le maïs à petits grains jaunes et durs serrés dans des épis assez petits est essentiellement cultivé pour le bétail, mais c'est avec cette variété que l'on fait une farine employée à toutes sortes d'usages.
C'est aussi avec cette variété que l'on fabrique les corn-flakes, sans oublier qu'il entre dans la composition de certains whiskies et de certaines bières.
Le maïs doux que l'on aime grignoter en épis et que l'on met en conserve est une variété particulière douce et tendre qui se trouve sur les marchés en septembre.

Choix et qualités

L'épi est assez long et gros, les grains blancs laiteux sont serrés dans leurs feuilles vert pâle.
Il est en fait cueilli avant maturité, et il faut le manger dès son achat, car il devient très vite dur et impropre à la consommation.
Le maïs est un légume riche en matières grasses, en protides et en glucides mais il ne contient pas de vitamines.
Il est également riche en calories : 400 cal. aux 100 g.

La cuisine du maïs

Les épis entiers se mangent en septembre pour le plaisir de grignoter. Le maïs en boîte, absolument excellent, non sucré et tendre, se mangera avec plaisir toute l'année.

Préparation des épis entiers
Retirer toutes les feuilles et tous les fils qui courent sur les grains en les prenant à rebrousse-poil. Couper le trognon.

Cuisson
• *À l'anglaise*
Les faire cuire entre 5 et 10 min selon leur tendreté, à grande eau bouillante salée. Les prendre à l'écumoire et les placer sur une serviette disposée sur un plat long. Chacun grignote son épi en le tenant à la main et en l'assaisonnant au choix de sel, poivre, beurre frais demi-sel étalé sur l'épi au fur et à mesure ou de sel, poivre, beurre demi-sel fondu légèrement citronné que l'on étale au fur et à mesure que l'on grignote, ou enfin à l'américaine : avec de la gelée de groseille ou du sirop d'érable.

• *Au gril*
Préchauffer le four en position gril, disposer les épis sur une plaque, les mettre à mi-hauteur dans le four et les faire convenablement dorer en les tournant sur toutes leurs faces pendant 8 à 10 min. Les déguster de la même façon que pour la cuisson à l'anglaise.

• *Le maïs en boîte*
Il a à mes yeux tous les avantages mais rien n'empêche les perfectionnistes de pocher des épis de maïs à la saison, de les égrener et de les préparer en simple salade.
On pourra y ajouter du persil haché seul, ou mélangé avec du cerfeuil haché et assaisonné de crème fleurette au xérès (p. 33).

Salades composées

• Faire une salade de maïs en boîte bien égoutté et assaisonné de vinaigrette (p. 27). On peut y ajouter :

• des tomates en dés (p. 438) et des dés de fonds d'artichauts cuits (p. 77) ;
• des poivrons rouges grillés (p. 372) détaillés en petits dés et 1 bon oignon cuit à l'anglaise (p. 13) grossièrement haché ;
• des petits pois juste ébouillantés (p. 350) dans la proportion 2/3, 1/3 et un peu de menthe fraîche ;
• des lentilles cuites bien égouttées débarrassées des oignons (p. 301) dans la proportion moitié par moitié et relevés de ciboulette ;
• de la mayonnaise (p. 32) relevée de fines herbes ;
• du crabe convenablement émietté, un œuf dur grossièrement haché, des dés de concombre ;
• des crevettes en saumure bien égouttées, de la chiffonnade de laitue (p. 415) et des dés de tomate.

Maïs chaud (recette de base)

Pour 4 personnes

2 boîtes de 285 g
40 g de beurre

• Égoutter le maïs en laissant au fond de la casserole un peu de jus des boîtes.
• Faire chauffer le maïs sans aller jusqu'à une grande ébullition. Quand il est chaud, ajouter le beurre et le faire fondre en remuant doucement le maïs. Servir dans un légumier chaud.
Facultatif : saupoudrer le maïs de persil ou de cerfeuil haché.

Emplois : le légume du dîner familial avec une omelette aux fines herbes.
La garniture du boudin grillé, de chipolatas poêlées, de grillades de porc.

On peut accompagner le maïs de sauce aigre-douce chinoise (en grandes surfaces) vivement chauffée dans la poêle et versée sur le maïs) ; de chutney aux mangues en pots (en grandes surfaces).

Le maïs chaud peut se mêler moitié-moitié avec d'autres légumes pour constituer une garniture plus raffinée :
– maïs et champignons de Paris sautés (p. 169),

– maïs et carottes sautées (p. 149),
– maïs et betteraves au beurre (p. 130),
– maïs et oignons glacés (p. 331).

Galettes de maïs

On prépare la pâte à crêpes à l'avance. Les galettes se font au dernier moment.

Pour 4 personnes
Préparation : pâte à crêpes, 10 à 15 min
Cuisson :
15 à 20 min en tout

1/2 litre de pâte à crêpes (p. 57)
1/2 boîte de maïs
100 g de beurre
Sel, poivre

• Préparer la pâte à crêpes ; la laisser reposer 1 h ou 2 dans un saladier à la température de la pièce.
• Ouvrir la boîte de maïs, l'égoutter dans une passoire. Juste avant de faire les crêpes, ajouter le maïs à la pâte et mélanger. Saler et poivrer.
• Dans une large poêle antiadhésive, mettre une noix de beurre à fondre à feu moyen ; quand il est bien chaud, laisser tomber, à l'aide d'une cuillère à soupe, des petits tas de pâte au maïs, suffisamment espacés (environ 5 pour une grande poêle de 30 cm de diamètre).
• Dès que les petites crêpes sont cuites et dorées d'un côté, les retourner avec une spatule et les faire cuire de l'autre côté. Les glisser doucement dans le plat de service. Tenir au chaud à l'entrée du four. Recommencer une autre fournée de crêpes, en ajoutant de nouveau du beurre et procéder ainsi jusqu'à épuisement de la pâte.

Garniture de viandes rôties ou poêlées, de viande en sauce.

Le marron ou châtaigne

Origines

On appelle marron le fruit du châtaignier. Sa coque est hérissée de longues et fines aiguilles. Il ne faut pas le confondre avec le fruit du marronnier, arbre originaire de l'Inde, dit le « marron d'Inde », qui est un gros fruit niché dans une coque verte épaisse hérissée de protubérances, nullement comestible.
Très appréciée en Italie, ce sont sans doute les Romains qui introduisirent la châtaigne en France, vraisemblablement pour améliorer le rata du soldat.
Le marron a été longtemps nourriture de base du pauvre dans les populations montagnardes, sous forme de farine.
Les jours de fête, les marrons étaient accommodés entiers pour être servis autour de quelques rares volailles. La coutume a perduré avec la dinde de Noël aux marrons des réveillons familiaux.
C'est sous Louis XIV que fut inventé le marron glacé, friandise vouée à tous les succès, puisque la ville de Privas, deux cents ans plus tard, en fit son industrie principale, et qu'il s'en consomme toujours autant chaque année au moment des fêtes.

Aspects

Le marron frais se trouve sur les marchés en décembre et en janvier. Il doit être lourd, dur et d'un beau brun luisant.
Le marron est un aliment très nourrissant : 350 calories aux 100 g, et plutôt mal équilibré, car il contient beaucoup d'amidon, ce qui ne le rend pas digeste du tout.
C'est grillé qu'il est le plus lourd, et en purée qu'il est le plus léger.

La cuisine du marron

À la fois fruit et légume, le marron se prête tout autant à la cuisine salée qu'à la cuisine sucrée.
Éplucher et préparer le marron est long et ennuyeux. Aussi l'on trouve dans le commerce le marron tout prêt sous différentes

formes, soit en boîte au naturel, soit en marrons entiers ou en brisures surgelées, soit en tablettes surgelées prêtes à être trasformées en purées, ce qui permet de le cuisiner en évitant la très fastidieuse corvée de l'épluchage.

Épluchage des marrons frais

Avec un couteau pointu, fendre sur le côté bombé du marron l'écorce dure et la peau en même temps. À ce stade-là, il existe plusieurs méthodes, où on se brûle tout pareil les doigts.

• *Première méthode :*

Plonger les marrons quelques instants dans une grande bassine de friture bouillante et les sortir. La coque, tant qu'ils sont encore chauds, s'enlève très facilement ; quant à la petite peau, on la frotte avec un chiffon.

• *Deuxième méthode :*

Mettre les marrons fendus au four chaud sur une plaque avec un fond d'eau, les ressortir au bout de 8 min et les éplucher quand ils sont encore chauds.

• *Troisième méthode :*

Retirer l'écorce à cru avec un bon couteau, les plonger ensuite pendant 30 min dans de l'eau bouillante salée. Les marrons sont alors cuits, il suffit de retirer la petite peau et de les accommoder alors comme on le souhaite.

Cuisson

• *Le marron grillé*

Inciser circulairement les marrons en évitant d'entamer la chair. Mettre ensuite les marrons dans une poêle à trous et les faire griller sur des braises bien rouges en les tournant en tous sens. Ils sont prêts quand la coque est bien noircie et s'ouvre toute seule.

• *Le marron bouilli*

Mettre les marrons épluchés dans une casserole, les couvrir d'eau froide, saler légèrement, ajouter un petit cœur de céleri, porter à ébullition et laisser « bouillotter » doucement pendant 45 min environ. Ils doivent être tendres et non défaits. Les égoutter et les remettre dans la casserole avec un bon morceau de beurre et une pincée de sucre dans lesquels on les roulera, ou du jus de rôti (p. 22).

Ils peuvent alors accompagner, pour le dîner familial, des côtes de porc poêlées avec leur jus ou des pintades rôties avec leur jus.

Le marron tout prêt
On le trouve dans le commerce où, tout épluché, déjà cuit, il est d'une grande commodité pour être accommodé de différentes façons. On peut choisir : des bocaux de marrons entiers cuits de 420 g; des marrons crus entiers surgelés en sachets de 1 kg; de la purée de marrons surgelée en mini-tablettes en paquets de 450 g (2-3 parts).

Le marron en préparation salée

Marrons en étuvée aux oignons

Pour 4 personnes
Préparation : 5 min
Cuisson : 10 à 12 min

1 bocal de marrons au naturel
2 oignons moyens
50 g de beurre
3 cuil. à soupe de bouillon de volaille (p. 19) ou en tablette
Sel, poivre

• Préparer les oignons en les émincant dans le sens de la hauteur.
• Dans une cocotte, mettre le beurre à fondre à feu moyen. Ajouter les oignons et les faire ramollir et prendre couleur en douceur. Verser le bouillon de volaille pour avoir un petit jus parfumé. Ajouter les marrons et en les tournant de temps en temps, les réchauffer.

Variante : on peut ajouter en même temps que les marrons des raisins secs mis à tremper 15 bonnes min à l'avance dans l'eau tiède et bien égouttés.

Emplois : la garniture d'un rôti de bœuf ou de noisettes de chevreuil poêlées.

Marrons au jus sirupeux

Pour 4 personnes
Préparation : 10 à 15 min
Cuisson totale : 15 à 25 min

24 marrons d'un bocal
6 morceaux de sucre n°4
15 cl d'eau
15 cl de fond de veau (p. 24) ou de bouillon de volaille un peu corsé (p. 19)
Sel, poivre

• Dans une casserole, mettre les morceaux de sucre légèrement humectés d'eau.

• À feu doux, faire cuire le sucre de façon à obtenir un caramel blond clair. Mouiller le caramel en le délayant petit à petit à l'aide d'une cuillère avec le fond de veau et l'eau.
• Ajouter les marrons, les rouler dans ce caramel liquide et laisser chauffer jusqu'à ce que les marrons soient enrobés d'un jus sirupeux et réduit. Rectifier l'assaisonnement. Servir dans un plat de service chauffé.

Emplois : la garniture d'une selle de chevreuil rôtie à la sauce poivrade, de civet de lièvre, de dinde rôtie.

Purée de marrons

Pour 4 personnes
Préparation : 3 min
Cuisson : micro-ondes : 5 min
Finition : 3 à 4 min

1 boîte de purée surgelée
2 cuil. à soupe de crème fraîche
50 g de beurre
1 bonne pincée de sucre
Sel, poivre

• Faire dégeler la purée selon les instructions de la boîte : casserole sur le feu ou micro-ondes, cela prend environ 5 min.
• À feu doux, incorporer le beurre convenablement puis ajouter la crème fraîche, du sel, du poivre. La purée doit être bien chaude mais ne doit pas bouillir.

Emplois : elle sert en garniture de filet de bœuf rôti, de jambon chaud, de chevreuil en sauce, râble de lièvre ou de filet de porc.

Soufflé de marrons

Pour 4 personnes
Préparation : 30 min
Cuisson : 20 min environ

300 g de marrons d'un bocal (p. 314)
1 cuil. à café de sucre en poudre
1 cuil. à soupe de crème fraîche
20 cl de lait
5 blancs d'œufs
3 jaunes d'œufs
Un peu de beurre
Un peu de farine
1 pincée de sel

• Égoutter les marrons du bocal. Les mettre dans une casserole, verser le lait et laisser « bouillotter » 10 min à couvert, retirer le couvercle et laisser réduire le lait d'une bonne moitié. Mettre de côté 4 marrons et passer le reste au mixer pour obtenir une purée. La remettre dans la casserole, ajouter la crème fraîche, bien mélanger et laisser sur feu doux.

• Émietter finement les 4 marrons réservés.
• Préchauffer le four à température moyenne.
• Battre les blancs d'œufs en neige très ferme dans un saladier avec 1 pincée de sel. Incorporer les jaunes un par un à la purée chaude. Sucrer. Ajouter les marrons émiettés.
• Beurrer et saupoudrer de farine un moule à soufflé. Mélanger délicatement la purée de marrons aux blancs en neige en ramenant le dessous sur le dessus. Verser dans le moule à soufflé et mettre au four pendant 15 min environ.
Servir immédiatement.

Emplois : une entrée d'hiver raffinée

En garniture : les mêmes que celles de la purée de marrons, mais le soufflé est plus élégant et convient bien pour un repas de fête.

Le marron en préparations sucrées

Mont-blanc

C'est un très vieux dessert classique qui consiste simplement à faire d'une part une purée de marrons très épaisse sucrée et vanillée, d'autre part à monter de la crème fraîche liquide (en petits cartons de 25 cl) en crème Chantilly.
Dans chaque assiette on dressera un beau champignon de crème Chantilly que l'on entourera et que l'on couvrira légèrement de purée de marrons passée au moulin à légumes pour obtenir des vermicelles de purée.
On se facilitera le travail en plaçant le bord de l'assiette sous le moulin à légumes pour le garnir de vermicelles de marron, et en tournant l'assiette petit à petit. On décorera la crème Chantilly avec des vermicelles de marron pris avec précaution avec une fourchette.
C'est un dessert qui se sert très froid. On peut l'accompagner de petits sablés, palmiers, etc.

Tartelettes aux marrons et aux noix

Pour 4 personnes
Préparation : 15 à 20 min
Cuisson des fonds : 20 min

4 fonds de tarte en pâte feuilletée crue
1/2 paquet de purée de marrons surgelée
3 cuil. à soupe de crème fraîche
3 cuil. à soupe de sucre en poudre
Extrait de vanille (facultatif)
125 g de cerneaux de noix

• Prendre 4 moules à tartelette individuels, les beurrer très légèrement.
• Préchauffer le four à température chaude, garnir les moules de pâte feuilletée toute prête en roulottant bien les bords et les faire cuire à blanc (p. 56) pendant 20 min. Sortir du four et laisser refroidir.
• Dégeler la moitié d'un paquet de purée de marrons avec un peu d'eau dans une casserole ou au micro-ondes pendant 5 min. Verser dans un saladier et laisser refroidir. Incorporer alors le sucre en poudre et la crème fraîche. Parfumer avec quelques gouttes d'extrait de vanille, si on le désire.
• Réserver 12 beaux cerneaux de noix, passer le reste finement au mixer. Les mélanger convenablement à la purée de marrons. Garnir de purée de marrons aux noix les 4 tartelettes. Décorer chacune avec 3 cerneaux de noix disposés en triangle au centre de la tartelette.
Servir à température ambiante.

Gâteau aux marrons

Pour 4 à 5 personnes
Préparation : 20 min
Cuisson : 25 à 30 min

1 paquet de purée de marrons surgelée
50 g de beurre
75 g de sucre
1 gousse de vanille
4 jaunes d'œufs
5 blancs d'œufs

• Dégeler la purée de marrons, la mettre dans une casserole à feu doux en la tournant pour qu'elle dessèche un peu. Lui incorporer le beurre et le sucre en poudre.
• Fendre la gousse de vanille et, en la grattant avec un couteau, faire tomber toutes les petites graines dans la purée. Lui ajouter les jaunes d'œufs l'un après l'autre, en mélangeant bien.
• Préchauffer le four à température moyenne. Graisser de beurre un moule à quatre-quarts. Battre les blancs d'œufs en neige bien ferme.
• Incorporer la purée de marrons aux blancs en neige en mélangeant du dessous au dessus en tournant. Verser dans le moule et

mettre ce dernier dans un bain-marie et enfourner. Laisser cuire 20 à 30 min. Le gâteau doit être pris mais bien moelleux.

• Le laisser refroidir puis le démouler. Servir avec une crème mise en saucière.

Suggestions de crèmes :

– crème anglaise à la vanille,
– crème anglaise au chocolat,
– crème anglaise au caramel.

Confiture de marrons

4 boîtes de purée de marrons surgelée
Poids égal de sucre
1 gousse de vanille fendue
4 dl d'eau

• Dégeler la purée, mettre tous les ingrédients dans une bassine. Chauffer doucement en remuant sans cesse. La confiture est cuite quand, en remuant avec l'écumoire, on aperçoit le fond de la bassine.

• Mettre en pots, laisser bien refroidir et couvrir.

Le navet

Origines

L'origine du navet n'est pas certaine. Il semblerait qu'il soit cultivé en Europe, mais aussi en Inde, depuis fort longtemps. Les hommes de la préhistoire s'en nourrissaient déjà. On sait que les Grecs en étaient très friands et à travers le Moyen Âge, partout en Europe, il fera partie des racines à la base de toutes les soupes, de tous les ragoûts, avant l'apparition du haricot, puis de la pomme de terre ramenés du Nouveau Monde au XVIe siècle. Pendant des siècles, les navets de Nantes, de Belle-Île en Mer et d'Orléans eurent grande réputation dans notre pays. Goethe en a aussi parlé avec émotion, et les Écossais le considéraient comme leur légume national.
Aujourd'hui, le navet n'est plus autant considéré. Il accompagne surtout d'autres légumes d'hiver dans le pot-au-feu, les potées, le navarin, et a du mal à se faire reconnaître comme un bon petit légume aux qualités gustatives certaines.

Aspects

On le trouve toute l'année, mais c'est principalement un légume d'hiver.
Cependant, les petits navets ronds du printemps présentés en bottes avec leurs feuilles sont tout à fait délicieux, leurs feuilles pouvant d'ailleurs être accommodées comme les épinards, ce dont les Anglais, entre autres, sont tout à fait gourmands.
Les navets sont classés selon leur forme. C'est ainsi que de l'automne au début du printemps, on a les beaux navets ronds à col violet, tandis qu'au printemps on a, outre les petits ronds, des navets très blancs, fins et de forme allongée.

Choix et qualités

À l'achat, ils doivent être fermes, lourds dans la main, ce qui est l'assurance qu'ils ne sont pas creux, et revêtus d'une peau brillante et lisse, sans taches.
On attribuait autrefois force vertus aux navets qui étaient censés calmer la toux, être diurétiques et, en cataplasme, soulager les démangeaisons.

Maintenant, on aurait plutôt tendance à les trouver indigestes, capables de déclencher des troubles intestinaux dus aux vapeurs soufrées qu'ils contiennent, même si les petits navets nouveaux ont meilleure réputation que les gros navets d'hiver.
C'est en tout cas un légume peu nutritif contenant beaucoup d'eau, un peu de sucre et des vitamines A et B.

La cuisine du navet

Quantité
On ne peut pas parler ici de quantités précises, dans la mesure où le navet est soit tout seul, soit, le plus souvent, accompagnant d'autres légumes.

Elle ne sera pas exactement la même selon que le navet sera d'hiver ou de printemps.
Le navet ne se mange pas cru, ou alors finement râpé, ajouté en petite quantité pour donner un goût « poivré » à une salade de légumes.

Le navet d'hiver

Préparation
Trancher le côté tige, supprimer le long poil dont il est nanti, le peler à l'économe, le mettre dans une bassine d'eau fraîche.
Selon l'emploi, il sera alors détaillé de diverses façons : en tronçons ; en cubes ; en rondelles plus ou moins épaisses ; en julienne.

Cuisson
C'est une cuisson à l'anglaise (p. 13) qui se fera selon les cas : à l'eau ; dans le bouillon ; dans la sauce du ragoût.

Emplois
Dans la soupe de légumes, taillé en petits dés.
Dans la julienne de légumes, grossièrement râpé (p. 456).
Dans une macédoine de légumes, détaillé en petits dés (p. 456).
Dans les petites criques de légumes (p. 404), taillé en julienne.
Dans le pot-au-feu, coupé en tronçons.

Avec les navets d'hiver, on aime en Alsace faire de la choucroute de navets. Elle a exactement les mêmes usages que la choucroute traditionnelle.

Choucroute de navets

• Peler de gros navets, enlever le cœur dur et râper le reste en longs filaments. Tasser une première couche de 10 cm d'épaisseur environ dans un grand pot de terre. Saler. Ajouter du poivre en grains et des baies de genièvre. Superposer ainsi 5 ou 6 couches, toujours en tassant. Placer un poids sur le pot rempli, recouvrir d'un linge et laisser une douzaine de jours dans le réfrigérateur.
• Vider l'eau de fermentation et rincer longuement les navets avant de les blanchir quelques instants à l'eau bouillante.
Cette choucroute de navets, éventuellement braisée, se sert avec les mêmes garnitures que la choucroute traditionnelle.

Le navet de printemps

Comme on l'a vu p. 319, il est rond ou long et c'est de toute façon un agréable petit légume qui peut être accommodé en tant que tel.

Préparation
Supprimer la tige, le long poil et le peler. Selon sa taille, s'il est rond on le laisse entier, ou on le coupe en 4 ou en 6.
S'il est long, il est raffiné et élégant d'en couper des tronçons de taille égale arrondis ensuite en grosses olives à l'aide d'un petit couteau bien aiguisé.

Cuisson
À l'anglaise (p. 13).

Navets à l'anglaise

Pour 4 personnes

2 bottes de navets ronds, afin de choisir 300 g de petits navets de même taille (les autres seront utilisés autrement).

• Les gratter, les plonger dans de l'eau fraîche salée, les cuire 10 à 12 min à l'eau bouillante, les égoutter, les passer sous l'eau froide pour stopper la cuisson, les sécher.
• On peut alors les mélanger avec d'autres légumes cuits à l'anglaise (p. 456) tels que carottes, petits oignons grelots, haricots verts, petits pois.

Emplois : froids en compagnie d'autres légumes : en garniture d'un poisson poché froid accompagné de mayonnaise ; d'une viande froide accompagnée de mayonnaise ; d'une poularde en gelée. Chauds : en garniture d'un navarin d'agneau printanier.

Petits navets sautés

Pour 4 personnes
Préparation : 10 à 12 min
Cuisson : 6 à 8 min

5 navets ronds moyens
50 g de beurre
Sel, poivre

• Préparer les navets (p. 320), les couper en rondelles d'1/2 cm d'épaisseur comme des chips. Bien les sécher dans un torchon.
• Plonger 30 s les rondelles de navets dans une casserole d'eau bouillante salée. Les retirer avec une écumoire, les égoutter et les sécher soigneusement.
• Dans une grande poêle à feu moyen, faire chauffer le beurre. Quand il est blond et qu'il grésille, aligner les rondelles et les faire cuire et dorer sur les 2 faces pendant 6 à 8 min. Saler, poivrer. Servir dans un large plat chaud.

Chips de navets

Elles sont amusantes à servir avec l'apéritif, seules ou mélangées avec des chips de pomme de terre, saupoudrées de sel au dernier moment.

• *Pour une bonne grande assiette de chips de navets*, prendre 400 g de navets, les gratter à l'économe et les couper en rondelles fines d'épaisseur égale, puis les laver et les sécher dans un torchon.
• Les plonger ensuite 1 seule fois pendant 3 à 4 min dans un bain de friture très chaud en les remuant sans cesse pour qu'elles ne collent pas et dorent bien.
• Les égoutter convenablement sur du papier absorbant puis les saupoudrer de sel.

Navets glacés

Pour 4 personnes
Préparation :
6 à 12 min
Cuisson :
20 min environ

5 navets longs
2 cuil. à café de sucre en poudre
30 g de beurre
Sel

• Préparer et tailler les navets en grosses olives. Les mettre côte à côte dans une casserole, les couvrir d'eau à peu près à hauteur, ajouter le sucre, du sel, le beurre.
• À découvert, porter à ébullition. Cuire jusqu'à évaporation presque complète pour obtenir la réduction de l'eau à l'état de sirop. Tourner les navets dans la casserole pour qu'ils s'enduisent de ce sirop et qu'ils prennent une jolie couleur dorée.
Servir dans un légumier chaud.

Emplois : mélangés avec des carottes glacées (p. 150) et des oignons glacés (p. 331), ils seront la garniture d'une pièce de bœuf braisée ; de ris de veau poché ; d'un poulet rôti ; d'un rôti de veau.

On ne peut pas parler du navet sans évoquer le très classique *caneton aux navets* :
On utilise bien sûr des jeunes navets ronds de printemps. C'est en résumé, d'une part un jeune caneton cuit à la cocotte avec des petits oignons nouveaux, d'autre part des navets rapidement glacés qui terminent leur cuisson dans la cocotte du caneton à mi-temps de la sienne.
Le tout est franchement délicieux.

Et Jacques Maximin propose

Clafoutis de navets candis

Pour 4 personnes
Préparation : 45 min
Cuisson totale :
35 à 40 min

400 g de navets
200 g de gésiers de canard confits
2 gousses d'ail
2 branches de thym
12 cl de fond blanc de volaille (p. 23)
12 cl de fond de veau (p. 24)
2 à 3 cuil. à soupe d'huile d'olive
100 g de beurre
Sel, poivre

Appareil à clafoutis :
80 g de farine
80 g de Maïzena
3 œufs
10 cl de lait
1/4 de litre de crème fleurette
Sel, poivre

Préparation des légumes et des gésiers
• Éplucher les navets. En détailler la moitié en petits dés et couper l'autre moitié en rondelles égales de 3 mm d'épaisseur.
• Éplucher les 2 gousses d'ail, préparer 2 branches de thym, réserver.
• Détailler les gésiers confits en petits dés comme ceux des navets, réserver.

Cuisson des navets et des gésiers
• Dans une poêle, mettre à chauffer 2 à 3 cuillerées à soupe d'huile d'olive. Aligner les rondelles de navet légèrement salées et les faire rapidement blondir des 2 côtés pendant 1 à 2 min. Éventuellement, faire 2 fournées, et les poser sur du papier absorbant.
• Dans une grande sauteuse, mettre à chauffer le fond blanc de volaille avec 40 g de beurre, ajouter les rondelles de navet, 1 gousse d'ail et 1 branche de thym, les faire cuire en les tournant de temps en temps jusqu'à disparition du liquide. Il faut qu'elles soient enduites d'un sirop brillant. Les réserver.
• Faire cuire les dés de navet exactement de la même façon, en les faisant dorer à l'huile d'olive puis en les mettant dans du fond de veau. Ajouter les dés de gésiers confits en fin de cuisson. Là aussi, tout le liquide doit avoir disparu et les dés doivent être bien glacés. Réserver.

Préparation et cuisson des clafoutis
• Faire l'appareil à clafoutis (p. 232).
• Prendre 4 moules individuels en inox de 10 cm de diamètre et de

4 à 5 cm de hauteur. Les beurrer grassement et placer au fond de chacun 1 petit rond de papier sulfurisé. Garnir le tour et le fond des moules de rondelles de navet mises les unes à côté des autres et se chevauchant légèrement.
• Préchauffer le four à température chaude. Mélanger l'appareil à clafoutis, les dés de navets et les dés de gésiers. Vérifier l'assaisonnement en sel et en poivre. Répartir ce mélange dans les moules et mettre les clafoutis à cuire 15 à 20 min au four.
• Démouler chaque clafoutis au milieu d'une assiette, retirer le petit rond de papier sulfurisé et servir en les entourant d'un peu de jus de rôti chaud (p. 22).

Pain perdu de navets caramélisés

Pour 4 personnes
Préparation : 20 à 25 min
Cuisson des navets : 50 à 60 min

4 beaux navets ronds
200 g de glace à la vanille
8 tranches de pain ordinaire de campagne
100 g de sucre
1 sachet de sucre vanillé
100 g de lait
4 œufs
100 g de beurre
Sel

Préparation des navets et du pain

• Éplucher les navets, les laver, les détailler en rondelles d'1/2 cm, les plonger 2 à 3 min dans une grande casserole d'eau bouillante salée, les égoutter et bien les sécher dans un torchon.
• Couper 8 tranches de 2 cm d'épaisseur dans un pain de campagne long. Retirer la croûte et les disposer dans un plat.
• Délayer le sucre vanillé dans du lait tiède et arroser les tranches de pain avec le lait, les retourner pour qu'elles soient imbibées des 2 côtés puis les déposer sur une grille.

Finition et présentation

• Dans une casserole, à feu moyen-doux, mettre à fondre la glace à la vanille, ajouter les rondelles de navets et faire mijoter jusqu'à réduction de la glace, caramélisation et tendreté des navets.
• Pendant ce temps, battre les œufs, y tremper les tranches de pain et les sucrer légèrement.
• Dans une poêle à feu moyen, faire blondir le beurre, déposer les tranches de pain perdu et les faire dorer des 2 côtés. Les sortir de la poêle avec une spatule.
• Dans 4 assiettes, répartir en rosace les navets caramélisés, déposer sur chacune 2 tranches de pain perdu et servir.

L'oignon

Origines

L'oignon est cultivé depuis plus de 5000 ans. Il serait originaire de la Perse, où il était considéré comme une offrande aux dieux, mais aussi comme un aliment.

Les Égyptiens des premières dynasties le considéraient eux aussi comme offrande et nourriture. Il était surtout consommé cru.

Une inscription sur la grande Pyramide dit que les esclaves qui la construisaient en étaient abondamment nourris, et que cela revenait très cher ! C'est le légume le plus souvent représenté sur les fresques des tombeaux des pharaons.

Dans le désert, les Hébreux se plaignaient amèrement d'être privés de leurs bons gros oignons doux et sucrés.

Quant aux Romains, c'était pour eux un élément de choix de leur riche cuisine. D'ailleurs, Apicius en fait souvent état dans ses recettes.

Les Romains faisaient venir leurs oignons des Gaules parce qu'ils les trouvaient meilleurs. Déjà, les Gaulois disaient que plus de pelures il y avait sur l'oignon, plus l'hiver serait rigoureux... On continue à le croire en pleurant dessus, car l'oignon a tranquillement fait son chemin à travers toute l'Europe, même s'il est préféré par les gens du Nord et de l'Est. Ce qui n'empêche pas ceux du Midi de l'utiliser largement, avec un penchant pour les variétés douces. Et il ne faut pas être grand clerc pour supposer que cette brillante carrière n'est pas près de se terminer, tant nous avons l'oignon facile...

Aspects

C'est autant un légume qu'un condiment, d'où la multiplicité de ses variétés et de ses propriétés.

Il existe 2 sortes d'oignons :

– *l'oignon frais de printemps :* sa saison va de mai à septembre.

Il est blanc, bien accroché à ses jolies tiges vertes qui peuvent servir de condiment, et se présente sous forme de bottes pas toujours très bien calibrées, il faut le dire. C'est un oignon qui ne se conserve pas et qui dégage une forte odeur, mais il est délicieux cru ou cuit.

– *l'oignon sec*, que l'on trouve toute l'année et qui, selon les variétés, offre toute une panoplie de couleurs allant du jaune paille au roux soutenu, en passant par le rouge et le violet qui sont des oignons gros et doux.
De France, il vient de la Côte-d'Or, du Vaucluse, du Finistère, du Nord.
D'importation, l'oignon est hollandais, italien, espagnol, voire égyptien.

Choix et qualités

L'oignon sec doit être sain et bien dur, toutes ses pelures en place, ne se détachant pas et d'une belle couleur uniforme. On ne mettra pas en cause les atouts culinaires de l'oignon, qui ne se discutent pas. Mais il est par ailleurs un mélange de qualités et, disons-le, de légers travers, somme tout assez facile à contrecarrer.
Cru, l'oignon est laxatif, mais coupé en deux et frotté sur une brûlure ou une piqûre, il stoppe net la douleur.
Il est peu calorique, mais le manger cru donne une fort mauvaise haleine, qui est censée disparaître en croquant quelques grains de café.
L'éplucher et le hacher n'est pas drôle du tout. On pleure comme une madeleine, et on a une odeur tenace sur les doigts. On peut réparer le premier malheur en mettant des lunettes qui feront écran aux petites projections, ou en le laissant 1 h au froid avant de l'éplucher. Quant aux doigts, un savonnage énergique avec quelques gouttes de jus de citron pour terminer sauve assez bien la situation.
Car tel qu'il est, cru, cuit, sec, ou de printemps, il fait partie de notre cuisine. Somme toute, nous continuons une histoire de cinq mille ans…

La cuisine de l'oignon

En tant que condiment, utilisé cru ou cuit, entier ou détaillé, il est énormément employé dans notre cuisine. En tant que légume, il a droit à des recettes dont il est l'élément principal, généralement cuit, entier ou détaillé.

Les oignons blancs du printemps

Préparation

Supprimer les petites peaux et l'extrémité un peu poilue.

• *Utilisé cru*

Les petites tiges vertes seront supprimées et il sera détaillé :

– en deux ou quatre parties selon grosseur,

– coupé en rondelles fines,

– haché plus ou moins fin.

• *Utilisé cuit*

On conserve 1 ou 2 cm de petites tiges vertes et on le laisse entier.

Cuisson

• *Avec le ragoût.* Ils vont cuire en même temps que la viande seule ou en compagnie d'autres légumes de printemps.

Quelques exemples : le navarin d'agneau printanier, une échine de porc aux petits légumes, une rouelle de veau aux carottes et aux petits oignons.

• *Au four* autour du rôti de veau ou d'un poisson braisé, ajoutés 10 à 15 min avant la fin de la cuisson.

• *À l'anglaise* (p. 13) puis rafraîchis et égouttés.

Cuisson : autour de 10 min selon leur taille, ils doivent rester fermes et ne pas se défaire.

Emplois

• *En condiment*

– Cru et haché finement, **le petit oignon blanc** peut avoir les mêmes emplois que ceux de l'échalote pour relever les vinaigrettes des légumes de printemps, à ceci près qu'il est moins fin, plus « canaille » que l'échalote, plus discrète et plus élégante. Il ne peut pas la remplacer dans le beurre blanc (p. 45) ou la béarnaise (p. 47).

• *Froids en salade*

Ils seront toujours ajoutés à d'autres légumes. Il faut les choisir petits. À défaut, les couper en deux ou en 4, le mélange se fera mieux et sera meilleur. Assaisonner d'une vinaigrette à l'huile d'olive et au vinaigre de vin ou de xérès, à laquelle on peut ajouter : de l'estragon haché ; du persil haché ; du cerfeuil haché.

Les assaisonnements et les sauces plus élaborées ne s'imposent pas car il est inutile de « noyer » la saveur caractéristique du petit oignon.

• *En plats chauds*
Cuits à l'anglaise, les petits oignons se mangent rarement seuls, on préfère les accommoder d'autres façons (p. 331).
Mais il est habituel au contraire de les mélanger à d'autres légumes.

Salade de fèves nouvelles aux tiges d'oignons nouveaux et au thym

Les fèves peuvent être préparées et cuites à l'avance. Elles seront mises en attente dans une boîte hermétique jusqu'au moment de faire ce hors-d'œuvre.

Pour 4 personnes
Préparation : 40 à 45 min
Cuisson : 5 à 7 min

1 kg de fèves non écossées
Tiges d'une botte d'oignons nouveaux
1 jolie branche de thym frais
1 petite cuillerée à café de fleurs et feuilles de thym
1/2 tasse à thé de tiges d'oignons tronçonnées
Vinaigre de vin, huile d'olive

• Mettre à bouillir une grande casserole d'eau salée avec une bonne brindille de thym prise sur la branche.
• Écosser les fèves, retirer la petite peau comme il est dit p. 278, les jeter ensuite dans la casserole d'eau bouillante et les faire cuire 5 à 7 min. Elles doivent rester croquantes. Les égoutter et les passer sous l'eau froide pour les rafraîchir.
• Prendre 5 à 6 tiges vertes d'oignons nouveaux. À l'aide de ciseaux couper en menus tronçons la partie vert clair et tendre des tiges. Réserver.
• Préparer une vinaigrette dans un petit saladier en y ajoutant une bonne cuillerée à café de fleurs et de feuilles de thym prélevées en froissant doucement entre les mains la branche de thym. Ajouter les fèves et les tiges d'oignons tronçonnées, mélanger le tout et servir.

Salade de haricots verts aux petits oignons

Préparation : 20 à 25 min
Cuisson : haricots verts (p. 289) ; oignons, 10 min environ

250 g de haricots verts
150 g de petits oignons blancs
5 à 6 cuil. à soupe d'assaisonnement

• Préparer et cuire les haricots verts (p. 289) en les coupant en deux ou 3 parties pour qu'ils ne fassent pas plus de 3 à 4 cm de long.

• Préparer l'assaisonnement.
Mélanger les 2 légumes dans un saladier avec l'assaisonnement et servir à température ambiante.

Salade de haricots blancs frais aux petits oignons

Pour 4 personnes

350 g de haricots blancs frais cuits
150 g de petits oignons
5 à 6 cuil. à soupe de vinaigrette
1/2 tasse de thé de cerfeuil haché

• Utiliser un reste bien égoutté de haricots blancs frais déjà cuits (p. 293).
• Cuire les petits oignons blancs (p. 328), les rafraîchir, bien les sécher. Hacher le cerfeuil.
• Dans un saladier, mélanger les haricots, les oignons, le cerfeuil. Arroser de vinaigrette et servir à température ambiante.

Cocotte de petits légumes de printemps

Pour 4 à 5 personnes
Préparation : 40 à 45 min
Cuisson des légumes : voir à chaque légume
Finition : 10 à 12 min

300 g de carottes rondes nouvelles
150 g de petits navets ronds nouveaux
150 g de petits pois frais écossés
200 g de haricots verts
200 g de petits oignons blancs
50 à 60 g de beurre
1/2 louche de jus de cuisson de légumes
Sel, poivre

• Choisir des carottes et de navets de petite taille.
• Préparer et éplucher tous les légumes comme il est dit à chacun de leur chapitre et les conserver dans l'eau fraîche au fur et à mesure. Les faire tous cuire séparément à l'anglaise (p. 13), chacun ayant son propre temps de cuisson, bien les égoutter et garder un peu de leur eau de cuisson.
• Dans une cocotte, mettre la valeur d'1/2 louche de jus de cuisson des légumes. Ajouter un bon morceau de beurre, environ 50 à 60 g. Porter à ébullition pour avoir un beurre fondu (p. 52). Verser tous les légumes, les mélanger de bas en haut et les laisser chauffer doucement en remuant de temps en temps. Vérifier l'assaisonnement en sel et en poivre et servir à l'aide d'une écumoire dans un légumier chaud.

Remarque : selon le temps dont on dispose, on peut faire cuire les légumes à l'avance et les réchauffer dans la cocotte au dernier moment.

Cocottes d'autres légumes

Accommodé de même manière que dans la recette précédente on peut mélanger le petit oignon blanc à 1 ou 2 autres légumes.

Pour 4 à 5 personnes

Première suggestion :
175 g de concombre
175 g de petits pois écossés frais
150 g de petits oignons blancs
50 g de beurre
1/2 louche de jus de cuisson des oignons blancs
Sel, poivre

Deuxième suggestion :
100 g de petits bouquets de brocolis
200 g de jeunes fèves
150 g de petits oignons blancs
50 g de beurre
1/2 louche de jus de cuisson des oignons blancs
Sel, poivre

Troisième suggestion :
12 pointes d'asperges vertes
4 petits fonds d'artichauts
20 petits oignons blancs
50 g de beurre
1/2 louche de jus de cuisson des oignons
Quelques pluches de cerfeuil

Faire à part le beurre fondu (p. 52) et répartir dans 4 assiettes chaudes les légumes choisis et les arroser de beurre fondu. Décorer de pluches de cerfeuil.

Petits oignons blancs glacés

C'est un mode de cuisson qui convient très bien au petit oignon employé en garniture, seul ou avec d'autres petits légumes glacés.

Pour 4 personnes
Préparation : 20 min
Cuisson : 20 min environ

24 à 28 petits oignons
50 g de beurre
2 cuil. à café de sucre en poudre
Sel

• Poser côte à côte les petits oignons épluchés (p. 328) dans une casserole de juste dimension. Les couvrir d'eau à niveau, ajouter le sucre, du sel, le beurre en parcelles. À feu moyen, porter à ébullition et laisser cuire en retournant les oignons de temps en temps jusqu'à évaporation complète de l'eau et jusqu'à ce que les oignons soient enrobés d'un sirop brillant.
• Poursuivre encore un peu la cuisson en roulant les petits oignons sur eux-mêmes pour qu'ils prennent une belle couleur dorée, les présenter dans un plat chaud.

Les oignons secs de l'année

Préparation

Supprimer toutes les pelures et trancher les 2 extrémités dures.
On peut alors selon les emplois :
- les garder entiers ;
- les émincer dans le sens de la longueur ;
- les couper en rondelles plus ou moins fines d'une extrémité à l'autre ;
- les hacher plus ou moins finement.

Emplois

• *En condiment :* l'oignon sec ou le gros blanc de fin de saison va tenir une place indispensable dans toutes sortes de préparations.
– Entier, parfois piqué de clous de girofle, on le met dans le pot-au-feu, les courts-bouillons, les fumets.
– Détaillé en rondelles avec autant de carottes que d'oignons, il va cuire dans le grand jus du bœuf mode.
– Grossièrement haché, fondu et doré au fond de la cocotte, il « démarre » les ragoûts : lapin sauté, poulet, tendron de veau, on ne peut pas les nommer tous...
– Grossièrement haché et complété par de la carotte, du céleri, du thym, du laurier, il est partie prenante de la garniture aromatique des braisés, des daubes, des poissons rôtis, etc.
– Finement haché, il relève farces et terrines.
– Finement haché, il fait partie de la vinaigrette des salades de légumes d'hiver : choux, betteraves, pommes de terre, lentilles, haricots blancs secs, etc.
Et cette liste ne peut être exhaustive, tant nous nous servons d'oignons. Elle n'est qu'un rappel du rôle important qu'il tient dans notre cuisine.

• *En tant que légumes :*
– Détaillés en rondelles ou plus ou moins grossièrement hachés, ils feront partie des plats mijotés mais ils seront aussi le point de départ d'autres préparations.
– Émincés en lamelles et poêlés, ils garnissent la *tarte à l'oignon*, la *pissaladière*.
– Détaillés en rondelles, poêlés, dorés et mélangés d'œufs battus, ils sont la garniture d'une omelette.
– Détaillés en rondelles, poêlés, dorés, saupoudrés de farine,

mouillés d'un peu de vin blanc puis de bouillon, ils deviennent la sauce qui va recouvrir des restes de pot-au-feu pour faire le *bœuf miroton*.
– Détaillés en rondelles, bien dorés dans une grande poêle, mouillés d'une béchamel ni trop liquide, ni trop épaisse, additionnés de rondelles d'œufs durs, ils donnent les très anciens *œufs à la tripe*.
– Émincés ou détaillés en rondelles, mis à dorer dans une casserole, mouillés de bouillon de bœuf, versés ensuite sur des rondelles de baguettes couvertes de fromage râpé et mis éventuellement à gratiner, c'est la très populaire *soupe à l'oignon*.

Oignons poêlés (recette de base)

Détailler les oignons en rondelles ou les hacher plus ou moins grossièrement selon la recette.
Dans une sauteuse ou dans une poêle de juste dimension, mettre à chauffer à feu moyen la matière grasse de son choix – moi, j'aime bien le beurre ou l'huile d'olive.
Ajouter les oignons et les faire d'abord fondre en douceur et ramollir jusqu'à ce qu'ils deviennent transparents et mous. Relever alors le feu et en les tournant leur faire prendre une belle couleur dorée soutenu.
Attention à ne pas les brûler, ils deviennent alors vraiment mauvais.

Gros oignons doux farcis

Pour 4 personnes
Préparation : 30 à 35 min
Cuisson : 1er temps, 5 min ; au four, 25 à 30 min

4 à 6 gros oignons doux
150 g de chair à saucisse
1 cuil. à soupe de persil et de cerfeuil hachés
1 tasse à thé de mie de pain
3 cuil. à soupe de lait
80 g de beurre en tout
1/4 de litre de bouillon de volaille instantané (1/4 de tablette pour 1/4 de litre d'eau)
Chapelure
Sel, poivre

• Faire bouillir une casserole d'eau salée. Pendant ce temps, retirer la peau des oignons et, à l'aide d'un couteau pointu, prédécouper un large cercle profond autour de la tige de l'oignon. Plonger les oignons 5 min dans l'eau bouillante. Les retirer avec une écumoire et les laisser refroidir.

• Pendant ce temps, émietter la mie de pain dans une tasse et mouiller avec le lait. Laver, sécher, effeuiller le persil et le cerfeuil, les hacher finement et les réserver dans une tasse. En suivant le cercle prédécoupé au couteau, évider les oignons. Hacher finement la pulpe obtenue.
• Dans une poêle, mettre à fondre 30 g de beurre, ajouter la chair hachée des oignons, la faire fondre doucement à couvert jusqu'à ce qu'elle soit tendre et transparente (environ 10 min).
• Essorer la mie de pain entre les mains, la mettre dans un saladier, ajouter la chair à saucisse, les herbes hachées et le hachis d'oignons fondu au beurre. Saler, poivrer, bien mélanger et malaxer le tout avec les mains.
• Allumer le four à température moyenne. Garnir chaque oignon avec la farce en faisant un petit dôme. Saupoudrer légèrement de chapelure. Beurrer un plat allant au four. Disposer les oignons côte à côte. Mouiller le fond du plat avec 1/4 de litre de bouillon de volaille (1/4 de tablette pour 1/4 d'eau). Dans une petite casserole, faire fondre 50 g de beurre à feu doux. Le verser sur les oignons. Enfourner et laisser cuire 25 à 30 min en arrosant régulièrement avec le jus de cuisson.
Quand les oignons sont moelleux, les sortir du plat de cuisson et les présenter dans un légumier, arrosés de leur jus de cuisson réduit pendant quelques minutes à feu vif jusqu'à consistance un peu sirupeuse.

Emplois : en entrée consistante, ou comme le plat du dîner familial, accompagné d'une salade.

Oignons frits

Pour 4 personnes
Préparation :
10 à 12 min
Cuisson :
quelques minutes

6 à 7 oignons de grosseur moyenne
Farine
Huile de friture
Sel, poivre

Pour la deuxième manière :
Jus d'un 1/2 citron
Huile d'olive

Première manière
• Eplucher les oignons (p. 332), les détailler en rondelles d'1/2 cm d'épaisseur et éparpiller les anneaux avec les doigts.
• Faire chauffer l'huile de friture, elle doit être bien chaude.
• Mettre un peu de farine sur une planche et y rouler légèrement les anneaux.

• Mettre les anneaux dans le panier de la bassine et les plonger le temps de les dorer. 2 à 3 min suffisent. Les déposer ensuite sur du papier absorbant et les assaisonner.
• Éventuellement, faire 2 fournées pour qu'ils ne s'agglutinent pas entre eux.

Deuxième manière
• Faire une pâte à frire légère (p. 58).
• Préparer les oignons de même façon.
• Faire un petit assaisonnement de jus de citron, d'huile d'olive, de sel et de poivre. Rouler les anneaux d'oignons dans cet assaisonnement et les laisser mariner pendant 30 min.
• Mettre l'huile à chauffer.
• Tremper les anneaux par petits paquets dans la pâte à frire et les mettre à frire et à dorer. Au fur et à mesure, les déposer sur du papier absorbant. Saupoudrer d'un peu de sel et de persil haché (facultatif) et servir.

Emplois : à servir avec des steaks hachés pochés accompagnés de frites (p. 396).

Purée soubise

Ce plat se fait au dernier moment.

Pour 4 personnes
Préparation : 15 à 20 min
Cuisson : oignons, 20 min ; sauce 20 à 25 min
Finition : 7 à 10 min

500 g d'oignons
1/2 litre de sauce béchamel (p. 35)
1 cuil. à soupe de crème fraîche
100 g de beurre
Sel, poivre
1 pincée de noix muscade

• Préparer une béchamel, la laisser mijoter sur feu doux. Éplucher les oignons, les couper en fines rondelles.
• Dans une sauteuse ou une casserole à fond épais, faire fondre 50 g de beurre à feu doux ; quand il est fondu, ajouter les oignons et les laisser cuire lentement à couvert jusqu'à ce qu'ils soient mous et transparents en restant tout à fait blancs. Verser alors la béchamel, qui doit être épaisse dans la sauteuse. Mélanger les oignons, assaisonner de sel, poivre et muscade.
• Verser le tout dans le mixer ou, à défaut, dans un tamis, et pilonner pour obtenir une purée très lisse.
• Remettre cette purée dans la casserole. Ajouter la crème fraîche.

Faire chauffer à feu assez vif pour qu'en mijotant, elle réduise et épaississe. Ajouter hors du feu 50 g de beurre. Bien le fouetter et servir dans un légumier chaud.

Emplois : en garniture d'un rôti de bœuf ; de râble de lièvre poêlé ; de côtelettes de marcassin poêlées.

Et Jacques Maximin propose

Beignets de condiments au citron et à la langue de veau

Pour 4 personnes
Préparation : 40 à 45 min
Cuisson : langue, 2 h ; beignets, 3 à 4 min

12 petits oignons
12 échalotes
12 gousses d'ail nouveau
300 g de langue de veau
2 litres de bouillon (p. 17)
Pâte à frire (p. 58)
Sauce gribiche (p. 33)
Huile d'olive pour frire
2 citrons
Sel, poivre

Préparation de la langue, de la sauce et de la pâte

• Dans le bouillon frémissant, mettre à cuire la langue de veau pendant 2 h.
• Préparer la pâte à frire et la laisser reposer.
• Faire la sauce gribiche.

Préparation des condiments

• Supprimer les petites peaux sèches des oignons, de l'ail et des échalotes. Faire chauffer 3 cuil. à soupe d'huile d'olive dans une poêle et les faire rôtir doucement 5 à 6 min pour pouvoir ensuite retirer facilement leur peau superficielle.

Finition

• Au terme de sa cuisson, sortir la langue du bouillon. Retirer soigneusement toute la grosse peau. La détailler ensuite en petits dés extrêmement fins et les mélanger à la sauce gribiche. La dresser et la répartir sur 4 assiettes.
• Terminer la pâte à frire et y mélanger les condiments. Faire chauffer l'huile d'olive de friture à température très chaude. Cuillerée à café par cuillerée à café, plonger les condiments dans la friture et

les faire frire extrêmement vite. Les déposer au fur et à mesure sur du papier absorbant. Saler et poivrer.

• Les déposer ensuite sur la gribiche à la langue de veau et les accompagner de quartiers de citron dont chacun se servira pour relever le goût des beignets de quelques gouttes de jus.

Oignons confits au balsamico, glace à la rhubarbe

Pour 4 personnes
Préparation :
50 à 60 min
Cuisson :
oignons, 60 à 70 min ;
rhubarbe, 15 à 20 min

50 petits oignons blancs nouveaux
100 g de sucre
10 cl de vinaigre balsamique (p. 26)
Glace à la rhubarbe :
200 g de rhubarbe
12 cl de vin de Sauternes
70 g de sucre
10 cl d'eau

Préparation des oignons

• Préchauffer le four à température douce.

• Éplucher les petits oignons, les aligner dans un plat, les saupoudrer de sucre et les arroser de vinaigre balsamique, les tourner un par un pour bien les enrober. Mettre au four et les laisser ramollir et confire complètement pendant 1 grande heure. Ils doivent être bien tendres.

Préparation de la glace à la rhubarbe

• Supprimer convenablement toutes les fibres des tiges de rhubarbe en les coupant en tronçons au fur et à mesure. Les mettre dans une casserole avec le sauternes et, à petite ébullition, les faire cuire jusqu'à ce qu'ils soient bien tendres.

• Verser le vin et la rhubarbe dans le mixer et broyer pour obtenir une purée. La passer au tamis au-dessus d'un récipient.

• Dans une casserole, mettre le sucre et l'eau et faire un sirop à 30°, le mélanger à la purée de rhubarbe.

• Mettre dans une sorbetière et faire prendre la glace.

Finition et présentation

• Au terme de la cuisson des petits oignons, dresser dans chaque assiette une boule de glace à la rhubarbe et l'entourer d'oignons confits tièdes.

L'oseille

Origines

C'est une plante originaire, semble-t-il, d'Asie du Nord, qui ressemble un peu à l'épinard, quoiqu'elles ne soient pas du tout de la même famille botanique.
L'Antiquité paraît l'avoir complètement dédaignée, car on n'y retrouve aucune trace. C'est seulement dans la cuisine du Moyen Âge qu'elle est utilisée pour parfumer, à l'état cru, des sauces accompagnant le gibier.
Depuis une vingtaine d'années, elle est revenue à la mode, car utilisée assez volontiers par les chefs de la nouvelle cuisine qui apprécient son acidité dans les sauces et les garnitures.

Aspects

C'est un légume qui apparaît au printemps. Il est disponible de mars au creux de l'été.
Selon les variétés, les feuilles de l'oseille sont plus ou moins larges et cloquées, et vont du vert épinard à un vert plus clair.

Choix et qualités

Il faut choisir des feuilles fermes et luisantes, sans défaut, et les prendre petites ou moyennes, signe de jeunesse et de fraîcheur. C'est comme cela que l'oseille sera d'une juste acidité, car ne contenant pas trop d'acide oxalique.
Moins fraîche, un peu flétrie, un peu fatiguée, sa teneur en acide oxalique aura augmenté, ce qui la rendra à la fois moins bonne au goût et moins bonne pour la santé, l'acide oxalique n'étant pas conseillé, entre autres, aux néphrétiques et aux arthritiques.
C'est toutefois un légume peu calorique, contenant seulement 35 calories aux 100 g qui, outre ce fameux acide oxalique, contient de la vitamine C, du magnésium et du potassium.

La cuisine de l'oseille

Compte tenu de sa saveur acide agréable mais prononcée, l'oseille est plutôt employée comme condiment pour rehausser le goût d'un plat ou d'une sauce.
C'est mélangée à une autre verdure, donc adoucie, qu'elle servira de légume-garniture.

Quantité
Tel l'épinard, elle « fond » énormément à la cuisson, quasiment des 3/4 de son volume, mais elle est toujours utilisée en quantité modérée.

Préparation

• Selon la taille des feuilles et leur tendreté, on se contentera de retirer la tige à la base de la feuille ou, tel qu'on le fait pour l'épinard (p. 258), de plier la feuille en deux et de tirer à rebours toute la tige sur l'envers.
• Les laver ensuite à plusieurs eaux dans une grande bassine, bien les égoutter.
• Selon l'emploi et leur taille, les feuilles seront conservées entières, déchirées en 3-4 morceaux, détaillées en chiffonnade (p. 415).

Cuisson

Il n'y en a qu'une seule : on fait fondre l'oseille à l'étuvée, soit seule, soit mélangée à une autre « verdure », épinards ou laitues.

L'oseille et les sauces

À condition qu'elle soit jeune et très fraîche, l'*oseille crue* peut être employée comme un condiment dans une sauce.

Procédé
• Préparer, laver, bien sécher l'oseille. Détailler les feuilles empilées en chiffonnade assez fine.
• Faire la sauce, 1 bol environ pour 4 personnes, et dans ses derniers instants de cuisson lui ajouter la valeur d'une bonne cuillerée à soupe de chiffonnade d'oseille. Mélanger le temps d'une petite minute et servir la sauce sur le mets ou en saucière.
On peut ainsi utiliser l'oseille avec les sauces suivantes :
– le beurre émulsionné (p. 53),
– crème de volaille (p. 42),
– crème au fumet de poisson (p. 42),
– sauce poulette (p. 40).

Fondue d'oseille

Pour 4 personnes
Préparation : 15 min
Cuisson : 5 à 6 min

250 g d'oseille
1 cuil. à café d'eau
30 à 40 g de beurre
Sel, poivre
Facultatif :
1 cuil. à soupe de crème fraîche

• Laver et préparer l'oseille (p. 339). Déchirer les feuilles selon leur taille en 2 à 3 morceaux.
• À feu moyen, mettre l'eau et le beurre au fond de la casserole, ajouter l'oseille, du sel, et en la tournant, la laisser s'affaisser jusqu'à ce qu'elle ait perdu son eau de végétation. La transvaser avec une écumoire dans une casserole sur feu doux.
• Si on le souhaite, incorporer soigneusement la crème fraîche, vérifier l'assaisonnement en sel, poivrer. La tenir au chaud jusqu'à son utilisation.

Fondue d'oseille à l'épinard

Pour 4 personnes
Préparation : 20 à 25 min
Cuisson : 6 à 8 min

400 g d'oseille
400 g d'épinards
50 g de beurre
2 cuil. à café d'eau
Sel, poivre

• Préparer et laver les épinards (p. 258), les détailler en grosse chiffonnade (p. 415). Préparer et laver l'oseille, la détailler de la même façon.
• Dans une casserole à feu moyen, mettre l'eau, le beurre, du sel. Ajouter les 2 légumes bien mélangés. En les tournant, les laisser s'affaisser convenablement. Les prendre à l'écumoire pour éliminer l'éventuel fond d'eau de végétation et les transvaser dans une autre casserole. Les réserver à feu tout doux jusqu'à l'emploi. Poivrer.

Variante à la laitue : remplacer les épinards par de la laitue détaillée en grosse chiffonnade (p. 415) et dans la proportion de 1/3 de laitue pour 2/3 d'oseille. Procéder exactement de la même façon que pour la fondue d'oseille à l'épinard.

Remarque : en dernier lieu, on peut encore adoucir ces fondues en leur mélangeant 1 cuil. à soupe de crème fraîche ajoutée après que le légume a été transvasé dans une autre casserole et réchauffé.

Emplois des fondues d'oseille
On choisira comme on le souhaite de la fondue d'oseille ou de la fondue d'oseille mélangée d'épinard, ou de laitue.

• Œufs pochés à l'oseille
Dans une assiette chaude, mettre 2 cuil. à soupe d'oseille fondue chaude, poser dessus 2 œufs pochés bien parés et chauds.

• Œufs cocotte à l'oseille
Garnir chaque ramequin d'1 cuil. à soupe d'oseille fondue, casser l'œuf dessus, saler, poivrer. Immerger aux 3/4 dans une marmite d'eau bouillante et, à petits bouillottements, laisser cuire 5 à 6 min.

• Omelette à l'oseille
Au choix : avant de replier l'omelette, la fourrer d'oseille fondue et la faire glisser sur l'assiette, ou bien mélanger de l'oseille fondue aux œufs battus et faire ensuite une omelette à l'ordinaire.

• Crêpes à l'oseille
Mélanger de l'oseille fondue à de la pâte à crêpes (p. 57). Faire ensuite des crêpes de la manière habituelle.

• En garniture, elle accompagne classiquement :
– l'alose et le brochet avec un beurre blanc (p. 45),
– le veau rôti, le veau poêlé.

Soupe à l'oseille

Pour 4 personnes
Préparation : 20 min
Cuisson totale : 20 à 25 min

1 litre d'eau
300 g d'oseille
3 jaunes d'œufs
2 cuil. à soupe de crème fraîche
40 g de beurre
Sel, poivre

• Préparer et laver l'oseille (p. 339). Déchirer les feuilles en 2 ou 3 morceaux. La faire fondre dans une casserole avec le beurre et un peu d'eau (p. 340). Mouiller avec 1 litre d'eau, saler, poivrer, porter à ébullition et laisser mijoter 10 à 15 min.

• Dans un bol, délayer les jaunes d'œufs et la crème fraîche. Verser d'abord 1 puis 2 cuil. à soupe de jus chaud dans le bol. Délayer puis verser le tout dans la casserole et, en tournant sans cesse, laisser épaissir la soupe en évitant l'ébullition.

• Dès qu'elle nappe la cuillère et qu'elle est bien onctueuse, la servir dans une soupière chaude mais non brûlante ou des assiettes individuelles.

Remarque : certains ajoutent à cette soupe du vermicelle pour la rendre plus consistante et plus nourrissante.
On peut aussi la compléter avec des petits croûtons poêlés au beurre.

Et Jacques Maximim propose

Flans de cresson à l'oseille au jus de grenouilles

Pour 4 personnes
Préparation : 1 h 30
Cuisson totale : 1 h 15

800 g de cresson
200 g d'oseille
36 cuisses de grenouilles
8 échalotes
10 œufs
100 g de crème fraîche
20 cl de lait
30 cl de bouillon de volaille en tout (p. 19)
10 cl de Noilly Prat
120 g de beurre en tout
1 gousse d'ail
3 cuil. à soupe de persil haché
Sel, poivre

Préparation du cresson et de l'oseille

• Équeuter et laver soigneusement le cresson et l'oseille.
• Hacher très finement les échalotes. Réserver la moitié des échalotes et quelques belles feuilles d'oseille.
• Dans une poêle, mettre 25 g de beurre à chauffer à feu moyen. Verser le reste des échalotes et les faire se ramollir doucement pendant 5 à 6 min, ajouter le cresson et l'oseille, les tourner 1 min dans les échalotes et mouiller avec 3 cuillerées à soupe de bouillon de volaille, laisser les légumes cuire et s'affaisser en tournant pendant quelques minutes juste pour que disparaisse toute l'eau de végétation. Sortir du feu et réserver.

Préparation des grenouilles

• Retirer les grenouilles des brochettes et avec des ciseaux couper les griffes des pattes arrières. Bien les sécher dans un torchon si elles sont un peu humides.
• Dans une grande poêle, mettre à chauffer à feu vif 40 g de beurre à la couleur blonde. Ajouter les échalotes réservées et les cuisses de grenouille. En tournant vivement en tous sens, les faire se colorer légèrement. Verser le Noilly Prat et, en remuant la poêle, le faire fumer et réduire presque complètement. Mouiller avec 20 cl de bouillon de volaille, saler, poivrer et laisser cuire les grenouilles à feu moyen-doux en les tournant de temps en temps pendant 6 à 7 min. Les réserver, ainsi que leur jus de cuisson.

Préparation des flans

• Prendre 4 moules à flan évasés de 14 cm, les beurrer convenablement.

• Plonger 1 min les feuilles d'oseille réservées dans de l'eau bouillante salée. Les égoutter et bien les étaler sur un torchon pour parfaitement les sécher. Réserver.
• Passer au mixer le cresson et l'oseille cuits. Ajouter à cette purée les œufs, le lait, la crème, du sel et du poivre. Mixer à nouveau pour avoir un appareil lisse. Prélever 3 cuillerées à soupe du jus de cuisson des grenouilles et le mélanger à l'appareil. Garnir le fond et les parois des moules avec les feuilles d'oseille souples et bien sèches. Les remplir avec l'appareil à flan.

Finition et présentation
• Préchauffer le four à température chaude. Mettre les flans à cuire pendant 40 à 50 min. Les piquer de temps en temps pour qu'ils ne fassent pas de bulles.
• Désosser les grenouilles et passer leur jus au chinois, les réserver au chaud.
• Hacher le persil. Éplucher et écraser grossièrement la gousse d'ail.
• Dans une poêle, mettre à blondir et mousser 50 g de beurre avec la gousse d'ail. Le verser à travers une passoire dans le jus des grenouilles réservé ainsi que le persil haché. Vérifier l'assaisonnement et tenir au chaud.
• Au moment de servir, démouler les flans au centre de chaque assiette, les entourer des cuisses de grenouilles et napper celles-ci de jus bien chaud.

La patate douce et l'igname

Origines

LA PATATE DOUCE est une plante vivace originaire d'Amérique du Sud. Importée par les Portugais en Afrique, elle est acclimatée aujourd'hui dans tous les pays chauds, y compris dans quelques régions méridionales de la France.
C'est un gros tubercule qui se développe sur les racines de la plante, comme la pomme de terre, avec laquelle elle a quelques analogies. Elle a une peau rougeâtre, rose, violette ou grise selon ses variétés, et sa chair peut être jaune, orange ou rose foncé. Importée d'Afrique, d'Asie et des Antilles, elle est disponible toute l'année sur les marchés.

Aspects

LA PATATE DOUCE a une saveur semblable à celle de la pomme de terre, tout en étant nettement plus sucrée. Toute la cuisine de la pomme de terre peut lui être appliquée. Il faut la choisir pas trop grosse, bien ferme, sans meurtrissures et sans odeur.
Assez énergétique, elle fournit 110 calories pour 100 g et contient des vitamines C, B et PP.
Il faut savoir que plus la chair de la patate douce est claire, plus elle sera sèche, plus la chair sera foncée, plus elle sera moelleuse et douce une fois cuite.

L'IGNAME est un tubercule, il est allongé ou arrondi et peut parfois être énorme, jusqu'à 20 kg. Sa saveur est quelque peu douceâtre. Cultivé en Afrique, en Amérique, en Asie, sa chair peut être blanche, jaune citron ou rosée, tandis que sa peau est blanche, rose ou jaune brun.
Fournissant 102 cal. pour 100 g, l'igname est souvent la nourriture de base des populations tropicales. Riche en amidon, on en extrait une fécule, l'arrow-root, qui était très utilisée dans la cuisine et la pâtisserie du XIXe siècle et du début du siècle.

La cuisine de la patate douce

Elle peut donc être préparée comme la pomme de terre, mais à mes yeux, sa saveur très douce ne la rend pas très remarquable en salade. Elle sera plus agréable chaude en d'autres préparations lui convenant mieux, et la faisant alors bien s'harmoniser en garniture avec des viandes telles que le porc, certaines volailles, le canard, et le gibier à poil : chevreuil ou marcassin.
Elle peut aussi être présentée en dessert (voir Jacques Maximin, p. 346) et on en fait également de très agréables confitures.

Quantité
800 g environ pour 4 personnes

Préparation
Comme les pommes de terre, pelée avant ou après cuisson selon le mode de cuisson choisi

Cuisson
• *À l'anglaise* (p. 13), pelée ou non pelée, entière ou détaillée en morceaux plus ou moins gros. Temps : 30 à 35 min.

• *À la vapeur* (p. 13) : elle sera préparée comme pour la cuisson à l'anglaise. Temps : 30 à 35 min.
On peut alors l'accommoder comme on le souhaite avec juste un peu de beurre frais ou des beurres composés de son choix, tels le beurre de curry (p. 50) ou le beurre de paprika (p. 51),

• *À l'étuvée* (p. 14)
Peler à cru environ 500 g de patates douces pour 4 personnes. Les détailler en tranches d'épaisseur régulière et les étuver dans beurre, eau, sel. Temps : 30 min environ.

• *En frites*
Peler les patates, les détailler en bâtonnets de la taille souhaitée et procéder comme pour les pommes de terre frites (p. 397).

• *En purée* (p. 346),

Emplois :
Le légume du dîner familial ;
La garniture de viandes blanches rôties ou poêlées, de poulet frit, de travers de porc grillé au barbecue.

Purée de patates douces

Pour 6 personnes
Préparation : 35 min
Cuisson : 35 min à 1 h selon grosseur

1 kg de patates douces
15 morceaux de sucre n° 4
2 jaunes d'œufs
1 petit carton de crème fraîche liquide de 25 cl
2 pincées de sel
Sucre brun pour saupoudrer

• Faire cuire les patates douces à l'anglaise (p. 13) dans leur peau, les éplucher et les passer au moulin à légumes au-dessus d'une casserole.
• Faire le caramel : dans une casserole à fond épais, mettre les morceaux de sucre, les humecter d'eau sans excès. À feu moyen, faire fondre le sucre en remuant avec une spatule et en évitant de déposer du sucre sur les parois.
• Quand la coloration commence, imprimer un mouvement circulaire à la casserole pour répartir la couleur également.
• Attendre que le caramel prenne une belle couleur rousse.
• Retirer du feu et le liquéfier en le délayant avec la crème fraîche liquide, remettre les patates douces sur le feu doux ; saler légèrement. Incorporer 2 jaunes d'œufs en tournant et faire une purée légère en incorporant le caramel. Tenir au chaud sur le feu très doux. Au dernier moment, verser la purée dans un plat chaud, la saupoudrer de sucre brun et la passer sous le gril du four pour qu'elle prenne une belle couleur dorée.

Emplois : en garniture d'un rôti de porc, de magrets de canard poêlés, de foie gras poêlé.

Et Jacques Maximin propose

Tartelettes de patate douce à la mangue rôtie

Pour 4 personnes
Préparation : 45 min
Cuisson totale : 25 à 30 min

5 patates douces
3 mangues
5 grenades
50 g de beurre en tout
3 à 4 cuil. à soupe de sucre en poudre
3 sachets de sucre vanillé

Préparation des tartelettes
• Éplucher les patates, les tailler en rondelles.

• Dans une poêle à feu moyen-vif, mettre à chauffer 40 g de beurre, ajouter 2 à 3 sachets de sucre vanillé, selon son goût.
• À couleur blonde, aligner rapidement les rondelles de patate douce et les faire caraméliser vivement des 2 côtés, les prendre avec une écumoire et les poser sur une planche.
• Supprimer la peau des mangues et les couper en lamelles pas trop fines en tournant autour du noyau. Graisser légèrement la plaque du four avec une petite noix de beurre.
• Confectionner 4 tartelettes en faisant d'abord une rosace avec des rondelles de patate serrées les unes contre les autres. Disposer ensuite sur chaque rosace une rosace de lamelles de mangues se chevauchant légèrement puis une deuxième dans le sens contraire.

Cuisson et finition
• Préchauffer le four à température moyenne.
• Ouvrir les grenades, dégager tous les petits grains, les mettre dans un mixer, ajouter 2 à 3 cuil. à soupe de sucre et broyer pour obtenir un coulis. Le passer à travers une passoire fine au-dessus d'une jatte, le goûter et éventuellement ajouter un peu de sucre au goût. Mettre au frais dans le réfrigérateur.
• Enfourner les tartelettes et laisser cuire jusqu'à ce que les patates et les mangues soient bien tendres et le dessus légèrement doré (20 min environ).
Les servir avec la jatte de coulis de grenades tiède ou froid, comme on le désire.

La cuisine de l'igname

Quand il est petit, après l'avoir bien lavé, on le cuit à l'anglaise (p. 13) dans sa peau, puis il sera épluché.
Quand il est très gros, on demande au marchand d'en débiter la quantité voulue.
À la maison, on le pèle, on le lave bien et on le débite en lamelles puis on les fait cuire à l'anglaise (p. 13) de 10 à 20 min selon leur grosseur.
L'igname est alors prêt à être accommodé comme les pommes de terre (p. 380 à p. 411) ou comme la patate douce (p. 345).

Le petit pois et autres pois

Origines

Il semblerait que du fond de la préhistoire, ce pois nous vienne d'Asie occidentale, où il aurait été choisi pour être cultivé parmi les variétés d'une plante sauvage de la famille des papilionacées dite *Pisum Sativum*.

On peut en tout cas affirmer qu'il est très vite apprécié des Hébreux, des Grecs et des Romains, même s'il est alors consommé sec, comme son cousin très proche, le pois chiche.

À travers tout le Moyen Âge, le pois sec va être une nourriture aussi courante que le chou et les fèves. La « pitance » distribuée aux portes des couvents et des hôpitaux n'était autre chose que de la purée de pois secs, qui servait d'ailleurs aussi à alimenter la population pendant les 100 jours maigres qui, à l'époque, jalonnaient le calendrier.

Sous la Renaissance, qui voit l'apparition de nombreux autres légumes, il subira une sorte de désaffection. Le pois sec est néanmoins quasi quotidien sur la table, avec le porc salé. Il va falloir attendre le XVIIe siècle, Louis XIV et son jardinier La Quintinie, pour qu'enfin apparaisse sur les tables le petit pois frais. Louis XIV en raffolait, et La Quintinie les récoltait dès début mai. Bien entendu, la cour, puis la ville vont suivre le mouvement.

D'abord phénomène de mode et produit de luxe, le petit pois va se banaliser pour devenir ce légume frais de printemps que l'on est ravi de retrouver chaque année.

Aspects

Le petit pois se présente sous forme de gousses vert tendre dans lesquelles sont nichés les petits grains du même vert tendre. Ils sont écossés à la main et n'ont pas besoin d'être lavés. En début de saison, apparaissent les petits pois à grains ronds et lisses. Il faut les déguster précocement tant qu'ils sont tendres et sucrés, car plus tard ils seront décevants, durs et farineux. Ils seront alors agréablement remplacés par des petits pois dont les grains ont la peau ridée, qui supportent mieux que les précédents d'être plus tardifs, et sont en tout cas plus sucrés.

Les uns comme les autres doivent se présenter alignés dans une cosse bien dure, bien brillante, sans aucune tache, dite parcheminée.
En fin d'hiver ou au début du printemps apparaît aussi sur les marchés une variété de petits pois à gousse tendre, plate et contenant des grains à peine formés : ce sont *les « mange-tout »* que l'on a tendance à prendre pour une variété de haricots verts, d'autant qu'ils ne s'écossent pas, mais ont des fils qu'il faut soigneusement enlever avant de les cuisiner. On les appelle aussi *pois gourmands*.
Les petits pois, très couramment consommés en France, se présentent en boîtes et sont calibrés en extra-fins et fins. Ils sont tout prêts et très bons, mais si on veut se rapprocher le plus possible du petit pois frais, il ne faut pas hésiter à utiliser des petits pois surgelés, parfaitement délicieux, et que l'on peut accommoder comme des petits pois frais.
Frais, à déguster seul ou en compagnie, fin et d'excellent goût, le petit pois, avec ses airs de rien, est quand même très nourrissant avec ses 80 calories aux 100 g, car particulièrement riche en glucides. C'est la saccharose qui lui donne son goût sucré.

Choix et qualités

C'est un légume frais et agréable qui, comme tous les légumes à gousse, ne « fournit » pas tellement. Il s'écosse heureusement vite et facilement. À l'achat, ne pas prendre de grosses gousses, car plus le petit pois est petit, meilleur il est.

Quantité
Il est difficile de donner la quantité de petits pois à acheter, car les gousses peuvent être plus ou moins pleines. Disons que, pour obtenir 100 à 125 g de petits pois écossés, soit 500 g pour 4 personnes, il faut prévoir 1,2 kg à 1,3 kg de petits pois non écossés.

Les petits pois surgelés

Ils sont absolument excellents et peuvent s'utiliser sans aucun état d'âme dès qu'ils sont employés en cuisson à l'anglaise (p. 13). Une cuisson à l'anglaise très rapide de 2 à 3 min. Les rafraîchir impérativement et les laisser s'égoutter jusqu'à leur utilisation.
Ils peuvent alors remplacer les petits pois frais dans tous leurs emplois (p. 350).
On les trouve en paquets. Ils sont soit calibrés extra-fins, soit fins.

Les petits pois en boîte

Ils sont en général absolument parfaits car calibrés et mis en boîte dès la cueillette. Les « extra-fins » sont à la fois les plus coûteux, les plus tendres et les plus sucrés.
Pour les consommer, on peut simplement verser le contenu de la

boîte dans une casserole, faire ensuite chauffer doucement en ajoutant 1 morceau de sucre n° 4 pour une demi-boîte. Servir ensuite dans un légumier chaud, sans le jus, en y mélangeant 25 à 30 g de beurre au dernier moment ; ou supprimer les 3/4 du jus de la boîte avant de les verser dans la casserole, y ajouter 50 g de beurre, un demi-morceau de sucre pour une dem-boîte et laisser mijoter à couvert jusqu'à ce qu'il ne reste qu'un voile de jus au fond de la casserole.

La cuisine du petit pois

Préparation
Ouvrir la gousse. Avec les doigts entraîner tous les petits pois et les laisser tomber dans un saladier. Ne pas les laver. L'idéal, les avoir tous de même grosseur… c'est-à-dire très fins. À vous, si vous êtes perfectionniste, d'éliminer les trop gros !

Cuisson
• *À l'anglaise*
Plonger les petits pois écossés 5 à 7 min dans de l'eau bouillante salée. Goûter en cours de route pour voir s'ils sont tendres mais pas réduits à l'état de bouillie.
Utilisation immédiate : bien les égoutter et les mettre rapidement dans un légumier chaud avec un bon morceau de beurre à température ambiante, tourner le tout pour faire fondre le beurre et servir en garniture. C'est un légume qui se marie très bien avec les volailles et les viandes blanches.
On peut ajouter aux petits pois un peu de fines herbes hachées telles que : persil, cerfeuil, menthe fraîche.
En attente : égoutter les petits pois et les plonger dans un récipient rempli d'eau très froide pour stopper net la cuisson, les égoutter à nouveau et les sécher dans un torchon où ils resteront jusqu'à utilisation.

Emplois : on en fait des purées ou des potages

• *Cuisson à l'étuvée* (p. 14)
Avec peu de liquide et à couvert.

Potage de petits pois frais

Il se fait au dernier moment.

Pour 4 personnes
Préparation : 10 min
Cuisson :
petits pois, 6 à 7 min ;
potage, 10 min

500 g de petits pois frais écossés
1/2 litre de bouillon de volaille (p. 19)
ou bouillon de volaille instantané
(1 tablette pour 1/2 litre d'eau)
1 cuil. à soupe de crème fraîche
70 g de beurre
Sel, poivre

• Faire cuire les petits pois à l'anglaise (p. 13). Les égoutter. Les passer au mixer, ou à défaut au moulin à légumes, puis au tamis fin. Verser la purée obtenue dans une casserole, délayer avec du bouillon de volaille, à défaut, du bouillon de volaille instantané, jusqu'à consistance de purée fluide mais encore un peu épaisse.
• Mettre à chauffer doucement jusqu'à ébullition, ajouter la crème fraîche pour avoir une bonne consistance onctueuse définitive. Laisser bouillotter quelques instants.
• Hors du feu, incorporer le beurre en mélangeant. Vérifier l'assaisonnement en sel et poivrer.
Servir en soupière ou en assiettes individuelles.

Il se mélange à d'autres légumes :
• Petits pois aux fèves fraîches : cuire séparément en quantité égale les petits pois et les fèves selon leur temps de cuisson respectif (p. 350 et p. 278). Les chauffer ensuite dans du beurre fondu (p. 52) confectionné avec du jus de cuisson des petits pois.

• Petits pois et quartiers de fond d'artichaut poivrade : cuire séparément 3 ou 4 fonds poivrade (p. 77) et 300 g de petits pois écossés (p. 350). Les chauffer ensuite avec du beurre fondu (p. 52) confectionné avec le jus de cuisson.

• Petits pois et pommes de terre à la crème : cuire les petits pois à l'anglaise (p. 13), faire les pommes de terre à la crème (p. 390). Ajouter les petits pois aux pommes de terre quand celles-ci sont bonnes à servir. On peut saupoudrer si on veut de cerfeuil haché.

Petits pois à la française

Pour 4 personnes
Préparation : 50 à 55 min
Cuisson : 20 à 25 min

500 g de petits pois écossés
1 jeune cœur de laitue
12 petits oignons blancs (p. 328)
1 branche de persil
1 branche de thym
1 cuil. à café débordante de sucre en poudre
1/2 verre d'eau froide
100 g de beurre en tout
Sel, poivre

• Préparer les petits oignons blancs (p. 328), les réserver. Retirer les feuilles extérieures de la jeune laitue, laver le cœur à grande eau et le détailler en chiffonnade (p. 415).
• Écosser les petits pois, lier avec une ficelle le thym et le persil.
• Dans une cocotte, verser le 1/2 verre d'eau (6 cl environ), le sucre en poudre, 70 g de beurre divisé en morceaux, les petits pois, les oignons, la laitue, le thym et le persil, mélanger un peu le tout. Saler et poivrer légèrement. Bien couvrir la cocotte, porter à ébullition à feu moyen, puis baisser le feu pour assurer un petit bouillottement continu.
• Au terme de la cuisson, environ 20 à 25 min, retirer les petits pois qui doivent être bien tendres et les oignons à l'écumoire et les disposer dans un plat de service chaud. Supprimer le bouquet garni, et à grand feu, faire bouillir le fond de jus restant dans la cocotte en y battant le beurre restant divisé en morceaux. Verser sur les petits pois et servir.

Petits pois aux carottes nouvelles

Pour 4 personnes
Préparation : 50 à 55 min
Cuisson : 35 à 40 min en tout

300 g de petits pois écossés
12 petites carottes nouvelles rondes de taille égale
10 petits oignons blancs nouveaux
1 bouquet garni (1 branche de persil, 1 branche de thym)
1 verre d'eau
70 g de beurre
1 cuil. à soupe rase de sucre
Sel, poivre

• Gratter les petites carottes en essayant de les choisir comme des grosses billes, les tenir dans l'eau fraîche. Éplucher les petits oignons, les réserver. Écosser les petits pois.
• Dans une cocotte, mettre les carottes, ajouter l'eau, le beurre, le sucre. Faire partir à petits bouillottements. Quand les carottes sont presque cuites (15 min environ), ajouter les petits pois, les oignons, le bouquet garni, du sel et du poivre, bien couvrir. Laisser bouillotter à chaleur moyenne pendant 20 à 25 min en remuant les

légumes de temps en temps. Allumer le four à température tiède, y mettre à chauffer le légumier.
• Au terme de la cuisson, retirer tous les légumes avec une écumoire, les disposer dans le légumier. Faire réduire le jus jusqu'à consistance un peu sirupeuse, le verser sur les légumes et servir.

Petits pois aux lardons

Ce plat se prépare au dernier moment.

Pour 4 personnes
Préparation : 50 à 55 min
Cuisson : 20 à 25 min

500 g de petits pois écossés
150 g de poitrine fumée
1 petite laitue
12 petits oignons blancs
70 g de beurre en tout
1 branche de thym
1 branche de persil
1 cuil. à soupe rase de sucre en poudre
1/2 verre d'eau
Sel, poivre

• Écosser les petits pois. Enlever les feuilles extérieures de la laitue, conserver le cœur, le laver entier à grande eau. Éplucher les petits oignons. Retirer la couenne et le cartilage de la poitrine fumée. La couper en petits dés.
• Graisser une cocotte avec une petite parcelle de beurre. Allumer à feu moyen. Ajouter les dés de poitrine fumée, les laisser revenir et dorer en douceur. Mouiller avec le demi-verre d'eau, ajouter les petits pois, les autres légumes, le reste du beurre et le sucre ainsi que le thym et le persil. Saler légèrement, poivrer. Couvrir la cocotte et régler le feu pour maintenir un petit bouillottement, laisser cuire 10 à 15 min. Chauffer un légumier dans le four tiède.
• En fin de cuisson, retirer les petits pois, les oignons, la laitue et les lardons de la cocotte à l'aide d'une écumoire, les disposer dans le légumier chaud, supprimer le persil et le thym. À feu vif, faire réduire le jus pour qu'il prenne une consistance un peu sirupeuse. Vérifier l'assaisonnement. Verser dans le légumier et servir.

La cuisine du pois gourmand

Préparation

Parfaitement enlever les fils en cassant chaque extrémité et en tirant doucement de chaque côté de la cosse pour obtenir le fil sur toute sa longueur.

Cuisson
Le cuire très peu de temps pour qu'il reste un peu croquant.

Pois gourmands au beurre fondu

Ils se préparent au dernier moment.

Pour 4 personnes
Préparation : 10 à 15 min
Cuisson : 4 à 5 min

500 g de pois gourmands
1 cuil. à soupe d'eau
50 g de beurre
Sel, poivre

• Faire cuire les pois gourmands à l'anglaise (p. 13) à découvert pour garder leur jolie couleur verte. Les égoutter dans une passoire à pieds.
• Dans la casserole de cuisson, mettre une cuillerée à soupe d'eau et le beurre. À feu assez vif, et en imprimant un mouvement circulaire à la casserole, faire fondre le beurre dans l'eau jusqu'à ce que l'ensemble s'émulsionne. Saler et poivrer. Mettre alors les pois gourmands dans cette sauce, laisser chauffer quelques instants en les retournant délicatement une fois.
Servir dans un légumier chaud.

La cuisine du pois sec dit pois cassé

C'est avec les variétés tardives de pois, traitées par dessiccation, que l'on obtiendra les pois cassés dont on supprime d'abord mécaniquement la petite peau pour qu'ensuite ils se divisent en deux.
À l'abri de l'humidité, ils se conservent plusieurs mois et, l'hiver, se préparent en bons potages et fines purées.

Crème de pois cassés

Pour 4 personnes
Préparation : 15 min
Cuisson : pois, 1 h 30 environ ; potage, 15 à 20 min

250 g de pois cassés environ

Cuisson des pois :
2 oignons moyens
3 gousses d'ail
1 branche de thym
3 feuilles de laurier
1 cuil. à soupe de crème fraîche
70 g de beurre
Sel, poivre

• Préparer et cuire les pois cassés (voir purée de pois cassés p. 356) ou utiliser un reste de purée de pois cassés. Dans ce cas, à défaut de jus de cuisson, utiliser du bouillon de volaille instantané. Égoutter les pois cassés dans le moulin à légumes en prenant soin de garder le jus de cuisson. Enlever le thym et le laurier et passer au moulin à légumes les pois, l'ail et les oignons au-dessus d'une casserole.
• Faire chauffer pour obtenir une purée épaisse et desséchée. Incorporer le beurre et la crème fraîche en tournant avec la cuillère de bois. Délayer avec du jus de cuisson de manière à avoir une soupe de consistance agréable, ni trop fluide, ni trop épaisse. Vérifier l'assaisonnement en sel, poivrer. Laisser mijoter quelques instants et servir bouillant.

Remarque : cette recette se fait au dernier moment, mais les pois peuvent se cuire à l'avance.

Crème de pois cassés aux lardons

Pour 4 personnes
Préparation : 20 min
Cuisson : soupe, 2 h environ ; lardons, 6 min

1 litre de crème de pois cassés
150 g de poitrine fumée
1 parcelle de beurre

• Faire la crème de pois. La réserver au chaud à feu doux.
• Enlever la couenne et les cartilages de la poitrine fumée, la couper en petits dés. Graisser légèrement une poêle avec une parcelle de beurre. Y faire rissoler les lardons à feu moyen.
• Verser la soupe dans la soupière chaude et y ajouter les lardons en évitant de mettre aussi leur graisse de cuisson.

Crème de pois cassés aux chipolatas

Pour 4 personnes
Préparation : 15 min
Cuisson : pois, 1 h 30 environ ; chipolatas, 6 à 7 min

1 litre de crème aux pois cassés (p. 355)
12 mini-chipolatas
35 g de beurre

• Faire la crème et la tenir au chaud.
• Mettre le beurre à blondir dans une poêle, piquer légèrement les saucisses avec une fourchette et les faire rissoler doucement de tous les côtés.
• Verser la soupe dans la soupière chaude et y ajouter les chipolatas en évitant de mettre aussi leur graisse de cuisson.

Purée de pois cassés aux croûtons

On peut faire cuire les pois à l'avance, on les laisse dans leur jus et on termine la purée au dernier moment.

Pour 4 personnes
Préparation : 10 à 15 min
Cuisson : 1 h 30 à 2 h
Finition : 20 à 25 min

500 g de pois cassés
2 oignons moyens
2 gousses d'ail
1 petite branche de thym
2 feuilles de laurier
70 g de beurre
Sel, poivre

Croûtons :
3 tranches de pain de mie sans croûte de 2 cm d'épaisseur (à défaut, de la baguette que l'on débitera en petites rondelles)
125 g de beurre

• Verser les pois cassés dans une passoire et les laver abondamment sous l'eau froide en les brassant avec les mains. Les mettre à tremper pendant 2 h dans l'eau tiède.
• Éplucher les oignons et l'ail.
• Les mettre dans une marmite, couvrir d'eau froide, saler et porter doucement à ébullition. Écumer la surface, ajouter l'ail, les oignons, le thym, le laurier. Couvrir et régler le feu pour maintenir une petite ébullition régulière. Au bout de 1 h 30 de cuisson, préparer les croûtons :
• Couper les tranches de pain de mie en carrés réguliers de 2 cm de côté. Mettre le beurre dans la poêle ; quand il grésille, ajouter les croûtons et, en les tournant en tous sens à l'aide d'une fourchette, les faire dorer uniformément. Les retirer de la poêle avec une écumoire et les réserver sur une assiette. Au terme de la cuisson des pois (1 h 30 à 2 h selon les pois cassés), les égoutter dans

le moulin à légumes au-dessus d'un saladier pour conserver le jus de cuisson. Retirer seulement le thym et le laurier.
• Les passer au moulin à légumes au-dessus d'une casserole. Mettre la purée sur un feu assez vif pour faire évaporer le reste de liquide et la dessécher. La travailler alors à la cuillère en bois en incorporant le beurre. Vérifier l'assaisonnement. Servir dans un légumier chaud et parsemer le dessus de la purée avec les petits croûtons.

La cuisine du pois chiche

C'est une légumineuse d'origine méridionale. Depuis l'Antiquité, le pois chiche est bien connu à travers tout le bassin méditerranéen. Les graines arrondies et bosselées de couleur beige se développent dans une gousse comme les haricots.
Les pois chiches sont vendus secs ou en conserve au naturel. Ils sont très énergétiques : 361 calories pour 100 g.

Quantité
100 g par personne

Préparation
Comme les haricots blancs secs (p. 296).

Cuisson
2 h à 2 h 30 dans de l'eau et des aromates comme les haricots blancs secs (p. 297).

Emplois
• Froids en salades diverses (voir haricots blancs, p. 293, et lentilles, p. 301).
• Chauds : dans notre Midi, les pois chiches ont les mêmes emplois que les haricots blancs (p. 293) et les lentilles (p. 301) et s'ajoutent en garniture aux ragoûts, potées, estouffades…
En Espagne, ils font partie intégrante des deux potées nationales : l'olla podrida et le pucheto.
En Afrique du Nord, les pois chiches accompagnent traditionnellement le couscous.

Salade de pois chiches aux chipolatas poêlées

Pour 4 à 5 personnes
Préparation :
la veille, puis 15 min
Cuisson : 2 h à 2 h 30

400 g de pois chiches
8 à 10 mini-chipolatas
4 tomates moyennes
1 petit cœur de céleri en branche
25 g de beurre
1 tasse à thé de vinaigrette classique (p. 27)

Cuisson des pois chiches :
2 échalotes
2 gousses d'ail
1 branche de thym
1 feuille de laurier

• La veille : préparer et cuire les pois chiches (voir haricots blancs, p. 293). Bien les égoutter, supprimer le thym et le laurier, conserver l'ail et les échalotes et les mettre en attente dans une boîte hermétique à température de la cuisine.
• Le jour même : 1 à 2 h à l'avance, émonder les tomates (p. 438), les concasser (p. 34) et les laisser s'égoutter.
• Hacher menu le cœur de céleri.
• Préparer la vinaigrette, y mélanger le cœur de céleri et les tomates concassées. Hacher menu les échalotes et l'ail réservés. Les ajouter.
• Mélanger les pois chiches et la sauce dans un saladier. Les dresser dans un saladier de service.
• Au dernier moment, dans une poêle à feu moyen-doux, cuire et dorer les chipolatas de tous côtés dans une parcelle de beurre pendant 7 à 8 min. Les prendre à l'écumoire, les disposer sur la salade et servir.
On peut aussi répartir les pois chiches au milieu de 4 grandes assiettes individuelles et les entourer de mini-chipolatas.

Ragoût de pois chiches à la poitrine fumée et au chorizo

Pour 4 à 5 personnes
Préparation :
la veille, puis 15 min le lendemain
Cuisson : 1er temps, 2 h à 2 h 30

400 g de pois chiches
250 g de poitrine fumée
1 morceau de chorizo fort de 125 g
3 cuil. à soupe d'huile
2 dl de coulis de tomate (p. 36)
2 oignons moyens
2 gousses d'ail
1 branche de thym
1 feuille de laurier
Sel, poivre

• Mettre les pois chiches à tremper toute la nuit.
• Le jour même : mettre les pois chiches dans une marmite avec l'ail épluché, le thym, le laurier, les oignons épluchés et le morceau

de poitrine fumée. Couvrir d'eau. Porter à ébullition, écumer, saler, verser l'huile d'olive et laisser mijoter doucement pendant 2 h à 2 h 30; 30 min avant la fin de la cuisson, ajouter le chorizo. Les pois chiches étant bien tendres, retirer le chorizo et la poitrine fumée à l'aide de l'écumoire.

• Égoutter les pois chiches, supprimer le thym et le laurier.

• Couper le chorizo en rondelles et la poitrine en morceaux. Dans une casserole à feu moyen-doux, faire chauffer le coulis de tomate, ajouter les pois chiches, le chorizo et la poitrine.

• Mélanger convenablement le tout et laisser mijoter tout doucement 10 à 15 min en tournant de temps en temps. Rectifier l'assaisonnement.

Servir très chaud dans un plat creux de service chauffé.

Et Jacques Maximin propose

Poêlée de vermicelle aux petits pois frais

Pour 4 personnes
Préparation : 16 min
Cuisson totale : 8 à 10 min

400 g de vermicelle
400 g de petits pois écossés
2 à 3 litre de bouillon de volaille (p. 19)
1 louche de jus de rôti (p. 22)
1 filet de vinaigre balsamique
1 poignée de cerfeuil
Persil et estragon hachés par parties égales
2 à 3 cuil. à soupe d'huile d'olive
Sel, poivre

Facultatif :
200 à 300 g de belles crevettes grises

Préparation du vermicelle et des petits pois

• Porter à ébullition une casserole de bouillon de volaille; y jeter en pluie le vermicelle et le faire cuire pendant quelques minutes, l'égoutter et le passer sous l'eau très froide avant de le laisser bien sécher en l'éparpillant.

• Écosser la quantité de petits pois nécessaire pour en avoir 400 g. Les mettre ensuite à cuire à la vapeur pendant 6 à 8 min; ils doivent rester fermes et ne pas éclater.

Finition et présentation

• Hacher les fines herbes, les réserver.

• Mettre à chauffer fortement l'huile d'olive dans une grande poêle. Verser les vermicelles et les faire dorer en tournant en tous sens.

• Dans une casserole à feu moyen, verser le jus de rôti (de veau de préférence), ajouter le vermicelle, les petits pois, 1 filet de vinaigre balsamique, les herbes hachées, du sel et du poivre. Bien mélanger et chauffer le tout.
• Répartir ensuite en dôme dans 4 assiettes chaudes.

Facultatif : on peut décortiquer des belles crevettes grises et mélanger les queues aux petits pois au vermicelle en en réservant quelques-unes pour les mettre autour du dôme de légumes dans les assiettes.

Le poireau

Origines

C'est une plante cultivée depuis si longtemps que l'on ne connaît pas ses origines exactes à l'état sauvage. Il serait issu d'une variété d'ail du Proche-Orient.

Il est en tout cas sûr que les Égyptiens le cultivaient dès leurs premières dynasties, l'appelaient le « légume en bottes » et l'appréciaient au point de l'offrir en cadeau aux soldats vainqueurs.

Dans le désert, les Hébreux en vantaient à la fois ses mérites culinaires et ses différentes vertus. Quant aux Grecs, ils croyaient fermement qu'il agissait sur la stérilité.

Très présent dans la cuisine romaine, le poireau avait la réputation d'éclaircir la voix, et Néron en consommait des quantités avant de déclamer en public. Ce sont les Romains qui vont l'introduire en Angleterre. Au VIIe siècle, le poireau devient l'emblème national du Pays de Galles.

Pendant tout le Moyen Âge, il est, en France comme ailleurs, de toutes les soupes. Il s'appelait alors porreau ou pourreau, d'où la soupe de légumes dite la porée, dont il est l'élément dominant. Il ne deviendra poireau qu'au début du XIXe siècle.

Aspects

Le poireau est un fût cylindrique formé de feuilles s'imbriquant les unes dans les autres, qui vont du blanc au vert foncé. C'est bien sûr la partie souterraine blanche qui est la meilleure.

On trouve des poireaux à peu près toute l'année, sauf au cœur de l'été. L'hiver, on a surtout des variétés à gros fûts blancs de 10 à 20 cm de long et à feuilles vert foncé. Puis, au printemps apparaissent les petits poireaux nouveaux parfois d'1 cm de diamètre, absolument succulents, mais que l'on ne trouve pas longtemps.

Choix et qualités

D'hiver ou de printemps, les poireaux doivent avoir leur partie blanche ferme et bien serrée. Les feuilles seront brillantes et surtout crissantes au toucher, ce qui est l'assurance de la fraîcheur du légume.

Outre ses indéniables qualités gustatives, on sait que le poireau est diurétique, riche en mucilage, en vitamine C, en fer et en fibres excellentes pour les intestins.
Il est de surcroît peu calorique.
Seul ou en compagnie d'autres légumes, le poireau est aimé de tous et facile d'emploi.
À l'achat, il est préférable d'éviter les gros poireaux de trop forte saveur, qui sont parfois filandreux. Il vaut mieux les acheter moyens et, si possible, de la même taille pour qu'ils cuisent tous de la même façon.

La cuisine du poireau

Le poireau se mange toujours cuit.
Selon les préparations, il sera froid ou chaud.

Quantité
On ne peut préciser ici la quantité, tout dépend de l'emploi qui en sera fait.

Préparation
Éliminer la racine blanche à la base, supprimer les feuilles extérieures un peu vieilles.
Couper la partie vert foncé du poireau pour ne garder que le blanc et le vert pâle. Le fendre en 4 depuis le début du vert pâle jusqu'en haut.
On peut alors l'écarter et le laver longuement sous le robinet d'eau courante pour enlever toute la terre s'étant glissée entre les feuilles.
Il pourra ensuite selon l'emploi :
• être conservé entier,
• être détaillé en tronçons,
• être découpé en rondelles épaisses d'1 cm,
• être émincé en julienne.

Cuisson
• *À l'anglaise* (p. 13).
Les poireaux seront ficelés en bottes de 4 ou 5 et plongés 8 à 10 min dans de l'eau bouillante ou du bouillon et bien égouttés.
On peut alors les accommoder de différentes façons.

• *À l'étuvée* (p. 14)
Ce mode de cuisson sera réservé aux jeunes poireaux de printemps ou pour une julienne.
Ils cuiront ainsi doucement à couvert dans du beurre et un voile d'eau.

Emplois

• *Dans le pot-au-feu*

Ficeler 4 à 6 poireaux moyens, bien lavés et préparés (p. 362) et les jeter dans le bouillon du pot-au-feu 12 à 15 min avant de servir. Les présenter déficelés au milieu des autres légumes.

• *En entrées ou en plat de dîner familial*

• *En garniture de plats en sauce*

Les faire cuire à l'anglaise (p. 13). Au dernier moment, les coucher dans un plat sur un torchon, le replier pour qu'ils restent chauds.

Les servir avec des poissons pochés tels que le colin, le bar, le saint-pierre, la barbue, avec des sauces et des beurres composés tels que beurre blanc (p. 45) ; sauce hollandaise (p. 46) ; beurre d'échalote (p. 50) ; beurre émulsionné (p. 53) ou avec des viandes et volailles rôties telles que pintade rôtie et son jus ; épaule de chevreau rôtie et son jus ; rôti de porc et son jus ; ragoût d'échine de porc.

Pour accompagner ces mêmes plats, on peut aussi utiliser les jolis petits poireaux de printemps et les cuire en étuvée (p. 14).

Poireaux vinaigrette

Pour 4 personnes
Préparation :
15 min environ
Cuisson : 8 à 10 min

12 à 16 poireaux plutôt petits
1 saucière de vinaigrette classique (p. 27)

• Préparer les poireaux (p. 362) en laissant peu de vert pâle, les cuire à l'anglaise (p. 362). Bien les égoutter et les sécher. Les aligner encore tièdes dans un long plat rectangulaire.

• Faire la vinaigrette dans un bol et, en la battant, la verser sur les poireaux.

Remarque : c'est tièdes qu'ils sont les meilleurs. À défaut, s'ils sont faits à l'avance, les laisser à température ambiante sans les faire passer par le réfrigérateur.

Poireaux gratinés

Pour 4 personnes

12 poireaux
3/4 de litre de béchamel (p. 35)
125 g de gruyère râpé
1 grosse cuil. à soupe de crème fraîche
40 g de beurre
Noix muscade
Sel, poivre

• Préparer (p. 362) les poireaux, les couper en tronçons de 7 à 8 cm et les cuire à l'anglaise (p. 362). Bien les égoutter.
• Faire une béchamel, y mélanger les 2/3 du gruyère, ajouter la crème fraîche et une pointe de muscade.
• Préchauffer le four à température moyenne. Beurrer un plat à gratin, aligner les poireaux, les couvrir de sauce. Saupoudrer avec le reste du gruyère râpé. Parsemer de copeaux de beurre.
• Mettre au four pendant 15 à 20 min. Faire dorer pendant les 5 dernières minutes en mettant le four en position gril.

Poireaux à l'étuvée

Pour 4 personnes
Préparation : 8 à 10 min
Cuisson : 8 à 10 min

12 à 16 petits poireaux
50 g de beurre
1/2 verre d'eau
Sel, poivre

• Préparer les petits poireaux en gardant le blanc et le vert pâle (p. 362). Les aligner dans une cocotte, ajouter l'eau et le beurre en parcelles, couvrir et, à feu moyen, laisser cuire doucement 8 à 10 min.
• Quand ils sont tendres à cœur et non défaits, les retirer de la cocotte et les servir dans un légumier chaud.

Pour accompagner des rôtis, du jambon chaud, du foie de veau poêlé, des rognons d'agneau grillés.

Poireaux de ma grand-mère

Pour 4 personnes
Préparation : 10 min
Cuisson des poireaux : 10 à 12 min
Finition : 6 à 7 min

12 poireaux
3 cuil. à soupe de crème fraîche
2 cuil. à soupe de l'eau de cuisson des poireaux
1 pointe de muscade
Sel, poivre

• Préparer les poireaux (p. 362), les cuire à l'anglaise (p. 362), conserver un bol d'eau de cuisson, bien égoutter et sécher les poireaux.

• Dans une sauteuse à feu moyen, mettre à bouillir la crème fraîche et le bouillon de cuisson des poireaux jusqu'à consistance homogène et onctueuse. Aligner alors les poireaux dans la sauce et laisser cuire à feu tout doux 5 à 6 min. Poivrer et râper de la muscade au-dessus. Laisser glisser le tout doucement dans un légumier chaud et servir.

Soupe de poireaux aux pommes de terre

Et on ne peut terminer ce chapitre sans évoquer cette délicieuse soupe dont la savoureuse et envahissante odeur emplit la maison tandis qu'elle cuit.

Pour 4 personnes
Préparation : 15 min
Première cuisson des poireaux : 5 min
Finition de la soupe : 45 min

1 litre d'eau
5 à 6 poireaux moyens
2 grosses pommes de terre type bintje
50 g de beurre en tout
Sel, poivre

• Préparer et laver les poireaux (p. 362) en ne gardant que le blanc et le vert pâle. Les détailler en tronçons de 3 à 4 cm de long. Éplucher et laver les pommes de terre, les tailler en lamelles un peu épaisses.
• Dans une casserole à feu moyen, faire étuver (p. 14) les morceaux de poireau dans 25 g de beurre à couvert. Quand ils sont tendres, ajouter les lamelles de pommes de terre, verser l'eau et porter à ébullition. Saler et laisser cuire à petits bouillons pendant 45 min. Au bout de ce temps, ajouter le beurre restant et poivrer.
Servir dans une soupière chaude.

Et Jacques Maximin propose

Ballotins de poireaux farcis aux moules, sauce marinière

Pour 4 personnes
Préparation : 2 h
Cuisson totale : 25 min

6 gros poireaux
1 kg de moules de bouchot
300 g de courgettes
300 g de champignons de Paris
1/4 de litre d'huile d'olive
3 à 4 cuil. à soupe de vinaigre de vin
1 gousse d'ail
1 petite branche de thym
Sel, poivre

Sauce marinière :
Jus de cuisson des moules
30 cl de vin blanc
2 échalotes
1 oignon
2 gousses d'ail
1 branche de thym
3 brins de persil
Poivre en grains

Préparation des légumes et des moules

• Parer, laver les poireaux et couper le blanc en 16 tronçons de 5 cm de longueur. Les cuire très convenablement à l'eau bouillante (p. 362). Les prendre à l'écumoire et les plonger dans de l'eau glacée. Bien les égoutter. Les aligner dans une terrine, les couvrir avec de l'huile d'olive (en réserver quelques cuil. à soupe) et le vinaigre de vin, les laisser mariner le temps de préparer les moules et les légumes de la farce.

• Gratter, nettoyer les moules, les laver à plusieurs eaux, les laisser dans de l'eau fraîche.

• Éplucher les courgettes à l'économe, les couper en deux, retirer les graines à l'aide d'une petite cuillère, les couper en tout petits morceaux pour en avoir 250 g.

• Préparer et nettoyer des champignons de Paris, les couper en tout petits morceaux pour en avoir 250 g.

• Retirer les poireaux de leur marinade, les sécher. Avec un petit couteau pointu, évider les tronçons de poireaux pour ne garder que 2 ou 3 épaisseurs extérieures, réserver l'intérieur des poireaux, le tenir au chaud dans le four tiède.

Préparation de la sauce marinière et cuisson des moules

• Éplucher les gousses d'ail, les hacher grossièrement, faire de même avec les échalotes et l'oignon.

• Verser le vin blanc dans une marmite, ajouter l'oignon, les échalotes, l'ail, le thym, le persil, faire bouillir et réduire à grand feu

pendant 5 min. Poivrer alors généreusement. Ajouter les moules et les faire s'ouvrir et cuire en les brassant de tous côtés pendant 3 à 4 min, sortir les moules de la marmite, les laisser refroidir.
• Passer le jus à travers une passoire fine tendue d'un chiffon au-dessus d'un récipient, le réserver à feu doux. Réserver également le persil, l'ail, les échalotes et l'oignon de cuisson des moules.

Préparation et cuisson de la farce
• Dans une poêle, mettre à chauffer à feu moyen 2 à 3 cuil. à soupe d'huile d'olive, verser la courgette préparée, un peu de feuilles de thym, 1 gousse d'ail et faire poêler rapidement pour que toute l'eau de végétation s'évapore et que les courgettes se colorent légèrement. Les sortir de la poêle à l'écumoire, les réserver dans un saladier.
• Dans la même poêle, remettre un peu d'huile à chauffer, ajouter les champignons, les laisser perdre leur eau puis relever le feu et leur faire prendre couleur. À l'aide de l'écumoire, les mettre dans le saladier avec les courgettes.
• Sortir les moules de leur coquille, les détailler en menus morceaux, les verser aussi dans le saladier.
• Reprendre l'intérieur réservé des poireaux, le hacher en menus morceaux et le mettre aussi dans le saladier.
• Mélanger tous ces éléments en salant et poivrant pour constituer une farce. La tenir au chaud.
• Reprendre les tronçons de poireaux et délicatement, à l'aide d'une toute petite cuillère, les garnir de farce et les répartir en les alignant dans des assiettes creuses bien chaudes.
• Mixer le persil, les échalotes, l'ail, le thym de la cuisson des moules et les ajouter au jus filtré réservé chaud. Répartir la sauce sur les tronçons dans les assiettes et servir.

Blanquette de blancs de poireaux

Pour 4 personnes
Préparation : 30 à 35 min
Cuisson : 40 à 45 min

13 poireaux
600 g de champignons de Paris
5 échalotes
1 gousse d'ail
1 rognon de veau
4 dl de velouté de volaille (p. 43)
200 g de crème fleurette
3 cuil. à soupe d'huile d'olive
Sel, poivre

Préparation de la blanquette
• Faire le velouté de volaille et le laisser mijoter à tout petit feu.
• Laver et préparer les poireaux en ne conservant que le blanc.

• Nettoyer et préparer les champignons en les hachant très grossièrement.
• Éplucher et hacher les échalotes.
• Dégraisser et dénerver le rognon de veau, le détailler en petits dés.
• Éplucher la gousse d'ail.
• Faire cuire les blancs de poireau à grande eau bouillante salée pendant 8 min environ. Bien les égoutter dans un torchon puis les couper en tronçons de 5 cm, les tenir au chaud dans le four tiède, entre 2 assiettes.
• Faire chauffer 1 bonne cuillerée à soupe d'huile d'olive dans une poêle à feu moyen-doux. Ajouter les champignons et les échalotes, saler, poivrer. Couvrir et leur faire suer toute leur eau de végétation, la verser dans le velouté. Relever le feu sous la poêle pour finir de sécher les champignons. Les réserver au chaud.
• Dans une poêle à feu vif, mettre une bonne cuillerée à soupe d'huile d'olive à chauffer. Ajouter les dés de rognon de veau ainsi que la gousse d'ail et les faire sauter très rapidement en tous sens, ils doivent être juste saisis, rosés. Supprimer la gousse d'ail, saler, poivrer.

Finition et présentation
• Monter la crème fleurette en crème fouettée et la mélanger au velouté bien chaud. Mélanger convenablement les hachis de rognons de veau et de champignons. Vérifier l'assaisonnement en sel et en poivre, les répartir au fond de 4 assiettes creuses chaudes. Recouvrir de tronçons de poireaux chauds et terminer en nappant de sauce bien chaude.

Le poivron

Origines

Le poivron est en fait un piment doux. De la famille des solanacées comme la bonne pomme de terre, la jolie tomate et la violette aubergine, il est lui aussi originaire du Nouveau Monde. C'est Christophe Colomb qui le ramena en Espagne lors de sa deuxième expédition.

Sa culture devait être fort ancienne, car il n'a pas été retrouvé à l'état sauvage, et l'on sait qu'avant les Aztèques, les Olmèques et les Toltèques l'utilisaient déjà comme condiment. Il n'existait alors que sous sa forme de piment très fort et très piquant.

Une fois en Espagne, ce piment eut suffisamment de succès pour se répandre à travers tout le bassin méditerranéen et être l'objet de culture et de sélections, pour qu'en fin de compte apparaisse une variété douce : le poivron, qui est un gros cousin du piment.

Aspects

Alors que le piment est un condiment existant en de multiples variétés, avec de nombreuses utilisations, depuis le poivre de Cayenne en passant par le paprika, la sauce harissa, le Tabasco, etc., le piment doux, dit poivron, est un légume à part entière vert, jaune ou rouge.

On le voit toute l'année sur les marchés, mais l'hiver il est cultivé en serres. Sa pleine saison est l'été, où il est beau comme tout.

Il en existe plusieurs variétés, mais le meilleur est un gros légume à quatre lobes bien apparents et charnus lui donnant, si j'ose dire, l'apparence d'un court rectangle aux formes arrondies.

Choix et qualités

Le poivron doit dégager un grand air de fraîcheur, être bien ferme, sa peau très luisante et tendue, sans taches. C'est le superbe poivron rouge qui a le goût le plus fin, se dégageant surtout quand il est cuit.

Il faut avouer cependant qu'il ne se digère pas très facilement, tant il est doté en cellulose. Pour compenser, il est riche en vitamine C et fort peu calorique.

La cuisine du poivron

Vert, jaune ou rouge, le poivron cru ou cuit ne se prête pas tout seul à de nombreuses recettes.
C'est en coulis, en hors-d'œuvre en compagnie d'autres légumes qu'il sera le plus couramment employé. Il faut bien reconnaître que c'est le poivron rouge qui est le plus souvent utilisé.

Le poivron cru

Ce n'est pas la meilleure façon d'apprécier ce légume goûteux car, cru, il a l'inconvénient d'être peu digeste. Il trouvera surtout sa place sur une table de hors-d'œuvre.

Quantité
On ne peut parler ici de quantité précise, tout dépend de la façon dont il sera employé.

Préparation
Découper un rond tout autour de la queue et tirer. Une grande partie des graines seront ainsi supprimées.
Le couper ensuite en deux et, à l'aide d'un petit couteau, supprimer toutes les fibres et toutes les graines restantes.

Emplois
• *En hors-d'œuvre*
Le couper soit en très fines lanières dans le sens de la longueur, soit en demi-rondelles très fines dans le sens de la largeur.
Dans les deux cas, disposer dans un ravier et assaisonner d'une vinaigrette à l'huile d'olive.
• *En condiment*
Après avoir retiré les graines et les fibres, le détailler en tout petits carrés d'1/2 cm. On peut alors les ajouter à une vinaigrette pour assaisonner des salades telles qu'une scarole, une chicorée frisée, une romaine.

Le poivron cuit

Préparation
Il est absolument indispensable de lui retirer la peau, les graines et les fibres.

• *Première manière*
Piquer une fourchette au niveau de la tige. Le passer rapidement

au-dessus de la flamme du gaz en le tournant en tous sens pour que la peau brunisse et se boursoufle. La supprimer ensuite à l'aide d'un petit couteau, ouvrir le poivron en 2 ou en 4 et retirer les graines et les parties fibreuses. Il est alors bon pour d'autres préparations.

• *Deuxième manière*

À la vapeur : mettre les poivrons dans le couscoussier et les faire cuire à la vapeur pendant 8 à 12 min jusqu'à ce qu'ils soient tendres quand on les pique légèrement.

Laisser un peu refroidir. Peler la peau avec un petit couteau. Découper un rond au niveau de la tige et supprimer toutes les graines à l'aide d'une petite cuillère. Il est prêt alors à être accommodé.

Emplois

• *En coulis*
• *En hors-d'œuvre* : poivrons grillés
• *En entrée :* omelettes aux poivrons rouges et poivrons rouges farcis
• *En garniture :* le poivron rouge accompagne bien le veau, l'agneau, le poulet et donne alors à un simple rôti, une simple grillade une connotation méridionale à mon avis bien agréable. Il peut, en garniture, s'ajouter à d'autres garnitures pour enrichir le plat servi.

Coulis de poivrons rouges

Pour une saucière
Préparation : 15 min environ
Cuisson : 10 min environ

2 à 3 poivrons rouges
3 cuil. à soupe d'huile d'olive
Le jus d'un 1/2 citron
quelques gouttes de Tabasco
1 pointe de poivre de Cayenne (facultatif)
Sel

• Faire cuire les poivrons à la vapeur, retirer la peau (p. 370). Les couper en morceaux en supprimant graines et parties fibreuses.

• Mettre dans le mixer avec tous les ingrédients pour obtenir une purée épaisse, la passer à travers une passoire fine à l'aide d'un pilon pour éliminer des éventuels déchets. Elle peut être servie *froide* et sera alors versée en saucière, ou *chaude* : on la fera alors réchauffer à feu doux dans une petite casserole.

Variantes : on peut ajouter à ce coulis 3 cuil. à soupe de crème fraîche qui seront alors incorporées en même temps que les autres ingrédients.

Emplois : ce sont les mêmes que ceux du coulis de tomate (p. 36 et 37).
• Chaud :
– Pour assaisonner des pâtes, du riz, des haricots blancs frais.
– Pour accompagner des artichauts chauds.
– Pour mettre à réchauffer : un reste de poulet rôti, un reste de bœuf bouilli, un reste de gigot.
• Froid :
– la sauce d'un poisson poché,
– la garniture d'œufs pochés,
– la garniture d'œufs cocotte.

Poivrons grillés

Pour 4 personnes
Préparation : 35 min environ
Cuisson : 15 à 20 min

3 poivrons rouges
huile d'olive
Sel, poivre du moulin

• Allumer le four en position gril. Laver les poivrons, bien les sécher. Les préparer en les tranchant en 4. Supprimer tiges et graines. Poser les morceaux de poivron sur une plaque, peau en dessus. Mettre au four et laisser griller jusqu'à ce que la peau soit noire et se boursoufle. Retirer du four et enlever toute la peau : soulever d'abord avec la pointe du couteau, puis tirer avec les doigts. Si la peau est bien grillée, l'opération est très facile.
• Couper ensuite les morceaux de poivron dans le sens de la longueur, en languettes de 1 à 2 cm de large. Au fond d'un ravier, déposer une couche de languettes les unes à côté des autres. Saler, poivrer avec le moulin. Remettre une couche de poivron, saler, poivrer et ainsi de suite. Terminer en recouvrant d'huile d'olive ; les poivrons doivent baigner dedans.

Fait la veille, ce hors-d'œuvre n'en est que meilleur, les poivrons ayant largement eu le temps de macérer. À défaut, les confectionner plusieurs heures à l'avance.

Variante : aux olives noires.
On pourra ajouter aux poivrons un petit hachis d'olives noires dénoyautées mis en très petite quantité entre les couches de poivrons rouges.

Omelette aux poivrons rouges

Il s'agit d'un plat agréable pouvant aussi bien servir d'entrée que de plat principal d'un dîner familial.

• Peler les poivrons rouges après avoir fait griller leur peau (p. 370), les détailler en lamelles.
• Procéder ensuite exactement comme il est dit à « Émincé de fonds d'artichauts » (p. 79).

Poivrons rouges farcis

Il s'agit d'un plat agréable pouvant aussi bien servir d'entrée que de plat principal d'un dîner familial.

Pour 4 personnes
Préparation : 35 à 40 min
Cuisson : 30 à 35 min

4 beaux poivrons rouges
Farce des tomates farcies (p. 443)

• Peler les poivrons (p. 370). Découper un rond autour de la tige et les débarrasser de leurs graines et de leurs parties fibreuses à l'aide d'une cuillère à café. Les retourner sur une planche.
• Préparer la farce à la viande (p. 443) sans pulpe puisque le poivron n'en a pas. Procéder ensuite avec les poivrons exactement comme pour les tomates farcies (p. 443).
Servir dans leur plat de cuisson.

Poivrons verts farcis au riz pilaf et aux anchois

Pour 4 personnes
Préparation : 35 à 40 min
Cuisson : 30 à 35 min

8 beaux petits poivrons verts
125 g de riz
1 oignon moyen
1 branche de thym
6 filets d'anchois à l'huile

• Faire cuire le riz à l'eau bouillante salée. Bien l'égoutter. Peler et préparer les poivrons comme il est dit à poivrons rouges farcis. Les réserver.
• Détailler les filets d'anchois en menus morceaux. Préchauffer le four à température chaude. Mélanger les anchois hachés au riz, en farcir les poivrons. Les coiffer de leur chapeau, les aligner dans un

plat de juste dimension et les faire cuire comme les poivrons rouges ; ils doivent devenir bien tendres.
Servir dans le plat de cuisson.

Petit sauté de poivrons rouges et de tomates

Pour 4 personnes
Préparation : 30 min environ
Cuisson : 20 à 25 min

3 poivrons rouges
4 à 5 tomates moyennes
1 oignon doux
1 gousse d'ail
3 à 4 cuil. à soupe d'huile d'olive
10 cl de jus de poulet (p. 22)
Pluches de persil
Sel, poivre

• Émonder les tomates (p. 438), supprimer les graines et l'eau de végétation. Les couper en petits dés. Réserver. Préparer et peler les poivrons (p. 370), les détailler en petits dés. Réserver. Éplucher et hacher grossièrement l'oignon. Éplucher la gousse d'ail.
• Dans une poêle à feu moyen-doux, mettre l'huile d'olive à chauffer. Ajouter l'oignon et le faire seulement fondre (p. 335). Relever le feu, ajouter les dés de poivrons et les tourner en tous sens pendant 2 à 3 min pour commencer leur cuisson et faire dorer l'oignon, verser les dés de tomates et la gousse d'ail écrasée au-dessus de la poêle, mélanger le tout et, toujours à feu assez vif, continuer la cuisson des légumes qui doivent devenir presque tendres.
• Saler, mouiller avec du jus de poulet, ou à défaut du bouillon de volaille. En tournant, faire bouillir à plein feu pour avoir un petit jus sirupeux et des légumes tendres. Vérifier l'assaisonnement en sel et en poivre et servir bien chaud. Saupoudrer de pluches de persil.

Purée de poivrons rouges au basilic

Pour 4 personnes
Préparation : 25 à 30 min
Cuisson : 25 min environ

5 beaux poivrons rouges
1/2 bol de béchamel (p. 35)
10 cl de crème fraîche
50 g de beurre
1 bouquet de basilic
Sel, poivre

• Cuire les poivrons rouges à la vapeur (p. 371), les peler, enlever les graines, les détailler en morceaux.
• Faire une petite béchamel un peu épaisse, la réserver.
• Hacher la valeur de 2 cuil. à soupe de basilic, le réserver.

• Passer les poivrons au mixer pour obtenir une purée, ajouter la béchamel et mixer à nouveau, verser dans une casserole. À feu doux, incorporer la crème fraîche, du sel, du poivre, le beurre. En dernier lieu ajouter le basilic haché et bien mélanger. Verser dans un plat chaud et décorer la purée en piquant au centre un petit bouquet de basilic.

Et Jacques Maximin propose

Marinade de poivrons grillés au carpaccio de thon frais

Pour 4 personnes
Préparation :
Cuisson totale : 30 min

3 poivrons rouges
300 g de bonite (thon frais)
2 bandes de lasagne fraîche, cuites et égouttées
3 gousses d'ail
1/4 de litre d'huile d'olive
2 cuil. à soupe de vinaigre de vin vieux
2 cuil. à soupe de ciboulette hachée
2 à 3 cuil. à soupe d'huile d'olive pour frire
Sel, poivre

Préparation des poivrons et du thon

• Préchauffer le four en position gril. Griller et retirer la peau des poivrons rouges (p. 370). Les détailler ensuite en fines lanières.

• Mettre l'huile d'olive et l'ail épluché et écrasé dans un ravier, y aligner les poivrons et les laisser mariner pendant plusieurs heures.

• Préparer le poisson en retirant la peau et l'arête, mettre au réfrigérateur.

Préparation de la lasagne

• Détailler la pâte à lasagne fraîche et souple en lanières de 4 mm, les tresser ensuite en croisillons (si vous en avez la patience… et l'habileté) et découper 4 disques de 12 cm à l'emporte-pièce, les réserver.

Finition et présentation

• Mettre à bien chauffer l'huile d'olive dans une poêle à feu vif, y poser les 4 disques de lasagne, les faire blondir et « croustiller », d'abord d'un côté, puis de l'autre. Les prendre à l'écumoire et les poser sur du papier absorbant, les saupoudrer de sel.

• Toujours avec l'écumoire et en les égouttant bien, prendre des lanières de poivrons et les déposer sur les disques de pâte frite, saler, poivrer.
• Découper le thon en tranches ultra-fines quasi transparentes et en couvrir les lanières de poivrons, poivrer.
• Hacher grossièrement la ciboulette.
• Préparer une vinaigrette avec l'huile de marinade des poivrons, le vinaigre de vin, la ciboulette, du sel, du poivre.
• Au centre de 4 assiettes, déposer les disques garnis, les entourer de vinaigrette battue et servir.

Pain perdu de poivrons, copeaux de parmesan

Pour 4 personnes
Préparation :
35 à 40 min
Cuisson totale :
15 min

2 poivrons rouges
100 g de mozarella
1 baguette
2 œufs
4 gousses d'ail
1 branche de thym
Un peu de gros sel de Guérande
3 à 4 cuil. à soupe d'huile d'olive en tout
100 à 125 g de salade roquette
1 vinaigrette d'huile d'olive et de vinaigre de vin
Quelques copeaux de parmesan
Sel, poivre

Facultatif :
8 rougets levés en filets et désarêtés

Préparation des poivrons, du pain et de la salade

• Griller les poivrons entiers (p. 370) et retirer la peau.
• Nettoyer la roquette, la laver, l'égoutter.
• Détailler la baguette en tranches de biais de façon à obtenir 8 morceaux, les frotter avec l'ail et les tremper dans les œufs battus, les laisser s'égoutter sur une grille.
• Préparer la vinaigrette, réserver.
• Couper les poivrons en morceaux de la taille des tranches de baguette, faire de même avec la mozarella.

Finition et présentation

• Mélanger la salade et la vinaigrette.
• Détailler quelques copeaux de parmesan, les réserver.
• Faire bien chauffer de l'huile d'olive dans une poêle et y faire frire et dorer les tranches de baguette des 2 côtés.
• Préchauffer le four en position gril.
• Garnir les tranches de baguette d'abord de tranches de mozza-

rella puis de morceaux de poivron, à nouveau de tranches de mozarella. Arroser légèrement d'huile d'olive et de feuilles de thym en froissant la branche au-dessus. Terminer avec quelques grains de sel de Guérande. Poser sur la grille du four et passer le tout quelques minutes sous le gril pour faire gratiner la mozarella.
• Servir le pain perdu de poivrons avec la salade parsemée de quelques copeaux de parmesan.

Facultatif : la recette peut être enrichie en disposant sur chaque tranche 2 filets de rouget qui cuiront au four rapidement.

Poivrons « poivrossade » en tambours

Pour 4 personnes
Préparation : 1 h 15
Cuisson totale :
25 à 30 min

2 poivrons rouges
2 poivrons verts
600 g de thon frais
4 grosses tomates
4 gousses d'ail
4 oignons moyens
1 piment frais d'Espelette
1/4 de litre d'huile d'olive en tout
1 filet de vinaigre de xérès
1 tasse à café de basilic frais haché
1 branche de thym
Sel, poivre

4 cercles en inox de 8 cm de diamètre sur 3 cm de hauteur

Préparation des poivrons et du thon
• Ouvrir les poivrons, les épépiner et découper plusieurs triangles de la hauteur des cercles en inox. Les faire convenablement cuire à la vapeur (p. 371) avec le reste des poivrons. Retirer la peau. Réserver les triangles
et tailler le reste des poivrons en julienne pas trop fine. Réserver.
• Retirer la peau du thon et le découper en disques du diamètre des cercles et d'1/2 cm d'épaisseur.

Préparation de la farce
• Plonger les tomates 15 s dans l'eau bouillante. Retirer la peau, les concasser grossièrement, réserver.
• Plonger les gousses d'ail non épluchées 8 à 10 min dans de l'eau bouillante, les égoutter, les éplucher, les écraser et les réserver.
• Émincer le piment frais et les oignons.
• Dans une poêle à feu moyen-doux, faire chauffer 2 à 3 cuil. à soupe d'huile d'olive. Ajouter les tomates, la julienne de poivron, les oignons, le piment, l'ail, le thym effeuillé de la branche, du sel, du poivre. En tournant, faire ramollir et compoter le tout pendant 10 à 12 min. Transvaser alors le contenu de la poêle dans une

assiette à l'aide de l'écumoire pour y laisser tout le jus, afin que la farce soit bien égouttée.

Montage des cercles

• Poser les cercles sur la plaque du four légèrement huilée. En garnir tout le tour avec les triangles de poivrons réservés en alternant les 2 couleurs et en les disposant tête-bêche.
• Garnir le fond d'un peu de farce, poser une tranche de thon, remettre de la farce, continuer avec du thon et ainsi de suite en terminant par le thon.

Finition et présentation

• Préchauffer le four à température bien chaude.
• Hacher le basilic.
• Mettre les cercles en inox au four pendant qu'on prépare la sauce (compter 5 min de cuisson environ) : verser dans un bol le jus réservé de la poêle. En fouettant vigoureusement, monter petit à petit ce jus en laissant tomber en filet de l'huile d'olive de manière à avoir 1/4 de litre de sauce. Parfumer avec un filet de vinaigre de xérès, ajouter le basilic haché, vérifier l'assaisonnement en sel et en poivre.
• Au moment de servir, poser les cercles sur les assiettes à l'aide d'une spatule, décercler et entourer de sauce.

Terrine de poivrons grillés à l'anchoïade

Pour 6 personnes
Préparation :
30 min la veille,
1 h le lendemain
Cuisson : 20 min

2 poivrons rouges
2 poivrons jaunes
2 poivrons verts
1 tasse d'anchoïade*
Gelée fine de volaille (p. 24)
4 cuil. à soupe de basilic frais haché

70 g de parmesan
Huile d'olive
Grains de sel de Guérande
6 rondelles de baguette

Facultatif : **6 belles sardines fraîches**

Préparation de la gelée au basilic

• Faire la gelée la veille (p. 70) et la mettre au réfrigérateur. On en sortira 2 à 3 louches au moment de monter la terrine.
• Hacher le basilic et le mélanger à la gelée, ce qui la ramollira un peu et la rendra plus facile à étaler.

Préparation des poivrons

• Faire griller les poivrons (p. 370).

(*) L'anchoïade se trouve toute prête en petits pots dans le commerce.

Montage de la terrine
• À l'aide d'un pinceau, tartiner le fond et les parois d'une terrine avec de la gelée ramollie et remettre au froid pour qu'elle durcisse à nouveau.
• Pendant ce temps, retirer la peau des poivrons et les détailler en bandes de la largeur de la terrine. Reprendre la terrine, et sur le fond aligner une couche de poivrons rouges. Avec une cuillère, recouvrir de gelée au basilic ramollie et couvrir avec une couche de poivrons verts, remettre de la gelée et mettre du poivron jaune.
• Terminer en couvrant de gelée et mettre au froid pour que la gelée prenne bien.

Finition et présentation
• Couper 6 rondelles de baguette, les faire griller, laisser un peu refroidir et les tartiner d'anchoïade.
• À l'aide d'un couteau économe, détailler le parmesan en fins copeaux.

Facultatif mais recommandé : lever les filets de 6 belles sardines et les faire rapidement griller sur un côté.

Présentation
• Dans chaque assiette, dresser une belle tranche de gelée aux poivrons, ajouter une rondelle de pain à l'anchoïade. Si on le souhaite, poser 2 filets de sardines parsemés de quelques grains de sel de Guérande.
• Parsemer ensuite l'assiette de copeaux de parmesan et d'un filet d'huile d'olive.
Servir sans attendre.

La pomme de terre

Origines

Ayant déjà à peu près tout dit sur le périple de ce magnifique légume (*Merci Monsieur Parmentier*, Robert Laffont, 1985), je me contenterai d'évoquer ses multiples péripéties avant qu'il ne devienne à travers les siècles cette bonne pomme de terre, qui tient une si grande place dans notre alimentation.

La pomme de terre est découverte au Pérou par Pizarre et ses compagnons, au XVIe siècle. Ils s'aperçoivent vite qu'elle est la nourriture essentielle des Incas et, du coup, l'utilisent pour alimenter les mineurs des mines d'argent de Potosi, sans songer au rôle qu'elle pourrait jouer sur le Vieux Continent. Heureusement, les grands curieux du XVIe siècle : chroniqueurs, scientifiques, navigateurs, la ramènent en Europe pour la faire connaître en tant que végétal, puis enfin comme aliment.

Elle intéresse certes les botanistes mais, en tant qu'aliment, elle n'obtient pas un franc succès, et il faudra attendre le XIXe siècle pour qu'elle soit enfin reconnue pour ce qu'elle est vraiment : une nourriture salvatrice à travers toute l'Europe.

Mais avant d'en arriver là, elle va cheminer cahin-caha dans les besaces des soldats de l'Espagne vers l'Italie, la Belgique, l'Autriche, l'Allemagne, la Suisse et enfin la France au XIXe siècle. Cette longue route se fait essentiellement par le jeu des guerres, des famines, des soldats qui en distribuent aux affamés, lesquels y prennent goût et finissent par la cultiver.

Dans cette aventure, la France arrivera bonne dernière. Et il faudra, si je puis dire, les efforts conjugués de Parmentier d'abord, de la Révolution affamant les gens, ensuite, pour qu'enfin soient reconnus les mérites de la pomme de terre.

Parmentier n'en ignorait déjà rien, puisqu'il avait été prisonnier en Allemagne pendant la guerre de Sept Ans. À partir de 1771, alors qu'il était directeur de la pharmacie des Invalides, il se déploie de tous côtés pour promouvoir la pomme de terre, d'abord en l'indiquant dans un mémoire comme l'aliment par excellence en temps de disette, ensuite en multipliant les opérations de relations publiques : plants de pommes de terre dans le potager du roi Louis XVI, dîner « tout en pommes de terre » où sont conviées les célébrités

du moment, et enfin et surtout l'autorisation de planter des pommes de terre dans la plaine des Sablons. Elles eurent le bon goût de pousser, de se développer... et de faire la joie des maraudeurs qui les ramenaient dans Paris. La pomme de terre faisait enfin ses débuts en France, bien aidée par les disettes dues à la Révolution.
Son succès ne s'arrête plus. Elle devient, en France comme ailleurs, un produit de grande consommation. On peut affirmer que, sans elle, la modernisation de l'Europe n'aurait pas été possible.

Aspects

La pomme de terre est une solanacée au même titre que les tomates, les aubergines, le tabac, la belladone.
Son nom botanique : *Solanum tuberosum.*
Son aspect : une petite plante ayant les mêmes feuilles et les mêmes tiges que la tomate.
Ses fruits : des baies qui contiennent plein de petites graines semblables à celles de la belladone.
Son originalité : ses fameux tubercules qui, même s'ils poussent sous terre, ne sont pas des racines mais des renflements de la tige constituant la pomme de terre. Elle a la double faculté d'être agréablement comestible au moment de la récolte et de se reproduire après qu'on a laissé le tubercule traverser une période de repos où il devient tout vilain, tout ridé et hérissé de vigoureux petits germes. Il est alors bon à être planté pour refaire des tubercules, c'est-à-dire des pommes de terre à l'identique. Mais, comme pour tous les autres végétaux, ce seront aussi les graines du fruit qui assureront sa reproduction et l'apparition spontanée ou forcée de nouvelles variétés.
La pomme de terre est essentiellement composée d'eau et d'amidon, dit fécule. Sa qualité dépend de cette teneur en amidon. C'est lui qui la fait appartenir à l'une ou l'autre des catégories, et qui détermine pour quel type de cuisine telle ou telle pomme de terre est recommandée.

Classement des pommes de terre

Elles sont classées en trois catégories.

• *Les pommes de terre de conservation à chair ferme*
Elles contiennent peu d'amidon et beaucoup d'eau. Ce sont les

pommes de terre à cuire à la vapeur, dans un ragoût, à sauter à la poêle, ou à la cocotte.
Voici celles que l'on trouve le plus facilement sur les marchés :
– la *BF. 15*, la *B.F. 21* : leur peau est jaune, leur chair jaune foncé. On les trouve de fin août au mois de mars suivant.
– la *belle de Fontenay* : chair jaune, peau jaune foncé, même saison que la B.F. 15 et la B.F. 21. Elle est d'une très bonne tenue à la cuisson et a un goût exquis.
– la *rosa* : sa peau est jaune rosé et sa chair est jaune. Elle arrive sur les marchés en septembre-octobre et se conserve longtemps. Elle est parfaite à la vapeur et dans les ragoûts.
– la *roseval* : sa peau est rouge et sa chair jaune pigmenté de rouge. Elle se conserve tout l'hiver. Très ferme à la vapeur, elle a une délicieuse saveur.
– la *ratte* est un régal ; elle est dite aussi quenelle de Lyon, corne de bélier, etc., selon les régions. Son tubercule très allongé, légèrement incurvé, la rend reconnaissable entre toutes. C'est la reine des pommes de terre, douée de toutes les vertus : le goût, la tenue à la cuisson...
– moins remarquables mais dignes d'éloges, on rencontre aussi la *charlotte*, la *stella*.

• *Les pommes de terre de conservation de consommation courante*
Elles contiennent beaucoup d'amidon et peu d'eau. C'est avec elles que l'on confectionne les frites, les chips, les purées, les potages, les pommes de terre au four.
– Avant tout, l'incontournable *bintje*, non seulement parfaite pour les cuissons citées ci-dessus, mais qui, si on fait bien attention au temps de cuisson, se comporte assez bien à la vapeur, à condition de ne pas la choisir trop grosse, mais moyenne. Elle est présente sur les marchés tout l'automne et tout l'hiver.
– En même temps que la bintje, la *spunta*, la *claudia*, à peau et à chair jaunes et souvent fort grosses, sont à réserver pour le four, les potages, les purées.
– À côté de ces pommes de terre classiques, il ne faut pas hésiter à goûter ces minuscules pommes de terre dites *grenaille*, qu'il suffit de bien laver, de bien sécher et de faire ensuite sauter à la poêle dans leur peau – c'est délicieux. Sans oublier l'exquise *bonnette*, si l'on passe par *Noirmoutier*.

• *Les primeurs*
– À la suite de l'hiver, à la saison des primeurs, l'*apollo* est une belle pomme de terre à peau et chair jaunes. Elle est un peu tous usages. Petite et moyenne, elle se tient bien à la vapeur et fait aussi de bonnes pommes de terre sautées. En purée, elle sera un peu aqueuse.
– La *sirtema*, grosse comme tout, à peau et à chair jaunes, est très bonne au four.
– Et pour les sauter à la poêle ou faire à la cocotte, on n'hésitera pas, au début du printemps, à choisir les anonymes et très bonnes petites pommes de terre nouvelles à fine peau jaune pelucheuse qui s'enlève facilement en les frottant dans un torchon.

La cuisine de la pomme de terre

Quantité
Grossièrement, on peut dire que 800 g à 1 kg de pommes de terre représente une bonne quantité pour 4 personnes, mais ce sont surtout les recettes et les modes de cuisson qui déterminent le nombre ou le poids de pommes de terre à employer.

Les usages et les préparations des pommes de terre sont nombreux... les pommes de terre aussi.
Il est important de bien accorder les uns aux autres pour en avoir les résultats les plus satisfaisants.
La pomme de terre se mange toujours cuite.

Pommes de terre	Poids
10 à 12 tubercules moyens	1 kg
1 petite primeur	de 30 à 40 g
1 petite « chair ferme »	de 50 à 70 g
1 « chair ferme » moyenne	de 90 à 120 g
1 « consommation » moyenne	de 150 à 180 g
1 grosse « consommation »	200 g environ
1 très grosse « consommation »	Jusqu'à 300 g et plus

Conservation
Un endroit frais et obscur entre 4 et 12 °C, des claies où elle peut s'étaler par variétés. Ainsi elle restera ferme et ne fera pas de germes. En ville où la place manque, il est préférable de l'acheter au fur et à mesure des besoins, de ne pas la mettre au réfrigérateur, et de la laisser à température ambiante dans la cuisine.

Le choix

Selon le classement (p. 381) et l'usage qui en sera fait, il est impératif de choisir la pomme de terre adéquate pour telle ou telle recette.
La pomme de terre, quelle que soit la variété employée, doit être régulière, ferme, sans taches vertes, sans chocs, sans blessures.
Enfin, les choisir de même taille pour leur assurer une cuisson identique.

Préparation

Selon les recettes, la pomme de terre sera cuite avec ou sans peau.
• Avec peau : la laver convenablement.
• Sans peau : l'éplucher au dernier moment et bien la laver. Si on l'épluche à l'avance, la laisser dans une bassine d'eau fraîche, mais pas trop longtemps, car il se formerait une petite pellicule dure autour de la pomme de terre, qui nuirait à sa cuisson.
Selon ses recettes, la pomme de terre se présentera de toutes les manières : entière, en purée, en rondelles, en petits dés, en bâtonnets plus ou moins fins, râpée plus ou moins finement.

Cuisson

La pomme de terre supporte de nombreux modes de cuisson.

La pomme de terre cuite à l'eau

Principe

C'est une cuisson à l'eau bouillante salée, mais *la cuisson commence à l'eau froide*. On ne met jamais une pomme de terre dans l'eau bouillante.
Temps de cuisson : variable selon la taille et la variété de la pomme de terre.
C'est le mode de cuisson des soupes et des purées.
On emploie des pommes de terre de consommation courante (p. 382) épluchées et coupées en morceaux.

Les soupes

Principe : tous les éléments sont taillés en petits dés, mis dans la casserole, recouverts d'eau froide salée et portée à petite ébullition 35 à 45 min. Les pommes de terre et les légumes choisis doivent être tendres mais fermes.

Au moment de servir on ajoute un bon morceau de beurre frais et un jet de poivre ; au choix : on sert la soupe telle quelle ou on la passe au moulin à légumes.

Soupe aux légumes

Pour 4 personnes

1 grosse pomme de terre
1 grosse carotte
2 blancs de poireaux
1 branche de céleri
1/2 oignon
50 g de beurre
1 litre d'eau
Sel, poivre

Procéder selon le principe expliqué ci-dessus (p. 384).
Au choix, la laisser telle quelle ou la passer au moulin à légumes.

Soupe de cressson et de pommes de terre

Pour 4 personnes

3 belles pommes de terre
1 belle botte de cresson
100 g de beurre en tout
1 litre d'eau
Sel, poivre

• Faire fondre le cresson dans 30 g de beurre au fond d'une casserole à feu doux pendant 5 min avant d'ajouter les pommes de terre épluchées et lavées et l'eau. Saler.
• Porter à ébullition et cuire la soupe 35 min à petite ébullition, la passer ensuite au moulin à légumes ou au mixer. La remettre dans la casserole, poivrer et incorporer 70 g de beurre.

Potage Parmentier

Pour 4 personnes

• Faire la soupe aux poireaux et aux pommes de terre (p. 365), la passer au mixer, la remettre dans la casserole et la faire « bouillotter » en lui ajoutant 20 cl de crème fraîche. La soupe doit être lisse et onctueuse.

Les purées

Purée de pomme de terre (recette de base)

Pour 4 personnes
Préparation : 20 min
Cuisson : 35 à 40 min

800 g de pommes de terre
20 cl de lait
125 g de beurre
Sel, poivre

• Éplucher et tailler en morceaux des pommes de terre de consommation courante (p. 384), les mettre dans de l'eau froide salée et les faire cuire 35 à 40 min.
• Bien les égoutter, passer les pommes de terre au moulin à légumes et y incorporer alternativement du lait et du beurre en travaillant la purée sans exagération pour qu'elle reste lisse et onctueuse.

Les purées aux légumes
En diminuant la quantité de pommes de terre et en cuisant à l'anglaise le légume choisi, on peut confectionner des purées mélangées à d'autres légumes verts : au céleri-rave (p. 160), au chou-fleur (p. 206), aux haricots verts.

Purée aux carottes et à l'oignon étuvés

Pour 4 personnes
Cuisson : carottes et oignons, 8 à 10 min ; purée, 30 à 35 min

500 g de pommes de terre
5 ou 6 carottes
1 oignon
1 pincée de sucre
100 g de beurre en tout
3 cuil. à soupe de crème fraîche
Sel, poivre

• Éplucher les pommes de terre, les couper en morceaux. Émincer l'oignon et tailler les carottes en fins copeaux.
• Dans une casserole, faire fondre et étuver les carottes et l'oignon dans 40 g de beurre. En cours de cuisson, mettre la pincée de sucre pour les faire caraméliser. Quand les légumes sont tendres, ajouter les pommes de terre, recouvrir d'eau et laisser cuire 30 à 35 min.
• Égoutter les légumes, les passer au mixer, les remettre dans la casserole. À feu doux, incorporer alternativement la crème fraîche et le beurre pour obtenir une purée lisse et onctueuse. Ne pas faire bouillir, vérifier le sel et le poivre. Servir.

Purée aux choux de bruxelles

Pour 4 personnes
Cuisson : pommes de terre, 35 min environ ; choux, 8 à 10 min

400 g de pommes de terre
400 g de choux de Bruxelles
100 g de beurre
15 cl de lait
Sel, poivre

• Préparer et cuire les choux de Bruxelles (p. 209), les égoutter. Eplucher les pommes de terre, les détailler en morceaux et les faire cuire dans de l'eau froide salée. Hacher grossièrement 4 à 5 petits choux, broyer au mixer les choux restants avec les pommes de terre.
• Remettre dans la casserole sur feu doux et faire une purée en incorporant alternativement le beurre et le lait. Au dernier moment, ajouter les choux hachés et les mélanger quelques instants à la purée pour les chauffer.

Emplois des purées
Boudin noir et purée nature (p. 386).
Grillade de porc et purée aux choux de Bruxelles.
Foie de veau et purée aux carottes et à l'oignon.
Épaule d'agneau farcie et purée nature.
Andouillettes grillées et purée nature.
Côtelettes d'agneau à la purée aux haricots verts.
Jambon chaud et purée au chou-fleur.

La pomme de terre cuite à la vapeur

Principe
• Les pommes de terre dans leur peau ou épluchées sont mises à cuire dans un couscoussier.
• Temps de cuisson : variable selon la taille des pommes de terre. C'est le mode de cuisson des pommes de terre en salade, en sauce, en garniture.
• On emploie toujours des pommes de terre à chair ferme (p. 381) qui ne se défont pas à la cuisson et que l'on peut détailler ensuite comme on le souhaite.

Les salades

Salade de pommes de terre

Pour 4 personnes
Cuisson :
35 min environ

600 à 700 g de pommes de terre moyennes et de taille égale
5 à 6 cuil. à soupe d'assaisonnement

• Ne pas éplucher les pommes de terre.
• Les cuire à la vapeur dans une couscoussier 35 min environ. Éventuellement, les piquer avec une aiguille à brider pour voir si elles sont tendres mais fermes à cœur.
• Au terme de la cuisson, les retirer de la vapeur, les laisser devenir tièdes-froides, les éplucher et les détailler en rondelles égales d'1/2 cm d'épaisseur en les disposant dans le saladier au fur et à mesure. Si elles doivent un peu attendre, les laisser à température ambiante et les couvrir d'un papier aluminium pour qu'elles ne se dessèchent pas.

Assaisonnements :
• Vinaigrette classique (p. 27). On peut lui ajouter :
– des échalotes et du persil hachés,
– tout un mélange de fines herbes,
– des dés de poivrons rouges cuits (p. 370),
– des graines de fenouil.
• Mayonnaise crémée au citron (p. 31). On peut lui ajouter :
– 4 à 5 cornichons moyens hachés,
– 2 cuil. à soupe de câpres hachées.
• Un aïoli léger (p. 32) en faisant pocher les gousses d'ail (p. 65) avant de monter l'aïoli.

Emplois : La salade de pommes de terre accompagne bien toutes sortes de préparations.
Tiède ou à la température de la pièce, on peut la servir avec :
– des filets de harengs marinés servis dans leur terrine ;
– de la morue pochée froide et de la mayonnaise aux câpres (p. 29) ;
– du crabe émietté mêlé de mayonnaise aux herbes (p. 29) ;
– des saucisses de Francfort à la sauce raifort (p. 34) ;
– du saucisson chaud avec une vinaigrette à l'échalote ;
– du cervelas à la rémoulade.

La salade de pommes de terre peut se mêler à d'autres légumes en étant simplement assaisonnée de vinaigrette avec ou sans fines herbes, au goût de chacun.
Selon la dominante de saveurs que l'on veut donner à la salade, on peut, avec l'autre légume employé, faire du moitié-moitié ou 2/3 de légumes pour 1/3 de pommes de terre ou 2/3 pommes de terre et 1/3 ou moins du légume choisi.
Pour 4 personnes : en tout 800 g environ.

Suggestions :
– pommes de terre et cresson ;
– pommes de terre, cœurs de céleri crus (p. 156), dés de tomates concassées (p. 34) ;
– pommes de terre et céleri-rave en rondelles cuit à l'anglaise (p. 13) ;
– pommes de terre, mâche et betterave ;
– rondelles de pommes de terre et rondelles de truffes en cercles alternés, saupoudrées de jaune d'œuf dur en vermicelle et arrosées d'huile d'olive et de vinaigre de xérès, salées, poivrées, bien battues ; c'est une fine entrée raffinée.

Les salades de pommes de terre et légumes accompagneront agréablement :
– des poissons pochés froids ;
– des volailles froides : poulet, canard rôtis ;
– des viandes froides : rôti ou reste de pot-au-feu ;
– des abats, tel un reste de langue de veau pochée avec ses légumes.

Les pommes de terre vapeur en garniture
Choisir des pommes de terre à chair ferme (p. 383), de même taille, plutôt petites ou moyennes-petites.
Les peler, les mettre dans l'eau fraîche au fur et à mesure.
Les cuire à la vapeur de 25 à 35 min selon leur taille juste avant le repas pour qu'elles soient chaudes au moment de les servir.
On compte 3 à 4 pommes de terre par personne selon leur poids.

Choix d'assaisonnements : des beurres composés et sauces pourront accompagner la pomme de terre cuite à la vapeur, tels que le beurre d'échalote (p. 50), le beurre d'estragon (p. 50), le beurre maître d'hôtel (p. 51).

Une sauce paloise : c'est une béarnaise (p. 47) dans laquelle on met 2 cuil. à café de menthe fraîche hachée dans la réduction et qui se termine en y ajoutant au dernier moment 2 autres cuil. à café de menthe fraîche hachée.
Une crème de curry (p. 41).

Remarque : cette petite nomenclature n'empêche pas de consulter le chapitre des sauces (p. 26).

Emplois : elles pourront être servies avec :
- des œufs mollets et de la sauce au curry et à l'échalote (p. 41) ;
- des filets de merlans pochés et un beurre maître d'hôtel (p. 51) ;
- du turbot poché et une sauce hollandaise (p. 46) ;
- une entrecôte poêlée et de la béarnaise (p. 47) ;
- un rôti de bœuf et le jus du rôti ;
- des grenadins de veau à la crème ;
- des rognons d'agneau grillés et du beurre de moutarde (p. 51) ;
- du gigot rôti et « vapeur » à la crème ;
- du rôti de dinde à la cocotte aux petits légumes ;
- du lapin en cocotte et beurre d'estragon (p. 50).

Pommes de terre à la crème

Pour 4 personnes
Préparation : 12 à 15 min
Cuisson pommes de terre : 30 à 35 min
Finition : 10 min environ

800 g de pommes de terre de forme allongée
20 cl de crème fraîche liquide
2 cuil. à soupe de ciboulette hachée
Sel, poivre

• Précuire les pommes de terre à la vapeur (p. 387) dans leur peau en les laissant très fermes. Les éplucher et les couper en rondelles d'un bon centimètre d'épaisseur. Laver, sécher la ciboulette, la couper finement.
• Disposer les rondelles de pommes de terre dans une sauteuse. Verser la crème fraîche liquide. Saler légèrement. Faire partir à ébullition à feu moyen et laisser réduire la crème fraîche liquide jusqu'à consistance onctueuse en remuant régulièrement la casserole. Vérifier l'assaisonnement en sel, poivrer et servir en garniture du plat principal dans un légumier chaud.

Les pommes de terre cuites au four

Au naturel

C'est en quelque sorte une cuisson rôtie de la pomme de terre dans sa peau. C'est délicieux.

On emploie toujours des grosses pommes de terre de consommation courante (p. 382) telle la bintje l'hiver ou l'apollo au printemps, qui sont parfaites pour ce genre de cuisson.

Quantités : 1 grosse pomme de terre par personne.

Temps de cuisson : assez long : 1 h environ, mais variable selon la grosseur de la pomme de terre. On se rendra compte de la tendreté de la pomme de terre en la piquant avec une aiguille à brider.

• *Première manière*

Rien n'est plus délicieux, à mon avis, que la peau, sèche, croustillante, à manger en même temps que le reste.

Préparation : 5 min

Cuisson : selon taille, 35 à 50 min

– Choisir des pommes de terre très saines sans « yeux » ni germes. Allumer le four à température chaude. Laver soigneusement les pommes de terre avec leur peau. Bien les essuyer et les sécher.

– Quand le four est au point, les enfourner à mi-hauteur. Laisser cuire jusqu'à ce que la peau des pommes de terre soit brune et croustillante et qu'on sente la chair céder quand on les presse légèrement entre deux doigts. Les retirer alors et les poser sur le plat de service.

– Chaque convive fend sa pomme de terre en 2, incise la chair de plusieurs coups de couteau et ajoute du beurre qui pénétrera généreusement. On « touille » un peu avec la fourchette et on mange tout en même temps, chair tendre et peau croustillante…

• *Deuxième manière*

Après avoir été lavées et séchées, les pommes de terre sont enveloppées de papier aluminium et mises ensuite à cuire à four chaud. Ce procédé a des avantages et des inconvénients.

Les avantages. La pomme de terre ainsi cuite dans son papier aluminium ne subit aucun dessèchement, sa pulpe reste moelleuse. C'est tout à fait bon avec du beurre et du sel, mais ce n'est pas très différent d'une cuisson à la vapeur, car la peau reste fine et molle et ne présente plus aucun intérêt. La pomme de terre cuite ainsi est cependant plus avantageuse car il n'y a aucune déperdition. La pulpe alors est idéale pour des recettes nécessitant la cuisson au four.

Les inconvénients. Pour ceux dont je suis, les délices de la peau rôtie et croustillante dégustée en même temps que la pulpe assaisonnée n'existent plus... On ne peut pas non plus utiliser ce mode de cuisson pour toute la série des pommes de terre farcies car il n'y a plus de coffres, donc de contenants, pour les diverses préparations.

Choix d'assaisonnements : pour accompagner les pommes de terre au four, outre le simple beurre frais comme on l'a vu (p. 52), on peut préparer des assaisonnements plus élaborés :
– tous les beurres composés (p. 49 à p. 53),
– du beurre fondu émulsionné (p. 53),
– de la sauce Claude Jolly (p. 48),
– de la sauce crème de volaille (p. 42).

Emplois des pommes de terre au four cuites selon la première manière (p. 391) : elles peuvent être servies en garniture avec :
– des poissons grillés et de la sauce à l'ail (p. 39) ;
– du caviar pressé et de la crème fouettée à l'aneth (p. 35) ;
– des entrecôtes poêlées et beurre d'échalotes (p. 50), ou sauce Claude Jolly (p. 48) ;
– des grillades de porc et du beurre de paprika (p. 51) ;
– des côtes d'agneau et du beurre d'estragon (p. 50) ;
– des poussins grillés et du beurre de fines herbes.

Emplois des pommes de terre au four cuites selon la deuxième manière (p. 391) : elles peuvent être servies en garniture avec :
– des poissons pochés et de la sauce hollandaise (p. 46),
– du rôti de bœuf et des tomates poêlées (p. 444),
– des escalopes de veau poêlées et des épinards à l'étuvée (p. 259),
– de la langue de bœuf et sauce chaude au raifort (p. 43).

Les pommes de terre farcies cuites au four
• Les pommes de terre sont cuites au four selon la première manière (p. 391).

• Fendues en deux dans le sens de la longueur, leur chair sera soigneusement recueillie à l'aide d'une cuillère et réservée.
• Les deux coques de peau bien rôties seront conservées et serviront de récipient.
• La pulpe écrasée à la fourchette sera mélangée à d'autres ingrédients avant d'être répartie dans les coques de peau rôties.
• Les pommes de terre seront alors dressées dans un plat à gratin, remises à chauffer au four à température moyenne-douce et servies dans leur plat de cuisson.

Suggestions de pommes de terre farcies :
– 4 grosses pommes de terre + 500 g d'épinards étuvés (p. 259) + 1 cuil. à soupe de crème fraîche.
Emplois : avec des filets de merlan poêlés, du foie de veau poêlé.
– 4 grosses pommes de terre + 5 à 6 cuil. à soupe de duxelles de champignons (p. 170) + 1 tasse à thé de béchamel (p. 35).
Emplois : avec des soles meunière, du poulet rôti.
– 4 grosses pommes de terre + 5 à 6 cuil. à soupe de purée Soubise (p. 335).
Emplois : avec des rougets poêlés, une entrecôte poêlée.

Les gratins
À peu près chaque région aurait le sien. En fait, ce sont de petites variantes, ou un légume vert ajouté qui le fait cuisiner en tel ou tel endroit de telle ou telle manière.
Ils sont le plus souvent utilisés en garniture.
On emploie des pommes de terre à chair ferme (p. 381).

Gratin dauphinois

Pour 4 personnes
Préparation : 30 à 35 min
Cuisson : 1 h à 1 h 30

800 g de pommes de terre
1 gousse d'ail
1 œuf de beurre
1 pointe de couteau de noix muscade râpée
4 verres à moutarde de crème légère liquide
Sel, poivre

• Allumer le four à température moyenne-douce.
• Éplucher, laver les pommes de terre, les couper en rondelles de 3 mm d'épaisseur environ et les éponger soigneusement dans un torchon.
• Prendre un plat qui va au four, pas trop haut pour qu'il n'y ait

pas une trop grande superposition de couches. Éplucher la gousse d'ail et en frotter convenablement les parois et le fond du plat, le beurrer ensuite assez grassement.
• Disposer les pommes de terre en couches en salant, poivrant et râpant très peu de muscade à chaque couche. Verser ensuite la crème liquide de façon qu'elle affleure la surface, sans plus, en ayant bien pénétré jusqu'au fond du plat. Parsemer de petites noisettes de beurre et mettre au four pour 1 h à 1 h 30.
• Au terme de la cuisson, les pommes de terre étant bien moelleuses et la crème absorbée, passer le four en position gril et faire dorer légèrement la surface. Servir de suite en garniture, ou en plat unique accompagné d'une salade.

Gratin à la normande

Pour 4 personnes
Préparation : 15 à 20 min
Cuisson : 45 à 50 min
Finition au four : 5 min

800 g de pommes de terre
4 poireaux
1 petit oignon
1 cuil. à soupe rase de farine
1/2 litre de lait
1 œuf de beurre
1 bouquet de persil
Sel, poivre

• Éplucher, laver les pommes de terre, les couper en rondelles d'1 cm d'épaisseur. Les tenir dans l'eau fraîche.
• Supprimer la partie vert foncé des poireaux, les éplucher, les laver soigneusement, puis les couper en deux tronçons et tailler chaque morceau en 4 dans le sens de la longueur pour les émincer. Éplucher l'oignon, le hacher finement.
• Dans une sauteuse, faire fondre à feu moyen-doux un œuf de beurre. Ajouter les poireaux et l'oignon haché et, à couvert, les faire étuver doucement jusqu'à ce que les poireaux soient attendris et l'oignon transparent.
• Sécher convenablement les pommes de terre dans un torchon. Quand les poireaux sont à point, les saupoudrer de farine et tourner en tous sens jusqu'à ce que la farine blondisse. Mouiller avec le lait froid et tourner avec la cuillère jusqu'à ébullition et épaississement. Saler, poivrer.
• Ajouter à ce moment les rondelles de pommes de terre et le bouquet de persil. Mélanger harmonieusement les pommes de terre, les poireaux et la sauce. Assurer un petit bouillottement régulier et laisser cuire doucement à couvert.
• En fin de cuisson, allumer le four en position gril. Verser les poi-

reaux-pommes de terre dans un plat qui va au four et faire gratiner rapidement. Servir bien chaud en garniture (voir tableau des emplois ci-dessous) dans le plat de cuisson.

Emplois

- Soles poêlées et gratin dauphinois (p. 393).
- Hamburgers poêlés et gratin à la normande (p. 394).
- Noix de veau rôtie et gratin à la normande (p. 394).
- Canard rôti et gratin dauphinois (p. 393).
- Côtelettes de marcassin poêlées et gratin à la normande (p. 394).

Pommes de terre Alex Humbert

Alex Humbert était un grand cuisinier. Il avait mis au point pour Maxim's, dont il était le chef, ces délicieuses pommes de terre. On les appelle partout maintenant pommes de terre Maxim's... Je rends à César ce qui est à César. Voici la recette qu'il m'a dite un jour que nous étions chez lui dans sa petite maison près de Cluny où il a terminé ses jours, un peu oublié.
Ces pommes de terre se préparent au dernier moment. On emploie des pommes de terre de consommation courante (p. 382).

Pour 4 personnes
Préparation : 15 min
Cuisson : 20 min

500 g de pommes de terre
100 g de beurre
Sel, poivre

- Allumer le four à température moyenne-chaude.
- Éplucher les pommes de terre, les couper en minces rondelles comme des chips. Les laver et les rincer à l'eau courante. Les sécher dans un torchon.
- Dans une casserole à feu doux, faire fondre le beurre. Mettre les pommes de terre et le beurre dans une grande terrine et mélanger les pommes de terre avec les doigts pour qu'elles soient toutes bien enduites de beurre fondu. Saler, poivrer.
- Prendre un grand plat allant au four. Disposer une seule couche de pommes de terre en écailles de poisson. Mettre au four. Au bout de 10 min, elles ont tendance à se retrousser. Les aplatir avec une spatule. Laisser cuire 10 min de plus environ, jusqu'à ce qu'elles soient bien dorées. Servir telles quelles dans le plat de cuisson en garniture.

Emplois des pommes de terre Alex Humbert : on peut les servir avec des coquilles Saint-Jacques poêlées à l'estragon ; une côte de bœuf aux échalotes ; des escalopes de veau panées ; des perdreaux rôtis.

Pommes de terre à la boulangère

Elles se font au dernier moment. On emploie des pommes de terre à chair ferme.

Pour 4 personnes
Préparation :
30 à 35 min
Cuisson :
oignons, 5 à 7 min ;
pommes de terre,
30 à 35 min

800 g de pommes de terre
5 oignons moyens
1 gros œuf de beurre
Sel, poivre

- Allumer le four à température chaude.
- Éplucher les pommes de terre, les laver et les couper en fines rondelles. Les sécher convenablement dans un torchon.
- Éplucher les oignons, les couper en fines rondelles.
- Dans une grande poêle à feu moyen, mettre le beurre. Quand il est chaud, ajouter les rondelles d'oignons et les faire fondre en douceur jusqu'à ce qu'elles soient transparentes. Les sortir à l'aide d'une écumoire et les tenir en réserve sur une planche. Conserver le beurre de cuisson dans la poêle.
- Beurrer un plat à gratin assez grand pour ne pas avoir trop de couches. Étaler une couche de pommes de terre, saler, poivrer, recouvrir de rondelles d'oignons. Continuer avec les pommes de terre et ainsi de suite en terminant par des pommes de terre.
- Verser le beurre de cuisson des oignons ainsi que de l'eau en lui faisant juste affleurer la surface. Enfourner et cuire jusqu'à disparition de l'eau de cuisson des pommes de terre (environ 35 min). Servir très chaud en garniture.

Emplois : ainsi préparées, ces pommes de terre accompagnent bien des pièces individuelles préparées à part, mais il est courant de faire cuire une pièce de viande en même temps, telle une épaule d'agneau ou un rôti de porc.

La pomme de terre en friture

Principe

- C'est une cuisson rapide dans de l'huile très chaude.
- On emploie toujours des pommes de terre de consommation courante (p. 382) telles la bintje l'hiver, l'apollo au printemps.

Principes généraux pour réussir les frites traditionnelles

On appelle frites les pommes de terre cuites à cru, à grande friture. Pour bien les réussir :

• Choisir des pommes de terre de taille moyenne, dures, saines, non germées.

• Éviter au printemps les pommes de terre nouvelles, elles contiennent trop d'eau et ne donnent pas de bons résultats.

• Après les avoir soigneusement épluchées, les laver à grande eau, puis bien les essuyer dans un torchon avant de les tailler. C'est important, car un peu d'eau dans l'huile risque de faire déborder la bassine.

• Employer une grande bassine contenant la quantité nécessaire de matière grasse par rapport à la quantité de pommes de terre à faire cuire : grossièrement 2 litres 1/2 à 3 litres pour 500 g de pommes de terre.

• Je conseillerais plutôt une bonne huile d'arachide, mais il y a des inconditionnels du saindoux ou de la graisse végétale. Ces trois produits supportent la température voulue de 170° sans se dégrader, ce qui n'est pas le cas de l'huile de tournesol ou de soja. En cuisine ancienne, on employait aussi de la graisse de rognons de veau…

• Ne pas utiliser plus de 4 ou 5 fois le même bain de friture et ne pas oublier d'ajouter de l'huile neuve pour garder toujours le même volume. Les frites seront meilleures cuites dans une huile assez souvent renouvelée. En tout cas, après chaque usage, ne pas oublier de bien la filtrer pour retirer tous les petits débris frits qui restent au fond de la bassine et brûlent la fois suivante, donnant immanquablement un mauvais goût aux frites.

• C'est une cuisson en deux temps. Premier temps : immerger les pommes de terre dans l'huile modérément chaude (150°), pour qu'elles cuisent. À ce stade, l'huile bouillonne autour des frites, et elles remontent en surface dès qu'elles sont cuites. Ce temps-là varie selon leur taille et leur grosseur.

Deuxième temps : sortir le panier de la friture et laisser refroidir les pommes de terre. Puis les plonger ensuite dans la friture très chaude (180°) (l'huile fume très légèrement et répand une odeur caractéristique) pendant quelques instants, variables selon la taille de frite choisie, pour les dorer et les rendre croustillantes.

• Poser les frites sur un papier absorbant pour enlever l'excédent de gras et les saupoudrer de sel fin.

Servir immédiatement en garniture (voir p. 398).

Emplois

- Filets de poisson poêlés, allumettes (p. 398) et salade verte (p. 412).
- Tranches de lotte poêlées, pont-neuf et beurre de cuisson.
- Hamburger, chips et oignons frits en rondelles (p. 334).
- Côte de bœuf aux échalotes, pont-neuf et salade verte (p. 412).
- Côte de veau et jus de cuisson de veau.
- Grillade de porc, pommes paille et tomates poêlées (p. 444).
- Travers grillés (spare-rib), allumettes et salade de cresson.
- Rognons d'agneau grillés, chips et beurre de moutarde (p. 51).
- Poussins grillés et beignets de pomme de terre.

Pommes Pont-Neuf

Pour 4 personnes
Cuisson :
1er bain, 6 à 7 min ;
2e bain, 2 à 3 min

600 à 800 g de pommes de terre

Elles sont taillées en bâtonnets de 7 à 8 cm de longueur sur 1 cm de section.

Pommes allumettes

Pour 4 personnes
Cuisson :
1er bain, 5 à 6 min ;
2e bain, 1 à 2 min

600 à 800 g de pommes de terre

Elles sont taillées moitié moins grosses que les pommes Pont-Neuf. Pendant le 1er bain, remuer le panier de temps en temps, car elles ont tendance à s'agglutiner.

Pommes paille

Pour 4 personnes
Cuisson :
1er bain, 2 min en les remuant sans cesse ;
2e bain, 1 min

600 à 800 g de pommes de terre

Elles sont taillées en grosse julienne. Les laver alors à plusieurs eaux pour les débarrasser de la fécule et bien les sécher en les tamponnant dans un torchon.

Pommes chips

Pour 4 personnes
Cuisson : 1 seul bain rapide de friture très chaude pendant 3 à 4 min en les remuant sans cesse pour qu'elles ne collent pas

600 à 800 g de pommes de terre

Prendre des pommes de terre longues de taille moyenne. Les couper en rondelles fines dans le sens de la largeur et les laver à plusieurs eaux comme les pommes paille, et bien les sécher. Pour obtenir des chips d'épaisseur absolument régulière et faire le travail plus rapidement, on peut se servir d'un instrument spécial qui s'appelle « mandoline » et qui se trouve facilement dans le commerce.

« Patatas fritas »

Il s'agit d'une variante des chips.

Pour 4 personnes

600 à 800 g moitié par moitié de céleri-rave et de pommes de terre

Des chips faites à l'huile d'olive, une saveur spéciale, mais fines, sèches et légères. Le souvenir délicieux de celles achetées à la baraque du coin en Espagne et croquées toutes chaudes, bien salées, en traînant au soleil.

Panaché de chips au céleri-rave

Pour 4 personnes
Cuisson : 1 seul bain rapide de 1 à 2 min dans la friture très chaude ; céleri-rave, 1 seul bain rapide de 3-4 min dans une friture très chaude

600 à 800 g pour moitié de céleri-rave et de pommes de terre

- Préparer les pommes de terre en rondelles fines bien lavées, bien essuyées. Préparer le céleri-rave en rondelles de même taille que les pommes de terre, presque transparentes de finesse.
- Faire frire séparément les deux légumes et les mettre à égoutter dans un panier absorbant. En les salant, les mélanger délicatement avec les mains.

Servir de suite.

Panaché de chips aux navets

Pour 4 personnes

600 à 800 g pour moitié de navets et de pommes de terre

En préparation, en cuisson, en quantité, procéder exactement de la même façon qu'avec le céleri-rave.

Pommes de terre en beignets

La pâte à frire se fait 1 h à l'avance.
Les beignets se font au dernier moment.
On emploie des pommes de terre de consommation courante : bintje l'hiver, apollo au printemps.

Pour 6 personnes
Préparation : pâte à frire, 1 h à l'avance ; pommes de terre, 25 min

800 g de pommes de terre
Huile de friture
Pâte à frire (p. 58)
Sel, poivre

• Préparer la pâte à frire, réserver le blanc de l'œuf, la laisser reposer 1 h.
• Éplucher les pommes de terre, les détailler en grosse julienne. Les passer sous l'eau, bien les sécher dans un torchon.
• Préchauffer le four à température chaude, faire chauffer l'huile dans la bassine à friture à température chaude (p. 397). Terminer la pâte à frire en battant le blanc d'œuf en neige et en l'incorporant convenablement à la pâte à frire.
• Mélanger la julienne de pommes de terre à la pâte à frire. À l'aide d'une cuillère à soupe, prendre des petits paquets de julienne et les mettre à frire par 4 ou 5 en évitant qu'ils ne se touchent. Les retourner pour qu'ils dorent des 2 côtés, puis les poser dans le plat de service tenu sur la porte du four chaud. Les saupoudrer de sel et d'un peu de poivre, les servir bien chauds.

Variantes : on peut ajouter à la pâte à frire du persil, du cerfeuil et de l'estragon hachés.

La pomme de terre sautée

Principes généraux

– Crue ou déjà cuite à la vapeur dans sa peau.
La pomme de terre est traitée à la poêle, en sauteuse, en cocotte, dans un corps gras pour la rissoler et la dorer.

On peut employer différents corps gras : le beurre, l'huile, la graisse végétale, la graisse d'oie.
On emploie toujours des pommes de terre à chair ferme ou des primeurs (p. 381 et 383).
Selon leur taille, elles seront utilisées entières, détaillées en rondelles ou en petits dés.

Quantité
800 g environ pour 4 personnes. On diminuera en proportion cette quantité quand la pomme de terre sautée sera mêlée à des garnitures diverses.

Emplois
On peut les servir avec :
- une omelette, une salade verte (p. 413),
- un steak, une salade de pissenlits (p. 419),
- une côte de veau aux petits oignons,
- des côtes d'agneau et des haricots verts (p. 289),
- des grillades de porc, une embeurrée de choux verts (p. 204),
- des escalopes de dinde panées à la persillade (p. 64) et salade verte (p. 413).

Pommes de terre sautées à cru

Elles se font au dernier moment. On emploie des pommes de terre à chair ferme ou des primeurs (p. 383).

Pour 4 personnes
Préparation : 15 min
Cuisson : 15 à 20 min

800 g de pommes de terre moyennes ou de petites primeurs
100 g de beurre
Sel, poivre

- Éplucher ou gratter les pommes de terre. Selon la qualité employée, les couper en petits cubes réguliers ou les laisser entières, les mettre dans l'eau fraîche au fur et à mesure. Bien les sécher ensuite dans un torchon.
- Dans une poêle à feu moyen, faire fondre le beurre. Quand il est doré, verser les pommes de terre, les faire revenir et prendre couleur en les tournant et retournant régulièrement.
- Baisser ensuite le feu, saler, poivrer et terminer la cuisson en continuant à les tourner et soulever de temps en temps. Verser dans le plat de service en évitant de mettre l'excédent de beurre de cuisson.

Servir en garniture.

Pommes de terre cuites à la vapeur et sautées

Elles peuvent être cuites la veille ou le matin pour le soir. On emploie des pommes de terre à chair ferme ou des primeurs (p. 381 et 383).

Pour 4 personnes
Préparation : 15 min
Cuisson :
vapeur, 30 à 35 min ;
sautées, 10 min

800 g de pommes de terre
100 g de beurre
Sel, poivre

• Cuire les pommes de terre à la vapeur (p. 387) dans leur peau. Attendre qu'elles soient bien refroidies. Les éplucher et les couper en rondelles d'1/2 cm d'épaisseur.
• Dans une grande poêle, ou deux poêles moyennes, faire fondre le beurre à feu moyen-doux. Quand il est doré, disposer les rondelles de pommes de terre dans la poêle, autant que possible les unes à côté des autres, en tout cas sans trop les empiler. Les faire dorer doucement d'un côté, saler, poivrer, puis les retourner de l'autre côté à l'aide de la spatule, sans les casser, pour les dorer de même, saler et poivrer de nouveau. Verser dans le plat de service en évitant de mettre l'excédent de beurre de cuisson.
Servir en garniture.

La pomme de terre sautée est enrichie par d'autres légumes
• *Aux fines herbes*
Juste avant de servir, on peut saupoudrer les pommes de terre sautées de fines herbes finement hachées telles que du persil, de la coriandre, de la ciboulette.
Idéal comme accompagnement d'œufs frits.

• *Un hachis d'oignons ramollis et dorés au beurre dans une autre poêle*
Avec d'autres légumes, on n'utilisera que 600 g de pommes de terre, les légumes seront cuits à part et mélangés au dernier moment.

• *Aux artichauts*
Avec 3 beaux fonds crus, faire un émincé (p. 79). Dans une autre poêle, mélanger délicatement à 600 g de pommes de terre sautées à cru juste avant de servir.
Idéal en garniture d'un rôti de veau.

• *Aux champignons*
Pour 500 g de pommes de terre sautées à cru, faire 300 g de champignons sautés (p. 169).
Idéal comme garniture d'un poulet rôti.

• *Aux petits poireaux à l'étuvée* (p. 364)
Pour 600 g de pommes de terre d'abord cuites dans l'eau, puis détaillées en rondelles et poêlées (p. 402), faire étuver 7 à 8 petits poireaux et servir les pommes de terre sautées sur un lit de petits poireaux bien fondus.
Idéal comme garniture d'une grillade de porc.

• *Aux lardons*
Débiter en petits lardons 250 g de poitrine fumée sans couenne ni cartilages, les faire convenablement rissoler. Au dernier moment, les retirer avec une écumoire pour éliminer le gras et les ajouter à 600 g de pommes de terre sautées à cru.
Idéal comme garniture d'un lapin rôti.

• *Aux truffes*
C'est une garniture de fête. C'est au dernier moment, quand les pommes de terre sautées à cru en fines rondelles seront prêtes, qu'on leur ajoutera délicatement des truffes, soit en rondelles, soit en morceaux (p. 194).
Idéal comme garniture d'un gigot rôti.

Crique de pommes de terre

C'est une autre façon de cuire les pommes de terre à la poêle.
On emploie des pommes de terre à chair ferme (p. 381).
Ce plat se fait au dernier moment

Pour 4 personnes
Préparation : 15 à 20 min
Cuisson : 5 à 6 min sur chaque face

500 g de pommes de terre
4 noix de beurre
Sel, poivre

• Éplucher les pommes de terre, les râper à l'aide de la grille moyenne du moulin à légumes. Les passer longuement sous l'eau froide en les brassant à la main et les mettre ensuite à sécher dans un torchon. Ajouter du sel et du poivre en mélangeant convenablement.

• Prendre 2 poêles moyennes, mettre à fondre sur feu moyen une noix de beurre dans chacune. Quand le beurre est doré et grésille, répartir également les pommes de terre râpées en formant des galettes plates et peu épaisses. Faire dorer les galettes en remuant les poêles de temps en temps. Quand les galettes sont à point sur une face, coiffer chaque poêle d'une assiette et retourner d'un geste vif en tenant l'assiette pour faire tomber la crique dedans. Remettre une noix de beurre à dorer dans chaque poêle et y faire glisser les criques avec précaution pour cuire et dorer l'autre face. Glisser ensuite les criques dans un grand plat de service et servir en garniture.

Remarque : on peut aussi faire des petites criques individuelles dans des petites poêles. Il est en tout cas plus facile et recommandé de faire plusieurs criques petites ou moyennes qu'une grande, difficile à retourner.

Emplois : On peut servir les criques simples avec des tournedos poêlés et des endives à l'étuvée (p. 255), une épaule d'agneau rôti et une salade verte (p. 413) ou un canard rôti et des petits pois à l'anglaise (p. 350).

Crique de pommes de terre aux légumes

Elle se fait au dernier moment. On emploie des pommes de terre à chair ferme (p. 381) ou des primeurs.

Pour 6 personnes
Préparation : 35 à 40 min
Cuisson : pour 1 crique, 12 à 15 min environ

600 g de pommes de terre nouvelles
1 botte de carottes nouvelles allongées
4 à 5 navets nouveaux moyens
2 cœurs de céleri en branche
1/2 tasse à café de ciboulette hachée
125 g de beurre environ
Sel, poivre

• Éplucher les pommes de terre, les laver puis les râper à l'aide de la grille moyenne du moulin à légumes. Les passer à plusieurs reprises sous l'eau froide, les sécher dans un torchon.
• Éplucher les carottes et les navets, les laver et les râper de même, les ajouter aux pommes de terre. Prendre les cœurs bien blancs de deux pieds de céleri, retirer les fibres des plus grosses tiges, et les tailler en fine julienne à l'aide d'un petit couteau bien affûté, les ajouter aux autres légumes. Hacher la ciboulette, la ver-

ser dans les légumes. Saler, poivrer puis, avec les mains, bien mélanger, pour que tous les légumes se mêlent harmonieusement.
• Allumer le four à température tiède et mettre un plat de service à chauffer.
• Prendre deux mini-poêles (taille pour un œuf au plat). Dans chacune, à feu moyen, mettre une noix de beurre. Quand il grésille, y déposer une galette plate de légumes, laisser cuire et dorer sur une face pendant 6 à 8 min. Retourner à l'aide de la spatule et faire cuire de même. Quand les deux criques sont cuites, les glisser dans le plat de service et les mettre au chaud. Recommencer jusqu'à épuisement des légumes.

Pachade

On emploie des pommes de terre de consommation courante (p. 382).

Pour 4 personnes
Préparation : 15 à 20 min
Cuisson : lardons, 3-4 min ; pachade, 5 à 6 min de chaque côté

3 grosses pommes de terre
3 œufs
125 g de lard frais
Sel, poivre

• Retirer la couenne du lard et le couper en petits dés.
• Battre les œufs en omelette dans un saladier.
• Éplucher les pommes de terre et les essuyer avec un torchon. Les couper en deux et, à l'aide d'un moule à madeleines ou d'un moule à tartelettes dentelé, les gratter au-dessus des œufs battus. Quand toutes les pommes de terre sont râpées, bien les mélanger avec les œufs. Saler, poivrer.
• Dans deux poêles moyennes antiadhésives, répartir les dés de lard à fondre à feu moyen. Quand ils ont lâché leur graisse, ajouter les pommes de terre aux œufs dans chaque poêle, mélanger un peu pour répartir les lardons, former à l'aide de la spatule deux galettes bien plates et laisser dorer et cuire en douceur sur une face, puis les retourner et les cuire et dorer de même façon. Les galettes doivent être croustillantes. Glisser dans un plat de service et servir bien chaudes en garniture, ou en petit plat de dîner avec une salade.

Emplois :
– poulet frit et crique aux légumes,
– chevreau rôti et crique aux légumes,
– grillades de porc, pachade et salade verte,
– rôti de bœuf, crique et carottes glacées (p. 150).

Les pommes de terre en cocotte

C'est une cuisson à couvert et lente qui donne des pommes de terre à la fois dorées et fondantes. On emploie des petites primeurs laissées entières.

Pommes de terre rissolées en cocotte

Elles se font au dernier moment. On emploie des petites primeurs (tableau p. 383).

Pour 4 personnes
Préparation : 15 min
Cuisson :
45 min à 1 h

800 g de petites pommes de terre primeurs
100 g de beurre
Sel, poivre

• Gratter les pommes de terre, les laisser entières, les laver et les sécher dans un torchon.
• Dans une poêle à feu assez vif, mettre 50 g de beurre à dorer. Ajouter les pommes de terre et les faire très rapidement sauter et prendre couleur de tous côtés pendant 5 à 6 min, les verser ensuite dans une cocotte. Ajouter un petit œuf de beurre à fondre, du sel, du poivre. Laisser cuire très lentement à feu très doux, la cocotte bien couverte, en retournant de temps en temps les pommes de terre.
• Quand elles sont bien moelleuses, les verser dans un plat chaud de service, en garniture.

Pommes de terre fondantes à la Escoffier

Elles se font au dernier moment. On choisit des pommes de terre moyennes à chair ferme (p. 381) de 70 à 90 g environ.

Pour 4 personnes
Préparation :
10 à 12 min
Cuisson : 1er temps,
30 à 35 min ;
2e temps, 15 à 20 min

8 à 12 pommes de terre
140 g de beurre en tout
Sel, poivre

• Éplucher les pommes de terre et les tailler toutes également en forme ovale.
• Dans une sauteuse à feu moyen-doux, mettre environ 70 g de beurre. Quand il est fondu et bien chaud, verser les pommes de terre et les faire cuire lentement en douceur en les retournant, pendant 30 à 35 min.

• Quand elles sont cuites, les retirer de la sauteuse, les poser sur une planche et les aplatir légèrement avec une fourchette sans les briser.
• Retirer le beurre de cuisson de la sauteuse et le remplacer par 70 g de beurre frais. Le faire fondre à feu doux, ajouter les pommes de terre, saler, poivrer, couvrir et tenir à couvert en les tournant 1 ou 2 fois jusqu'à ce qu'elles aient absorbé tout le beurre. Verser ensuite dans le plat de service et servir en garniture.

Emplois des pommes de terre en cocotte : pratiquement les mêmes que ceux des pommes de terre sautées à cru. On peut ajouter :
– pommes de terre en cocotte et chevreau rôti ;
– pommes de terre en cocotte, carré d'agneau et salade verte ;
– pommes de terre fondantes, poussins grillés et beurre d'estragon (p. 50) ;
– pommes de terre fondantes, tournedos poêlés et sauce choron (p. 48).

La pomme de terre comme partie intégrante du plat

Farcidures à l'oseille (recette limousine)

Les farcidures peuvent se préparer à l'avance. On les cuit au dernier moment. On emploie des pommes de terre de consommation courante (p. 382).

Pour 4 personnes
Préparation : 1 h environ
Cuisson : 30 à 35 min

800 g de pommes de terre
1 chou pommé
Bouillon dégraissé d'une poule au pot (p. 19) ou bouillon de volaille instantané
150 g d'oseille
3 oignons moyens
3 gousses d'ail
5 à 6 branches de persil plat
250 g de lard gras
2 œufs
Farine
Sel, poivre

• Éplucher les pommes de terre, les râper à la grille moyenne du moulin à légumes, les laver ensuite à grande eau, puis les laisser parfaitement sécher dans un torchon. Elles ne doivent plus du tout être humides.

• Préparer le chou : supprimer les feuilles extérieures à grosses côtes. L'éplucher ensuite en séparant les feuilles et en retirant la base épaisse de la grosse côte centrale. Dans une casserole, faire bouillir de l'eau salée et plonger les feuilles pendant 1 à 2 min pour les rendre molles. Les retirer avec une écumoire et les poser séparément à plat sur un grand torchon pour les sécher.
• Préparer les herbes et les condiments : retirer la nervure centrale et la tige des feuilles d'oseille, bien les laver, les sécher puis les hacher grossièrement. Éplucher l'ail et les oignons, les hacher finement. Laver, sécher, effeuiller les branches de persil, les hacher finement, hacher le lard grossièrement.
• Dans un grand saladier, mettre les pommes de terre et tous les autres ingrédients hachés, assaisonner, mélanger intimement en ajoutant un peu de farine pour bien sécher cette préparation.
Y ajouter les deux œufs entiers battus et, en travaillant le tout, faire un appareil lié. Sur chaque feuille de chou, poser une boule de préparation, bien l'envelopper avec la feuille pour former un petit paquet bien fermé.
• Porter à ébullition le bouillon dans une casserole. Disposer tous ces petits paquets dans une autre casserole alignés côté à côte. Verser le bouillon dessus, de manière qu'il couvre les farcidures. Porter à ébullition et laisser « bouillotter » pendant 30 à 35 min à couvert sans les retourner. Au terme de la cuisson, retirer les petits paquets à l'aide d'une écumoire, les poser sur un plat de service et servir en garniture ou en plat complet.

Morue à la Gomez de Sà (cuisine portugaise)

Ce plat peut être préparé à l'avance. On le fera réchauffer au four au dernier moment. On emploie des pommes de terre à chair ferme (p. 381).

Pour 6 personnes
Préparation : 45 à 50 min
Cuisson : morue, 12 à 15 min ; œufs, 9 min ; oignons, 4 à 5 min ; pommes de terre, 30 à 35 min
Finition au four : 15 à 20 min

7 à 8 pommes de terre moyennes
400 g de morue
4 œufs
3 beaux oignons
2 verres d'huile d'olive environ
Poivre

• Mettre à dessaler la morue sous l'eau fraîche courante pendant 12 heures. Faire cuire les pommes de terre à la vapeur (p. 387) dans leur peau.
• Cuire la morue : la poser dans une casserole, la couvrir d'eau froide, porter à ébullition et laisser frémir pendant 12 à 15 min, l'égoutter ensuite sur un torchon.

• Faire durcir les œufs dans de l'eau bouillante, les rafraîchir dans de l'eau glacée. Éplucher les oignons, les couper en fines rondelles.
• Dans une poêle à feu moyen, mettre à chauffer une cuillerée à soupe d'huile d'olive. Quand elle est bien chaude, ajouter les oignons et les faire cuire en douceur à couvert jusqu'à ce qu'ils soient blond doré. Les retirer avec une écumoire et les réserver sur une assiette. Éplucher les pommes de terre, les couper en rondelles d'1/2 cm d'épaisseur. Réserver avec les oignons.
• Allumer le four à température moyenne.
• Effeuiller la morue, la réserver sur une assiette. Éplucher et couper les œufs en rondelles avec un coupe-œuf. Mélanger délicatement tous les ingrédients dans un plat qui va au four, arroser largement d'huile d'olive, poivrer, enfourner à mi-hauteur jusqu'à ce que le plat soit bien chaud.
Servir dans le plat de cuisson.

Hachis Parmentier

La viande peut être hachée à l'avance et conservée dans une boîte, mais le plat lui-même se fait au dernier moment. On emploie des pommes de terre de consommation courante (p. 382).

Pour 8 personnes
Préparation : 40 à 45 min
Cuisson : purée, 35 min ; hachis, 20 min
Finition au four : 20 à 25 min

1 kg de pommes de terre
800 g de bœuf bouilli
400 g de chair à saucisse
4 à 5 gros oignons
1 tasse à thé et demie de persil haché
250 g de beurre
1 verre et demi de lait
Sel, poivre

• Retirer soigneusement le gras, la peau, les tendons de la viande. La hacher au mixer. La mettre de côté dans un saladier. Laver, sécher, effeuiller le persil, le hacher et le réserver dans une tasse. Éplucher les oignons, les hacher grossièrement, les réserver sur une planche. Éplucher les pommes de terre, les tenir dans une bassine d'eau fraîche.
• Dans une casserole, faire fondre un œuf de beurre à feu moyen-doux. Quand il est mousseux, ajouter les oignons et les faire fondre en douceur à couvert. Pendant ce temps, mettre les pommes de terre dans une casserole d'eau froide salée et porter à ébullition. Avant que les oignons aient pris couleur, ajouter la chair à saucisse, la mélanger aux oignons à l'aide d'une fourchette et la faire cuire pendant 6 à 7 min environ. Verser alors le bœuf haché, du sel,

du poivre et mélanger à la chair à saucisse en incorporant 100 g de beurre noix par noix.
• Terminer en mélangeant le persil haché. Vérifier l'assaisonnement. Étaler le hachis en une couche régulière de 3 à 4 cm d'épaisseur au fond d'un plat allant au four. Allumer le four à température moyenne. Les pommes de terre étant cuites, faire une purée (p. 386) bien beurrée avec le reste du beurre et le lait. Étaler cette purée sur le hachis dans le plat.
• Mettre au four, chauffer pendant 20 à 25 min. Passer le four en position gril pendant les 5 dernières minutes pour dorer le plat et servir tel quel, accompagné d'une bonne salade verte.

Et Jacques Maximin propose

Fricassée de ciboules aux pommes de terre et à l'andouille

Pour 4 personnes
Préparation : 25 à 30 min
Cuisson : 25 à 30 min

24 belles ciboules
1 andouille
8 pommes de terre moyennes (type roseval)
1 litre de fond blanc de volaille (p. 23)
2 cuil. à soupe de beurre d'ail corsé (p. 49)
1 branche de thym
1 gousse d'ail
1 poignée de persil haché
3 cuil. à soupe d'huile d'olive en tout
30 g de beurre
Sel, poivre

Préparation des légumes et de l'andouille

• Mettre à cuire l'andouille dans de l'eau bouillante salée pendant 10 à 15 min. L'égoutter.
• Éplucher les pommes de terre et les faire cuire à moitié dans le fond blanc de volaille auquel on aura ajouté la gousse d'ail écrasée. Les égoutter au terme de cette mi-cuisson.
• Éplucher les ciboules et les émincer avec leur tige.
• Détailler les pommes de terre en rondelles d'1/2 cm ainsi que l'andouille.
• Mettre les rondelles d'andouille dans une poêle à feu moyen avec un peu d'huile d'olive. Laisser fondre toute la graisse intérieure, les retirer à l'écumoire et les égoutter sur du papier absorbant. Réserver.

Finition et présentation

• Préparer le beurre d'ail. Hacher la poignée de persil, réserver.
• Dans une poêle à feu moyen-doux, mettre à chauffer 30 g de beurre et 1 bonne cuil. à soupe d'huile d'olive. Ajouter les ciboules et le thym en froissant la tige au-dessus de la poêle et les faire cuire jusqu'à la coloration brun-clair en les tournant de temps en temps pendant environ 10 min. Saler et poivrer.
• Dans une autre poêle, mettre à chauffer de l'huile d'olive, déposer les rondelles de pommes de terre côte à côte et finir de les cuire en les faisant dorer doucement des 2 côtés, saler et poivrer.
• Dans une dernière poêle, mettre à chauffer le beurre d'escargot à feu moyen. Ajouter les rondelles d'andouille, saler et poivrer et les faire légèrement colorer des deux côtés.
• Au terme de ces cuissons, mélanger les pommes de terre, les oignons et le persil haché. Répartir dans des assiettes chaudes et poser sur le dessus des rondelles d'andouille.

Crique ardéchoise au sucre

Pour 4 personnes
Préparation : 10 min
Cuisson : 15 à 20 min

4 grosses pommes de terre
4 cuil. à soupe de sucre en poudre
4 œufs
50 g de beurre

Préparation de la crique

• Éplucher et râper les pommes de terre, les mettre dans un saladier.
• Casser les œufs l'un après l'autre en mettant le jaune dans les pommes de terre et le blanc dans un saladier. Mélanger convenablement aux pommes de terre les jaunes et le sucre. Monter les blancs en neige très ferme.

Finition

• Préchauffer le four à température chaude.
• Incorporer les blancs convenablement à l'appareil de pommes de terre.
• Prendre 4 petites poêles à blinis, les beurrer du bout des doigts, y répartir la crique en égalisant bien le dessus. Mettre à cuire au four pendant 15 à 20 min. À l'aide d'une mini-spatule, retourner les petites criques à mi-cuisson.
Les servir ensuite chaudes ou tièdes.

Facultatif : on peut servir ces petites criques avec de la gelée de groseilles délayée dans un peu d'eau tiède pour faire un coulis.

Les salades vertes

Origines

Ces plantes potagères ont sans doute fait partie de l'alimentation humaine courante dès que l'homme a su faire pousser quelque chose.

Les salades étaient appréciées dès la plus haute antiquité, et elles se développaient, belles et bien alignées, dans les fameux jardins suspendus de Babylone, qui n'étaient autre chose que de merveilleux potagers.

Au fil des temps, la salade a d'autant plus facilement intégré nos habitudes alimentaires que chacun, chacune pouvait en avoir quelques carrés sur son petit lopin de terre.

Bien entendu, Louis XIV, beaucoup plus végétarien que l'histoire ne veut bien le dire, était un énorme mangeur de salades, et son La Quintinie savait lui en fournir toute l'année. À l'époque, on aimait bien, outre les fines herbes et l'assaisonnement, ajouter des fleurs de capucine, de mauve, de violette.

Nous aussi, maintenant, en avons toute l'année, en mangeons beaucoup, et avec Brillat-Savarin pensons que la salade… « rafraîchit sans affaiblir et réconforte sans irriter ».

Aspects

Abondantes sur les marchés, les salades ont chacune leur aspect et leur propre saveur.

Les unes, telles la laitue, le cresson, sont présentes pratiquement toute l'année, d'autres sont plus saisonnières, et il faut savoir en profiter à leur meilleur moment.

Choix et qualités

Le choix est parfois d'autant plus difficile que les unes s'ajoutent aux autres à certains moments de l'année, sans oublier les nouvelles variétés qui apparaissent sur les marchés, créées par les horticulteurs.

On peut néanmoins dire que la scarole, la trévise douce, la frisée sont des salades d'hiver, tandis que la batavia et la romaine sont des salades de printemps.

Quant à la récente *rougette*, variété de laitue succulente, elle est là pour nous régaler à la fin de l'hiver et au début de l'automne.

Les salades en sachet

On ne peut les passer sous silence car elles sont maintenant omniprésentes dans les grandes surfaces. Je suis la dernière à les déconseiller, car elles sont fraîches, bien triées, bien nettoyées et bien séchées.

Elles représentent un énorme gain de temps pour la maîtresse de maison.

Je dirai néanmoins qu'il faut ne pas systématiser leur emploi et savoir choisir entre la salade fraîche et le sachet.

Il est évident que, dans le cas du cresson ou de la mâche, il n'y a pas à hésiter, il faut les prendre en sachet, tant ils sont longs à éplucher et à nettoyer. Il en est de même pour la frisée, dont on aime seulement les petites extrémités blanches et frisées qui vous sont justement présentées dans le sachet.

En revanche, une très jolie laitue, une pimpante batavia, une croquante romaine, une ravissante rougette méritent d'être choisies à l'étalage, traitées avec soin à la maison et consommées rapidement, sans traîner au réfrigérateur, tant la fraîcheur d'une salade est une de ses impératives qualités.

La cuisine des salades vertes

Une salade verte doit être très fraîche : *du jour*, si possible.

- Si elle doit attendre quelques jours : l'éplucher de retour du marché pour réserver toutes les bonnes feuilles, ne pas la laver aussitôt et la conserver au réfrigérateur dans une boîte hermétique, sans trop la tasser. La sortir à temps du froid pour qu'elle ne soit pas glacée, mais à température de la pièce.
- Si la salade est un peu molle et fatiguée : au lavage, la laisser tremper dans de l'eau chaude (et non bouillante !) pendant 10 à 15 minutes, elle récupère alors toute sa fermeté.
- Après le lavage, qui doit être très minutieux (beaucoup de salades sont sableuses), égoutter et sécher la salade soigneusement pour éviter de « détremper » l'assaisonnement.
- À part certains cas précis, assaisonner au dernier moment, sinon la salade s'affaisse et devient de la salade « confite ».

• Éviter les trop grandes feuilles ; il vaut mieux les rompre avec les doigts en 2 ou 3 morceaux. L'assaisonnement se mélange alors plus intimement et c'est tellement plus facile à manger !

Salades d'hiver

La scarole

Un peu dure et amère, n'est pas très avantageuse, car ne sont vraiment tendres que les feuilles du cœur, dont il faut de plus enlever les côtes.

On peut cependant garder les grandes feuilles vertes pour les cuire et les accommoder comme des épinards à l'étuvée (p. 259).

Choix d'assaisonnements :

Vinaigrette classique (p. 27)

Sauce gribiche (p. 33)

Choix de petits accompagnements :

Rondelles ou quartiers d'œufs durs

Rondelles fines de cœurs de céleri en branche crus.

La laitue

C'est la salade de toute l'année ; c'est cependant au début du printemps qu'elle est la meilleure.

C'est une salade fragile et à grandes feuilles. Pour la manger commodément, il faut briser la feuille en 2 ou 3 morceaux. Pour l'avoir fraîche et croquante, il faut l'assaisonner au dernier moment et la mélanger délicatement.

En salade, à part entière, avec des assaisonnements variés : fleurette au vinaigre de xérès (p. 33), pignons hachés grossièrement, vinaigrette à l'huile d'olive et aux fines herbes, vinaigrette à l'huile de noix, fleurette au citron (p. 32), vinaigrette à l'huile d'olive et à l'estragon, avec ou sans petits accompagnements (rondelles ou quartiers d'œufs durs, petits morceaux de noix sèches hachées grossièrement).

Suggestions

• En quelques feuilles pour garnir une assiette avant d'y déposer des petits plats ou des petites salades de son choix, tels :

– œufs durs mayonnaise,
– cocktail de crabe,
– foies de volaille poêlés à la salade d'épinards crus,
– cervelle d'agneau à la salade de mâche,
– petites tomates farcies de crudités (p. 440 et p. 441),
– champignons crus en salade (p. 167).

• En chiffonnade de laitue (voir recette) pour garnir le fond d'une assiette, ou comme un des éléments d'une salade composée.

Chiffonnade de laitue aux légumes

Pour 4 personnes
Préparation : 25 à 30 min

1 petite laitue
3 tomates petites et fermes, olivettes de préférence
3 fonds d'artichauts jeunes crus dits « poivrades » (p. 72)
1 petit poivron vert
1 citron

• Retirer les feuilles vertes extérieures de la laitue. Garder le cœur. Le laver en le plongeant plusieurs fois dans l'eau la tête en bas, l'égoutter soigneusement. En commençant par les pointes des feuilles, couper finement la salade en très fines rondelles comme un saucisson pour obtenir de longs rubans fins, appelés « chiffonnade ».

• Laver les tomates, les couper en rondelles de 1/2 cm d'épaisseur. Avec la pointe d'un couteau, retirer les graines et l'eau de végétation.

• Couper le poivron en deux, retirer la tige, les graines et les parties fibreuses. Le couper en morceaux de 2 à 3 cm de longueur et de 1/2 cm de largeur.

• Parer les fonds d'artichauts, les passer au jus de citron pour qu'ils ne noircissent pas. Les couper en oblique de manière à avoir de fines languettes. Mélanger tous les ingrédients dans un saladier et assaisonner.

• À servir en assiettes individuelles avec le plat principal.

Assaisonnement :
Sauce gribiche (p. 33).

La chicorée frisée

La chicorée frisée, dont il faut employer les parties frisées blanches en supprimant les côtes, est une délicieuse salade qui peut être rustique ou raffinée selon les assaisonnements.

Choix d'assaisonnements:

Vinaigrette à l'huile d'olive et au vinaigre de xérès
Fleurette au vinaigre de xérès (p. 33)
Vinaigrette classique (p. 27)

Choix de petits accompagnements :

Fines herbes
Petits morceaux de poivrons rouges grillés (on en trouve aussi en bocaux, préparés au naturel, dans le commerce)
Dés de pain de mie rissolés dans le beurre et frottés avec une gousse d'ail
Croûte de baguette coupée en morceaux de la grosseur d'une bouchée, frottés d'ail, imprégnés de vinaigrette
Lardons

Le cresson

Le cresson peut être acheté en sachet car il est long à éplucher et à laver. Sa saveur est particulière, un peu piquante. Pour cette raison :
– il est préférable de l'employer en petites quantités, mélangé à d'autres salades ;
– il peut servir en quelque sorte de condiment un peu poivré, pour relever la saveur d'un autre légume en garniture ou terminer une viande grillée ou poêlée.

Suggestions

Choix d'assaisonnements :

Vinaigrette classique (p. 27)
Vinaigrette à l'huile de noix
Vinaigrette aux échalotes

Choix de petits accompagnements :

Endives crues émincées
Pommes de terre
Champignons crus émincés
Haricots blancs frais cuits

La mâche
Elle sera volontiers achetée en sachet et on se contentera de supprimer le petit bout de tige qui reste parfois au bout du bouquet.

Suggestions

Choix d'assaisonnements :
Vinaigrette à l'huile d'olive
Vinaigrette aux fines herbes

Choix de petits accompagnements :
Se mélange avec une betterave coupée en petits dés
Quartiers d'œufs durs
Se mélange avec la trévise

Le pissenlit
Le pissenlit ne se trouve pas couramment chez les marchands des villes. C'est une salade « sauvage ». Il faut le choisir jeune, blanc et tendre, bien l'éplucher et le parer, le laver minutieusement. On le mange avec des *lardons*.

Salade de pissenlits

Pour 4 personnes
Préparation :
20 à 25 min
Cuisson :
lardons, 8 à 10 min

300 g de pissenlits
100 g de poitrine fumée
1 noisette de beurre
2 cuil. à soupe de vinaigre de vin
Poivre

• Éplucher les pissenlits, les maintenir dans une bassine d'eau fraîche. Retirer la couenne et les cartilages de la poitrine fumée. La couper en lardons de 2 cm de côté. Égoutter soigneusement les pissenlits, les mettre dans un saladier.
• Graisser une poêle avec le beurre. Chauffer à feu moyen, ajouter les lardons et les faire rissoler en douceur pour qu'ils lâchent bien toute leur graisse en cuisant lentement.
• Quand ils sont à point, verser tout le contenu de la poêle, graisse et lardons, sur les pissenlits. Ajouter dans la poêle deux bonnes cuillerées de vinaigre, quelques tours de moulin à poivre. Tourner pour bien mélanger et servir aussitôt avant que la graisse et les lardons ne refroidissent complètement.

Remarque : on peut aussi ajouter à cette salade des petits croûtons dorés au beurre et à l'ail.

Salades de printemps et d'été

La batavia

À la fois tendre et croquante, la batavia est la salade que l'on mange avec plaisir au début du printemps.
Assez fragile, il faut la mélanger délicatement et au dernier moment avec l'assaisonnement.

Choix d'assaisonnements :
Vinaigrette classique (p. 27)
Sauce gribiche (p. 33)
Fleurette au vinaigre de xérès (p. 33)
Vinaigrette à l'huile de noix

Choix de petits accompagnements :
Estragon et fines herbes
Tomates concassées
Pignons
Petits morceaux de noix sèches hachées grossièrement

La chicorée frisée

Elle existe aussi en été, mais elle est très verte, avec un petit cœur blanc, ce qui la rend moins avantageuse.
Elle se prête aux mêmes accommodements que la chicorée d'hiver.

La romaine

La romaine est croquante, elle est fragile, elle est cassante et elle est exquise. Si on craint la dureté des côtes, couper les feuilles en deux dans le sens de la longueur.

Suggestions

Choix d'assaisonnements :
Sauce gribiche (p. 33)
Fleurette au citron (p. 32)
Vinaigrette aux fines herbes

Choix de petits accompagnements :
Dés de poivrons rouges grillés
Rondelles fines de cœur de céleri cru

Le mesclun
Ce n'est pas une salade, mais un mélange de plusieurs salades. Il est originaire du Midi. Pour être bon, il doit être bien frais et constitué d'un mélange harmonieux de salades des champs et de salades cultivées, ce qui ne le rend pas toujours parfait en ville. Pour le mesclun, un simple assaisonnement de vinaigrette à l'huile d'olive suffit.

le pourpier
Il se présente sous forme de jolies feuilles vert foncé fraîches, charnues et arrondies, un peu comme une grande feuille de mâche. Elles se vendent toutes préparées dans des cageots et on les achète par poignées au poids.
Sa saveur un peu piquante se rapprocherait de celle du cresson. On peut manger le pourpier tout seul et c'est délicieux, mais aussi le mélanger à d'autres petites salades pour en faire un mesclun.

Choix d'assaisonnements :
– Une vinaigrette classique impérativement à base d'huile d'olive.
On peut relever la vinaigrette :
– de persil plat haché,
– de coriandre hachée.

la roquette
C'est une salade méridionale qui se trouve encore à l'état sauvage dans les champs, mais on la cultive aussi et on veille de toute façon à la cueillir toute jeunette et tendre avant sa floraison car sa saveur un peu amère serait trop forte.
Composante courante du mesclun, ses longues feuilles vert tendre sont présentées toutes préparées dans des cageots comme le pourpier, et on peut les acheter pour elles-mêmes et en faire une petite salade bien assaisonnée si on apprécie leur amertume.

Choix d'assaisonnements :
– Vinaigrette classique (p. 27) avec une bonne huile d'olive. On peut y ajouter des mini-croûtons rissolés à l'huile d'olive.
– Vinaigrette au vinaigre balsamique (p. 26 et 27).
On peut ajouter à la salade un peu de parmesan râpé.

Deux salades composées classiques

Chicken salad

Pour 7 à 8 personnes
Préparation :
40 à 45 min
Cuisson :
œufs, 10 min ;
poitrine fumée,
5 à 6 min

1 petit poulet rôti froid
1 laitue
7 à 8 petites tomates, olivettes de préférence
7 œufs
1 pied de céleri en branche
4 à 5 tranches fines de poitrine fumée
1 1/2 bol de mayonnaise au ketchup (p. 30)

• Faire couper la poitrine fumée en tranches fines par le charcutier.
• Préparer la laitue, en coupant les feuilles en 2 ou 3 morceaux.
• Faire durcir les œufs 10 min à l'eau bouillante.
• Laver et couper les tomates en rondelles, retirer les graines.
• Préparer le céleri. Détailler les branches en fins morceaux dans la largeur.
• Écaler les œufs, les couper en rondelles avec un coupe-œuf.
• Désosser les morceaux de poulet, retirer la peau, trancher les chairs en fines escalopes de la taille d'une bouchée.
• Faire une mayonnaise au ketchup, la laisser à la température de la pièce.
• Dans un grand saladier, disposer une couche de feuilles de laitue, des tomates, des petits morceaux de céleri, des morceaux de poulet et des rondelles d'œufs durs soigneusement superposés, tartiner généreusement de mayonnaise au ketchup et recommencer une autre couche avec les mêmes ingrédients ; tartiner également de mayonnaise et continuer jusqu'à épuisement de tous les éléments.
• Retirer le cartilage et la couenne des tranches de poitrine fumée, les couper en deux dans le sens de la largeur. Dans une poêle à feu moyen, poser les tranches de poitrine fumée et les faire dorer et rissoler des deux côtés jusqu'à ce qu'elles soient croustillantes. Les retirer avec une écumoire pour ne pas prendre de graisse, les laisser refroidir un peu sur une assiette et les disposer ensuite sur la salade. Chacun se servira en plongeant jusqu'au fond du saladier pour déguster toutes les couches successives.

Variante : on peut remplacer le poulet par du confit de canard débarrassé de sa peau ou par un reste de dindonneau rôti.

Remarque : tous les ingrédients, sauf la poitrine fumée, peuvent être préparés à l'avance et conservés séparément au frais dans des boîtes hermétiques. On dispose et on termine la salade au dernier moment.

Salade niçoise

Pour 6 à 7 personnes
Préparation : 30 à 35 min
Cuisson : haricots verts, 10 à 12 min

1 laitue
300 g de haricots verts très fins
4 à 5 petites tomates rondes
4 œufs
1 poivron grillé rouge ou vert ou en conserve à l'huile
1 boîte de thon à l'huile d'olive de 170 g
1 petite boîte de filets d'anchois à l'huile de 45 g
1 tasse de vinaigrette aux fines herbes et à l'huile d'olive (p. 27)

• Préparer les haricots verts en les coupant en 2 ou 3 morceaux. Les faire cuire (p. 289).
• Mettre les œufs à durcir. Griller le poivron (p. 372) ou égoutter et couper en petites languettes du poivron rouge à l'huile en conserve.
• Préparer la laitue (p. 414), laver les tomates, les couper en 4 quartiers, retirer les graines avec un petit couteau.
• Effeuiller le thon en morceaux de la taille d'une bouchée. Réserver sur une assiette. Sortir les filets d'anchois de la boîte à l'aide d'une fourchette et les poser sur une assiette. Écaler les œufs durs, les couper en 4.
• Dans un grand saladier, mélanger la laitue, les haricots verts égouttés et les poivrons. Disposer ensuite harmonieusement les morceaux de thon, les quartiers de tomates et les œufs durs. Terminer en décorant avec 7 ou 8 filets d'anchois.
• Dans une tasse, préparer la vinaigrette, la battre à la fourchette en la versant sur l'ensemble du saladier et servir aussitôt.

Remarque : on peut préparer tous les ingrédients à l'avance dans le saladier. Couvrir d'un papier aluminium et assaisonner au dernier moment.

Et Jacques Maximin propose

Laitues braisées et feuilles croquantes de poitrine de veau

Pour 4 personnes
Préparation : 1 h 15
Cuisson totale : 1 h 15

8 petites laitues
300 g de champignons de Paris
30 g de truffe
300 g de poitrine de veau roulée
1 carotte
1 oignon
1 peu de thym
1/2 feuille de laurier
1 l de bouillon de volaille (p. 19)
110 g de beurre en tout
Sel de céleri
Sel, poivre

Préparation des laitues et des champignons

• Supprimer les grosses feuilles extérieures des laitues et un peu du trognon. Les laisser entières et les laver la tête en bas à l'eau courante en écartant les feuilles, bien les secouer. Les plonger ensuite quelques minutes dans de l'eau bouillante salée pour juste les assouplir. Les fendre et les mettre la tête en bas pour les égoutter convenablement en les pressant un peu.

• Préparer et laver les champignons (p. 167), les hacher grossièrement.

• Séparément, hacher la truffe. La réserver.

• Dans une poêle à feu moyen, faire chauffer 25 g de beurre. Ajouter les champignons. En douceur et en les remuant, les faire « suer » jusqu'à ce qu'il n'y ait plus du tout d'eau de végétation et que cette duxelles soit bien sèche, y mélanger la truffe hachée, saler, poivrer.

• Farcir les laitues avec la duxelles et les refermer en leur donnant la forme d'une poire.

Cuisson des laitues et de la poitrine de veau

• Éplucher la carotte et l'oignon, les couper en dés moyens.

• Dans une sauteuse à feu moyen-doux, faire chauffer 30 g de beurre, ajouter les dés de carotte et d'oignon, le laurier et le thym. En douceur, faire ramollir et blondir les légumes, mouiller avec le bouillon de volaille, ajouter les laitues et les laisser braiser pendant 1 petite heure environ en les arrosant régulièrement.

• Pendant ce temps, détailler la poitrine de veau en 16 rondelles de 3 mm d'épaisseur.

• Graisser une poêle avec un peu de beurre et, à feu vif, faire dorer convenablement les rondelles de poitrine de veau des deux côtés : elles doivent être un peu croustillantes. Les déposer sur du papier absorbant et les saupoudrer de sel de céleri.

Finition et présentation

• Prendre les laitues à l'écumoire, en déposer 2 par assiette la pointe tournée vers l'extérieur, intercaler des rondelles de poitrine de veau bien sèches et tenir à l'entrée du four chaud.

• Passer le jus de braisage des laitues dans une casserole à travers une passoire fine. Le chauffer convenablement presque à ébullition, y incorporer ensuite morceau par morceau en fouettant vivement 50 g de beurre pour le monter. Vérifier le sel et le poivre, répartir cette sauce sur les assiettes et servir.

Le salsifis

Origines

C'est un légume-racine qui a longtemps poussé spontanément en Europe, hormis la Grèce et la Sicile. Le salsifis est sans cesse confondu avec la scorsonère, si ce n'est que le salsifis a la peau blanche et la scorsonère, une peau noirâtre. C'est cette dernière qui se trouve en fait le plus souvent sur les marchés, et qu'on appelle improprement salsifis. On ne sait pas très bien si les Anciens en étaient très friands, ils l'appelaient en tout cas barbe de bouc à cause des poils soyeux qui hérissent la scorsonère.
Le Moyen Âge raffolait de ce légume, qui était sans doute le produit de cueillettes sauvages, mais c'est au XVIe siècle que le salsifis deviendra un légume plus connu et cultivé. Son usage se généralisera à partir du siècle suivant.
Il semblerait qu'à l'heure actuelle nous ne soyons plus très friands de ce légume. Seule la Belgique en consomme beaucoup, il semblerait d'ailleurs que les pays du Nord soient nettement plus gourmands de ce légume que ceux du Sud.

Aspects

Le salsifis est un légume qui se récolte de novembre à février. On croise sur les marchés des scorsonères à peau noire et des salsifis à peau blanche. Ils ont tous les deux la chair blanche, mais celle de la scorsonère a un goût plus prononcé.

Choix et qualités

Quelle que soit la qualité choisie, il faut que la peau soit bien lisse, non ridée. La racine doit être ferme au toucher et lourde dans la main. Au Moyen Âge, on pensait que son jus permettait d'éviter la petite vérole.
On sait aujourd'hui que, quoique très riche en sucre, il est bien supporté par les diabétiques. Il fournit néanmoins 80 calories pour 100 g.

La cuisine du salsifis

Avouons tout de suite qu'étant donné son épluchage et sa préparation, on a bien tendance à l'acheter déjà prêt, ce que je ne saurais assez vous conseiller.

Quantité
À l'achat au marché, il faut compter 1 bon kilo pour 4 personnes.
En boîte ou surgelés : 100 g par personne.

Préparation du salsifis frais

Supprimer les feuilles et l'extrémité pointue et poilue.
Les laisser séjourner une nuit dans l'eau froide, ils se pèleront plus facilement. Gratter soigneusement la peau avec un économe ou un petit couteau sans laisser le moindre fragment. Cette opération tache terriblement les doigts. Un conseil : mettre des gants en caoutchouc très fins.
Au fur et à mesure, couper les salsifis en tronçons de 4 à 6 cm et les mettre dans de l'eau citronnée pour éviter qu'ils noircissent.

Cuisson

Les faire cuire à l'anglaise (p. 13) environ 15 à 20 min dans de l'eau bouillante salée additionnée d'un « blanc », comme les cardons (p. 140). Effectuer cette cuisson au dernier moment, avant de les égoutter et de les accommoder en une deuxième cuisson.

Le salsifis en compagnie d'autres légumes

Utilisé comme garniture, en diminuant les quantités et en détaillant les tronçons de différentes façons, le salsifis peut être mélangé à d'autres légumes. Chacun, chacune peut se livrer aux harmonies de son choix.

Quelques suggestions

- Carottes sautées (p. 149) et salsifis sautés en rondelles.
- Salsifis sautés en rondelles avec des épinards à l'étuvée.
- Salsifis à la crème rehaussée d'une truffe détaillée en julienne.
- Salsifis à l'anglaise au coulis de poivrons rouges (p. 371).
- Salsifis à l'anglaise en salade, assaisonnés d'une sauce fraîche à la pulpe de tomates (p. 439) à la coriandre hachée.

Salsifis sautés au beurre

Pour 4 personnes
Préparation : 5 min environ
Cuisson : 10 min

700 à 800 g de salsifis préparés ou 1 grande boîte
50 g de beurre
Sel, poivre

• Cuire les salsifis à l'anglaise (p. 425), bien les égoutter et les sécher dans un torchon. Dans le cas d'une boîte, les verser dans une passoire, les rincer puis les sécher convenablement.
• Dans une poêle à feu moyen, mettre le beurre à fondre. À la couleur dorée, disposer les salsifis côte à côte et les faire dorer de tous les côtés. Saler, poivrer. Les verser dans un légumier et servir.

Facultatif: on peut les saupoudrer :
– d'estragon haché,
– de pluches de cerfeuil,
– de quelques feuilles de coriandre fraîche.

Emplois : on emploie des salsifis sautés avec un poulet rôti, des côtes d'agneau poêlées, des côtes de porc poêlées ou du foie de veau poêlé.

Salsifis sautés à l'huile d'olive

Procéder exactement de la même façon que pour la recette précédente, mais faire dorer les salsifis dans 2 à 3 cuil. à soupe d'huile d'olive et leur ajouter la valeur d'1 bonne cuil. à soupe d'un petit hachis fin, moitié ail moitié persil.

Emplois : en accompagnement d'un tendron de veau à la tomate, d'une entrecôte aux tomates poêlées, d'un confit de canard poêlé doré ou d'un canard rôti.

Salsifis à la crème

Pour 4 personnes
Préparation : 5 min
Cuisson : 10 à 12 min

700 à 800 g de salsifis cuits (p. 425) ou 1 grande boîte
1/4 de litre de crème fraîche
1 pointe de noix muscade
Sel, poivre

• Préparer et faire cuire les salsifis à l'anglaise (p. 425) et les égoutter, ou employer les salsifis d'une grande boîte et bien les rincer et les égoutter.

• Les mettre dans une casserole et les recouvrir de crème fraîche. À feu moyen, porter à ébullition et laisser mijoter doucement jusqu'à réduction de moitié de la crème. Saler, poivrer, parfumer au goût avec de la noix muscade râpée.
Servir dans un légumier chaud.

Emplois des salsifis à la crème : avec des escalopes de veau poêlées, une épaule d'agneau farcie, des filets de sole pochés, du cabillaud poché accompagné de beurre de moutarde (p. 51).

Salsifis frits

Pour 4 personnes
Préparation :
15 à 20 min ; pâte à frire, 2 heures à l'avance
Cuisson : 4 à 5 min

500 g de salsifis ou une grande boîte
1/2 litre de pâte à frire (p. 58)
Le jus d'un citron
4 cuil. à soupe d'huile d'arachide
Huile de friture
Sel, poivre

Facultatif : **persil frit**

• Préparer la pâte à frire 2 h à l'avance. Préparer (p. 425) et cuire les salsifis (p. 425) ou bien employer une boîte et les rincer, puis les sécher.
• Dans un grand ravier, mettre l'huile d'arachide, le citron, du sel, du poivre, mélanger, ajouter les salsifis et les laisser mariner 25 à 30 min en les retournant de temps en temps.
• Terminer la pâte à frire (p. 58).
• Faire chauffer l'huile de friture dans une bassine. Quand elle est chaude, égoutter les salsifis en les secouant, les plonger d'abord dans la pâte à frire puis dans la bassine en évitant qu'ils se touchent. Faire plusieurs fournées si nécessaire et les déposer au fur et à mesure sur du papier absorbant en les salant et les poivrant.

Facultatif : plonger quelques secondes des petits bouquets de persil bien lavés et bien secs dans la bassine à frire et en décorer avec générosité les salsifis frits disposés sur un plat chaud.

Emplois : avec une omelette, des chipolatas poêlées ou du boudin poêlé.

Et Jacques Maximin propose

Salsifis pochés façon asperges aux œufs mollets

Pour 4 personnes
Préparation : 30 à 35 min
Cuisson totale : 20 à 25 min

800 g de salsifis
100 g de petites fèves écossées
3 petites poignées de mesclun
4 œufs
1/2 tasse à café de cerfeuil haché
1/2 tasse à café d'estragon haché
2 gousses d'ail
3 à 4 cuil. d'huile d'olive en tout
2 cuil. à soupe de vinaigre de vin
Sel, poivre

Préparation des légumes

• Gratter, laver, cuire les salsifis (p. 425), les couper en tronçons de 5 à 6 cm et les réserver (p. 425).
• Écosser des fèves pour en avoir la quantité voulue et retirer la petite peau (p. 278).
• Trier le mesclun, hacher les fines herbes.
• Éplucher les gousses d'ail, les détailler en lamelles.

Cuisson des fèves et des œufs

• Faire chauffer 2 cuil. à soupe d'huile d'olive dans une poêle à feu assez vif. Ajouter les fèves et les lamelles d'ail et faire sauter le tout rapidement pendant 1 à 2 min. Verser le vinaigre et le chauffer fortement pendant 1/2 min en faisant aller et venir la poêle sur le feu. Réserver le tout.
• Dans une casserole d'eau bouillante frémissante, faire cuire les œufs pendant 6 min. Les sortir de l'eau et les écaler avant de les mettre dans de l'eau tiède salée dans la proportion de 6 g de sel pour 1 litre d'eau.

Finition et dressage

• Dans un saladier, mélanger le mesclun, les fines herbes, les fèves avec leur jus de poêlage, 1 à 2 cuil. à soupe d'huile d'olive, du sel, du poivre.
• Sur chaque assiette, dresser un dôme de salade, répartir les salsifis à cheval sur le dôme et poser 1 œuf mollet sur le tout.

Le soja

Origines

Le soja appartient à la famille des légumineuses. C'est la plante la plus utilisée au monde.
Connue en Chine avant notre ère, elle arrive au Japon au VIe siècle. C'est au XVIIe siècle que des voyageurs européens vont découvrir le soja, et essayer sans grand succès de faire apprécier aux uns et aux autres cette plante de cuisine lointaine. Un siècle plus tard, quelques graines parviennent au Jardin des Plantes, tandis qu'un essai de culture est fait à Étampes. Personne n'est vraiment intéressé, hormis les botanistes. En fait, ce sera après la Première Guerre mondiale que le soja, en tant que fourrage et que plante oléagineuse, va enfin intéresser l'Europe et les États-Unis. Comme aliment, il reste surtout une amusante curiosité exotique, et ce sont surtout les germes de soja qui sont consommés.

Aspects

Le soja est une plante facile, qui pousse sur les terrains les plus arides et n'est attaqué par aucune sorte d'insecte.
Devenue plante potagère, sa tige verte fibreuse est porteuse de feuilles et de gousses renfermant des haricots gros comme des pois. Selon les variétés, les haricots seront verts, jaunes ou noirs.
Ces haricots se cuisinent et se consomment comme les nôtres, de façon traditionnelle, mais on en fait aussi des produits très divers : de la farine aux mêmes usages que la farine de blé, de l'huile, du lait dit lait de soja, une sorte de fromage blanc, le tofu, dont les Chinois et les Japonais sont très gourmands et qui a une forte valeur nutritive.
Enfin, c'est avec ces haricots cuits et différents ingrédients tels que du gingembre, des anchois, du sucre, etc., qui varient selon les recettes, que s'élabore la fameuse sauce soja qui s'achète en flacon dans le commerce, et qui entre dans la composition d'à peu près tous les plats chinois.
Quant aux germes de soja, ce n'est pas autre chose que la frêle tige de la graine de soja ayant germé.
Les germes de soja sont très présents dans la cuisine asiatique, mais les Occidentaux les apprécient de plus en plus. On les trouve

dans tous les supermarchés à côté de nos légumes, et ils sont très faciles à préparer et à cuisiner.
Il faut savoir que pour 100 g, les haricots de soja fournissent 422 cal. tandis que les germes ne « pèsent » que 35 calories pour 100 g.

La cuisine du soja

Le soja se consomme sous plusieurs formes qui sont essentiellement en Occident les haricots, la sauce soja, les germes de soja.

Les haricots

Ils sont jaunes, rouges ou noirs, on les consomme frais ou secs. C'est en général le haricot jaune sec cultivé dans le Midi de la France qui est couramment employé. On le trouve dans les magasins de produits exotiques. Il est utilisé soit en légume, soit en condiment.

Emplois

• *En légume*
Comme notre haricot, il demande à être trempé longuement et supporte une cuisson prolongée (p. 296).
Les recettes habituelles du haricot blanc lui conviennent parfaitement (p. 293). Mais vous trouverez ci-dessous une recette un peu plus chinoise et bien facile à faire.
• *En condiment*
Ce sont des haricots jaunes, rouges ou noirs qui, traités de manière particulière, seront des condiments pour relever les plats.
Ils se vendent tout prêts en petites boîtes dans les magasins de produits chinois et sont fermentés, assaisonnés de sel, sucre, vinaigre, ail et huile de sésame.

Haricots secs à la sauce soja

Pour 4 personnes
Préparation : trempage des haricots la veille
Cuisson : 3 h

250 g de haricots de soja secs
4 cuil. à soupe de sauce soja
2 échalotes
2 cuil. à soupe de sucre en poudre
1 l d'eau
Quelques gouttes d'huile de sésame

• Faire tremper les haricots la veille.
• Au moment de la cuisson, les égoutter convenablement.

• Dans une marmite, mettre à bouillir l'eau, le sucre, la sauce soja. Verser les haricots, les ramener à ébullition et à petit feu, assurer un petit « bouillottement » sans couvrir pendant 3 h environ, jusqu'à ce que les haricots soient tendres. Si besoin est, ajouter de temps en temps de l'eau bouillante. En fin de cuisson, il ne doit pas rester plus d'1 cl de liquide.
• Pendant cette cuisson, hacher finement les échalotes.
• Au moment de servir les haricots, leur ajouter les échalotes hachées et quelques gouttes d'huile de sésame.

La sauce soja

Les Chinois l'utilisent dans tous leurs plats, et c'est elle qui donne à leur cuisine ce goût caractéristique bien reconnaissable. Rien n'empêche chacun, chacune, d'en faire tout autant dans un petit sauté, un plat de légumes, une sauce de rôti pour lui donner tout à coup un caractère asiatique inattendu.
La sauce soja est vendue en France dans tous les magasins d'alimentation. Elle est faite à base de haricots noirs fermentés, de sel et de condiments variés.
Dans les supermarchés, on n'en trouve qu'une seule qualité, relativement moyenne, néanmoins assez bonne.
Dans les épiceries asiatiques, on a le choix entre plusieurs sauces soja : de la plus claire à la plus foncée, de la plus liquide à la plus épaisse, de la peu salée à la très salée. À chacun de choisir en demandant éventuellement l'avis du vendeur.

Les germes de soja

C'est un délicieux légume très facile à cuisiner. On en trouve partout et ce sont eux que nous consommons le plus volontiers.
Les germes de soja doivent dégager une grande impression de fraîcheur : fermes, luisants, la peau blanche ou jaunâtre sans taches, non fripée, et le poil qui les prolonge bien droit, non recroquevillé.

Quantité
400 g pour 4 personnes.

Préparation

Verser les germes de soja dans une grande bassine d'eau froide. Éliminer les déchets qui montent à la surface. Les égoutter convenablement. Éventuellement, supprimer le petit poil s'il était trop long et finir de bien les sécher dans un torchon. Ils sont bons alors à être cuits.

Cuisson

• *À l'anglaise*
Les plonger 1 min dans de l'eau bouillante salée, les égoutter dans une passoire à pieds, les sécher délicatement dans un torchon.

• À la poêle
C'est une rapide cuisson qui leur convient parfaitement (p. 433).

Emplois
• *Les germes de soja froids*
On en fait de délicieuses salades simples ou composées :
– *Salade simple*
Préparer, cuire les germes, bien les sécher, les laisser refroidir à la température de la cuisine.
Toutes les vinaigrettes (p. 27) leur conviennent. On peut y ajouter : de la ciboulette hachée ; des échalotes finement hachées ; un œuf dur finement écrasé mélangé de persil plat et de cerfeuil haché, incorporé à une vinaigrette classique.
– *Salades composées*
Les germes de soja se mélangent bien avec de nombreux autres ingrédients tels que dés de tomates émondées (p. 438), vinaigrette et estragon haché ; poivron rouge grillé (p. 372) détaillé en fines lanières, vinaigrette et persil plat haché ; cresson, vinaigrette au vinaigre de xérès ; haricots verts en tronçons de 3 cm, petites crevettes décortiquées, tomates concassées (p. 438), fleurette au vinaigre de xérès (p. 33) ; chair de crabe émiettée, pousses d'épinards en grosses lanières, sauce gribiche (p. 33) ; blanc de poulet en petits dés, grains de maïs bien égouttés, chiffonnade de laitue (p. 415), vinaigrette au vinaigre balsamique et à l'huile d'olive.
• *Les germes de soja chauds*
Cuits à l'anglaise (p. 431) et encore chauds, ils seront juste assaisonnés d'un bon morceau de beurre et servis dans un légumier chaud. S'ils ont été cuits à l'avance, les réchauffer avec un morceau de beurre et un voile d'eau au fond de la casserole.
Servis avec des poissons pochés, accompagnés d'une sauce telle que sauce au beurre blanc (p. 45) ou sauce hollandaise (p. 46).
On peut les mélanger avec d'autres légumes cuits aussi à l'anglaise (p. 13) et les assaisonner de beurre frais et de persil haché.

Suggestions de mélanges : germes de soja et bâtonnets de carottes ; germes de soja et fonds d'artichauts en bâtonnets ; germes de soja et poireaux à l'étuvée (p. 364).

Salade chinoise de germes de soja

Pour 4 personnes
Préparation :
20 à 25 min
Cuisson :
poulet, 15 min ;
finition, 3 à 4 min en tout

300 g de blanc de poulet cru
2 œufs
250 g de germes de soja
1/2 concombre
1 cuil. à café d'huile d'arachide
Sel et poivre

Assaisonnement :
1/2 cuil. à café de vermouth blanc sec (ou tout autre vin très liquoreux)
2 cuil. à soupe de sucre
2 cuil. à café de moutarde douce
1 cuil. à soupe de sauce soja
2 cuil. à soupe de vinaigre
1 cuil. à soupe d'huile de sésame (ou d'huile d'arachide)
Sel

• Cuire le poulet pendant 15 min à grande eau bouillante salée. L'égoutter, le laisser refroidir. Préparer et trier les germes de soja (p. 431). Les cuire à l'anglaise (p. 431) pendant 1 min, les égoutter, les réserver dans un torchon.
• Éplucher le demi-concombre, l'épépiner (p. 215), le détailler en grosse julienne d'environ 4 cm de longueur. Détailler le poulet en bâtonnets de même taille. Battre les œufs dans un bol, les saler, les poivrer.
• Dans une grande poêle, mettre à chauffer 1 cuil. à café d'huile d'arachide à feu moyen-vif. Verser les œufs battus et, en les répartissant bien sur toute la surface de la poêle, faire une très fine omelette, la faire dorer d'un côté et, à l'aide de la spatule, la retourner pour faire dorer l'autre côté. La faire glisser sur une planche, la rouler et la détailler en lanières (si on préfère, on peut les laisser à plat ou faire 2 omelettes plus petites). La réserver.
• Préparer l'assaisonnement dans un bol.
• Dans un large plat un peu creux, disposer agréablement les germes de soja, les bâtonnets de concombre et de poulet, les lanières d'omelette.
• En le battant avec la fourchette, verser et répartir l'assaisonnement sur tout le plat et servir à la température de la cuisine.

Germes de soja à la poêle

Pour 4 personnes
Préparation :
20 à 25 min
Cuisson : 1 min

400 g de germes de soja frais
1 petite cuil. à soupe d'huile d'arachide
Sel, poivre

• Préparer et laver les germes de soja (p. 431), bien les sécher.
• Dans une poêle à feu très vif, mettre l'huile à chauffer. Dès que la

poêle et l'huile sont très chaudes, verser les germes de soja et, en les tournant de tous côtés, les faire cuire 1 min. Les prendre avec une écumoire et les mettre dans un plat. Saler, poivrer.

Finition à l'occidentale
Ils peuvent être servis tels quels en simple garniture et ils profiteront du jus ou de la sauce du plat qu'ils accompagnent, tels :
- du foie de veau poêlé et son beurre de cuisson citronné,
- un poulet rôti et son jus,
- une pintade rôtie et son jus,
- un lapin à la cocotte et sa sauce,
- du chevreau rôti et son jus.

On peut les relever de persil plat haché, coriandre hachée, ciboulette hachée.

Finition à la chinoise
Poêler les germes de soja. Avec une écumoire, les mettre dans un plat de service. Verser dans la poêle brûlante sur le feu vif 1 bonne cuil. à soupe de sauce soja, la tourner en tous sens et la verser sur les germes de soja, servir de suite.
Les germes de soja poêlés et traités à la chinoise se mêlent à d'autres légumes.

Petit sauté de légumes à la chinoise

Pour 4 personnes
Préparation :
15 à 20 min
Cuisson : 3 à 4 min

350 g de germes de soja
1 carotte moyenne
1 poivron vert (p. 369)
1 oignon
2 cuil. à soupe d'huile

Sauce :
2 cuil. à soupe de sauce soja
1 cuil. à soupe de xérès
1/2 cuil. à soupe de vinaigre
1 cuil. à soupe de sucre en poudre
Sel et poivre au goût

Finition :
Quelques gouttes d'huile de sésame (facultatif)

• Laver et préparer les germes de soja (p. 431). Éplucher la carotte et l'oignon, les détailler en allumettes de 4 cm de long. Ouvrir le poivron, supprimer la tige et les graines (p. 370), le détailler en allumettes de la même taille que celles de carotte et d'oignon.
• Préparer l'assaisonnement, le réserver dans un bol.
• Verser l'huile dans la poêle à feu vif. Quand elle est bien chaude, verser carotte, oignon, poivron et remuer vivement le tout pendant

2 min. Verser alors les germes de soja et la sauce un peu battue. Mélanger et tourner le tout pendant une bonne minute à feu très vif. Les légumes doivent être bien assaisonnés de sauce.
• Retirer du feu, verser dans un plat de service chaud et servir.

Facultatif : si on en aime le goût un peu spécial, arroser le petit sauté de quelques gouttes d'huile de sésame juste avant de servir.

Porc frit aux germes de soja

Il est chinois, c'est un petit plat juste pour 2 personnes car, en Chine, on n'aime pas les grosses portions et le plat unique. On aime piquer une bouchée de-ci, de-là dans beaucoup de petits plats.

Pour 2 personnes
Préparation : 15 min
Cuisson :
4 min en tout

150 g de filet de porc cru
250 g de germes de soja
1 cuil. à soupe de xérès ou de vermouth blanc sec
1/4 de litre d'huile d'arachide en tout
Sel au goût

Petite pâte à frire :
1 blanc d'œuf
1 cuil. à soupe d'eau
1 cuil. à café de Maïzena

• Préparer et laver les germes de soja (p. 431), bien les sécher.
• Dans un grand bol, préparer la petite pâte à frire : délayer la Maïzena avec l'eau, mélanger et battre le tout avec le blanc d'œuf.
• Détailler le porc en très fines lamelles de la taille d'une bouchée, les mélanger à la petite pâte à frire en les tournant convenablement.
• Dans une sauteuse, faire chauffer l'huile à température très chaude juste avant qu'elle ne fume.
• Plonger les lamelles de porc en évitant qu'elles ne se collent entre elles et les faire frire 1 min (elles seront mi-cuites), les égoutter sur du papier absorbant.
• Supprimer la presque totalité de l'huile dans la sauteuse en en laissant la valeur d'1/2 cuillerée à soupe. Remettre sur le feu vif, verser les germes de soja, les arroser de xérès ou de vermouth, saler et les faire cuire 1 min en les remuant en tous sens.
• À l'aide de l'écumoire, les déposer sur du papier absorbant.
• Remettre un peu d'huile dans la poêle, la chauffer à feu vif, verser les lamelles de porc et les faire sauter 1 min en les remuant en tous sens pour terminer la cuisson.
• Remettre les germes de soja, bien mélanger le tout en faisant sauter 10 s de plus.
Verser le petit sauté dans un plat bien chaud, le poser sur la table et chacun y prendra les bouchées qu'il désire.

La tomate

Origines

Aussi bizarre que cela puisse paraître, la ravissante tomate est de la même famille que la pomme de terre, nettement moins jolie. De la famille des solanacées, toutes deux ont comme petite sœur la mandragore, de sinistre réputation, d'où sans doute le mal qu'a eu la tomate à faire son chemin en Europe.
Découverte au Nouveau Monde par les conquérants espagnols, elle est sans doute d'origine péruvienne, mais ce sont les Aztèques qui lui ont donné son nom « tomate », et qui la cultivaient au même titre que le haricot et le maïs.
Ramenée en Europe, elle est d'abord uniquement considérée comme plante, jolie certes, mais vénéneuse, bonne à orner les balcons, couvrir les tonnelles dans les jardins, et décorer une table. Il faut dire que la tomate était alors toute petite, bien rouge et très décorative.
C'est seulement au XVIIIe siècle que l'Espagne, l'Italie, le midi de la France découvrent ses vertus comme « légume-fruit ». On l'appelle alors pomme du Pérou, pomme d'amour, pomme d'or...
Ce n'est qu'après 1790 qu'elle fait la conquête de Paris grâce à l'arrivée des Marseillais venus dans la capitale pour la fête de la Fédération ; ils en réclament aux restaurateurs qui n'en ont pas, et ne la connaissent que de très loin. Ils en font alors venir de Marseille et conseillent aux maraîchers parisiens d'en cultiver.
La tomate se met enfin à plaire à tout le monde, et dépassera ce phénomène de mode pour devenir ce qu'elle est maintenant, un légume de grande consommation se prêtant à toutes sortes d'apprêts et tenant une grande place sur notre table.

Aspects

Il faut croire que nous attachons beaucoup d'importance à la tomate car nous sommes à l'heure actuelle le 4e producteur européen, et nous en produisons de mars à octobre, tant pour notre consommation que pour l'exportation.
En hiver, nous assurons la soudure avec celles du Maroc, et aussi en moindre quantité avec la Belgique et la Hollande.
Objectivement, les tomates d'hiver ne valent pas celles d'été.

C'est essentiellement dans le Sud-Est, la Bretagne, le Lot-et-Garonne que la tomate est le plus cultivée et qu'elle est forcément le plus consommée.
S'échelonnant du début du printemps à la fin de l'automne et se retrouvant toutes ensemble au cœur de l'été, les tomates s'offrent à nous en plusieurs variétés.
De mars à novembre, on a la belle *tomate ronde* bonne en salade, bonne aussi à farcir ou pour garnir des tartes.
De mars à novembre aussi, la décorative tomate côtelée, charnue et pulpeuse, tout à fait épatante en ratatouille, en plats gratinés, à griller, à poêler.
En juillet jusqu'à octobre, l'*olivette*, ou *roma*, est là pour nous séduire. Très parfumée, petite et ferme, on la croque, on la prépare en salade, on en garnit la pizza, elle ne se défait pas, elle est délicieuse.
Très à la mode, car décorative et de qualité, la *tomate en grappe* se montre de juin à octobre et peut se picorer comme un radis à l'apéritif, mais se prête aussi à toutes sortes de salades.
La *tomate cerise*, toute petite, toute sucrée, un peu acidulée, est présente d'avril à septembre. Rouge ou jaune, elle est épatante à mettre sur les buffets où elle se prête à toutes les décorations et se trempe dans toutes sortes d'assaisonnements.
Enfin, la *tomate de plein champ*, celle plantée en pleine terre par le jardinier amateur ou le cultivateur averti, arrive en juillet, durera jusqu'en octobre et marque le début de l'été. Elle est merveilleuse, et sa saveur, sa fraîcheur sont incomparables. Sur les petits marchés de nos villages, on l'appelle tomate de pays et elle sera de toutes les salades.

Choix et qualités

Quelle que soit la tomate, il est important de bien la choisir.
Chez le marchand, elle se classe d'abord en catégories : extra, catégorie I, catégorie II et, dans cette dernière se trouvent des tomates qui seront parfaites pour les potages, les coulis, les sauces.
Une tomate, en tout cas, doit avoir le pédoncule bien vert, bien frais, non fripé, une peau lisse, très tendue, sans taches. Elle est d'un beau rouge uniforme et, sous le doigt, ferme sans être dure comme du bois. Lourde dans la main, elle sent bon.
Ajoutons enfin qu'à toutes ses qualités gustatives la tomate ajoute la bonne idée d'être très peu calorique : 20 calories aux 100 g, mais riche en vitamines A, B, C, en fer et en magnésium.

La cuisine de la tomate

La tomate, grâce à toutes ses variétés, ne peut qu'offrir une cuisine de grande diversité où chacune est utilisée au mieux de ses qualités, en remarquant toutefois que les tomates rondes, côtelées et de plein champ sont d'une grande souplesse d'utilisation tandis que les tomates en grappe, l'olivette et les « cerises » sont d'emploi plus restreint.
On ne peut préciser ici de quantité exacte dans la mesure où elle varie selon les recettes.

La tomate émondée

Préparation
Émonder ou ne pas émonder, ce terme désigne simplement l'opération qui consiste à retirer la peau de la tomate, ce qui n'est pas toujours impératif. C'est selon. Par exemple, les uns vous diront qu'en salade la tomate doit être émondée, les autres, dont je suis, affirment que ce n'est pas nécessaire et que la tomate est plus « dans son jus », dans sa fraîcheur, quand la peau est toujours là.
Les uns font le coulis en émondant d'abord, d'autres diront que le coulis est plus goûteux avec des tomates ayant gardé leur peau et qu'il suffira, au terme de la réduction, de passer soigneusement le coulis au tamis.
Il est évident que l'on n'émonde pas des tomates destinées à être farcies.

Émonder une tomate
Avec un petit couteau pointu, tailler un petit cercle autour du pédoncule et le retirer. Faire 4 petites incisions autour de ce cercle. Plonger ensuite la tomate 15 à 20 s dans l'eau bouillante, puis la mettre dans un saladier d'eau très froide. Retirer alors la peau, qui vient très facilement.
Puis, soit la couper en deux dans le sens de la largeur, soit la couper en quartiers dans le sens de la longueur.
À ce stade, supprimer toujours et soigneusement les graines et l'eau de végétation.

Emplois
• Concassée grossièrement pour faire une sauce.

• Coupée en morceaux dans la ratatouille niçoise (p. 458).
• Coupée en morceaux pour entrer dans la composition de potages (p. 443) ; de plats mijotés (tendron de veau à la tomate, osso buco, fond de la sauce du navarin, etc.) ; de coulis si on désire les cuire déjà émondées (p. 438).
• Détaillée en petits dés pour faire une concassée-garniture (p. 34) ou décorer et agrémenter une salade composée.
• Coupée en 2 pour faire les tomates confites de Jacques Maximin (p. 449, dans la préparation du sorbet).

Sauce fraîche à la pulpe de tomate

Pour 2 cuil. à soupe bombées
Préparation : 20 min, 3 h à l'avance

6 belles tomates
2 cuil. à café d'huile d'olive
1 cuil. à café d'estragon frais haché
1/2 cuil. à café de vinaigre
Sel, poivre

• Émonder les tomates, les couper en quatre.
• Broyer au mixer pour avoir une purée qui va être très liquide.
Au-dessus d'un saladier, passer cette purée dans un tamis en s'aidant d'un pilon, pour supprimer les derniers déchets.
Placer un torchon dans un autre saladier et verser la pulpe.
Nouer le torchon par les quatre bouts pour faire un ballot et accrocher ce ballot de manière qu'il soit suspendu.
Presser le ballot entre les deux mains pour faire couler l'eau de végétation et laisser reposer 3 h pour laisser s'écouler le reste du liquide et avoir une pulpe concentrée.
• Au bout des 3 h, laver, sécher, effeuiller l'estragon. Hacher les feuilles. Réserver dans un bol. Verser la pulpe dans un récipient et assaisonner avec l'huile, le vinaigre, le sel et le poivre. Ajouter l'estragon et battre à la fourchette pour homogénéiser la sauce.
On peut la servir légèrement tiédie dans une casserole à feu doux, ou froide, à la température de la pièce.

Les tomates crues non émondées

Préparation
Supprimer le pédoncule. On coupera la grosse tomate en 2 moitiés pour la creuser si on veut la farcir.

On coupera un chapeau au niveau du pédoncule à la petite tomate et à la moyenne pour pouvoir les creuser si on veut les servir farcies.
La détailler en rondelles plus ou moins fines.
La détailler en petits dés.

Emplois
En amuse-bouche à l'apéritif ; farcies en hors-d'œuvre (p. 440 à p. 441) ; en salades simples (p. 441) ; en salades composées (p. 442).

Tomates en amuse-bouche

Disposer des tomates cerises en pyramide sur un plat. À côté, préparer des petits piques et :
• 1 soucoupe de sel fin et poivre moulu mélangés,
• 1 soucoupe de sel de céleri,
• des petits bols d'assaisonnements tels que : mayonnaise aux fines herbes (p. 32), fleurette au vinaigre de xérès (p. 33), sauce au raifort râpé (p. 34), sauce à l'anchois simple (p. 33).
Chacun piquera sa tomate et l'assaisonnera à son gré.

Tomates-grappe farcies

Proportions
Les choisir assez petites et en prévoir 3 par personne.

Farce :
2 à 3 cuil. à café bien pleines par tomate

Préparation
Couper le pédoncule de façon à enlever la partie dure du haut de la tomate. À l'aide d'une cuillère à café, les creuser convenablement et les mettre la tête en bas un petit moment pour qu'elles se vident de toute leur eau.

Farces
– céleri-rémoulade ;
– un reste de ratatouille niçoise (p. 458) bien réduite ;
– un hachis d'olives noires mélangé d'œufs durs hachés en parties égales et assaisonné d'huile d'olive, d'un peu de citron, de sel et de poivre ;

– de la salade de concombres (p. 216) relevée d'un peu d'estragon haché ;
– des têtes de champignons de Paris crus, détaillées en petits morceaux et assaisonnées de crème fleurette salée et poivrée, et d'un peu de jus de citron avec du cerfeuil haché.

Remarque : si on désire utiliser des *tomates rondes côtelées de plein champ*, qui seront au moins aussi exquises, on les prendra de taille moyenne et, selon son appétit, on en servira 1 à 2 par personne. On calculera la quantité de farce en conséquence.
Elles seront creusées et mises à s'égoutter la tête en bas de même façon que les tomates-grappe.

Tomates farcies aux crevettes grises

Voici une recette, très aimée, de nos amis.

Pour 4 personnes
Préparation : 45 min

8 tomates rondes moyennes
200 g de belles crevettes grises
1 tasse à thé de mayonnaise (p. 28)
Sel, poivre

• Acheter chez le poissonnier de belles crevettes grises cuites. Creuser les tomates.
• Faire la mayonnaise (p. 28), bien la relever en moutarde.
• Décortiquer les queues de crevettes, les mélanger à la mayonnaise. Vérifier l'assaisonnement en sel et en poivre.
• Farcir les tomates sans trop tasser et en faisant un petit dôme. Servir sur un plat rond à température ambiante.

Salade de tomates

Les olivettes sont très recommandées, mais une jolie petite ronde ou plein-champ de l'été sera tout aussi délicieuse.

• Ne pas les émonder (p. 438), les couper en rondelles d'1/2 cm à 1 cm au goût.
• Supprimer convenablement les graines et l'eau de végétation et les disposer à plat, en les superposant éventuellement, dans un large plat creux avant de les arroser d'assaisonnement sans les remuer ni les bousculer.

Assaisonnement
Le plus simple, le meilleur : de la très bonne huile d'olive, du sel, du poivre et du vinaigre, presque pour mémoire, car il abîme le goût si fin de la tomate.
On peut ajouter à cet assaisonnement :
- du persil haché,
- du cerfeuil haché,
- de l'échalote finement hachée,
- du tout petit oignon blanc cru finement haché.

Batavia, tomates et pignons

Pour 4 personnes
Préparation : 25 à 30 min

1 batavia
2 tomates moyennes
1/2 tasse à thé de pignons
12 petits radis roses

• Préparer la batavia de manière à ne garder que les feuilles tendres du cœur brisées en 4 à 5 morceaux chacune.
• Préparer des tomates concassées (p. 34). Laver, égoutter les radis, les couper en fines rondelles. Mélanger le tout. Ajouter les pignons. Assaisonner.
À servir en assiettes individuelles avec le plat principal.

Assaisonnement :
Vinaigrette classique peu vinaigrée.

Les tomates cuites non émondées

Préparation
• Les graines et l'eau de végétation seront toujours supprimées.
• Destinées à faire une sauce, un potage, elles seront simplement détaillées en morceaux.
• Destinées à servir de garniture, elles seront coupées en 2 dans le sens de la largeur pour être poêlées, grillées.
• Destinées à être farcies et bien rondes, bien grosses, on leur coupe un chapeau au niveau du pédoncule, on les creuse puis on les laisse en attente, la tête en bas.

Emplois
On en fait des coulis, des potages, des entrées et des garnitures.

Soupe de tomates et pommes de terre

Elle se fait au dernier moment.

Pour 4 personnes
Préparation : 15 min
Cuisson : 30 min

2 pommes de terre moyennes, type bintje
4 tomates moyennes
1 litre d'eau
1 oignon moyen
1 gousse d'ail
2 cuil. à soupe de crème fraîche
1 cuil. à soupe de persil haché
Sel, poivre

• Éplucher la gousse d'ail. Éplucher l'oignon, le couper en rondelles. Couper les tomates en 4 morceaux. Éplucher et laver les pommes de terre, les couper en morceaux.
• Mettre tous ces ingrédients dans une casserole et recouvrir d'un litre d'eau. Saler et porter à ébullition à feu moyen. Laisser mijoter à couvert 30 min.
• Pendant ce temps, effeuiller le persil, laver, sécher les feuilles, les hacher finement et les réserver.
• Passer le potage au moulin à légumes au-dessus d'un récipient.
• Remettre dans la casserole, ajouter et délayer la crème fraîche en réchauffant la soupe jusqu'à ébullition. Retirer du feu. Verser dans une soupière chaude. Donner 2 à 3 tours de moulin à poivre et saupoudrer de persil haché.

Tomates farcies de ma grand-mère

Pour 4 personnes
Préparation :
45 min environ
Cuisson :
1 petite heure en tout

4 grosses tomates
150 g de chair à saucisse
2 tranches de jambon de Paris
1 jaune d'œuf
3 cuil. à soupe de persil haché
2 oignons moyens
100 g de beurre en tout
Sel, poivre

• Préparer les tomates en coupant un chapeau et en les évidant (p. 439). Réserver la chair, les mettre en attente la tête en bas.
• Préparer la farce : hacher le jambon finement, le mettre dans un saladier avec la chair à saucisse.
• Éplucher les oignons, les hacher. Mettre 25 g de beurre dans une poêle à feu moyen-doux. Ajouter les oignons et les laisser fondre et devenir transparents (p. 335).
• Pendant ce temps, laver, sécher, hacher le persil, l'ajouter à la chair à saucisse. Dès que les oignons sont à point, les mettre aussi dans le saladier.
• Remplacer dans la poêle les oignons par la chair de tomates

concassée en petits morceaux. À feu doux, la laisser fondre et réduire jusqu'à ce qu'il n'y ait plus d'eau, la verser dans le saladier. En dernier lieu, ajouter le jaune d'œuf, du sel, du poivre et bien mélanger le tout pour avoir une farce homogène.
• Préchauffer le four à température chaude.
• Farcir chaque tomate, les coiffer de leur chapeau et les mettre côte à côte dans un plat à rôtir.
• Dans une petite casserole, faire fondre 75 g de beurre, le verser ensuite sur les tomates. Enfourner et faire cuire en arrosant de temps en temps. Au terme de la cuisson (environ 1 heure), retirer les tomates à l'aide d'une spatule, les déposer dans le plat de service et laisser en attente sur la porte du four.
• Verser le jus de cuisson des tomates dans une petite casserole. Le faire bouillir à plein feu pour le faire réduire et le rendre sirupeux, ce qui prend 2 à 3 min, le verser sur les tomates et servir.

Tomates poêlées

Ce plat se prépare au dernier moment.

Pour 4 personnes
Préparation : 10 à 15 min
Cuisson : 6 à 8 min

6 tomates rondes moyennes
50 g de beurre
1 gousse d'ail (facultatif)
1/2 tasse à thé de persil haché
Sel, poivre

• Laver les tomates, les essuyer. Les couper en 2 et presser doucement chaque moitié entre les mains pour enlever les graines et l'eau de végétation, les faire attendre sur la planche, côté peau en dessus.
• Laver, sécher le persil, l'effeuiller et le hacher finement, le réserver dans la tasse. Si on le désire, éplucher une gousse d'ail, la hacher très finement et la mélanger au persil.
• Dans une large poêle, faire fondre le beurre à feu moyen ; quand il grésille, ajouter les tomates, le côté chair sur la poêle. Laisser cuire et dorer les tomates sans aller trop vite et en remuant la poêle pour éviter qu'elles n'attachent. Quand elles sont à point, les retourner, baisser le feu et continuer la cuisson pour qu'elles s'attendrissent. Saler, poivrer, saupoudrer éventuellement d'ail et de persil.
• À l'aide d'une large spatule, les poser dans un légumier chaud. Faire rapidement réduire le jus au fond de la poêle pour qu'il devienne liquoreux, le verser sur les tomates et servir.

Tomates grillées

Ce plat se fait au dernier moment.

Pour 4 personnes
Préparation :
6 à 7 min
Cuisson : 20 à 25 min

6 tomates moyennes rondes
50 g de beurre
Sel, poivre

• Allumer le four en position gril. Laver et sécher les tomates. Les couper en 2 et les presser doucement dans les mains pour retirer les graines et l'eau de végétation.
• Les disposer côte à côte côté peau dans un plat chaud qui va au four. Saler et poivrer. Dans une petite casserole, faire fondre le beurre, le verser sur la surface de chaque tomate.
• Enfourner le plat à mi-hauteur, laisser les tomates s'attendrir, puis éventuellement les remonter plus près du gril pour leur donner une jolie couleur. Les retirer ensuite du plat avec une large spatule et les poser dans le plat de service.

Et Jacques Maximin propose

Gaspacho « azulette » comme en Andalousie

Pour 4 personnes
Préparation : 35 min
Temps de marinade :
2 ou 3 h
Cuisson des tomates
à griller : quelques
minutes

9 tomates en tout
2 concombres
3 poivrons rouges
2 piments d'Espelette
2 gousses d'ail
3 cuil. à soupe d'huile d'olive
Le jus d'1/2 citron
3 cuil. à soupe de basilic haché
1 tranche de pain de mie
100 g de mayonnaise (p. 28)
Sel, poivre

Préparation et marinade des légumes
• Éplucher les concombres, les fendre, retirer les graines.
• Plonger 6 tomates 15 s dans l'eau bouillante, retirer la peau et supprimer toutes les graines.
• Plonger les poivrons rouges dans l'eau bouillante pendant 4-5 min pour pouvoir ensuite retirer facilement la peau. Supprimer la tige, les ouvrir en 2 et retirer les parties fibreuses et les graines.
• Détailler tous ces légumes en petits dés et les mettre dans un saladier.

• Éplucher les gousses d'ail, les écraser.
• Hacher le basilic, détailler les petits piments d'Espelette. Ajouter ces condiments aux légumes du saladier, verser l'huile et le jus de citron, saler, poivrer, mélanger le tout et laisser mariner pendant 2 ou 3 h.

Préparation des tomates restantes
• Plonger les 3 tomates restantes dans l'eau bouillante pour les peler puis les couper en 2 et retirer leurs graines.
• Mettre à chauffer à feu vif une poêle antiadhésive, y ajouter les moitiés de tomates et les faire griller et ramollir rapidement pendant quelques minutes. Les verser dans la marinade de légumes et les mélanger.

Finition
• Faire la mayonnaise (p. 28), la réserver.
• Émietter finement la mie de pain dans les légumes et mixer convenablement le tout pour avoir une purée fluide. Y mélanger la mayonnaise et vérifier l'assaisonnement.
Servir très froid.

Mixed-grill aux légumes et au bacon

Pour 4 personnes
Préparation : 30 à 35 min
Cuisson : 10 à 12 min

4 petites tomates rondes avec pédoncule
4 mini-courgettes boules
8 oignons blancs avec tige
8 têtes de champignons de Paris
4 aubergines
1 artichaut pointu
4 tranches fines de bacon
40 g de gingembre confit
1 gousse d'ail
6 cuil. à soupe d'huile d'olive
1 branche de thym
Sel, poivre

Préparation des légumes
• Laver et essuyer les tomates, les courgettes et les champignons.
• Retirer la peau extérieure des petits oignons en conservant 2 à 3 cm de fanes.
• Prélever le fond de l'artichaut en le tournant à cru (p. 77), puis le couper en 4 morceaux et les faire cuire à moitié quelques minutes en les poêlant rapidement dans un peu d'huile d'olive.
• Couper les aubergines en 2. Graisser très légèrement une poêle antiadhésive et rôtir légèrement le côté peau, puis quadriller le côté chair.

• Envelopper chaque tomate d'une tranche de bacon après avoir enlevé la petite couenne.
• Préparer l'assaisonnement : détailler le gingembre confit en menus morceaux, écraser la gousse d'ail et les mettre dans une soucoupe avec l'huile d'olive, du sel, du poivre. Préparer un pinceau avec la branche de thym.

Montage et cuisson des brochettes
• Mettre le four en position gril.
• Sur chaque brochette enfiler 2 champignons, 2 oignons, 2 moitiés d'aubergine en les intercalant avec 1 tomate, 1 courgette, 1 morceau d'artichaut.
• Les disposer sur la grille du four à 15-20 cm du gril pour ne pas les faire griller brutalement mais en douceur.
• En cours de cuisson, les badigeonner régulièrement avec l'huile au gingembre et à l'ail à l'aide du « pinceau » de thym et en les retournant. Les légumes doivent être tendres et joliment dorés. Présenter chaque brochette bien chaude sur une assiette.

Petits farcis provençaux

C'est un joli plat, long à préparer, mais tous ces petits farcis peuvent se préparer à l'avance et se chauffer au dernier moment.

Pour 4 personnes
Préparation et cuisson : farces, 25 min chaque ; des farcis, 20 min environ

5 petits farcis par assiette

Premier farci :
4 tomates rondes
Farce :
La pulpe des tomates
100 g de petit salé haché
60 g de riz cru
3 feuilles de basilic
1 gousse d'ail
2 échalotes
1 bonne cuil. à soupe d'huile d'olive
Sel, poivre

Deuxième farci :
4 mini-poivrons
Farce :
La chair des poivrons
30 g de petit salé haché
30 g de bœuf haché
50 g de porc frais haché
3 feuilles de bette
60 g de riz cru
1 bonne cuil. à soupe d'huile d'olive
Sel, poivre

Troisième farci :
4 petites courgettes rondes
Farce :
La chair des courgettes
30 g de petit salé haché
80 g d'agneau haché
1 petit oignon
1 gousse d'ail
60 g de riz cru
1 bonne cuil. à soupe d'huile d'olive
Sel, poivre

Quatrième farci :
4 mini-aubergines rondes
Farce :
La chair des aubergines
25 g de petit salé haché
1 filet d'anchois
10 cl de coulis de tomate de Jacques Maximim (p. 37)
60 g de riz cru
1 tasse à café de persil haché
1 bonne cuil. à soupe d'huile d'olive
Sel, poivre

Cinquième farci :
4 mini-artichauts poivrades
Farce :
Le creux des artichauts fendus dans le sens de la longueur et vidés
30 g de petit salé haché
30 g de bœuf haché
50 g de porc haché
60 g de riz cru
1 oignon
1 gousse d'ail
3 feuilles de bette
4 feuilles d'estragon
1 bonne cuil. à soupe d'huile d'olive
Sel, poivre

Finition des petits farcis
5 œufs
250 g de parmesan râpé
75 g de chapelure fine
1 louche de fond blanc de volaille (p. 23) ou de bouillon de volaille (p. 19)

Préparation des légumes

• Laver les légumes et en couper le haut. Poser les légumes la tête en bas puis les creuser l'un après l'autre pour en prélever la chair et la réserver séparément dans des récipients différents.

Préparation des farces

• Éplucher et hacher les éléments différents de chaque farce. En faire des petits tas bien séparés et les mettre chacun à côté du récipient contenant la chair du légume à farcir pour ne pas les confondre puisqu'elles ne sont pas pareilles.

Cuisson des farces

• Faire chaque farce séparément.
• Dans une sauteuse, mettre à chauffer de l'huile d'olive à feu moyen-vif, ajouter tous les éléments de la farce ainsi que le riz cru et les faire revenir et fondre pendant quelques minutes en les tournant en tous sens. Saler, poivrer et mouiller d'eau à hauteur. Baisser le feu, couvrir et assurer un petit mijotement régulier sans y toucher pendant 20 min, le temps pour le riz de cuire et gonfler. Laisser refroidir.
• Quand la farce est froide, vérifier l'assaisonnement et lui incorporer 1 œuf battu.

Finition et présentation

• Préchauffer le four à température douce. Toutes les farces étant terminées, en farcir les légumes correspondants.

• Mélanger la chapelure et le parmesan râpé, en saupoudrer tous les légumes et les aligner dans un plat qui va au four. Les arroser délicatement d'un peu d'huile d'olive et de fond blanc de volaille (p. 23) (ou de bouillon de volaille) et mettre au four pendant 30 min. Servir dans le plat de cuisson ou présenter 5 farcis différents sur des grandes assiettes.

Facultatif : on peut servir les farcis avec une petite sauce faite avec le jus de cuisson d'abord lié d'un peu de crème fraîche, puis monté avec du beurre incorporé morceau par morceau en le fouettant vivement et terminer par une poignée d'herbes hachées : estragon, persil, basilic.

Sorbet à la tomate et au basilic

Pour 4 personnes
Préparation :
35 à 40 min
Cuisson des tomates :
2 bonnes heures
Prise du sorbet :
25 à 30 min

1 kg de tomates bien rouges
1/2 botte de basilic
1 citron
200 g de sucre en tout
1/2 litre d'eau

Préparation du sorbet

• Préchauffer le four à température moyenne-chaude.
• Plonger les tomates 15 s dans l'eau bouillante, retirer la peau, les couper en 2 et supprimer soigneusement les graines. Aligner les tomates sur la plaque du four et les arroser d'1 filet de citron, saupoudrer légèrement de sucre et les laisser confire 2 bonnes heures.
• Dans une casserole, mettre le sucre restant et l'eau. À feu moyen, porter à ébullition pour avoir un sirop léger.
• Au terme de la cuisson des tomates, les prendre à l'écumoire pour éliminer le jus et les passer au tamis au-dessus d'un saladier en y mélangeant petit à petit le sirop.

Finition et présentation

• Mettre le sorbet dans la sorbetière et le faire prendre.
• Pendant ce temps, prélever les feuilles de basilic et les hacher finement.
• Quand la prise du sorbet est pratiquement terminée, ajouter le basilic haché et le mélanger.
À bonne consistance, le sorbet sera réparti et dressé dans de jolis verres.

Tomates farcies de mini-ratatouille

Pour 4 personnes
Préparation :
35 à 40 min
Cuisson :
1 bonne heure

12 tomates avec le petit pédoncule
4 grosses tomates
1 courgette
1 concombre
2 aubergines
2 patates douces
8 kumquats
100 g de raisins secs de Smyrne
3 cuil. à soupe de miel
3 cuil. à soupe de rhum
1 gousse de vanille
80 g de beurre en tout

Préparation des tomates et des légumes

• Plonger les tomates à pédoncule 15 s dans l'eau bouillante pour retirer la peau (p. 438) puis leur couper un chapeau côté pédoncule, les réserver. Évider les tomates en les débarrassant de leurs graines. Le réserver tête en bas sur une planche.
• Plonger les grosses tomates 15 s dans l'eau bouillante pour retirer la peau (p. 438) puis leur couper un chapeau. Evider les tomates en les débarrassant de leurs graines. Les détailler en petits dés.
• Éplucher des patates, les détailler en petits dés. Peler le concombre et la courgette, les débarrasser de leurs graines. Les détailler en petits dés. Faire de même avec les aubergines et les kumquats, les réserver à part.

Cuisson des légumes

• Dans une sauteuse, mettre à chauffer à feu moyen-vif 40 g de beurre, ajouter les aubergines et les kumquats. En tournant en tous sens, les poêler rapidement 1 à 2 min, ajouter le rhum et le faire réduire complètement toujours en tournant. Verser 1 cuil. à soupe de miel, bien le mélanger en tournant le tout convenablement. Baisser le feu.
• Dans une autre sauteuse, mettre à fondre à feu moyen-vif 40 g de beurre, ajouter 2 cuil. à soupe de miel, les mélanger. Verser ensuite les dés de courgette, de concombre et la gousse de vanille, les dés de patate et de tomate, mélanger convenablement le tout en les faisant revenir rapidement pendant 2 à 3 min.
• Les verser alors dans la sauteuse d'aubergines. Bien mélanger et, à feu doux, laisser cuire et compoter jusqu'à cuisson complète et disparition du jus. Ajouter alors les raisins secs et les mélanger.

Finition et présentation

• Retourner les tomates à pédoncule, y répartir la mini-ratatouille. Laisser un peu refroidir et couvrir les tomates de leur petit chapeau réservé. En dresser 3 par assiette et les servir à température ambiante.

Le topinambour

Origines

Le topinambour est une plante vivace comme la pomme de terre, ses tubercules poussent et se développent à partir des racines souterraines.
Il est originaire de l'Amérique du Nord et fut rapporté en France par Champlain au XVIIe siècle, mais c'est surtout Parmentier qui essaya, au XVIIIe siècle, de le réhabiliter au même titre que la pomme de terre. Ce ne fut pas un succès immédiat et, jusqu'à nos jours, il n'a jamais eu dans notre alimentation le succès de la pomme de terre ou de l'artichaut.

Aspects

Le topinambour est un légume d'hiver et de printemps. Ses gros tubercules bosselés sont assez difficiles à éplucher et c'est la variété dite rose fuseau qui est la plus délicate.
De consistance assez ferme, il a un goût très semblable à celui de l'artichaut.
Très nourrissant – 100 g de topinambour fournissent 80 calories –, il est riche en phosphore et en potassium.

La cuisine du topinambour

Le topinambour se consomme toujours cuit, froid ou chaud. Il vaut mieux les choisir petits et bien fermes.
Très semblable de saveur à l'artichaut, les préparations des beaux fonds de ce dernier lui conviennent tout à fait (p. 77 à p. 81).

Quantité
800 g à 1 kg pour 4 personnes.

Préparation

Il doit toujours être soigneusement épluché, soit à cru, et ce n'est pas très aisé, soit après une cuisson à l'anglaise (p. 13), l'opération est alors moins fastidieuse.
Selon les recettes et le goût de chacun, il sera détaillé en morceaux plus ou moins gros, en rondelles, en petits dés ou en bâtonnets.

Cuisson

• *À l'anglaise*

Choisir des topinambours moyens ou petits, bien les laver, ne pas les peler.

Temps de cuisson : 30 min dans de l'eau bouillante salée.

Les égoutter, les sécher, les peler, les détailler comme on le souhaite.

On peut alors les servir :

Froids ou tièdes en salade, assaisonner d'une vinaigrette classique (p. 27) que l'on peut relever de persil haché, de coriandre hachée, de basilic haché.

Voir aussi les assaisonnements des fonds d'artichauts froids ou tièdes (p. 77 et 78).

Ils peuvent alors accompagner du poulet rôti froid ou tiède, du jambonneau, de la langue écarlate.

Chauds

Dès la cuisson terminée, les topinambours bien égouttés sont pelés et détaillés comme on le souhaite. Ils seront réchauffés à tout petit feu : soit dans un bon morceau de beurre que l'on fait juste fondre avec un voile d'eau au fond de la casserole. Saler et poivrer, soit dans 2 à 3 cuil. à soupe de crème fraîche légèrement réduite, salée, poivrée et relevée d'1 bonne cuil. à soupe de ciboulette hachée.

Ainsi réchauffés, les topinambours sont une excellente garniture pour accompagner des poissons pochés, des viandes blanches rôties ou poêlées.

• *À l'étuvée*

Laver et peler les topinambours à cru, les détailler en lamelles.

Voir ensuite « Émincé de fonds d'artichauts » (p. 79) et procéder de la même façon.

Topinambours à la truffe

Préparation : 25 à 30 min
Cuisson : 8 à 12 min

Une délicieuse variante très raffinée : en fin de cuisson, détailler de fines lamelles de truffes fraîches ou de conserve (p. 195) au-dessus du plat et les mélanger très délicatement aux topinambours.

C'est parfaitement bon !

La quantité de truffes est directement liée au porte-monnaie de chacun, chacune…

Topinambours à la cocotte

Pour 4 personnes
Préparation : 25 min
Cuisson : 20 à 25 min

1 kg de topinambours
2 échalotes moyennes
1 gousse d'ail
1 branche de thym
1/2 feuille de laurier
12 cl de bouillon de volaille (p. 19) ou instantané
6 cl de vin blanc sec
70 g de beurre en tout
Sel, poivre

Facultatif : **2 cuil. à soupe d'estragon grossièrement haché**

• Peler à cru les topinambours, les couper en lamelles d'1 cm d'épaisseur. Éplucher l'ail et les échalotes, réserver l'ail et hacher grossièrement les échalotes. Ficeler le thym et le laurier.
• Dans une cocotte à feu moyen-doux, mettre 30 g de beurre à chauffer, ajouter les échalotes hachées et les faire se ramollir en douceur. Quand elles commencent à prendre couleur, verser les topinambours et les faire étuver (p. 452) juste pour les ramollir un peu.
• Avant cuisson complète, mouiller avec le vin blanc. À plein feu, le laisser presque complètement s'évaporer. Ajouter le bouillon, le bouquet garni, la gousse d'ail écrasée au presse-ail. Saler et poivrer. Continuer la cuisson à couvert et à toute petite ébullition pendant environ 20 min. Les topinambours doivent être tendres et non défaits. Supprimer le bouquet garni.
• À l'aide de l'écumoire, dresser les topinambours et les échalotes hachées dans un légumier de service bien chaud. Dans le bouillon de cuisson, incorporer le beurre restant morceau par morceau en fouettant pour obtenir une petite sauce onctueuse. La verser sur les topinambours et servir bien chaud.

Facultatif : en dernier lieu, saupoudrer les topinambours de feuilles d'estragon très grossièrement ciselées.

Emplois : le plat de légume idéal du dîner familial ; pour accompagner des filets de poisson pochés, des filets de poisson grillés, un rôti de bœuf ; du gigot d'agneau, du canard rôti, des rognons d'agneau grillés.

Purée de topinambours

Pour 4 personnes
Préparation : 30 à 35 min
Cuisson : topinambours, 30 min environ ; pommes de terre, 35 à 40 min

700 g de jeunes topinambours
300 g de pommes de terre (type bintje, p. 383)
100 g de beurre
10 cl de lait
Sel, poivre

• Éplucher les pommes de terre, les couper en 3 ou 4 morceaux. Les mettre à cuire (p. 382) dans un faitout. Nettoyer les topinambours, les mettre à cuire à l'anglaise (p. 452).
• Dès qu'elles sont cuites, passer les pommes de terre au moulin à légumes au-dessus d'une casserole.
• Au terme de leur cuisson, peler les topinambours, les couper en gros morceaux et les passer au presse-purée au-dessus des pommes de terre, les mélanger en incorporant petit à petit et alternativement le lait et le beurre comme pour la purée de pommes de terre (p. 386). Saler et poivrer.
Servir la purée dans un légumier chaud.

Variante : On peut ajouter à la purée de topinambours : du cerfeuil haché ; des dés de tomate (p. 34) ; de la truffe fraîche ou de conserve (p. 195) finement hachée et bien mélangée.

Emplois : le légume du dîner familial pour accompagner : des œufs frits, du foie de veau poêlé, un petit lapin sauté, une pintade à la cocotte, du râble de lièvre sauce poivrade.

Préparations « tous légumes »

Ce sont des mélanges harmonieux de légumes.
On y retrouve tous les légumes dont on s'est préoccupé jusqu'ici, détaillés et mélangés.
Constitués de légumes qui ont tous été traités séparément, il suffira pour chacun, chacune, s'il était embarrassé, de se référer aux chapitres des légumes cités dans la recette. Tous ces plats sont des accompagnements aux poissons, aux viandes, aux volailles, aux œufs.
Si ce n'est que tous sont relativement longs à préparer, ils ont cependant l'avantage de pouvoir se cuisiner à l'avance et de se réchauffer au dernier moment.

Jardinière de légumes

Les légumes peuvent être cuits à l'avance ; on les réchauffe dans une casserole d'eau bouillante et on les met dans le beurre fondu au dernier moment. Dans ce cas, garder une louche de l'eau de cuisson.

Pour 6 personnes
Préparation : 40 à 45 min
Cuisson : voir à chaque légume

200 g de pommes de terre BF 15 ou roseval
300 g de carottes rondes nouvelles
100 g de navets ronds nouveaux
150 g de petits pois frais écossés ou surgelés
100 g d'oignons grelots
200 g de haricots verts
50 g de beurre
1/2 louche de jus de cuisson
Sel, poivre

• Gratter les carottes, les navets et les pommes de terre ; les laisser dans l'eau fraîche. Écosser les petits pois frais ou employer des petits pois surgelés. Éplucher les haricots verts, les couper en 3 ou 4 morceaux.
• Faire cuire séparément tous les légumes à l'anglaise (p. 13), les égoutter.
• Dans une casserole, préparer un beurre fondu (p. 52) avec l'eau de cuisson et le beurre. Mettre les légumes à chauffer doucement en les remuant de bas en haut.
Servir dans un légumier chaud.

Emplois : le légume du dîner familial, en garniture de viandes rôties ou poêlées.

Julienne de légumes

Elle se fait au dernier moment. On ne peut pas la considérer comme un légume-garniture. C'est plutôt un élément plein de saveurs complétant et terminant un plat.

Pour 4 personnes
Préparation : 12 à 15 min
Cuisson : 10 à 12 min

2 carottes moyennes
1 navet
3 à 4 champignons de Paris moyens
Jus de citron
30 g de beurre
Sel, poivre

• Éplucher les carottes et le navet. Les laver et les sécher, puis les tailler en julienne à l'aide de la grille moyenne du moulin à légumes. Les réserver dans un torchon. Séparer les têtes des pieds des champignons. Supprimer la partie terreuse. Les laver et, à l'aide d'un couteau bien affûté, les détailler en bâtonnets égaux à ceux des carottes et du navet. Les arroser de quelques gouttes de jus de citron pour les empêcher de noircir.
• Dans une casserole à fond épais, mettre le beurre à fondre à feu doux. Quand il est fondu, ajouter la julienne de carottes et navet. Couvrir et laisser cuire en douceur sans prendre couleur pendant 5 à 6 min. Au bout de ce temps, ajouter les bâtonnets de champignons, remuer le tout à la cuillère, saler, poivrer, laisser cuire à couvert 5 à 6 min de plus en veillant à ce que les légumes n'attachent pas et ne se colorent pas. En fin de cuisson, ils doivent être tendres, mais pas mous. Ils se prêtent alors à la recette choisie.

Macédoine de légumes

Tous les légumes peuvent être cuits et mélangés à l'avance. On les réchauffe et on les assaisonne au dernier moment.

Pour 6 personnes
Préparation : 1 h
Cuisson : voir à chaque légume

200 g de haricots verts
200 g de carottes
200 g de navets
300 g de petits pois
200 g de pommes de terre BF 15 ou roseval

Pour que ce plat soit bon, il faut que chaque légume soit cuit séparément, afin que certains ne soient pas trop cuits et d'autres pas assez. Pour qu'il soit joli, il faut que les légumes soient de taille égale. C'est dire que ce simple plat de légumes est finalement long à confectionner.

Préparer les légumes
• Eplucher les pommes de terre à l'aide d'un économe. Les tailler en petits dés de 1,5 cm de section. Les laver à l'eau fraîche. Les mettre dans une casserole d'eau froide salée. Porter à ébullition et laisser cuire environ 20 min. Les égoutter ensuite dans une passoire à pieds.
• Pendant que les pommes de terre cuisent, porter à ébullition une casserole d'eau salée et gratter les carottes et les navets, les couper en petits dés égaux à ceux des pommes de terre. Les laver à l'eau fraîche dans deux récipients séparés.
• Plonger les carottes dans la casserole d'eau bouillante ; 5 min après, ajouter les navets. Pendant que carottes et navets cuisent, retirer les pommes de terre de la passoire, les mettre dans un saladier. Éplucher les haricots verts et les couper en morceaux de 2 cm de longueur. Les laver à l'eau fraîche.
• Quand les carottes et les navets sont cuits, les retirer avec une écumoire et les égoutter dans la passoire. Les remplacer dans la casserole par les haricots verts. Pendant qu'ils cuisent, ajouter les carottes et les navets aux pommes de terre dans le saladier en mélangeant délicatement.
• Retirer les haricots verts avec une écumoire, les plonger dans l'eau fraîche, les égoutter dans la passoire et les mélanger aux autres légumes dans le saladier.
• Faire cuire les petits pois (p. 350), les égoutter et les ajouter au reste des légumes dans le saladier.

Les légumes étant cuits, on peut les accommoder :
• *Chauds au beurre*
Les enfermer dans un baluchon d'étamine où ils seront à l'aise, les mettre à réchauffer dans une grande casserole d'eau très chaude mais non bouillante pendant quelques minutes. Les sortir, laisser l'eau bien s'écouler à travers le chiffon. Ouvrir le paquet et le verser doucement dans un légumier chaud, les parsemer d'un œuf de beurre ramolli divisé en copeaux qui fondront à la chaleur, et servir.

Emplois : le légume du dîner familial, en garniture de viandes rôties ou poêlées.

• *Sans beurre, au naturel :*
Viandes en sauce.
Volailles en sauce.
Poissons au court-bouillon.

• *Froids*
Mélangés avec une mayonnaise, ils deviennent ce qu'on appelle « la salade russe ».

Emplois : garniture de viandes froides, de poissons froids, de crustacés pochés.

Ratatouille niçoise

Ce plat peut être fait à l'avance. On le réchauffe lentement à feu doux.

Pour 4 personnes
Préparation : 35 min
Cuisson : chaque légume, 8 à 10 min ; ratatouille, 1 h 30

1 kg de tomates
300 g d'aubergines
500 g de courgettes
2 poivrons verts
2 beaux oignons
3 gousses d'ail
1 branche de thym
5 cuil. à soupe d'huile d'olive environ
Sel, poivre

• Plonger les tomates 2 min dans de l'eau bouillante. Les égoutter. Avec un économe, éplucher les aubergines et les couper en petits dés.
• Dans une grande cocotte, mettre 3 cuil. à soupe d'huile d'olive à chauffer à feu moyen. Quand elle est bien chaude, jeter dedans les dés d'aubergines pour les faire fondre et revenir en les tournant de temps en temps avec une cuillère en bois.
• Pendant que les aubergines sont dans la cocotte, avec l'économe, éplucher les courgettes, les couper aussi en petits dés. Avec une écumoire, retirer les aubergines de la cocotte, les réserver dans un saladier. Éventuellement, ajouter de l'huile, attendre qu'elle soit chaude et y jeter les courgettes pour également les faire fondre et revenir en les remuant régulièrement avec la cuillère en bois.
• Pendant ce temps, retirer la tige, les graines et les parties ligneuses des poivrons, les couper d'abord en languettes puis en très petits morceaux. Éplucher les oignons et les émincer en fines rondelles. À ce moment, les courgettes doivent être à point, les retirer avec l'écumoire et les réserver dans le même saladier que les aubergines.

• Remettre de l'huile dans la cocotte, la faire chauffer et y jeter les poivrons. Attendre qu'ils commencent à se ramollir, puis ajouter les oignons. Les laisser tranquillement fondre et revenir avec les poivrons en remuant avec la cuillère en bois.
• Pendant ce temps, retirer la peau des tomates ainsi que la partie dure de la tige (p. 438). Les couper grossièrement en morceaux dans un saladier.
• Remettre dans la cocotte les courgettes et les aubergines. Prendre les morceaux de tomates avec une écumoire pour éviter de mettre trop d'eau de végétation, les ajouter au contenu de la cocotte et mélanger le tout en laissant toujours à feu moyen.
• Éplucher les gousses d'ail, les écraser avec le presse-ail au-dessus de la cocotte, mélanger. Ajouter une petite branche de thym. Saler, poivrer. À partir de l'ébullition, laisser mijoter à petit feu à découvert pendant 1 h 30. La ratatouille doit être alors à point, cuite et tout le liquide évaporé. Si elle semblait encore trop liquide, continuer la cuisson. Vérifier l'assaisonnement. Retirer la branche de thym et servir dans un plat de service.

Remarques : tel quel, ce plat se présente comme un ensemble de morceaux de légumes. On peut, si on préfère, les écraser grossièrement à la fourchette avant de servir.
On peut également procéder de manière différente : éplucher et couper d'abord tous les légumes, puis les faire fondre et revenir en même temps, chacun dans une poêle différente, puis mettre le tout dans une cocotte et faire cuire. On gagne cependant, à mon avis, davantage de temps en procédant comme je l'ai indiqué.
Ce plat peut sans inconvénient être réchauffé, donc être fait à l'avance.

Emplois : consommée chaude, la ratatouille est le légume du dîner familial ou en garniture de poissons au four ou au court-bouillon, d'escalopes de veau poêlées, de côtes d'agneau grillées ou poêlées. Froide, elle est un complément parfait d'œufs cocotte, d'omelette ou de poissons au court-bouillon.

Et Jacques Maximin propose

Fritto-misto « à la Joscaye »

Pour 4 personnes
Préparation :
30 à 35 min
Précuisson : 4 à 5 min
Finition :
quelques minutes

1 courgette
1 carotte
1 aubergine longue et moyenne
1 fleur de courgette
100 g de céleri-rave
1 fenouil
6 gousses d'ail

Pâte à frire tempura :
60 g de farine
6-7 glaçons en tout
1 bassine à frire d'huile de palme
Sel de céleri

Facultatif :
Sauce à la tomate concassée au basilic (p. 34) ou mayonnaise aux câpres (p. 29).

Préparation des légumes

• Éplucher et laver tous les légumes.
• Éplucher les gousses d'ail, retirer le germe. Les détailler en très fines lamelles.
• Détailler les autres légumes en lanières de 1,5 cm de large et 5 cm de long.

Préparation de la tempura et cuisson des légumes

• Dans un bol, mettre la farine et 3 à 4 glaçons, fouetter jusqu'à ce que les glaçons soient fondus. Passer ensuite l'appareil au congélateur le temps de précuire les légumes.
• À grande eau bouillante salée, précuire les lanières de légumes mélangées avec l'ail pendant 4 à 5 min. Les égoutter et les poser sur un torchon pour les essuyer parfaitement et les sécher.

Finition et cuisson

• Mettre à chauffer la bassine d'huile de palme.
• Pendant ce temps, sortir la pâte à frire tempura du congélateur, ajouter les 3 glaçons restants et fouetter énergiquement. Dès que l'huile de friture est bien chaude, tremper par petits paquets les légumes dans la tempura et les mettre à frire sans qu'ils se touchent. Les laisser dorer. Les prendre à l'écumoire et les poser au fur et à mesure sur du papier absorbant. Saler au sel de céleri. Servir si on le souhaite avec une des sauces conseillées.

Gougères de purée aux petits légumes

Pour 4 personnes
Préparation :
1 h en tout
Cuisson totale :
1 h - 1 h 15

300 g de pâte à choux (p. 57)
2 belles pommes de terre à purée (type bintje, p. 382)
Lait
Beurre
1 carotte
1 navet
80 g de haricots verts
1 artichaut macau (p. 71)
Jus de citron
100 g de petits bouquets de chou-fleur
100 g de gruyère râpé
2 à 3 cuil. à soupe de jus de rôti (p. 22) d'agneau de préférence
25 g de beurre
Sel, poivre

Facultatif : **4 petites cervelles d'agneau poêlées meunières.**

Préparation des légumes

• Éplucher les pommes de terre, les faire cuire dans l'eau salée. Au terme de la cuisson, les égoutter et, avec un peu de lait et de beurre, faire 100 g de purée (p. 386) et la réserver.
• Parer le fond du gros artichaut (p. 75), le cuire à l'eau citronnée et le réserver.
• Éplucher et laver la carotte, le navet et les haricots verts, les détailler en petits dés, les cuire à grande eau bouillante salée pendant 5 à 7 min. Ils doivent être tendres mais fermes. Bien les égoutter et les sécher.
• Séparer le chou-fleur en très petits bouquets, en faire cuire 100 g et bien les égoutter.
• Égoutter le fond d'artichaut, le couper en petits dés.
• Mélanger tous les légumes et les réserver.

Préparation et cuisson des gougères

• Faire la pâte à choux (p. 57), lui incorporer le gruyère râpé et la purée, laisser refroidir.
• Allumer le four à 160 °C. Disposer des petits choux sur la plaque (p. 57 et 58) et les laisser cuire pendant 30 min environ.

Finition

• Dans une sauteuse, mettre à chauffer le jus de rôti et 25 g de beurre. Ajouter les légumes et, en les tournant en tous sens, bien les chauffer et leur faire prendre du brillant. Saler et poivrer.
• Ouvrir les petites gougères chaudes, les garnir de macédoine de légumes et en servir 5 à 6 réparties sur les assiettes.

Facultatif : on peut, si on le souhaite, accompagner ces gougères d'une petite cervelle d'agneau par assiette, cuite meunière.

Quiche lombarde

Pour 6 personnes
Préparation : 1 h
Cuisson totale :
35 à 40 min

4 oignons
5 tomates
4 courgettes
500 g de pâte brisée (p. 56)

Appareil à quiche :
4 jaunes d'œufs
50 g de beurre en tout
80 g de parmesan râpé
25 cl de crème fraîche
300 g de coques
Vinaigre
2 gousses d'ail
2 échalotes moyennes
1 branche de thym
Sel, poivre

Préparation des éléments de la quiche

• Préparer la pâte brisée suffisamment à l'avance pour lui laisser le temps de reposer (p. 56).
• Laver et nettoyer les coques, les laisser reposer 2 h dans de l'eau vinaigrée.
• Éplucher les oignons et les courgettes, les émincer séparément. Les réserver.
• Plonger 15 s les tomates dans l'eau bouillante pour retirer la peau, les ouvrir en deux et supprimer les graines, les concasser finement. Réserver.

Préparation du fond de quiche

• Préchauffer le four à température moyenne.
• Avec un copeau de beurre, graisser légèrement un moule à tarte de 21 cm à fond mobile.
• Étaler finement la pâte brisée sur une planche farinée, la déposer sur le moule et le garnir en appuyant bien avec les doigts sur tout le fond et les bords du moule. Découper le surplus de pâte en réservant de quoi roulotter les bords convenablement. Piquer le fond de coups de fourchette puis le garnir avec les oignons, les courgettes et les tomates en les intercalant de manière à constituer une rosace de trois couleurs. Mettre à cuire au four pendant 20 min à peu près.

Préparation de la quiche

• Retirer les coques de l'eau avec les mains sans remuer le fond pour ne pas prendre le sable en même temps.
• Éplucher et écraser les gousses d'ail, éplucher et hacher finement les échalotes.
• Dans une sauteuse, mettre à fondre à feu moyen 25 g beurre jusqu'à la couleur noisette, ajouter l'ail, les échalotes et le thym

froissé entre les mains pour faire tomber les feuilles. Laisser le tout à dorer 2-3 min. Verser les coques et, en relevant le feu et en les brassant, les faire s'ouvrir et cuire pendant 1 à 2 min. Les prendre à l'écumoire, les décoquiller et les réserver.
• Faire l'appareil à quiche en mélangeant dans un bol la crème fraîche et les jaunes d'œufs battus, 25 g de beurre fondu puis le parmesan râpé et les coques. Saler et poivrer convenablement.

Finition de la quiche

• Sortir du four la pâte garnie, verser dessus tout l'appareil à quiche puis remettre au four pendant 10 à 15 min environ jusqu'à ce que l'appareil se prenne et dore légèrement.
• Servir bien chaud.

Remarque : on peut, si on souhaite enrichir le plat, le servir avec une saucière de beurre blanc (p. 45).

Riz Domerego

Pour 6 à 7 personnes
Préparation : 45 min
Cuisson :
environ 30 min

250 g de riz basmati
1 petit poivron vert
1 petit poivron rouge
1 petit poivron jaune
1 poireau moyen
1 fenouil
2 branches de céleri
1 petite aubergine
1 petite courgette
300 g de champignons de Paris
200 g de petits pois écossés
4 échalotes
1 gousse d'ail
50 g de raisins secs
1 branche de thym
1 feuille de laurier
1/2 litre de fumet de poisson (p. 25)
2 à 3 cuil. à soupe d'huile d'olive
Sel, poivre

Et au goût :
Quatre-épices
Curry en poudre
Cumin en poudre
Safran en poudre
Parmesan

Préparation des légumes

• Ébouillanter les poivrons, retirer la peau, les ouvrir, retirer les fibres et les graines. Retirer la partie vert foncé et le bout du poireau, bien le laver et réserver le blanc et le vert clair. Parer le fenouil pour dégager le bulbe. Éplucher la courgette et l'aubergine, supprimer les graines. Parer et nettoyer les champignons (p. 167). Supprimer les fibres des branches de celeri, éplucher les échalotes.
• Détailler tous ces légumes en dés moyens et écosser des petits pois pour en avoir 200 g.

Cuisson et présentation

• Dans une grande sauteuse, mettre à chauffer l'huile d'olive à feu moyen. Ajouter tous les légumes sauf les petits pois, le thym et le laurier et, en les tournant et les mélangeant, les faire suer et ramollir en douceur pendant 6 à 7 min.
• Ajouter le riz, mélanger le tout et mouiller avec le fumet de poisson. Saler et poivrer, ajouter les épices au goût et laisser mijoter à petit feu pendant 15 à 20 min. Le riz doit être cuit mais ferme et détaché.
• Au bout de 10 min, ajouter les petits pois et les raisins secs ainsi que la gousse d'ail hachée fin. Mélanger doucement le tout.
• Au bout de 20 min, verser dans un plat creux chaud et arroser d'un peu d'huile d'olive crue.

Tajine de légumes

Pour 4 à 5 personnes
Préparation : 35 à 40 min
Cuisson : 1 h environ

100 g de céleri-rave
100 g de navets
100 g de carottes
100 g de courgettes
4 mini-aubergines
100 g d'oignons blancs
100 g d'amandes fraîches décortiquées
100 g de fèves écossées
2 artichauts poivrades
100 g de cèpes-bouchons
1 tomate
100 g de morilles

Fond de cuisson :
1/2 litre de bouillon de volaille (p. 19)

2 à 3 cuil. à soupe de miel liquide
2 gousses d'ail
1 feuille de laurier
1 branche de thym
Cumin
Cannelle
Quatre-épices
Coriandre en poudre
Curry en poudre
Sel, poivre

Finition :
1/2 tasse à thé de coriandre, de basilic et d'estragon grossièrement hachés

Préparation des légumes

• Éplucher et laver le céleri, les navets, les carottes, les courgettes et les tailler en bâtonnets, réserver.
• Éplucher les oignons, supprimer la tige des mini-aubergines, les laisser entières, décortiquer les amandes fraîches, écosser les fèves, retirer les petites peaux des unes et des autres. Réserver.
• Parer et bien nettoyer les petits cèpes et les morilles (p. 176 et p. 182). Réserver.
• Préparer en quartiers les artichauts poivrades. Plonger la tomate 15 s dans l'eau bouillante. Supprimer la peau et les graines. La concasser grossièrement.

Cuisson du tajine de légumes

• Préchauffer le four à température moyenne. Dans une jolie cocotte, verser le bouillon de volaille, le miel, l'ail, le laurier et le thym, ainsi que toutes les épices que l'on dosera à son goût, du sel, du poivre. Le porter à ébullition. Verser alors tous les légumes préparés, refaire partir à toute petite ébullition. Couvrir et mettre ensuite au four pour continuer une cuisson lente selon le principe des viandes braisées.

• Surveiller pour s'assurer de la petite ébullition et laisser cuire environ 1 h. Les légumes doivent être fondants.

• Pendant cette cuisson, hacher les fines herbes fraîches et servir dans la cocotte de cuisson en parsemant le dessus du plat de fines herbes.

Cookies de légumes miellés

Pour 12 à 20 cookies
Préparation totale : 20 min
Cuisson : des légumes, 10 min ; des cookies, 10 min

100 g de courgettes
100 g de carottes
100 g de potiron
30 g de miel

Pâte à cookies :
250 g de farine
5 g de bicarbonate de soude
5 g de sel
10 g de vanille en poudre
75 g de sucre semoule
40 g de sucre brun
150 g de beurre

Préparation des légumes

• Éplucher les légumes et les couper en petits dés. À grande eau bouillante salée, cuire les dés de courgettes 2 à 3 min, ceux de carottes et de potiron 6 à 7 min. Les égoutter et les sécher convenablement.

• Dans une casserole à feu doux, faire fondre le miel, ajouter les dés de légumes. Tourner le tout pour les enrober et les faire compoter doucement. Ils doivent être bien tendres et confits.

Préparation de la pâte à cookies

• Détailler le beurre à la température de la pièce en petits morceaux.

• Dans un saladier, mélanger convenablement tous les autres éléments. Ajouter le beurre et, du bout des doigts, l'incorporer pour obtenir une pâte souple et homogène.

Finition

• Préchauffer le four à température chaude. Ajouter à cette pâte les petits légumes et les mélanger convenablement.

• Beurrer la plaque du four, y répartir des petits tas de pâte un peu plats et un peu larges et mettre à cuire pendant 10 min environ, les laisser refroidir ou les déguster tendres et tièdes.

TABLE

LES BASES

Les principaux modes de cuisson 13

Les bouillons 17
- Pot-au-feu et son bouillon 17
- Poule au pot et son bouillon 19
- Bouillon de légumes 20
- Court-bouillon pour poissons, crustacés ou coquillages 21

Les jus de rôti 22
- Jus de bœuf 22
- Jus de poulet 22

Les fonds 23
- Fond blanc de volaille 23
- Fond de veau brun 24
- Gelée de viande 24
- Fumet de poisson 25

Les sauces 26

Les sauces froides 26

Les vinaigrettes 26

Les vinaigres ; les huiles 26
- Vinaigrette classique 27

Les mayonnaises 28
- Mayonnaise au naturel 28
- Mayonnaise aux herbes 29
- Mayonnaise aux câpres 29
- Mayonnaise aux cornichons 30
- Mayonnaise au ketchup 30
- Mayonnaise à la tomate fraîche 30
- Mayonnaise aux olives noires 30
- Mayonnaise crémée au citron 31
- Mayonnaise crémée à la ciboulette 31

• Mayonnaise crémée au basilic frais 31
• Mayonnaise crémée aux fines herbes 32
Autres sauces froides 32
• Aïoli 32
• Fleurette au citron 32
• Fleurette au vinaigre de xérès 33
• Sauce gribiche à ma façon 33
• Sauce à l'anchois simple 33
• Sauce à la tomate concassée au basilic 34
• Sauce au raifort râpé 34
• Crème fouettée à l'aneth 35
Les sauces chaudes 35
Les classiques 35
• Béchamel 35
• Coulis de tomate 36
• Coulis de tomate de Jacques Maximin 37
• Bagna cauda 38
• Coulis de poivrons rouges 38
• Sauce à l'ail 39
• Sauce aux oignons 39
• Sauce poulette 40
Les sauces réduites 40
• Crème de curry 41
• Crème au fumet de poisson 42
• Crème de volaille 42
• Velouté de volaille de Jacques Maximin 43
• Sauce chaude au raifort 43
• Sauce à la truffe de Monique Peybère 44
Les sauces émulsionnées 44
• Beurre blanc 45
• Sauce hollandaise 46
• Sauce maltaise 46
• Sauce mousseline 47
• Sauce béarnaise 47
• Sauce choron 48
• Sauce Claude Jolly 48
Les beurres composés 49
• Beurre d'ail 49
• Beurre d'ail d'Escudié 49
• Beurre de curry 50

• Beurre d'estragon 50
• Beurre d'échalote 50
• Beurre de fines herbes 50
• Beurre de moutarde 51
• Beurre maître d'hôtel 51
• Beurre de paprika 51
• Beurre de poivron rouge 51
• Beurre de raifort 52
• Beurre de tomate 52
• Beurre fondu 52
• Beurre émulsionné 53
• Beurre noisette 53
Quelques condiments 54
• Chutney de tomates vertes 54
• Échalotes à l'aigre-doux 54
• Rouille 55

Les pâtes 56
• Pâte brisée 56
• Pâte à crêpes 57
• Pâte à choux 57
• Pâte à frire 58

LES LÉGUMES 59

L'ail 61
Origines ; aspects ; choix et qualités 61
La cuisine de l'ail 62
L'ail cru 63
Préparation ; les emplois de l'ail cru ; utilisations aromatiques 63
L'ail cuit 64
En condiment ; en légume 64
• L'ail poché 65
• L'aigo boulido 65
• L'ail en chemise 66
• Gousses d'ail en étuvée 66
• Purée d'ail 67
Jacques Maximin propose
• Aïoli de pommes de terre et de chou-fleur aux bulots 68
• Crème glacée de tomates aux dragées d'ail 69
• Terrine d'ail doux 70

L'artichaut 71
Origines ; aspects ; choix et qualités 71
La cuisine de l'artichaut 72
Les petits artichauts 72
Préparation 72
• L'artichaut poivrade cru 72
• Poivrades au gril 72
• Poivrades frits 73
• Poivrades à la barigoule 73
• Poivrades marinés 74
Le gros artichaut 75
Préparation ; cuisson traditionnelle ; cuisson au micro-ondes 75
• Le gros artichaut et ses sauces 76
Les fonds d'artichauts frais 77
Préparation ; cuisson 77
• Fonds d'artichauts (recette de base) et leurs sauces 77
• Fonds d'artichauts aux truffes 78
• Émincé de fonds d'artichauts 79
• Fonds d'artichaut aux oignons gratinés 80
• Purée de fonds d'artichauts 80
Jacques Maximin propose
• Gelée de févettes et poivrades en huile 81

L'asperge 83
Origines ; aspects ; choix et qualités 83
La cuisine de l'asperge 84
Préparation ; cuisson 84
• Asperges chaudes et leurs sauces 86
• Asperges tièdes ou froides et leurs sauces 86
• Asperges à la Fontenelle 86
• Asperges à la Monselet 87
• Asperges à l'étuvée 87
• Asperges aux petits pois frais 88
• Tarte aux pointes d'asperges 89
• Salade de pointes d'asperges en feuilles de laitue 89
• Salade de pointes d'asperges aux fonds d'artichauts et à la sauce gribiche 90
• Velouté d'asperges 90
Jacques Maximin propose
• Gratin de pointes d'asperges à la parisienne 91

L'aubergine 93
Origines ; aspects ; choix et qualités 93

La cuisine de l'aubergine ... 94
Préparation ... 94
• Aubergines grillées ... 94
• Caviar d'aubergines ... 95
• Aubergines en friture ... 96
• Bâtonnets d'aubergine croustillants ... 97
• Beignets d'aubergines ... 97
• Gratin d'aubergines de Claude Lebey ... 98
• Gratin d'aubergines à l'agneau et au coulis de tomates ... 99
• Petits tians d'aubergines et tomates au basilic ... 100
• Aubergines farcies à la tomate ... 101
• Aubergines farcies à l'aubergine ... 101
• Aubergines grillées farcies aux anchois ... 102
Jacques Maximin propose
• Brochettes d'aubergines au bacon, coulis provençal ... 103
• Meunière d'aubergines à la milanaise ... 104
• Pastilla d'aubergines au jus d'agneau ... 105
• Petits paquets d'aubergines à la marseillaise ... 107
• Aubergines naines confites au gingembre « mère Fortunée » ... 108
• Tarte Tatin d'aubergines ... 109

L'avocat ... 111
Origines ; aspects ; choix et qualités ... 111
La cuisine de l'avocat ... 112
Préparation ... 112
L'avocat au naturel ... 112
L'avocat farci ... 113
• Avocats aux crevettes sauce cocktail ... 113
• Avocats au crabe, sauce « zoizeau » ... 113
L'avocat en salade ... 114
Préparation ... 114
• Avocats à l'œuf dur et à l'estragon ... 115
• Avocats au cresson et au céleri ... 115
• Salade de mâche et betteraves aux lamelles d'avocat ... 115

La blette ou bette ... 117
Origines ; aspects ; choix et qualités ... 117
La cuisine de la bette ... 118
Les côtes ... 118
Préparation ; cuisson ; emploi immédiat ; en attente ... 118
• Salade de côtes de bettes ... 118

• Les côtes de bettes chaudes 119
• Côtes de bettes à la crème et aux fines herbes 119
• Côtes de bettes gratinées au four 120
• Tian de bettes 121
Les feuilles de bettes 121
Préparation ; cuisson 121
• Feuilles de bettes en fondue 122
• Trouchia 123
Jacques Maximin propose
• Tourte de bettes aux pignons grillés et aux raisins 124
• Raviolis tout nus de « Mimi » 125

La betterave 127
Origines ; aspects ; choix et qualités 127
La cuisine de la betterave 128
Les préparations froides 128
• Betteraves en hors-d'œuvre 128
• Betterave, mâche et endive 129
• Salade de betteraves aux deux pommes et aux filets de harengs doux 129
Les préparations chaudes 130
• Betteraves au beurre 130
• Purée de betteraves 131
• Bâtonnets de betteraves en sauce aigre-douce 131
• Bortsh 132

Le brocoli 133
Origines ; aspects ; choix et qualités 133
La cuisine du brocoli 134
Préparation ; cuisson 134
Les bouquets de brocolis 134
• Brocolis en salade 134
• Bouquets de brocolis étuvés au beurre 135
• Bouquets de brocolis sautés 136
• Gratin de brocolis au haddock 136
Les tiges de brocolis 137
• Les tiges froides ; les tiges chaudes 137
Jacques Maximin propose
• Soufflés de brocoli 137

Le cardon 139
Origines ; aspects 139
La cuisine du cardon 140

Préparation ; cuisson 140
• Cardons froids 141
• Salade de cardons aux haricots verts 141
• Salade de cardons à la tomate et au basilic 142
• Cardons chauds 142
• Cardons à la moelle 142
• Cardons frits 143
• Cardons au jus à la julienne de poulet et aux poivrons rouges 144

La carotte 145
Origines ; aspects ; choix et qualités 145
La cuisine de la carotte 146
Préparation ; cuisson 146
La carotte crue 147
• Carottes râpées en hors-d'œuvre 147
• Carottes râpées à l'orange 147
La carotte cuite 148
• Salade de carottes à la marocaine 148
• Carottes sautées au beurre 149
• Bâtonnets de carottes à l'étuvée 149
• Carottes glacées 150
• Purée de carottes 150
La carotte sucrée 151
• Gâteau de carottes québécois 151
Jacques Maximin propose
• Terrine de carottes au pain « mouillé » 152
• Tarte de carottes miellés au fromage blanc 154

Le céleri 155
Origines ; aspects ; choix et qualités 155
La cuisine du céleri 156
Le céleri-branche 156
Préparation 156
• Le céleri-branche cuit 157
• Gratin tomaté de céleri-branche 158
Le céleri-rave 158
Préparation ; en amuse-bouche à l'apéritif ; en salade 158
• Céleri au beurre et au cerfeuil 159
• Purée de céleri-rave 160
• Crème de céleri 160
• Céleri sauté à cru en roncelles 161

• Céleri sauté à cru en julienne 162
Jacques Maximin propose
• Rôti de céleri-rave « lardé à la couenne » 163

Les champignons 164
Origines ; aspects ; choix et qualités 164
La cuisine des champignons cultivés 167
Le champignon de Paris 167
Préparation 167
• Salade de champignons de Paris 167
• Champignons pochés 168
• Champignons sautés 169
• Champignons étuvés à la crème 169
• Duxelles de champignons 170
• Velouté de champignons 171
• Champignons farcis 171
La pleurote 172
Préparation 172
• Pleurotes sautées 172
• Sauté de pleurotes à la japonaise 173
Le lentin de chêne 173
Préparation ; cuisson 173
• Lentins sautés aux petits légumes 174
La cuisine des champignons sauvages 174
Les lactaires 175
Préparation ; cuisson 176
Le cèpe (bolet) 176
• Cèpes sautés à l'ail et au persil 176
• Cèpes à la bordelaise 177
• Raviolis de cèpes dans leur bouillon d'ail doux 178
Champignons des prés, dits rosés des prés, et leur cousin, le champignon des bruyères 179
Préparation ; cuisson ; emplois 179
• Rosés des prés à la grecque 179
La chanterelle ou girolle 180
Préparation ; cuisson ; emplois 180
Le mousseron 181
Préparation ; cuisson ; emplois 181
• Mousserons dans leur jus à la crème 181
La morille 182
Quantité ; préparation 182
• Morilles à la crème 182

Le champignon du pin ou sanguin 183
Préparation ; cuisson. 183
• Sanguins grillés. 184
• Champignons du pin farcis à la provençale 184
L'oronge 185
Préparation 185
• Oronges sautées 185
• Oronges à l'étuvée 186
• Oronges au four au thym frais. 186
La coulemelle. 187
Préparation 187
• Coulemelles grillées 187
• Fricassée de champignons sauvages 188
Jacques Maximin propose
• Daube de champignons des bois. 188
• Morilles aux macaronis, coulis de morilles au pain. 190
• Morilles farcies à la Matignon aux dés de jambon. 191
• Risotto aux morilles fraîches au jus de rôti 192
La cuisine de la truffe 193
Préparation ; conservation ; emplois 194
• Petites ravioles aux truffes 196
• Galette de truffe au lard fumé 198

Le chou 200
Origines ; aspects ; choix et qualités 200
La cuisine du chou. 202
Le chou pommé 202
Préparation ; cuisson. 202
• Le fassum selon Escudié 203
Le chou vert nouveau 204
• Embeurrée de choux 204
Le chou rouge. 205
• Fondue de chou rouge aux pommes. 205
• Chou rouge caramélisé 206
Le chou-fleur. 206
Préparation ; cuisson. 206
• Salade de chou-fleur cuit 207
• Chou-fleur sauté au beurre 208
• Beignets de chou-fleur 208
Le chou de Bruxelles 209
Préparation ; cuisson. 209

La choucroute . . . 209
• Salade de choucroute crue . . . 210
Jacques Maximin propose
• Tourte feuilletée de chou-fleur . . . 211
• Viennoise de chou-fleur . . . 212
• Feuilles de choux verts séchées aux fruits rouges . . . 213

Le concombre . . . 214
Origines ; aspects ; choix et qualités . . . 214
La cuisine du concombre . . . 215
Préparation ; cuisson ; emplois . . . 215
• Salade de concombres . . . 216
• Tomates farcies aux concombres . . . 217
• Concombre glacé . . . 217
Jacques Maximin propose
• Crème de concombre glacée . . . 218
• Croustillant de concombre aux raisins de corinthe . . . 219

La courge, le potiron et la courgette . . . 220
Origines ; aspects . . . 220
La cuisine de la courge, du potiron et des courgettes . . . 221
La courge . . . 221
Préparation ; cuisson . . . 221
• Courges aux tomates, au riz et au basilic . . . 221
• Tian de courge . . . 222
Le potiron . . . 223
Préparation ; cuisson . . . 223
• Potage au potiron à la bourgeoise et ses petites garnitures . . . 223
• Gratin de potiron . . . 224
• Gâteau de potiron . . . 224
• Tarte à la marmelade de potiron . . . 225
La courgette . . . 226
Préparation ; cuisson . . . 226
• Tian de courgettes sautées et gratinées . . . 228
• Courgettes aux tomates confites au four . . . 229
• Petits beignets de courgette . . . 230
La chayote, ou cristophine . . . 230
Préparation ; cuisson . . . 230
Le giraumon, dit citrouille des Antilles . . . 231
Préparation ; cuisine . . . 231
Le pâtisson ou artichaut de Jérusalem . . . 231

Préparation ; cuisson. 231
Le potimarron 232
Jacques Maximin propose
• Clafoutis de courge rouge 232
• Fondue de chayotes 233
• Marinade de fleurs de courgettes assaisonnées de Saint-Jacques 234
• Pudding de courgettes 235
• Tarte de fleurs de courges 237
• Mille-feuilles de courge en confiture 238

Le crosne 239
Origines ; aspects 239
La cuisine du crosne 239
Préparation ; cuisson 240
• Les crosnes en salade 240
• Les crosnes au beurre 241
• Crosnes à la crème et aux truffes 241
Jacques Maximin propose
• Blanquette de crosnes aux mousserons 242
• Gratin de crosnes 242

L'échalote 244
Origines ; aspects ; choix et qualités 244
La cuisine de l'échalote 245
Préparation ; emplois 245
• Les échalotes confites 246
Jacques Maximin propose
• Confit d'échalotes aux pruneaux, bolognaise de canard 246
• Soufflé d'échalotes confites au melon et au vinaigre de xérès 247

L'endive 249
Origines ; aspects ; choix et qualités 249
La cuisine de l'endive 250
Préparation ; cuisson 250
• Amuse-bouche d'endives 251
• Salades d'endives 252
• Salade de mâche, betterave et endives 252
• Salade d'endives, de cresson et de champignons 252
• Salade d'endives, d'oignons et de pommes de terre 253
• Endives entières étuvées 253
• Endives poêlées 254
• Endives au beurre meunière et au persil 254

• Endives gratinées au fromage 255
• Endives émincées étuvées 255
• Gratin d'émincé d'endives 256

L'épinard 257
Origines ; aspects. 257
La cuisine de l'épinard 258
Préparation ; cuisson. 258
• Salade de pousses d'épinards 260
• Salade de pousses d'épinards à la fausse gribiche 260
• Pousses d'épinards aux dés de tomates et aux pignons 260
• Salade d'épinards et de champignons 261
• Salade d'épinards aux moules à la mayonnaise à la ciboulette 261
• Épinards étuvés aux foies de volaille 262
• Étuvée d'épinards aux bananes poêlées 262
• Fondue d'épinards et d'oseille à la crème 262
• Petites tartes de jeunes épinards aux zestes de citron confit. 264
Jacques Maximin propose
• Salade herbée aux pousses d'épinards en vinaigrette aux foies. 265

Le fenouil 266
Origines ; aspects ; choix et qualités 266
La cuisine du fenouil 267
Préparation ; emplois ; cuisson. 267
• Amuse-bouche de fenouil. 269
• Salade de fenouil au naturel 269
• Salade de fenouil et de cresson à l'œuf dur 270
• Fenouils confits. 270
• Beignets de fenouil au persil frit 270
• Fenouils au beurre fondu. 271
• Fenouil braisé à l'échalote et au thym 272
• Fenouils marinés aux anchois 272
• Fenouils cuits à l'huile d'olive 273
Jacques Maximin propose
• Cœurs de jeunes fenouils aux fruits de mer. 274
• Raviolis de tomates au fenouil et aux dés de saint-pierre. 275

La fève 277
Origines ; aspects. 277
La cuisine de la fève 278
Préparation ; cuisson. 278
• Salade de fèves 279

• Salade de fèves nouvelles aux tiges d'oignons nouveaux et au thym......... 279
• Salade de fèves aux jeunes artichauts et au cerfeuil..................... 280
• Fèves à l'étuvée 280
• Fèves au basilic et aux lardons 281
• Fèves à la fleurette et à la sariette 282
• Fèves fraîches en persillade... 282
• Purée de fèves 283
Jacques Maximin propose
• Gelée de févettes et poivrades en huile 81

Le gombo... 284
Origines ; aspects.. 284
La cuisine du gombo 284
Préparation ; cuisson.. 285
• Gombos aux poivrons et aux tomates 286
• Gombos frits 286

Le haricot 288
Origines ; aspects ; choix et qualités 288
La cuisine du haricot vert... 289
Préparation ; cuisson.. 289
• Salade de haricots verts.. 291
• Salade de haricots verts et de champignons 291
• Salade de haricots verts à la tomate et aux pluches de cerfeuil........... 292
• Haricots verts sautés 292
La cuisine du haricot blanc 293
Cuisson.. 293
• Salade de haricots blancs 293
• Salade tiède de haricots blancs frais au poivron rouge et à l'ail 294
• Haricots blancs au beurre... 294
• Haricots panachés 295
• Purée de haricots blancs frais.. 295
Les haricots flageolets 296
Les haricots blancs secs.. 296
Préparation ; cuisson.. 296
La cuisine du haricot rouge 297
• Haricots rouges à la bourguignonne....................................... 298
Jacques Maximin propose
• Beignets de haricots verts et de sole à la béarnaise 298

La lentille 300
Origines ; aspects.. 300

La cuisine de la lentille 301
Préparation 301
• Lentilles natures 301
• Salade de lentilles 302
• Lentilles tièdes à l'œuf et aux lardons 302
• Lentilles chaudes au beurre 303
• Lentilles à la saucisse de Morteau 303
• Lentilles à la provençale d'Escudié 304
• Purée de lentilles 305
• Crème de lentilles 305
Jacques Maximin propose
• Soupe de lentilles 306

Le maïs 308
Origines ; aspect ; choix et qualités 308
La cuisine du maïs 309
Préparation ; cuisson 309
• Salades composées 309
• Maïs chaud 310
• Galettes de maïs 311

Le marron ou châtaigne 312
Origines ; aspects 312
La cuisine du marron 312
Épluchage des marrons frais ; cuisson 313
Le marron tout prêt 314
Le marron en préparation salée 314
• Marrons en étuvée aux oignons 314
• Marrons au jus sirupeux 314
• Purée de marrons 315
• Soufflé de marrons 315
Le marron en préparations sucrées 316
• Mont-blanc 316
• Tartelettes aux marrons et aux noix 317
• Gâteau aux marrons 317
• Confiture de marrons 318

Le navet 319
Origines ; aspects ; choix et qualités 319
La cuisine du navet 320
La cuisine du navet 320

Le navet d'hiver 320
Préparation ; cuisson ; emplois 320
• Choucroute de navets 321
Le navet de printemps 321
Préparation ; cuisson 321
• Navets à l'anglaise 321
• Petits navets sautés 322
• Chips de navets 322
• Navets glacés 323
Jacques Maximin propose
• Clafoutis de navets candis 324
• Pain perdu de navets caramélisés 325

L'oignon 326
Origines ; aspects ; choix et qualités 326
La cuisine de l'oignon 327
Les oignons blancs du printemps 328
Préparation ; cuisson ; emplois 328
• Salade de fèves nouvelles aux tiges d'oignons nouveaux et au thym 329
• Salade de haricots verts aux petits oignons 329
• Salade de haricots blancs frais aux petits oignons 330
• Cocotte de petits légumes de printemps 330
• Cocottes d'autres légumes 331
• Petits oignons blancs glacés 331
Les oignons secs de l'année 332
Préparation ; emplois 332
• Oignons poêlés 333
• Gros oignons doux farcis 333
• Oignons frits 334
• Purée soubise 335
Jacques Maximin propose
• Beignets de condiments au citron et à la langue de veau 336
• Oignons confits au balsamico, glace à la rhubarbe 337

L'oseille 338
Origines ; aspects ; choix et qualités 338
La cuisine de l'oseille 339
Préparation ; cuisson 339
• Fondue d'oseille 340
• Fondue d'oseille à l'épinard 340
• Soupe à l'oseille 341

Jacques Maximin propose
- Flans de cresson à l'oseille au jus de grenouilles 342

La patate douce et l'igname 344
Origines ; aspects 344
La cuisine de la patate douce 345
Préparation ; cuisson ; emplois 345
- Purée de patates douces 346

Jacques Maximin propose
- Tartelettes de patate douce à la mangue rôtie 346

La cuisine de l'igname 347

Le pois 348
Origines ; aspects ; choix et qualités 348
Les petits pois surgelés 349
Les petits pois en boîte 349
La cuisine du petit pois 350
Préparation ; cuisson 350
- Potage de petits pois frais 351
- Petits pois à la française 352
- Petits pois aux carottes nouvelles 352
- Petits pois aux lardons 353

La cuisine du pois gourmand 353
Préparation ; cuisson 353
- Pois gourmands au beurre fondu 354

La cuisine du pois sec dit pois cassé 354
- Crème de pois cassés 355
- Crème de pois cassés aux lardons 355
- Crème de pois cassés aux chipolatas 356
- Purée de pois cassés aux croûtons 356

La cuisine du pois chiche 357
Préparation ; cuisson ; emplois 357
- Salade de pois chiches aux chipolatas poêlées 358
- Ragoût de pois chiches à la poitrine fumée et au chorizo 358

Jacques Maximin propose
- Poêlée de vermicelle aux petits pois frais 359

Le poireau 361
Origines ; aspects ; choix et qualités 361
La cuisine du poireau 362
Préparation ; cuisson ; emplois 362
- Poireaux vinaigrette 363

• Poireaux gratinés ... 364
• Poireaux à l'étuvée ... 364
• Poireaux de ma grand-mère ... 364
• Soupe de poireaux aux pommes de terre ... 365
Jacques Maximin propose
• Ballotins de poireaux farcis aux moules, sauce marinière ... 366
• Banquette de blancs de poireaux ... 367

Le poivron ... 369
Origines ; aspects ; choix et qualités ... 369
La cuisine du poivron ... 370
Le poivron cru ... 370
Préparation ; emplois ... 370
Le poivron cuit ... 370
Préparation ; emplois ... 370
• Coulis de poivrons rouges ... 371
• Poivrons grillés ... 372
• Omelette aux poivrons rouges ... 373
• Poivrons rouges farcis ... 373
• Poivrons verts farcis au riz pilaf et aux anchois ... 373
• Petit sauté de poivrons rouges et de tomates ... 374
• Purée de poivrons rouges au basilic ... 374
Jacques Maximin propose
• Marinade de poivrons grillés au carpaccio de thon frais ... 375
• Pain perdu de poivrons, copeaux de parmesan ... 376
• Poivrons « poivrossade » en tambours ... 377
• Terrine de poivrons grillés à l'anchoïade ... 378

La pomme de terre ... 380
Origines ; aspects ; classement des pommes de terre ... 380
La cuisine de la pomme de terre ... 383
Conservation ; choix ; préparation ; cuisson ... 383
La pomme de terre cuite à l'eau ... 384
Principe ; les soupes ... 384
• Soupe aux légumes ... 385
• Soupe de cressson et de pommes de terre ... 385
• Potage Parmentier ... 385
Les purées ... 386
• Purée de pomme de terre ... 386
Les purées aux légumes ... 386
• Purée aux carottes et à l'oignon étuvés ... 386

• Purée aux choux de bruxelles 387
Emplois des purées 387
La pomme de terre cuite à la vapeur 387
Principe ; les salades 387
• Salade de pommes de terre 388
Les pommes de terre vapeur en garniture 389
• Pommes de terre à la crème 390
Les pommes de terre cuites au four 391
Au naturel ; les pommes de terre farcies cuites au four ; les gratins 391
• Gratin dauphinois 393
• Gratin à la normande 394
• Pommes de terre Alex Humbert 395
• Pommes de terre à la boulangère 396
La pomme de terre en friture 396
Principe ; emplois 396
• Pommes Pont-Neuf 398
• Pommes allumettes 398
• Pommes paille 398
• Pommes chips 399
• « Patatas fritas » 399
• Panaché de chips au céleri-rave 399
• Panaché de chips aux navets 400
• Pommes de terre en beignets 400
La pomme de terre sautée 400
Principes généraux ; emplois 400
• Pommes de terre sautées à cru 401
• Pommes de terre cuites à la vapeur et sautées 402
La pomme de terre sautée est enrichie par d'autres légumes 402
• Crique de pommes de terre 403
• Crique de pommes de terre aux légumes 404
• Pachade 405
Les pommes de terre en cocotte 406
• Pommes de terre rissolées en cocotte 406
• Pommes de terre fondantes à la Escoffier 406
La pomme de terre comme partie intégrante du plat 407
• Farcidures à l'oseille 407
• Morue à la Gomez de Sà 408
• Hachis Parmentier 409
Jacques Maximin propose
• Fricassée de ciboules aux pommes de terre et à l'andouille 410

• Crique ardéchoise au sucre 411

Les salades vertes 412
Origines ; aspects ; choix et qualités 412
Les salades en sachet 413
La cuisine des salades vertes 413
Salades d'hiver 414
La scarole 414
La laitue 414
• Chiffonnade de laitue aux légumes 415
La chicorée frisée 416
Le cresson 416
La mâche 417
Le pissenlit 417
• Salade de pissenlits 417
Salades de printemps et d'été 418
La batavia 418
La chicorée frisée 418
La romaine 418
Le mesclun 419
le pourpier 419
la roquette 419
Deux salades composées classiques 420
• Chicken salad 420
• Salade niçoise 421
Jacques Maximin propose
• Laitues braisées et feuilles croquantes de poirine de veau 422

Le salsifis 424
Origines ; aspects ; choix et qualités 424
La cuisine du salsifis 425
Préparation ; cuisson ; le salsifis en compagnie d'autres légumes 425
• Salsifis sautés au beurre 425
• Salsifis sautés à l'huile d'olive 425
• Salsifis à la crème 425
• Salsifits frits 427
Jacques Maximin propose
• Salsifis pochés façon asperges aux œufs mollets 428

Le soja 429
Origines ; aspects 429

La cuisine du soja 430
Les haricots 430
Emplois 430
• Haricots secs à la sauce soja 430
La sauce soja 431
Les germes de soja 431
Préparation ; cuisson ; emplois 431
• Salade chinoise de germes de soja 433
• Germes de soja à la poêle 433
• Petit sauté de légumes à la chinoise 434
• Porc frit aux germes de soja 435

La tomate 436
Origines ; aspects ; choix et qualités 436
La cuisine de la tomate 438
La tomate émondée 438
Préparation ; emplois 438
• Sauce fraîche à la pulpe de tomate 439
Les tomates crues non émondées 439
Préparation ; emplois 439
• Tomates en amuse-bouche 440
• Tomates-grappe farcies 440
• Tomates farcies aux crevettes grises 441
• Salade de tomates 441
• Batavia, tomates et pignons 442
Les tomates cuites non émondées 442
Préparation ; emplois 442
• Soupe de tomates et pommes de terre 443
• Tomates farcies de ma grand-mère 443
• Tomates poêlées 444
• Tomates grillées 445
Jacques Maximin propose
• Gaspacho « azulette » comme en Andalousie 445
• Mixed-gril aux légumes et au bacon 446
• Petits farcis provençaux 447
• Sorbet à la tomate et au basilic 449
• Tomates farcies de mini-ratatouille 450

Le topinambour 451
Origines ; aspects 451

La cuisine du topinambour 451
Préparation ; cuisson. 451
• Topinambours à la truffe 452
• Topinambours à la cocotte 453
• Purée de topinambours 454

Préparation « tous légumes » 455
• Jardinière de légumes 455
• Julienne de légumes 456
• Macédoine de légumes. 456
• Ratatouille niçoise 458
Jacques Maximin propose
• Fritto-misto « à la Joscaye » 460
• Gougères de purée aux petits légumes. 461
• Quiche lombarde 462
• « Riz Domerego » 463
• Tajine de légumes. 464
• Cookies de légumes miellés. 465

Cet ouvrage a été composé
par IGS-Charente Photogravure à L'Isle d'Espagnac
et achevé d'imprimer par Pollina à Luçon

N° d édition : 17656 - N° d'impression : 75558
Dépôt légal : octobre 1998